Ehrenfried Kluckert

Württemberg-Hohenzollern

Kunst und Kultur zwischen Schwarzwald,
Donautal und Hohenloher Land:
Stuttgart, Heilbronn, Schwäbisch Gmünd,
Tübingen, Rottweil, Sigmaringen

Umschlagvorderseite: Haigerloch mit Schloß, Schloßkirche und Römerturm (Foto: J. Kinkelin, Worms)
Umschlagklappe vorn: Lucas Cranach d. Ä., ›Kreuztragung‹, nach 1537. Fürstlich-Fürstenbergische Sammlungen, Donaueschingen (Foto: T. Schneiders, Lindau)
Umschlagrückseite: Burg Hohenzollern bei Hechingen (Foto: T. Schneiders, Lindau)
Frontispiz: Tübingen, 1643. Kupferstich von Matthäus Merian

CIP-Kurztitelaufnahme der Deutschen Bibliothek

Kluckert, Ehrenfried:
Württemberg-Hohenzollern : Kunst u. Kultur
zwischen Schwarzwald, Donautal u. Hohenloher
Land ; Stuttgart, Heilbronn, Schwäbisch Gmünd, Tübingen,
Rottweil, Sigmaringen / Ehrenfried Kluckert. –
Köln : DuMont, 1985.
  (DuMont-Kunst-Reiseführer in der Reihe
  DuMont-Dokumente)
  ISBN 3-7701-1601-1

Satz und Druck: Rasch, Bramsche
Buchbinderische Verarbeitung: Bramscher Buchbinder Betriebe

Printed in Germany   ISBN 3-7701-1601-1

Kunst-Reiseführer in der Reihe DuMont Dokumente

Zur schnellen Orientierung – die wichtigsten Orte und Sehenswürdigkeiten Württemberg-Hohenzollerns auf einen Blick:

(Auszug aus dem ausführlichen Ortsregister S. 382–388)

In der vorderen Umschlagklappe: Übersichtskarte Württemberg-Hohenzollern

In der hinteren Umschlagklappe: Stadtplan von Stuttgart

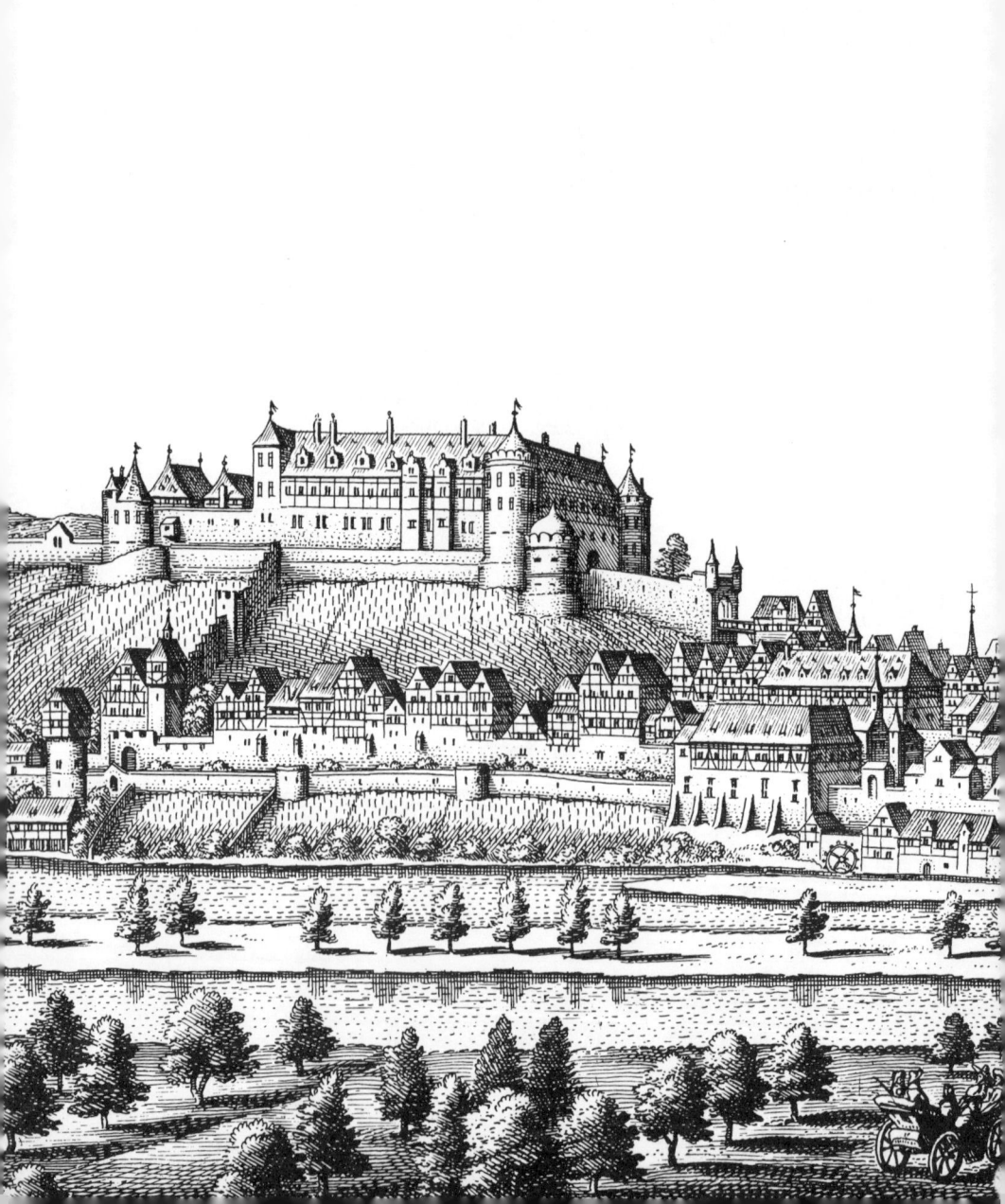

Inhalt

Geschichte

Kelten, Römer, Alemannen

In der älteren Eisenzeit, zwischen 750 und 450 vor Chr., war Südwestdeutschland von den Kelten besiedelt. Es ist nicht sicher, aus welchem Gebiet sie nach Süden vorgedrungen sind. Genaueres ist von ihren Wanderungen in die Mittelmeerländer bekannt. Griechische und römische Autoren wie Herodot oder Caesar haben berichtet, daß viele ihrer Stämme nach Frankreich, Spanien und Italien gezogen sind. Wahrscheinlich waren Hungerkatastrophen dafür verantwortlich.

Ihr bevorzugtes Siedlungsgebiet in Südwestdeutschland war die Schwäbische Alb. Hier konnten sie Ackerbau und Viehzucht treiben. In Zainingen, östlich von Urach auf der Albhochfläche, liegt eine Begräbnisstätte, die aus 62 Grabhügeln besteht. Diese Kelten-Nekropole zählt zu den am besten erhaltenen Denkmälern ihrer Art in Baden-Württemberg. In unserem Gebiet sind ebenfalls noch einige Viereckschanzen zu finden, wie z. B. die von Rübgarten im Schönbuch nordöstlich von Tübingen. Wahrscheinlich handelt es sich bei diesen Schanzen um Kultplätze oder Verteidigungsanlagen. Ferner fallen viele keltische Ortsnamen auf, die sich in römischer Zeit erhalten haben, wie z. B. Sumelocenna (Rottenburg) oder Grinari (Köngen). Der Name ›Württemberg‹ (oder ›Wirtemberg‹) soll ebenfalls keltischen Ursprungs sein. Er wird von ›Virodonum‹ (= Burg eines ›Viro‹) abgeleitet.

Um die Mitte des ersten Jahrhunderts v. Chr. wurden die Kelten von den nach Südwestdeutschland vordringenden Römern vertrieben, so daß später Kaiser Claudius die Donau zur römischen Reichsgrenze machen konnte. Im ersten Jahrhundert n. Chr. entstanden die Kastelle Tuttlingen, Hüfingen und Rottweil sowie Rottenburg, Cannstatt und Köngen. In dieser Zeit wurde auch der Neckar-Limes errichtet. Von Cannstatt führte eine Römerstraße über Rottenburg, Sulz, Rottweil und Hüfingen nach Windisch in die Schweiz. Um dieses Gebiet auch in der West-Ost-Richtung zu sichern, haben die Römer eine Straße von Straßburg über Rottweil an die Donau und weiter über Ulm zum obergermanischen Limes geführt (s. S. 211). Tacitus hat diesen in ›Germania Superior‹ gelegenen Teil ›Agri Decumates‹ genannt.

Das bedeutendste kulturelle Vermächtnis der Römer in Südwestdeutschland war der Steinbau. In Oberriexingen bei Vaihingen a. d. Enz haben Archäologen in den Jahren 1957/ 58 die Überreste eines römischen Gutshofes (villa rustica) ausgegraben. Diese für die Öffentlichkeit sehr gut ausgestaltete Anlage gibt nicht nur Aufschlüsse über die Baukunst der Römer, sondern auch über die Kunst des Weinbaus.

Zu Beginn des 3. Jahrhunderts versuchten die Alemannen erfolgreich, die Römer aus ›Agri Decumates‹ zu verdrängen. Der Name ›Alemannen‹ (oder ›Alamannen‹) deutet auf einen Stammesverbund (›alle Mannen‹) von Bauern und Kriegern. Diese sind aus der Mark Brandenburg nach Südwestdeutschland gewandert. Im Jahre 213 wurde ein ›gens Alamanorum‹ noch vom römischen Kaiser Caracalla besiegt. Ein halbes Jahrhundert später haben die Alemannen jedoch schon den obergermanischen Limes zwischen Koblenz und Kehlheim freigekämpft. Zu dieser Zeit bildete sich nach und nach ein festes alemannisches Staatengebilde heraus, das im Laufe der folgenden Jahrhunderte das Elsaß, die Nordschweiz, den Vorarlberg und das Land östlich der Iller bis zum Lech hin umfaßte. Die Auflösung der ›gens Alamanorum‹ begann gegen Ende des 5. Jahrhunderts. Zu dieser Zeit unterlagen sie in einer Schlacht dem Frankenkönig Chlodwig und mußten den Nordwesten ihres Gebietes aufgeben. Die damals gezogene Nordgrenze ist nahezu identisch mit der heutigen pfälzisch-fränkisch-schwäbischen Sprachgrenze. Sie verläuft etwa auf der Linie ›Hagenau – Backnang – Aalen – Nördlingen‹.

Zu den schönsten kulturellen Zeugnissen der Alemannen gehört zweifellos der in den Gräbern gefundene Schmuck. Es handelt sich hier hauptsächlich um Nadeln, Ringe, Reifen und um Fibeln (Broschen), die in verschiedenen ornamentalen Tier- oder Pflanzenformen gestaltet sind. Das Württembergische Landesmuseum in Stuttgart (Altes Schloß) präsentiert eine reiche Auswahl davon (s. S. 53).

Stauferzeit

Nach dem Tod Karl Martells (741) kam es zu Unruhen im Reich. Aufstände alemannischer Herzöge wurden blutig niedergeschlagen. Nach dem legendären Blutbad von Cannstatt (746) soll der alemannische Adel völlig ausgerottet worden sein. Erst über hundert Jahre später nach dem Tod Karls des Großen und der Auflösung des Reichs entstanden die Stammesherzogtümer aufs neue. Obwohl die Ottonen später wieder versuchten, die Herzogsgewalt zu brechen, konnte sich dennoch ein Herzogtum Schwaben konstituieren, das in der folgenden Zeit immer mehr an Bedeutung gewann. – Schwaben war Durchgangsland der sächsischen und fränkischen Kaiser, die nach Italien gezogen sind. Sie suchten u. a. in den schwäbischen Adelsfamilien nach Unterstützung. Der Salier Heinrich IV., im Streit mit Papst Gregor VII. (Investiturstreit), sah seine Sache durch Friedrich von Staufen am besten vertreten und übergab ihm im Jahre 1079 das Herzogtum Schwaben. Nun errichteten die Staufer Burgen und Städte, um ihr Herrschaftsgebiet wirtschaftlich zu entwickeln und politisch abzusichern. Schon von 1138 an stellten sie die deutschen Könige und Kaiser des ›Heiligen Römischen Reiches Deutscher Nation‹. Schwaben wurde ›Reichsland‹.

Die politischen Aktivitäten der Stauferkaiser zielten jedoch vorwiegend auf Italien. Nach dem Tod Friedrich Barbarossas (1190) gewann sein Sohn Kaiser Heinrich VI. (1190–97) Sizilien und Unteritalien. Dessen Sohn Friedrich II. versuchte nach dem frühen Tod seines

Kaiser Friedrich I. mit seinem Sohn König Heinrich VI. und Herzog Friedrich von Schwaben, Miniatur, Chronica Welforum des Klosters Weingarten. Hessische Landesbibliothek, Fulda

Vaters Heinrich die Besitzungen im Elsaß zu mehren und seine Macht durch den Erwerb von Kirchenlehen zu festigen. Aber sein Hauptinteresse galt Italien. Er fand selten den Weg nach Norden in sein Stammland. Friedrich II., den arabischen Wissenschaften eher zugeneigt als der christlichen Heilswahrheit, baute seine Machtstellung in Italien immer stärker aus. Sein Ziel war die Errichtung eines staufischen Imperiums nach alt-römischem Vorbild. Das forderte den Widerstand des Papstes heraus, der seine Machtstellung durch den staufischen Kaiser erschüttert sah. Innocenz IV. ließ Friedrich auf dem ersten Konzil zu Lyon (1245) absetzen und organisierte eine pro-päpstliche Partei nördlich der Alpen. Die der staufischen Politik nicht gewogenen Fürsten fanden sich in Schwaben schnell zusammen. Der Kampf zwischen den Päpstlichen und den Kaiserlichen wogte hin und her. Friedrichs Sohn, der erst 18jährige Konrad IV., vertrat in Schwaben die Politik seines Vaters. Er konnte aber seine Gegner nicht besiegen. Da starb Kaiser Friedrich unerwartet (1250). Die staufische Sache war verloren. In Eilmärschen zog der junge Konrad nach Italien, um sein Erbkönigreich in Besitz zu nehmen. Es gelang ihm jedoch nicht, da er schon bald starb (1254). Der letzte Staufer, Konradin, ein Enkel Friedrichs II., wurde von Karl von Anjou bei Tagliacozzo besiegt und in Neapel hingerichtet (1268).

Städtekriege und Bauernkriege

Der erste württembergische Graf Konrad, 1092 zum ersten Mal erwähnt, hatte seine Burg auf dem Rothenberg oberhalb Stuttgarts. Seine Nachfolger waren treue Gefolgsleute der

Der Neckar mit dem Stammschloß Württemberg, Stich von August Seyffer, um 1814. Württembergische Landesbibliothek, Stuttgart

Staufer. Sie gewannen Reichsgut und stiegen rasch auf. Als Rudolf I. von Habsburg, 1273 zum deutschen König gewählt, im Südwesten des Reiches seine Macht festigen wollte, fand er in Graf Eberhard I. von Württemberg (Sohn Ulrichs I.) einen erbitterten Gegner. Keine der beiden Parteien konnte sich durchsetzen. Schließlich beendete der Tod Rudolfs (1291) den Streit. Eberhard erhielt nun freie Hand für seine Pläne: Neben königlichen Privilegien konnte er die Landvogtei von Niederschwaben erlangen. Diese und andere wurden ihm aber bald darauf vom König Heinrich VII. entzogen. Nach langwierigen Auseinandersetzungen sprach er die Reichsacht gegen Eberhard aus.

Die Städte ließen sich vom König gern gegen den Grafen aufwiegeln, da sie ohnehin seit längerer Zeit mißgünstig die ständig wachsende Macht der Grafschaft Württemberg beobachteten. Es kam zum Krieg, in dessen Verlauf fast alle württembergischen Burgen gestürmt und zerstört wurden. Nach dem Tod des Königs konnte Eberhard seine verlorenen Gebiete wiedergewinnen. Graf Eberhard II., der ›Greiner‹ (d. i. der ›Zänker‹), und Ulrich IV. bemühten sich gemeinsam, ihren Besitzstand in Württemberg auszudehnen. Die Städte sahen das wiederum als eine Herausforderung an und schlossen sich zu einem Bund zusammen, der bald so mächtig wurde, daß selbst der Kaiser die ›Städtepolitik‹ mit Sorge verfolgte. Zu einer ersten Schlacht kam es im Jahre 1372 bei Altheim auf der Schwäbischen Alb. Graf Eberhard konnte die Städter vernichtend schlagen. Bald aber erholten sie sich wieder. Gegenseitige Raub- und Plünderzüge waren die Folge. Als Kaiser Karl IV., im Jahre 1373 die Mark Brandenburg erwerben konnte, mußten die schwäbischen Städte einen Teil der benötigten Gelder aufbringen. Diese sollte Graf Eberhard eintreiben. Die Situation spitzte sich zu. Am 21. Mai 1377 konnten die ›Städter‹ bei Reutlingen eine entscheidende Schlacht gewinnen. Nun war der Städtebund auf dem Höhepunkt seiner Macht. Zehn Jahre später, Anlässe für kriegerische Auseinandersetzungen gab es ständig, wollten sie endgültig den verhaßten ›Greiner‹ vernichten. Am 23. August 1388 kam es in Döffingen bei Sindelfingen zu einer blutigen Schlacht. Diesmal siegte Graf Eberhard. Nach dieser Niederlage konnten die Städte sich nicht mehr erholen.

Während des 15. Jahrhunderts verlief die politische Entwicklung in Württemberg verhältnismäßig ruhig. Die schwäbischen Reichsstädte erholten sich schnell und blühten wirtschaftlich und kulturell auf. Die unter Eberhard im Bart gefestigte Grafschaft wurde auf dem Reichstag zu Worms durch Kaiser Maximilian 1495 zum Herzogtum erhoben. Politische Erschütterungen kamen mehr von außen als von innen. Die Bayern und die Schweizer Eidgenossen versuchten Einfluß auf Württemberg zu nehmen. Aus diesem Grund wurde im Jahr 1487 der Schwäbische Bund in Esslingen geschlossen. Mit ihm zog Kaiser Maximilian in den Krieg gegen die Schweiz (1499). Herzog Ulrich wandte sich gegen den Bund und wurde vertrieben. Württemberg wurde an Kaiser Karl V. verkauft.

Der Schwäbische Bund war eine Hauptstütze der Habsburger und damit der katholischen Kirche in Südwestdeutschland. Letzteres sollte dann auch den Verlauf des Bauernkrieges prägen. Die Unruhen begannen mit dem Aufruhr des ›Armen Konrad‹ (1514). Die Bauern kämpften für eine Minderung der Abgabenlast und für eine menschenwürdige Behandlung

Überfallene Bauern im Kampf mit Landsknechten, Holzschnitt von Hans Sebald, 16. Jh.

Truchseß Georg III. von Waldburg, genannt ›Bauernjörg‹

seitens der Herrschaft. Ihr Begehren wurde anfänglich durch die Reformation Luthers unterstützt. An vielen Stellen des Landes, aber auch außerhalb der Grenzen Württembergs, rotteten sich nun Bauernhaufen zusammen. Zu den entscheidenden Kämpfen und Schlachten kam es im Jahre 1525. Jörg Truchseß von Waldburg, ›Bauernjörg‹ genannt, versuchte die Bauern zwischen Tübingen und Herrenberg zu stellen. Da seine Soldaten meuterten, gelang den Bauern der Sturm auf Herrenberg. Sie plünderten die Stadt und zogen weiter nach Böblingen. Hier wurden sie bis fast auf den letzten Mann vom nachrückenden Heer des Truchseß niedergemacht.

Reformation und Gegenreformation

Nach dem Bauernkrieg herrschte wieder Ruhe im Land. Nur zögernd faßte die Reformation Fuß in Württemberg, das ja noch unter der Herrschaft Habsburgs stand. Nach und nach bekannten sich jedoch die Reichsstädte zum neuen Glauben. Im Jahre 1529 schlossen sich die Fürsten und Städte auf dem Reichstag zu Speyer zu einer Verteidigungsgemeinschaft im Namen der Reformation zusammen. Das verstärkte den konfessionellen Gegensatz im Lande. Der Schwäbische Bund, Parteigänger der Habsburger, war allerdings schon so schwach und kurz vor seiner Auflösung, daß er in diesem Streit nichts mehr ausrichten konnte. Luthers Reformation fand immer mehr Zuspruch und politische Unterstützung. Die wirksamste Kraft konstituierte sich im Jahre 1531: Unter der Führung des Kurfürsten

Johann Friedrich von Sachsen und des Landgrafen Philipp von Hessen wurde der Schmalkaldische Bund geschlossen. Diese gegen Kaiser Karl V. gerichtete Politik stärkte dem immer noch außer Landes weilenden Herzog Ulrich den Rücken, so daß er, u. a. durch die Hilfe des Landgrafen Philipp von Hessen, nach Württemberg zurückkehren konnte. Der Herzog, von der Bevölkerung begeistert empfangen, ließ die Reformation durchführen. Johannes Brenz hat sie im Jahre 1537 vollendet.

Nach Ulrichs Tod (1550) übernahm sein Sohn Christoph die Herrschaft. Er verdient den Namen ›Friedensfürst‹, da er während seiner Regierung nur zweimal aus Verteidigungsgründen zu den Waffen griff. Seine Stärke waren friedliche Verhandlungen, die im starken Maße religiös und weniger politisch bestimmt waren. Dadurch erlitt er viele diplomatische Niederlagen und konnte letzten Endes sein Ziel, die Einigung aller protestantischer Reichsstände, nicht erreichen. Hinzu kam, daß er als strenger Lutheraner seine Ideale nicht mit denjenigen der Anhänger von Zwingli und Calvin in Einklang bringen konnte. So vermochten die Protestanten – untereinander schon früh zerstritten – nicht, den gegenreformatorischen Bestrebungen energisch genug entgegenzutreten. Obwohl der Augsburger Religionsfriede von 1555 einen Ausgleich zwischen Protestanten und Katholiken geschaffen hatte – beide Konfessionen waren nun gleichberechtigt –, betrieb der Kardinal Otto Truchseß von Waldburg nach dem Abschluß des Trienter Konzils (1563) die Gegenreformation u. a. mit Hilfe der Jesuiten. Nach dem Tode des Herzogs Christoph (1568) hat Friedrich I. von Württemberg die Lutheraner und die Calvinisten miteinander versöhnen können. Im Jahre 1608 kam es zur Union protestantischer Fürsten. Ein Jahr später bildete Herzog Maximilian von Bayern, aktivster Gegenreformator, zusammen mit den süddeutschen Bischöfen und den katholischen Reichsständen, die Katholische Liga.

1618 brach dann der Dreißigjährige Krieg aus. Die Katholische Liga unter dem Feldherrn Tilly erfocht Sieg um Sieg. Erst König Gustav Adolf von Schweden konnte die Wende herbeiführen. Am 17. September 1631 schlug er Tilly bei Breitenfeld nördlich von Leipzig. Rasch drangen schwedische Truppen nach Süddeutschland vor und entlasteten die bedrängten Protestanten. Die Kaiserlichen wurden aus Württemberg verjagt. Doch nach der Schlacht bei Nördlingen 1634, in der die Schweden untergingen, drangen die Kaiserlichen erneut nach Württemberg vor und verheerten das Land. Am schlimmsten traf es Waiblingen und Calw. Hier wütete die Soldateska fürchterlich. Ebenso wurden alle Burgen Württembergs gestürmt – mit einer Ausnahme: Die Festung auf dem Hohentwiel unter dem Kommando des Konrad Widerholt konnte sich bis zum Ende des Krieges halten. Nachdem sich auch die Franzosen in die Auseinandersetzungen um den ›wahren Glauben‹ eingemischt hatten, blieb Württemberg weiterhin Schauplatz blutiger Schlachten: Franzosen, Schweden, Kaiserliche und Bayern zogen kreuz und quer durchs Land, verwüsteten Ländereien, verbrannten Dörfer und stürmten Städte.

Der Westfälische Friede von 1648 machte schließlich die Gleichberechtigung beider Konfessionen zum Gesetz. Das Herzogtum Württemberg blieb als evangelisches Gebiet erhalten, umgeben von katholischen Territorien. Diese Entwicklung hat die konfessionelle Landkarte Deutschlands weitgehend festgelegt. Das Bemerkenswerte daran ist, daß durch ein protestantisches Württemberg eine politisch sich wahrscheinlich ungünstig auswirkende Aufteilung Deutschlands in einen evangelischen Norden und einen katholischen Süden verhindert worden ist.

Württembergische Herzöge vom Westfälischen Frieden bis zum Beginn des 19. Jahrhunderts

Herzog Eberhard III. stand vor der schwierigen und undankbaren Aufgabe, das durch den Dreißigjährigen Krieg verwüstete Württemberg wieder aufzubauen. In seinen außenpolitischen Überlegungen mußte er sich aber auch von der geografischen Lage seines Herzogtums leiten lassen: Sein erstarkter Nachbar Frankreich unter der Führung Mazarins wollte die Machtstellung in Europa ausdehnen und suchte unter deutschen Fürsten Verbündete. Es kam zum Rheinischen Bund von 1658, dem nach langem Zögern auch Eberhard III. beitrat. Der Bund zerfiel dann zu Beginn der Eroberungskriege Ludwig XIV. sehr schnell wieder. Ohne Kriegserklärung besetzten die Franzosen im Jahre 1688 Südwestdeutschland. Sie stießen auf keinen nennenswerten Widerstand. Viele Städte wie Esslingen, Tübingen und Stuttgart gerieten in die Hände der französischen Truppen. 1693 übernahm Herzog Eber-

Herzog Karl Eugen von Württemberg (1728–1793), Gemälde

hard Ludwig die Regierung in Württemberg, der französischen Willkür fast schutzlos ausgeliefert. Schließlich gelang es, die Franzosen zurückzudrängen. Ein historisch einmaliges Dreierbündnis stellte sich dem Franzosenkönig entgegen: Der englische Herzog von Marlborough, der französische Prinz Eugen von Savoyen und der badische Markgraf Ludwig Wilhelm rieben das französisch-bayrische Heer bei Höchstädt und Blindheim im Donautal nahe Dillingen fast vollständig auf (1704).

Ein Freund und Waffengefährte des Prinz Eugen von Savoyen war der Herzog Karl Alexander, der nach Eberhard Ludwigs Tod (1733) die Regierungsgeschäfte übernahm. Er, der Katholik, wollte die Macht der Landstände brechen und der katholischen Kirche gleiche Rechte neben der protestantischen verschaffen. Unruhen breiteten sich aus. Bevor es zu schwereren Auseinandersetzungen mit der protestantischen Bevölkerung kam, starb der Herzog. Es blieb schließlich alles beim alten. Des Herzogs ältester Sohn Karl Eugen, am Hofe Friedrichs des Großen erzogen, galt als einer der schillerndsten Fürsten Württembergs. Ein reger Kunstsinn gepaart mit einer unglaublichen Verschwendungssucht waren der Grund für eine ausschweifende Hofhaltung. Er ließ prunkvolle Schlösser wie das Stuttgarter Neue Schloß oder Schloß Hohenheim auf den Fildern erbauen. Eine Mischung aus Eitelkeit und Gelehrsamkeit veranlaßte ihn, eine bedeutende Akademie zu gründen, die Karls-Schule, die 1781 von Kaiser Joseph II. unter dem Namen ›Hohe Karlsschule‹ zur Universität erhoben wurde. Die Gelder für diese Vorhaben bezog er einerseits durch den ›Verkauf‹ von Soldaten an Frankreich und andererseits durch Erhebung von Steuern, die von den Landständen nicht genehmigt waren. Die Konsulenten oder Oberamtmänner, die sich diesen Erhebungen widersetzten, wurden ohne Recht und Urteil in Festungshaft genommen. Wenn die in der Tat einzigartige Kulturförderung Karl Eugens immer wieder bewundert wird, sollte man doch auch daran denken, daß diese nur durch Willkürakte und damit zu Lasten der Bevölkerung ermöglicht wurde. Am 24. Oktober 1793 starb Karl Eugen.

Die Hohenzollern

In der Chronik des Berthold von Reichenau aus dem Jahre 1061 wird zum ersten Mal der Name Zollern erwähnt. Kurze Zeit später taucht ein Adalbert von Zollern als Mitgründer des Klosters Alpirsbach auf (1095). Schon zu Beginn des 12. Jahrhunderts beherrschten sie ein Gebiet, das vom Steinlachtal bei Tübingen über die Schwäbische Alb bis zur Donau reichte. Um diese Zeit spalteten sich die Grafen von Hohenberg ab und rissen das Gebiet von Ebingen und Haigerloch an sich. Die Hohenberger konnten ihren Besitzstand beträchtlich erweitern und galten um die Mitte des 14. Jahrhunderts als das mächtigste schwäbische Hochadelsgeschlecht zwischen Schwarzwald und östlicher Alb. Ein weiterer Niedergang der Zollern wurde durch den Streit der beiden Brüder Friedrich und Eitelfriedrich I. vorbereitet, der die Eroberung und Zerstörung der Zollernburg im Jahre 1423 durch die schwäbischen Reichsstädte zur Folge hatte. Eitelfriedrich konnte dann wiederum seinen Herrschaftsbereich ausbauen. 1460 ließ er die Burg Hohenzollern neu errichten und erwarb in einem Tauschgeschäft von den Habsburgern Haigerloch. Hundert Jahre später erhielten die Söhne Eitelfriedrichs III. nach dem Aussterben des Werdenberg-Heiligenberg-Geschlechts Sigmaringen und Veringen. Schließlich gelang es dem Grafen Karl I. von Hohenzollern (1535–76), die verstreuten Gebiete zu vereinen. Um Streitigkeiten vorzubeugen, teilte er sie in die drei Linien: *Hohenzollern–Haigerloch*, *Hohenzollern-Hechingen* und *Hohenzollern-Sigmaringen*. Nachdem die Haigerlocher Linie ausgestorben war und Hohenzollern-Hechingen sich im Laufe des 17. Jahrhunderts immer stärker verschuldete, rückte die Sigmaringer Linie politisch in den Vordergrund. Nach dem Ende des Heiligen Römischen Reiches Deutscher Nation im Jahre 1806 (Niederlegung der Kaiserkrone durch Kaiser Franz II. auf Drängen Napoleons) wurden die hohenzollerischen Fürstentümer nicht wie alle anderen Reichsstände unter die Hoheit des Landesherren gestellt, ganz im Gegenteil: Hohenzollern-Sigmaringen wurde um das Doppelte vergrößert. Vergeblich versuchte Württemberg sich Hohenzollern einzuverleiben. Nach der Revolution von 1848 und den daraus resultierenden wirtschaftlichen Schwierigkeiten haben die Zollernfürsten von Sigmaringen und Hechingen ihre Gebiete an Preußen abgetreten. 1873 wurde der Landeskommunalverband Hohenzollern gegründet. Nach dem Zweiten Weltkrieg hat die französische Besatzungsmacht Hohenzollern zusammen mit Süd-Württemberg zum Land ›Württemberg-Hohenzollern‹ vereinigt, das 1952 in das Land ›Baden-Württemberg‹ integriert wurde.

Vom Deutschen Bund zum Deutschen Reich

Nach der Niederwerfung Napoleons haben die Siegermächte auf dem Wiener Kongreß von 1814/15 die politischen Verhältnisse in Europa neu geregelt. Die Souveränität der deutschen Territorialstaaten wurde in der Wiener Schlußakte (1820) nun auch völkerrechtlich festgelegt. Dieser Leitgedanke prägte die Gründung des Deutschen Bundes in Frankfurt a. M. In allen Bundesstaaten führte man eine landesständische Verfassung ein. Diese konnte in Württemberg aber erst unter König Wilhelm I. im Jahre 1819 rechtskräftig werden. Die Folge war die Beseitigung des altständischen Wesens und der Aufbau eines Behördensystems. Die Februar-Revolution in Paris (1848), die in Frankreich zur Errichtung der Zweiten Republik führte, griff auch auf Süddeutschland über – weniger auf Württemberg als auf Baden und die Pfalz. Dort hat die preußische Regierung schnell die Aufstände unter der Führung des Prinzen Wilhelm, des späteren Königs und Kaisers, niederschlagen lassen. Da Preußens Führungsanspruch immer lauter wurde, schloß sich Württemberg mit Bayern und Sachsen gegen Preußen zusammen. Nach dem Tod König Wilhelms I. (1864), führte König Karl Württemberg an der Seite Österreichs in den Krieg gegen Preußen. Nach der verlorenen Schlacht von Königgrätz (1866) schied Österreich aus dem Deutschen Bund aus. Württemberg und die übrigen süddeutschen Länder schlossen sich dem Norddeutschen Bund (1866/67) unter der Führung Preußens an. Nach dem Deutsch-Französischen Krieg von 1870/71 und der darauf erfolgten deutschen Einigung wurde Württemberg ein Bundesstaat des Deutschen Reiches. Damit endete die selbständige württembergische Geschichte.

Württemberg im 20. Jahrhundert

Nachdem im 19. Jahrhundert die Gewerbefreiheit eingeführt und der Zunftzwang aufgelöst wurde, konnte sich die aufkeimende Industrialisierung voll entfalten. Die Niederlegung der deutschen Binnenzölle, die der Reutlinger Friedrich List betrieben hatte, begünstigten diese Entwicklung. Allerdings standen mangelnde Rohstoffe und eine ungünstige Verkehrslage diesem industriellen Aufschwung im Wege. Dieses Manko konnte aber durch staatliche und private Initiativen ausgeglichen werden. Das Ergebnis bestand in einer flächenmäßig günstig verteilten Kleinindustrie, die auch heute noch ihren Qualitätsanspruch halten kann.

Das öffentliche und wirtschaftliche Leben verlief zur Zeit der Weimarer Republik (1918–33) verhältnismäßig ruhig und gleichmäßig. Am 26. April 1919 erhielt Württemberg eine Verfassung. Schon damals plante man auf den Landesversammlungen in Karlsruhe und Stuttgart einen Zusammenschluß der Länder Baden und Württemberg. Dazu sollte es aber erst dreißig Jahre später kommen.

Nach den Reichstagswahlen vom 5. März 1933 wurde die verfassungsmäßige Regierung verdrängt. Der preußische Regierungsbezirk Hohenzollern wurde dem Reichsstatthalter in Stuttgart unterstellt. In Württemberg war der Widerstand gegenüber dem Nationalsozialismus besonders stark. Der letzte württembergische Staatspräsident Eugen Bolz, einer der meistgehaßten Gegner der Nationalsozialisten, wurde als Opfer der Widerstandsbewegung vom 20. Juli 1944 hingerichtet. Nach dem Zusammenbruch besetzten die Franzosen unter Charles de Gaulle Stuttgart und Süd-Württemberg und richteten eine Militärregierung ein. Gleichzeitig riefen die Amerikaner ein ›Württemberg-Baden‹ als ihre Besatzungszone aus. Die Bemühungen um einen gemeinsamen Südweststaat gipfelten in einer Volksbefragung am 24. September 1950. Sie ergab eine absolute Mehrheit für den Zusammenschluß von Baden und Württemberg. Im März 1952 wurde die verfassungsgebende Landesversammlung gewählt. Reinhold Meier wurde der erste Ministerpräsident.

Die naturräumliche Gliederung

Städte, Dörfer, Kirchen und Burgen gehören zum Landschaftsbild wie Berge, Wälder und Wiesen. In Württemberg-Hohenzollern erscheint die Kombination aus Kultur- und Naturform oftmals wie ein ästhetisches Gebilde; beispielsweise die in die Täler der Schwäbischen Alb lieblich eingebetteten Dörfer oder die fast schon pathetisch auf steilem Felsrücken aufragenden Burgen und Burgruinen. Aus diesem Grunde soll ein kurzer Blick auf die besondere Gestaltung dieses Naturraumes geworfen werden. Hinzu kommt, daß es fast immer geologische oder geografische Gesichtspunkte waren, die zum Bau einer Kirche oder zur Gründung einer Stadt geführt haben. Und dann muß sich der Verlauf von Straßen und Wegen selbstverständlich dem Gelände anpassen. Die kulturelle Physiognomie einer Landschaft hängt also auch von deren Geologie oder genauer Topografie ab.

Um eine Landschaft kennenzulernen, muß man sie besuchen, d. h. durchfahren oder besser noch durchwandern – zu Fuß oder mit dem Rad. Die Kenntnis der einzelnen Landschaftsgebiete von ihrer geologischen Seite her erleichtert manchmal die Erkundung und Zuordnung kultureller Gebiete. Auffallend ist, um hierfür ein Beispiel zu geben, daß die äußerst wechselvoll verlaufende Geschichte Württembergs einem ebenso kontrastreich und vielgestaltig strukturierten Landschaftsraum entspricht.

Ein wesentliches Merkmal der schwäbischen Landschaft ist das Aufeinanderstoßen von geologisch sehr unterschiedlich strukturierten Räumen. Grundsätzlich kann man zunächst drei Großräume in Südwestdeutschland unterscheiden:

die *Oberrheinische Tiefebene* zwischen Schwarzwald und Vogesen,

das *südwestdeutsche Schichtstufenland* mit Schwarzwald, Neckarraum, Schwäbischer Alb,

das *Alpenvorland* mit dem Bodensee, Oberschwaben und dem Allgäu.

Württemberg-Hohenzollern ist weitgehend mit dem südwestdeutschen Schichtstufenland identisch. Dieses wird von sanft ansteigenden Hügeln geprägt, die jäh abbrechen und steile Bergwände zurücklassen. Ein weiteres typisches Kennzeichen: Von einer Schichtstufe oder Landterrasse zur anderen gelangt man manchmal innerhalb kürzester Zeit. Sie sind also nur wenige Kilometer voneinander getrennt, wie z. B. der südöstliche Schwarzwald und die südwestliche Alb. In der Gegend von Donaueschingen kann man diesen Übergang oder besser noch ›Landschaftskontrast‹ am besten beobachten. Auf der Bundesstraße 27 kurz vor Blumberg befindet man sich in dem Gebiet, wo Schwarzwald und Schwäbische Alb aufeinander stoßen. Einen noch besseren Überblick gewinnt man auf der Bodensee-Autobahn A 81 Richtung Singen: Nach der Donauüberquerung steigt die Autobahn an, um den süd-

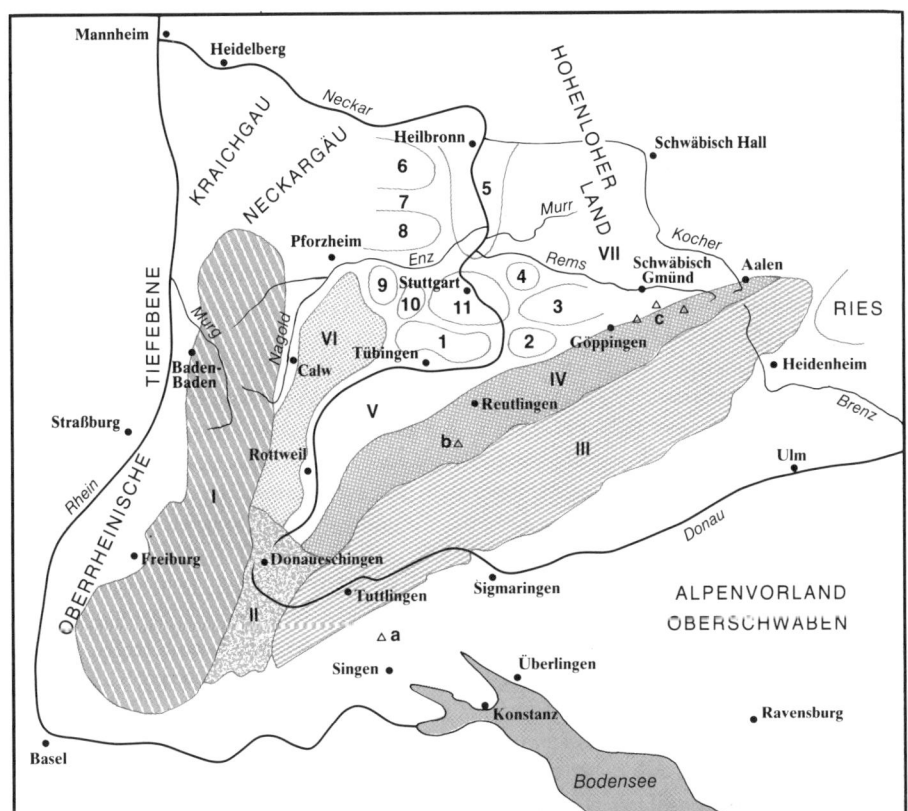

Die naturräumliche Gliederung I Schwarzwald II Baar III Schwäbische Alb IV Albvorland
V Neckargebiet VI Obere Gäue VII Keuperwaldberge 1 Schönbuch 2 Filder 3 Schurwald
4 Schmiedener Feld 5 Neckarbecken 6 Heuchelberg 7 Zabergäu 8 Stromberg 9 Heckengäu
10 Strohgäu 11 Stuttgarter Kessel   a Hohentwiel b Hohenzollern c Kaiserberge: Hohenstaufen,
Hohenrechberg, Stuifen (von W nach O)

westlichen Ausläufer der Schwäbischen Alb zu überwinden. Vor einem liegen dann das
Hegau mit dem Hohentwiel und rechts im Westen die Berge des Südschwarzwaldes.

Das Schichtstufenland Württemberg-Hohenzollern kann in folgende Landschaftsräume
unterteilt werden: Die *Baar*, die *Oberen Gäue* und die *Neckargäu-Platte* ziehen sich parallel
zum Schwarzwald in Süd-Nord-Richtung entlang. Zu diesen Naturräumen gehört auch das
Neckargebiet. Östlich schließen sich das *Albvorland* und die *Schwäbische Alb* an, die im
Norden durch das *Ries* und die *Keuperwaldberge* begrenzt wird.

Das *Donau-Quellgebiet* und der *südliche Neckarraum* (Baar und Obere Gäue) sind weitgehend flach gewellt und weisen nur wenige Wälder auf. Diese Kennzeichen treffen beson-

ders für das Obere Gäu bei Herrenberg zu. Sie fallen auf, wenn man sich dieser Stadt auf der Autobahn, von Süden kommend, nähert. Das Obere Gäu wird von den sanft auslaufenden Schwarzwaldhügeln zur Linken begleitet. Hin und wieder ist die ferne Albkette zur Rechten zu sehen. In Herrenberg verläßt man nun das Gäu und unterquert einen Hang des *Schönbuchs*, eines 120 Quadratkilometer großen Waldgebietes, das sich bis Stuttgart hinzieht. Der Schönbuch mit seinen tiefen Tälern ist in zahlreiche Hügel aufgelöst und steht somit im Kontrast zum eher gleichmäßig und karg verlaufenden Gäu.

Es schließt sich der *mittlere Neckarraum mit Stuttgart* an. Hier handelt es sich ausnahmsweise um keinen Naturraum, sondern um einen Wirtschaftsraum. Dieses südwestdeutsche Industriezentrum und Ballungsgebiet wird ›Großraum Stuttgart‹ genannt.

Der Stuttgarter Kessel ist umgeben von kleineren in sich mehr oder weniger geschlossenen Landschaftsgebieten: Im Süden das *Obere Gäu*, der *Schönbuch* und die *Fildern*, eine besonders fruchtbare Hochebene. Es schließt sich im Nordosten der *Schurwald* und das *Schmidener Feld* bei Waiblingen an. Im Norden öffnet sich das *Neckarbecken*, das man auf der Autobahn (A 81) von Stuttgart kommend Richtung Heilbronn durchquert. Gleich hinter dem Engelberg-Tunnel bei Leonberg fährt man in das *Strohgäu* hinunter. Hinter Bietigheim erscheinen links im Westen die Ausläufer des *Stromberges*. Es folgen das *Zabergäu* und gleich danach, schon kurz vor Heilbronn, der *Heuchelberg*. Diese drei Landschaften gehören zur *Neckargäuplatte*, die nördlich von Heilbronn in die *Tauberplatte* übergeht. Schon weit vor Heilbronn erscheinen rechter Hand, also östlich, die zum Hohenloher Land gehörenden *Löwensteiner Berge*, die von unseren Kunstfahrten allerdings kaum berührt werden (Vergl. dagegen: W. Dettelbacher, Zwischen Neckar und Donau, Köln 1976).

Das *Albvorland*, am besten zu erkunden auf der Strecke von Rottweil über Hechingen, Tübingen, Nürtingen und Kirchheim unter Teck nach Göppingen, besteht aus einer stark bewaldeten Hügelzone. Diese Schichten gehören zu einer abgesunkenen Scholle (Verwerfungszone), dem sogenannten ›Schwäbischen Lineament‹. Spuren dieser Verwerfungen sind die isoliert vor dem Trauf der Schwäbischen Alb stehenden Bergkegel, wie z. B. der Hohenzollern oder die drei Kaiserberge bei Göppingen (s. S. 196, 201; Umschlagrückseite, Abb. 62).

Diese Bergkegel gehören eigentlich schon zur *Schwäbischen Alb*, die im Süden als eine Art Fortsetzung des Schweizer Jura gelten kann, lediglich durchbrochen durch den Rheingraben. Neben den vorgelagerten Bergkegeln unterscheidet man die Alb in *Kuppenalb* und *Flächenalb*. Erstere verweist auf die Hügelkuppen, die sich auf der Hochfläche erheben, wie z. B. der Salmendinger Kapellenberg oder der Roßberg. Die Flächenalb, im Südosten von vielen kleinen Flüssen durchschnitten, fällt sanft ab zur Donau. Schließlich wären noch die Hegau-Alb im Süden mit den Hegauvulkanen, von denen der *Hohentwiel* der auffälligste und interessanteste ist, zu erwähnen (Farbt. 26). Diese geraten in das Blickfeld, wenn man auf der A 81 kurz vor Singen die Albhöhe erreicht hat. Bei gutem Wetter und Fernsicht wird man von einem prächtigen Panorama überrascht. Vor einem die wie in die Landschaft getupften Kegel des Hegau mit langgezogenen Hügeln, die ins Bodenseebecken abfallen, und in der Ferne, aus dem Dunst des Sees aufsteigend, die schnee- und eisbedeckten Gipfel der Schweizer und Vorarlberger Alpen.

Württemberg-Hohenzollern als Kulturraum

Von den kulturellen Leistungen der Kelten, Römer und Alemannen war schon kurz im geschichtlichen Teil die Rede (S. 11 f.). Während die Kelten und Römer hauptsächlich in Flur- und Flußnamen sowie in den Standorten alter Kirchen nachleben – worauf von Fall zu Fall noch hingewiesen wird –, waren es hauptsächlich die Alemannen, die diesem Gebiet eine entscheidende kulturelle Prägung gegeben haben. Das betrifft vor allem die unverwechselbaren Ortsnamen, von denen viele auf ›-ingen‹ enden. Man kann sagen, daß eine große Anzahl von Ortsnamen Rückschlüsse auf die Art und Weise der alemannischen Landnahme zulassen. Die Ansiedlungen vollzogen sich nach Hundertschaften (huntari). Viele solcher ›huntari‹ sind bekannt, wie z. B. Münsingen (Munigiseshuntari). Die huntari bestanden aus einzelnen Sippen, denen Land zugeteilt wurde. Dieses erhielt den Namen des Sippenfürsten. Dafür ein Beispiel: Poltringen bei Tübingen (S. 275), ehemals Boltharingen, kennzeichnet das Gebiet, in dem der Fürst Bolthar mit seinen Leuten und deren Familien ansässig war.

Die Stammesbezeichnung wechselte zwischen ›Sueven‹ (Schwaben) und ›Alamannen‹. Während des 9. und 10. Jahrhunderts setzte sich allmählich die Bezeichnung ›Schwaben‹ durch. Das Gebiet der alemannischen Mundart ist nach Süd-Baden, ins Elsaß und in die Nord-Schweiz zu lokalisieren, während der schwäbische Dialekt erst im 13. Jahrhundert festzustellen ist und vorwiegend Württemberg und angrenzende Gebiete umfaßt.

Bereits gegen Ende des 6. Jahrhunderts haben die Alemannen das Christentum angenommen – möglicherweise in römisch-katholischer Form. Die Missiontätigkeit erfolgte von Irland und Schottland aus, später dann von der Reichenau, von St. Gallen und von Fulda. Die für den späteren Kulturraum ›Württemberg-Hohenzollern‹ bedeutendste Klostergründung fand im Jahre 1084 statt: Hirsau im Nagoldtal (Vergl. K. Ebert, Der Schwarzwald und das Oberrheinland, Köln 1983). Hier entfalteten sich die von Burgund ausgehenden kirchenreformerischen Ideen der Cluniazenser und wirkten weit über die Landesgrenzen. Mit der neuen Idee gelangte auch die neue ›Kunstform‹ nach Südwestdeutschland, der romanische Stil. Das betraf besonders die Architektur, die bald zu einer südwestdeutschen Sonderform der Romanik heranreifte. Die aus dem Geist Clunys entstandene Hirsauer Bauschule vereinfachte den Kirchenbau. Die Dekoration wurde verringert, die Decke flach eingezogen und auf Krypta und Emporen wurde ganz verzichtet. Die Wirkung Hirsaus war im Hochmittelalter sehr intensiv. Lorch (S. 157) und Sindelfingen (S. 148) dürfen in gewisser Weise als Produkte der Hirsauer Bauschule angesehen werden.

Zwischen 1050 und 1100 wurden sehr viele adelige Höhenburgen, z. B. die der Hohenstaufen oder der Tübinger Pfalzgrafen errichtet. Das besonders adelsreiche Schwaben zählte im Mittelalter zu den burgenreichsten Ländern. Schon vorher, im 9. Jahrhundert, entstanden die sogenannten ›Märkte‹, vom König bevorzugte Siedlungen, die mit Handelsprivilegien ausgestattet waren, wie z. B. Esslingen, Kirchheim/Teck oder Heilbronn. Aus den ›Märkten‹ entwickelten sich ›Städte‹, nachdem sie durch einen Mauerring befestigt wurden und die entsprechenden Rechte vom König oder Kaiser erlangt hatten.

Während der romanische Stil, abgesehen von der Hirsauer Bauschule, weitgehend internationalen Charakter zeigt, besonders auffällig bei der romanischen Plastik, hat sich bald darauf eine Sonderform der gotischen Baukunst in Württemberg entwickelt. Heinrich Parler, Ahnherr der berühmten Baumeisterfamilie aus Schwäbisch Gmünd (S. 193), baute in seiner Heimatstadt eine Hallenkirche (Heiligkreuzkirche, Abb. 58), deren Typus bald weit über die Grenzen Schwabens hinaus bekannt wurde. Gegen Ende des 14. und zu Beginn des 15. Jahrhunderts wurden viele größere und kleinere Kirchen im Parler-Stil erbaut. Dafür sorgten die über das ganze Land verteilten Bauhütten mit Steinmetzen aus der Parler-Schule sowie die von den Parlern inspirierten Ensinger und Böblinger. Die Esslinger Frauenkirche (S. 75) sowie die Reutlinger und die Bronnweiler Marienkirche (S. 254 und S. 257, Abb. 83), um nur einige Beispiele aus unserem Gebiet zu nennen, veranschaulichen diesen schwäbischen Baustil.

Typisch ›schwäbisch‹ ist auch der spätgotische Stil in der Malerei und Skulptur. Der Maler Bartholomäus Zeitblom und die Bildhauer Jörg Syrlin, Hans Multscher und Gregor Erhart wären hervorzuheben. Einigen ihrer Arbeiten und solchen aus deren Umkreis werden wir in Kirchen, Sammlungen oder Museen begegnen. Jerg Ratgeb, Maler und Bauernkanzler zur Zeit des Bauernkrieges (S. 15f.) ist eine ungewöhnliche, in kein kulturelles oder soziales Schema passende Persönlichkeit. Sein ›Herrenberger Altar‹ (Abb. 2), in dem mittelalterliche und barocke Formen auf das Eigentümlichste miteinander verwoben sind, ist *das* Prunkstück der Stuttgarter Staatsgalerie (S. 64).

Die nördlich der Alpen nur in einem bescheidenen Maße auftretende Renaissance konnte sich in Württemberg intensiver als anderswo entfalten. Da war zunächst einmal die an Kunst interessierte Erzherzogin Mechthild von Österreich (1419–82), Mutter des berühmten Graf Eberhard im Bart, die ihren Witwensitz, den Rottenburger Hof, zu einem Ort der Musen ausgebildet hatte. Schon im Jahre 1457 betrieb sie die Gründung der Universität Freiburg und drängte bald darauf auch ihren Sohn, die Universität Tübingen zu gründen (1477). Graf Eberhard im Bart gelang es, berühmte Humanisten wie Johannes Reuchlin oder Philipp Melanchton nach Tübingen zu holen. Der ›Rottenburger Musenhof‹ und die Universität Tübingen gehörten damals zu den ersten Stätten Deutschlands, an denen Humanisten ihr Bildungsgut vermittelten.

Bedeutende Renaissance-Bauwerke sind der Arkadenhof des Stuttgarter Alten Schlosses (S. 50, Abb. 1), das von Georg Beer erbaute Tübinger ›Collegium Illustre‹ (S. 261) und das weniger bekannte Poltringer Wasserschloß, das von einem Schüler Beers, Heinrich Schickhardt aus Herrenberg, erbaut wurde (S. 275). Ein eindrucksvolles Zeugnis der Renaissance-

Skulptur bietet der Chor der Tübinger Stiftskirche mit den Grabmälern vieler württembergischer Fürsten und teilweise auch deren Gemahlinnen (S. 265).

Die ungewöhnlich reichhaltig auftretende Renaissance-Kultur in Württemberg mag ein Grund für die rasche Annahme des Protestantismus gewesen sein. Die Durchsetzung der Kirchenreform, auch verbunden mit einem hohen Maß an Aufklärung, konnte auf dem Boden humanistischer Gelehrsamkeit gedeihen. Anders gesehen waren die etwas nüchternen, dem klassischen Ideal verhafteten Renaissanceformen Ausdrucksträger der neuen Lehre, die mit einer schwelgerischen Gottesverehrung nichts mehr gemeinsam hatte. Wenn auch der Dreißigjährige Krieg ein Ende der Renaissance-Kultur in Württemberg bedeutete, konnte sich eine spezifisch katholische Barockkunst in Württemberg nicht durchsetzen. Im katholischen Oberschwaben kam es dagegen zu einer einzigartigen Blüte barocker Baukunst, Skulptur und Malerei. Das überwiegend protestantische Württemberg hat zwar auch eine Barock-Kultur erlebt, aber doch in einer ganz anderen Ausprägung als diejenige im Oberland. Ein typisches Kennzeichen des württembergischen Barock ist bezeichnenderweise eine Rückbesinnung auf die Renaissanceform. Das zeigen nicht nur viele nüchtern gestaltete Fachwerk-Rathäuser, wie z. B. die von Kirchheim unter Teck (Abb. 71), Schorndorf oder Kayh (S. 274), sondern auch Schloß und Anlage der Residenzstadt Ludwigsburg (S. 84 ff.; Abb. 28–31).

Die Stadt Eberhard Ludwigs bot ein schlichtes, fast schon uniformes Straßenbild. Ähnliches kann man auch von den Fassaden des Schlosses und den herzoglichen Bauten der Stadt sagen. Erst in der zweiten Hälfte des 17. Jahrhunderts kommt es zu dem berühmten ›barocken Glanz‹ württembergischer Höfe: Der Herzog inszeniert ausschweifende und überschwengliche Feste. Als die Prinzessin Sophie Louise im Jahre 1671 mit dem Markgrafen Christian Ernst von Brandenburg-Bayreuth vermählt wurde, fuhr eine vergoldete und sammetbesetzte Leibkutsche vor. Sie wurde eigens für dieses Fest in Paris angefertigt und kostete 1640 Gulden. Tausende von Wachskerzen wurden entzündet... Eine phantastische Scheinwelt, die mit der bürgerlichen Wirklichkeit nicht mehr zu vereinen war. Diese Feste waren in den Augen der Bürger eine gottlose Verschwendung, war für sie doch eine einzelne Wachskerze ein großer Luxus. So kann man verstehen, daß die bürgerliche Ehrbarkeit, in strengem lutherischen Glauben erzogen, die Lebensweise der Herzöge verachtete.

Dieser Kontrast zwischen einem prunkvollen Hofleben und einer verhältnismäßig nüchternen Kunstform wird im Laufe des 18. Jahrhunderts noch stärker. Die Neuorientierung der Architektur am Klassizismus, die Ausdrucksträger für die Aufklärung war, kann mit der absolutistischen Einstellung des Herzogs nicht mehr in Einklang gebracht werden (S. 343). Die widersprüchliche Gestalt des Herzogs Karl Eugen von Württemberg legt ein beredtes Zeugnis über dieses Zeitphänomen ab (S. 19).

Abschließend kann man sagen, daß der württembergische Barock in seiner Frühphase eine Variante der Hochrenaissance und in seiner Spätphase, gegen 1800, eine Sonderform des europäischen Klassizismus darstellt.

Um 1800 ist es in Württemberg zu einem musischen Höhenflug gekommen, der für Deutschland, vielleicht sogar für ganz Europa einmalig gewesen ist. Zu Recht spricht Bernhard Zeller, ehemaliger Direktor des Marbacher Literaturarchivs, von einem ›Schwäbischen Parnaß‹: Ludwig Uhland, Eduard Mörike, Wilhelm Hauff, Friedrich Hölderlin, Friedrich Schiller und Gustav Schwab, um nur die bedeutendsten Dichter zu nennen, sind Kinder dieses Landes. Das hat die Schwaben selbstverständlich immer wieder herausgefordert, ihr Poetenland zu besingen:

>»Wir sind das Volk der Dichter,
>Ein jeder dichten kann,
>Man seh' nur die Gesichter,
>Von unser einer an,
>Der Schelling und der Hegel,
>Der Schiller und der Hauff,
>Das ist bei uns die Regel,
>Das fällt uns gar nicht auf.«

Diese Verse von Eduard Paulus, die von Peter Bamm sicherlich zu Recht »die arrogantesten Verse der deutschen Literatur« genannt wurden, charakterisieren den mit einem Augenzwinkern begleiteten Stolz der Schwaben auf seine Dichter und Denker.

Zwei ›Hügel‹ dieses Musenberges wären zu nennen: In Esslingen hat der kunstsinnige Graf Alexander von Württemberg Justinus Kerner, Gustav Schwab und Hermann Kurz zu

Schillerfest am 8. Mai 1838 in Stuttgart, Lithographie nach F. Elias

einer geselligen Poetenrunde vereint. Viele Gäste fanden sich ein, besonders dann, wenn Nikolaus Lenau seine melancholische Lyrik vortrug. Der zweite ›Musenhügel‹, das Tübinger Stift ist noch berühmter geworden. In der ehrwürdigen Universitätsstadt am Neckar haben sich die Wege von Hegel, Schelling und Hölderlin, deren Philosophie und Poesie das Denken der ganzen Welt beeinflußt haben, gekreuzt. Die Wege des neben Mörike und Hölderlin wohl berühmtesten Sohnes des Landes, Friedrich Schiller, werden wir in Stuttgart aufnehmen; und Hölderlins Kreise werden wir später in Tübingen und Umgebung nachvollziehen.

In der Malerei hat man in dieser Zeit von einem ›schwäbischen Raffael‹ gesprochen, dem viele Jahre in Rom arbeitenden und schon früh verstorbenen Gottlieb Schick. Seine wichtigsten Werke hängen in der Stuttgarter Staatsgalerie ganz in der Nähe der Skulpturen des ebenfalls lange in Rom lebenden Johann Heinrich von Dannecker. Ihre Formen und Ideale sind klassizistisch und damit europäisch. Ihnen gelang keine Sonderform, so wie es zu dieser Zeit in der württembergischen Architektur zu beobachten war. Die entsprechenden Vorbilder haben Schick und Dannecker in der Antike oder in der römischen Kunst der Hochrenaissance gefunden.

Im Rahmen dieser kulturellen Skizze sollte man nicht versäumen, den Namen Cotta zu erwähnen. Der Stuttgarter Johann Friedrich Cotta, ›König der Buchhändler‹, verlegte schon sehr früh die teilweise noch nicht so berühmt gewordenen deutschen Klassiker wie Schiller, Goethe, Herder oder Hölderlin. Er gab auch Monatsschriften und politische Journale sowie das literarisch-kritische ›Morgenblatt für die gebildeten Stände‹ heraus. Im Schiller-Nationalmuseum in Marbach (Literaturarchiv) ist seit 1961 ein ›Cotta-Archiv‹ eingerichtet, das u. a. auch den Briefwechsel mit den deutschen Klassikern enthält (s. S. 114).

Die südwestdeutsche Heimat- und Freiluftmalerei um die Jahrhundertwende hatte ihre Wurzeln im Realismus und Impressionismus des 19. Jahrhunderts. Christian Landenberger, für dessen Werk eigens ein Museum (Albstadt-Ebingen, S. 348) eingerichtet wurde, wird manchmal als ›schwäbischer Impressionist‹ bezeichnet. Als ›schwäbisch‹ können allenfalls seine Motive gelten, sein Malstil ist, in Anlehnung an den französischen Impressionismus, international.

Ein typisch württembergischer Jugendstil hat sich ebenfalls nicht entwickelt. Dafür ist in Stuttgart ein nicht unbedeutendes Zentrum dieses ›Stils um 1900‹ entstanden. Hauptinitiator war König Wilhelm II., der im Jahre 1901 die ›Königliche Lehr- und Versuchswerkstätte‹ gegründet hat. Bernhard Pankok, einer der führenden Jugendstilkünstler aus München, erhielt schon kurze Zeit später eine Professur an dieser Schule. Zusammen mit Hans von Heider und Paul Haustein hat er diese Werkstätte systematisch aufgebaut. Einige ihrer kunsthandwerklichen Produkte sind im Württembergischen Landesmuseum in Stuttgart ausgestellt. Das von Pankok erbaute ›Haus Lange‹ in Tübingen ist das einzige erhaltene Haus des Künstlers (s. S. 269).

Die ›moderne Baukunst‹ und in dem Zusammenhang auch das ›Neue Wohnen‹ wurde vom Jugendstil vorbereitet und von dem wenige Jahre später gegründeten Deutschen Werkbund geprägt. Die Stuttgarter Weißenhofsiedlung (S. 70, Abb. 17, 19), ein Experiment des neuen Bau- und Wohnstils, ist heute noch, wenn auch in veränderter Form, ein einzigartiges Dokument für die Entstehung der modernen Architektur. Ludwig Mies van der Rohe, Peter Behrens, Le Corbusier, Hans Scharoun und viele andere Architekten haben mit ihren Schöpfungen Anregungen gegeben, die auch heute noch von vielen Architekten aufgegriffen werden.

Schließlich ist noch ein Blick auf eine Malergeneration zu werfen, die der Abstraktion zum Durchbruch verholfen hat. Damals haben in Württemberg Adolf Hoelzel, Willi Baumeister, Max Ackermann und Oskar Schlemmer gelebt und gearbeitet.

Das geschichtliche, kulturelle und landschaftliche Bild Württemberg-Hohenzollerns schillert in vielen Farben – mal kontrastreich, mal bunt, jedoch niemals eintönig. Eine Fahrt durch dieses alte Kulturland ist erlebnisreich und voller Überraschungen. Eine karge Hochfläche auf der Schwäbischen Alb bei Münsingen und eine idyllische Neckartalaue zwischen Horb und Rottenburg deuten ein weites und temperamentvolles Spektrum an, das sich einem in der Landschaft, im Nachvollzug der Geschichte und im Betrachten der Kunstdenkmäler öffnet.

Stuttgart

Geschichte

Stuttgart zeichnet sich durch eine ungewöhnlich reizvolle Lage aus. Bevorzugt sind diejenigen, die mit dem Auto von Süden anreisen. Über Degerloch, hoch auf einem Bergrücken des Stuttgarter Kessels gelegen, fahren sie die Neue Weinsteige hinunter in die Stadt. Bahnhof, Stiftskirche und Rathausturm fallen wohl als markante Bauten zuerst auf. Von unten, dem Stadtzentrum führen viele Straßen hinauf in die Weinberge, die besonders im Süden und Westen das Stadtbild begrenzen. Bei gutem Wetter gerät von der Höhe aus das Neckartal bei Bad Cannstatt ins Blickfeld und dann auch die ferneren Hügel des Schurwaldes.

Die Hänge, manchmal bis ins Zentrum vordringend, sind bis hoch zu den Kämmen bebaut. Natürlich führen Straßen in diese Wohngebiete, aber auch – eine Spezialität Stuttgarts – viele steile Treppen, auf denen man in malerischen Windungen zwischen Villen und Parks zu den oberen Stadtteilen gelangen kann. So verwundert es nicht, daß die Stuttgarter manchmal spöttisch die ›Stäffelesrutscher‹ (Staffel = Treppe) genannt werden.

Stuttgarts Geschichte geht bis auf die Römer und noch weiter zurück. Auf der Altenburg gegenüber von Cannstatt befand sich ein Römerlager. Schon vor den Römern sollen die Kelten eine Straße durch den Stuttgarter Kessel angelegt haben. Er verlief über das Alte Schloß zum Wilhelmsplatz und von dort über den Bopser zur Weißenburg und auf die Filder. Ein Name für diese Siedlung – wenn es überhaupt eine keltische gegeben hat – ist nicht überliefert. Dagegen wird in fränkischer Zeit (8. Jh.) ein ›Frankenbach‹ genannt. Wahrscheinlich handelte es sich hier um den Nesenbach unweit des Alten Schlosses. Die Franken siedelten wohl dort, wo eine Brücke über den Bach führte. Daher der Name ›Franken-Bach‹.

Der Name ›Stuttgart‹ geht auf ›stoutgarten‹ (Stutengarten) zurück: Nach der Überlieferung hat um 950 der Herzog Hermann I. von Schwaben ein Pferdegestüt gegründet. Zum Schutz dieses Gebietes oder Gartens, in dem die Pferde weideten, hat Ludolf von Schwaben, Sohn Kaiser Otto des Großen, ein wehrhaftes Stutenhaus errichten lassen. In dieser Zeit soll auch eine Wasserburg nahe des Nesenbaches erbaut worden sein. Vermutlich war sie der Ausgangsbau für das heutige Alte Schloß. Einen weiteren Hinweis auf den Namen ›Stuttgart‹ bieten die ›Traditiones Hirsaugienses‹, in denen um die Mitte des 12. Jahrhunderts ein Hugo von Stuockarten, Verwandter der damals mächtigen Grafen von Calw, geführt wird.

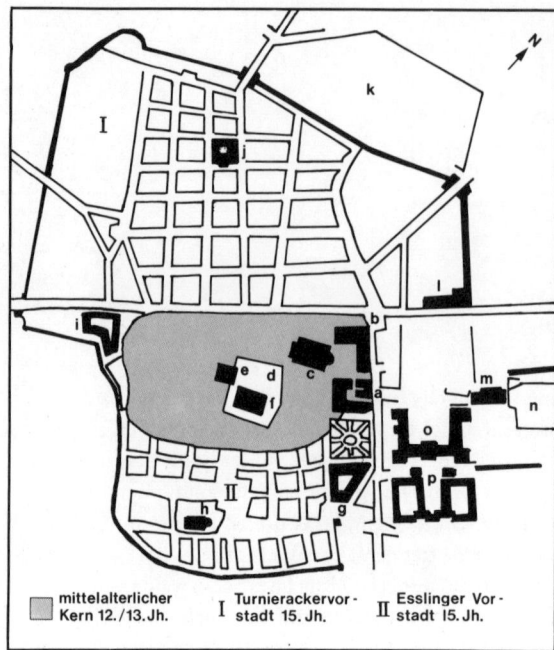

Stuttgart, vom Mittelalter zum Barock

I Turnierackervorstadt, 15. Jh.
II Esslingervorstadt, 15. Jh.
a Altes Schloß
b Kanzlei und Prinzenbau
c Stiftskirche
d Rathausmarkt
e Rathaus
f Herrenhaus (1820 abgebr.)
*g Waisenhaus (Institut für Aus-
   landsbeziehungen)*
h Leonhardskirche
*i Legionskaserne (Schillers
   Kaserne, abgebrochen)*
j Hospitalkirche
k Herrschaftliche See-Wiesen
l ehem. Reitschule (Königsbau)
m ehemaliges Lustschloß
n Anlagen
o Neues Schloß
*p Akademie (ehem. Hohe Karls-
   schule), abgebrochen*

mittelalterlicher Kern 12./13. Jh.

I Turnierackervorstadt 15. Jh.

II Esslinger Vorstadt I5. Jh.

Zu Beginn des 13. Jahrhunderts lassen der Markgraf Hermann V. von Baden und seine Frau Irmgard von der Pfalz Stuttgart ausbauen und befestigen. Zu dieser Zeit werden die Stadtrechte verliehen. Die Wasserburg wird weiter ausgebaut. Bald umgeben auch große Wälle die Stadt, die nötig waren, um feindlichen Heeren standzuhalten, wie z. B. dem des Königs Rudolf von Habsburg. Er belagerte die Stadt in den Jahren 1286 und 1287. Die heute so genannte ›Wagenburg‹ im östlich gelegenen Stadtteil erinnert an den Standort seines Heerlagers.

Im Laufe des 14. und 15. Jahrhunderts wurde die Stadt weitflächig ausgebaut. Im Osten wurde die Neustadt mit der Leonhardskirche, die sogenannte *Esslinger Vorstadt* (vorher Leonhardsvorstadt) angelegt und im Westen die *Turnierackervorstadt* (später ›Obere Vorstadt‹ oder ›Reichenvorstadt‹) mit der Hospitalkirche. Die heute noch nachzuvollziehende Rasteranlage mag auf italienische Vorbilder wie z. B. Turin oder Neapel zurückgehen. Italienische Einflüsse verraten auch die damals im großen Rahmen und mit viel Aufwand geplanten und angelegten prächtigen Gärten und Seen. Diese ›schwäbisch-italienischen Kunstwerke‹ kamen auf Betreiben der Grafenfrauen, von denen einige aus italienischen Fürstenhäusern, wie z. B. der Visconti oder der Gonzaga, stammten, zustande.

2 ›Herrenberger Altar‹ von Jerg Ratgeb. Staatsgalerie Stuttgart
◁ 1 STUTTGART   Altes Schloß, Arkadenhof
3 Gottlieb Schick, ›Apoll unter den Hirten‹, Öl auf Lwd., 178,5 × 232 cm. Staatsgalerie Stuttgart

4   Bügelfibeln aus Gültlingen, Kreis Calw, Gold mit
Almandineinlagen, um 500 n. Chr. Württembergisches Landesmuseum, Stuttgart

6   STUTTGART   Ruine des Lusthauses

5   Krönung Mariae, Tirol, um 1340. Württembergisches Landesmuseum, Stuttgart

7   STUTTGART   Neues Schloß, Marmorsaal   ▷

9   STUTTGART   Königstraße und Hauptbahnhof   10   STUTTGART   Calwer Passage

◁ 8   STUTTGART   Neues Schloß, Hofseite

11, 12   STUTTGART   Jugendstil-Gebäude Calwer Straße 64

13 STUTTGART Johanneskirche
15 STUTTGART Johannesstraße, Historistische
Fassaden

14 STUTTGART Russisch-orthodoxe Kirche
16 STUTTGART Russisch-orthodoxe Kirche,
Detail

17 STUTTGART Weißenhofsiedlung, Haus Max Taut

18 Paul Klee, ›Orakel‹ (Ausschnitt), 1922, Öl auf Malkarton, 53 × 51,5 cm. Staatsgalerie Stuttgart

19 STUTTGART Weißenhofsiedlung, Haus Le Corbusier und P. Jeanneret

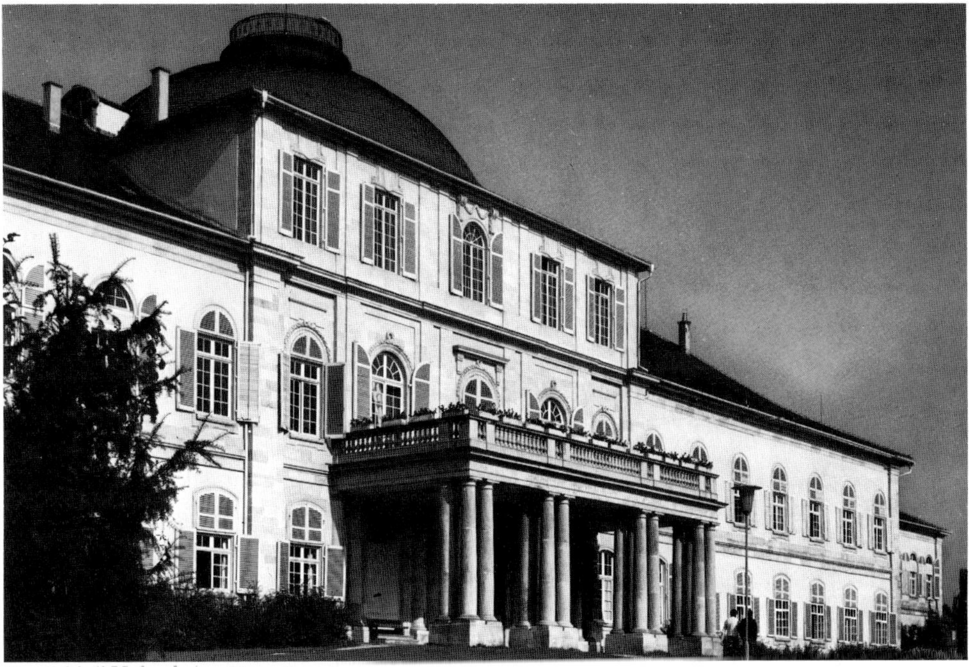

21 Schloß Hohenheim, Hauptfassade

◁ 20 ESSLINGEN Dominikanerkirche St. Paul

22 DENKENDORF Ehemalige Klosterkirche

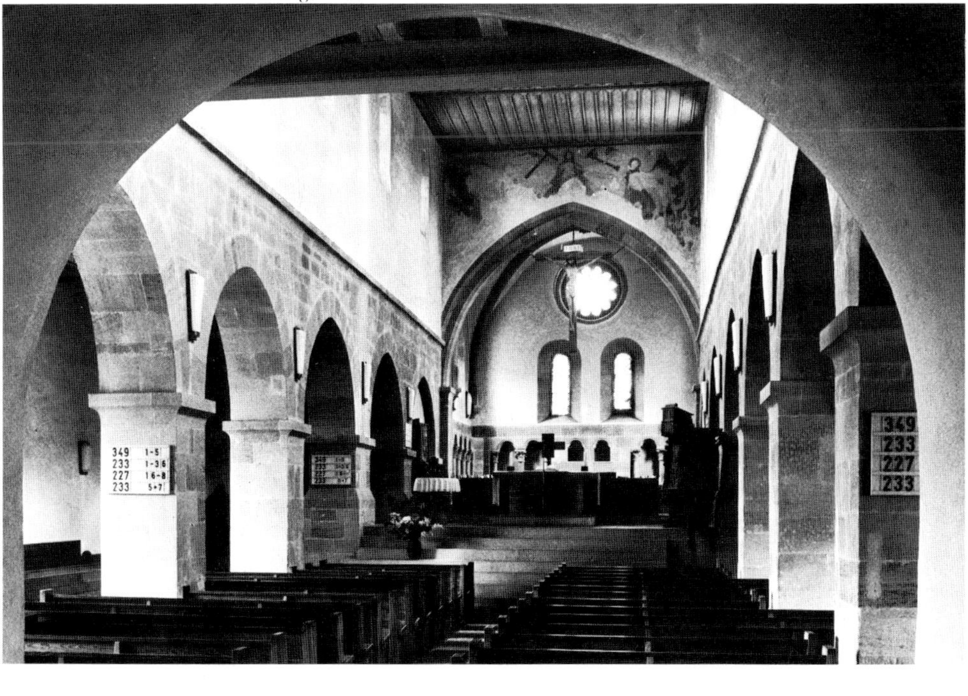

23 Schloß Solitude, Schloßkapelle, Deckengemälde von
Nicolas Guibal

25 WAIBLINGEN   Altstadt mit Nikolauskirche

26 LEONBERG   Marktplatz mit Renaissance-Brunnen, Rathaus und evang. Pfarrkirche

◁ 24   Schloß Solitude, Aurorazimmer

27 LEONBERG   Pomeranzengarten von Heinrich Schickhardt

28 LUDWIGSBURG Schloß, Hofseite des Alten Corps de Logis

29 LUDWIGSBURG Schloß, Schloßkirche ▷

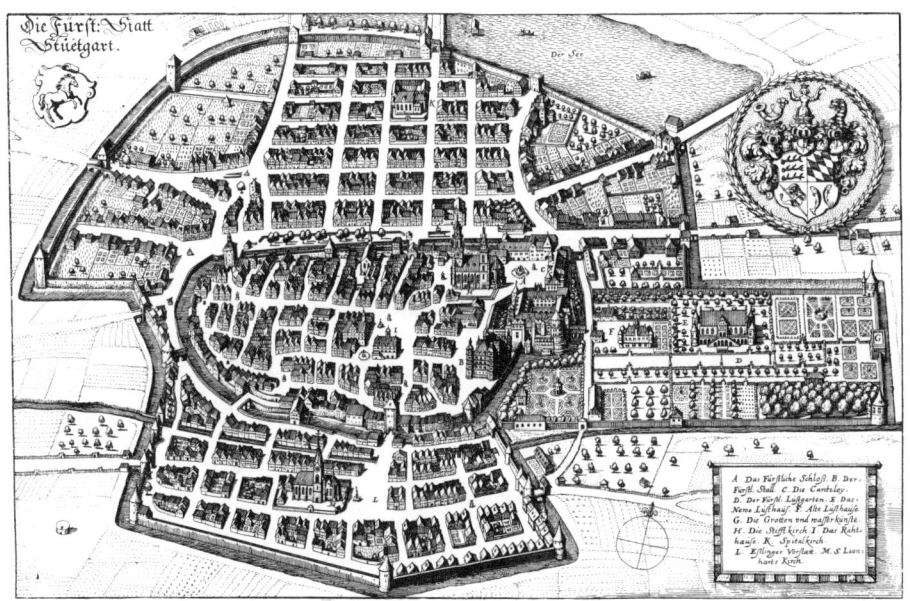

›Die Fürstl. Statt Stuetgart‹, 1638, Kupferstich von Matthäus Merian. Rechts der Lustgarten mit dem Alten und Neuen Lusthaus, in der Mitte das ›Fürstliche Schloß‹ und links darüber die Stiftskirche

In der zweiten Hälfte des 15. und in der ersten Hälfte des 16. Jahrhunderts beginnt das städtische Leben zu blühen. Die Straßen werden gepflastert, das erste Rathaus wird gebaut und das Alte Schloß erweitert und schließlich fertiggestellt.

Nach dem Dreißigjährigen Krieg verlegt Herzog Eberhard Ludwig (1677–1733) seine Residenz von Stuttgart nach Ludwigsburg. Stuttgarts Wachstum wird gebremst, da man sich fortan stärker auf die neue Residenzstadt konzentriert. 1722 beginnen die Kanalisationsarbeiten am Neckar. Ein Jahr später kann die neue Wasserstraße ›Heilbronn – Ludwigsburg‹ eingeweiht werden. Erst mit den Herzögen Karl Alexander und Karl Eugen gewinnt Stuttgart wieder an Bedeutung, da diese sich nach der alten Landeshauptstadt orientieren. Seit 1746 wird am Neuen Schloß und an den Parkanlagen gearbeitet. 1797 entsteht der Karlsplatz. Stuttgart dehnt sich nun sehr schnell aus. Entscheidende städtebauliche Maßnahmen werden dann unter König Friedrich vorgenommen. Er beauftragt den Hofbaumeister Nicolaus von Thouret im Jahr 1809 einen Residenzplan auszuarbeiten. Die Neckarstraße (heute: Konrad-Adenauer-Straße) und der Charlottenplatz erhalten eine städtebauliche Bedeutung, die sie bis heute, allerdings ausschließlich in verkehrstechnischer Hinsicht nicht verloren haben. Thourets Plan hat die Weichen für das moderne Stuttgart gestellt. Allerdings hat er die Stadt homogen und großbürgerlich gestalten wollen. Durch die Zerstörungen des Zweiten Weltkriegs und der Bauwut in den Jahren danach ist dieses Bild weitgehend getilgt worden, um besonders den Erfordernissen des Stadtverkehrs zu entsprechen.

Historische Spaziergänge in der alten und neuen Residenzstadt
(s. auch Stadtplan in der hinteren Umschlagklappe mit der Lage aller behandelten Sehenswürdigkeiten)

Altes Schloß

Der mächtige Bau des Alten Schlosses (a) prägt zusammen mit der Alten Kanzlei und den Türmen der Stiftskirche die Altstadt. Gegenüber, jenseits der Planie, das Neue Schloß und die anschließenden Parkanlagen. Hier beginnt das barocke Stuttgart. Selten sind in einer Großstadt die unterschiedlichen städtebaulichen Phasen, die mittelalterliche und die barocke, so deutlich erkennbar und zugleich vollständig in das moderne städtische Leben integriert.

Der burgartige Trutzbau mit den wehrhaften Ecktürmen betont das historische Zentrum der Stadt, das nur wenige Meter entfernt vom modernen kommerziellen Zentrum, der Königsstraße, entfernt liegt. Die Baugeschichte des Alten Schlosses ist noch nicht genau erforscht. Man vermutet, daß gegen 950 an diesem Platz eine ›Motte‹, ein aufgeworfener Hügel mit einer Burg oder einem einzelnen Burgturm stand. Fest steht, daß der östliche Trakt, der sogenannte Dürnitzbau (Festsaalgebäude) gegen 1330 entstanden ist. Um ihn herum führte ein gedeckter Wehrgang. Der anschließende Bau mit dem großen Innenhof wurde unter Herzog Christoph zwischen 1553 und 1560 vom Baumeister Alberlin Tretsch (Albrecht Dretsch) errichtet. Eine besondere Kostbarkeit stellten die in drei Stockwerken angelegten steinernen Laubengänge des Innenhofes dar (Abb. 1). Sie sind mit einem Kreuzrippengewölbe, kannelierten Säulen und Kompositkapitellen ausgestattet. Hier haben wir es

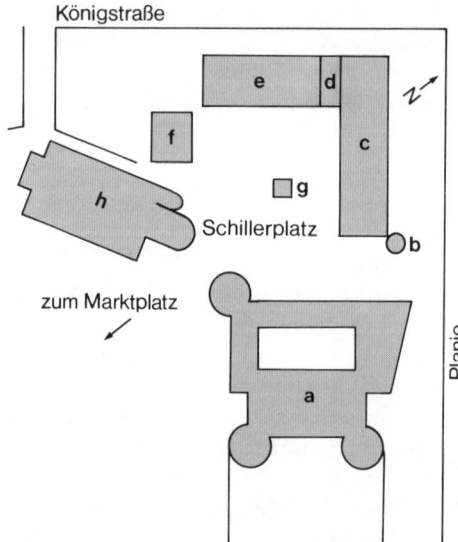

Stuttgart, Bereich Altes Schloß
a Altes Schloß b Merkursäule c Alte Kanzlei d Hofapotheke e Prinzenbau f Schillerdenkmal g Alter Fruchtkasten h Stiftskirche

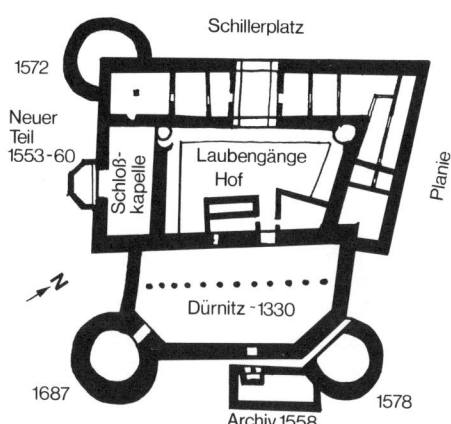

Stuttgart, Altes Schloß

mit einem besonders prachtvollen Zeugnis der deutschen Renaissance-Baukunst zu tun. Die ebenfalls von Tretsch erbaute Kapelle (1560–62) ist ein architektonisches Kuriosum. Der Chor befindet sich in der Mitte des Kirchenschiffes, das von einem Netzgewölbe aus Stuck und Holz abgedeckt ist.

Die Schloßtürme sind erst im 16. und 17. Jahrhundert erbaut worden. 1931 wurde das Schloß durch einen Brand größtenteils zerstört, ebenso im Jahre 1944. Beim Wiederaufbau hat man sich streng an die historische Form gehalten.

In den Räumen des Alten Schlosses ist das *Württembergische Landesmuseum* untergebracht (Öffnungszeiten tägl. 10–17 Uhr; mi 10–19 Uhr, mo geschl.; s. S. 52). Über den Schloßhof (1) gelangt man in den großen Saal des ehemaligen Dürnitzbaus. Hier im *Erdgeschoß* ist ein Zwischengeschoß eingebaut worden, das die kunsthandwerkliche Abteilung birgt (2). Besonders sehenswert ist die Jugendstilabteilung mit Arbeiten von Bernhard Pankok und seiner Schule. In der Nähe Schaukästen mit Schmuck, kirchlichen Geräten und Gebrauchsgegenständen aus dem 18. und 19. Jahrhundert.

Im südöstlichen Dürnitzturm ist eine Waffensammlung (3) untergebracht, und in den Räumen des Renaissance-Traktes kann man Funde aus der Stein-, Bronze- und Eisenzeit sehen (4). Um nur einige herausragende Exponate zu nennen: Die Kleinplastik eines Leopardenkopfes aus Elfenbein ist über 30 000 Jahre alt. Ein Faustkeil datiert sogar aus der Zeit um 50 000 v. Chr. In weiteren Vitrinen findet man Keramik aus der Bronzezeit (16.–14. Jh. v. Chr.), die in Hügelgräbern auf der Schwäbischen Alb gefunden wurde. Auffallend die lebensgroße Sandsteinfigur eines maskierten Kriegers aus dem 6. Jahrhundert v. Chr.

Im *ersten Obergeschoß* fallen sofort die mittelalterlichen Altäre (1) ins Auge. Es handelt sich hier hauptsächlich um schwäbische Arbeiten aus dem 14. und 15. Jahrhundert. Eine der frühesten Arbeiten ist eine ›Krönung Mariens‹ (Tirol, um 1340; Abb. 5), deren ›weicher Stil‹ in den mäßig geschwungenen Faltenwürfen anschaulich wird. Lediglich in den ›Winkelfalten‹ zwischen den Beinen deutet sich schon der ›harte Stil‹ an, der für das 15. Jahrhundert

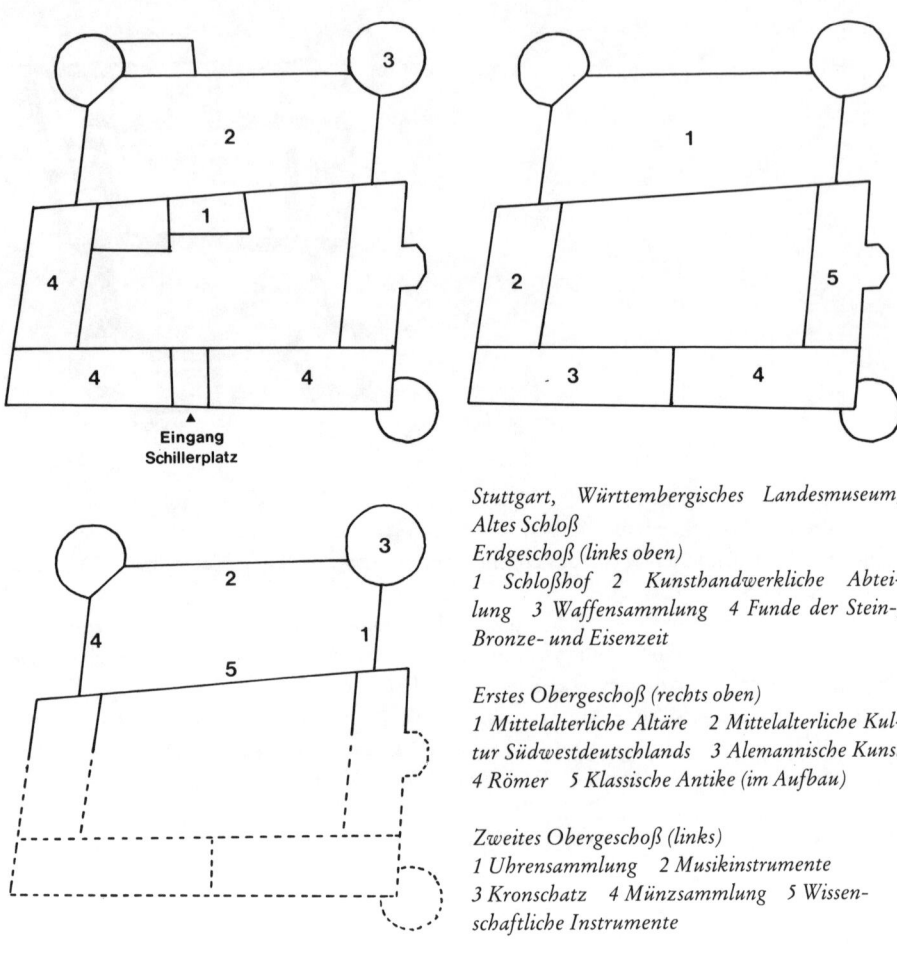

Stuttgart, Württembergisches Landesmuseum, Altes Schloß
Erdgeschoß (links oben)
1 Schloßhof 2 Kunsthandwerkliche Abteilung 3 Waffensammlung 4 Funde der Stein-, Bronze- und Eisenzeit

Erstes Obergeschoß (rechts oben)
1 Mittelalterliche Altäre 2 Mittelalterliche Kultur Südwestdeutschlands 3 Alemannische Kunst 4 Römer 5 Klassische Antike (im Aufbau)

Zweites Obergeschoß (links)
1 Uhrensammlung 2 Musikinstrumente
3 Kronschatz 4 Münzsammlung 5 Wissenschaftliche Instrumente

bestimmend wird. Der Talheimer Altar (1515) stammt aus dem Umkreis des berühmten Gregor Erhart. Die fein geschnitzten Gesichter und die ausgewogene Gestik erinnern an die Figuren des Blaubeurer Hochaltars, des Meisterwerks Erharts (vergl. Ebert, Bodensee und Oberschwaben, Köln 1981). Beachtenswert ist ebenfalls der Zwiefaltener Hochaltar (1509/10) und besonders die sehr frühe Christus-Johannes-Gruppe aus der Bodensee-Gegend (um 1300). Man sollte sich ebenfalls die schönen Glasfenster aus dem Hochmittelalter anschauen.

In einem kleinen anschließenden Raum (2) sind unter dem Motto ›Kloster und Kirche‹ die Anfänge der mittelalterlichen Kultur Südwestdeutschlands dokumentiert. Sehr selten die Fragmente bemalter Chorschranken der alten romanischen Basilika der Großkomburg bei Schwäbisch Hall (vergl. Dettelbacher, Zwischen Neckar und Donau. Köln 1976). Sie gehen auf die erste Hälfte des 12. Jh. zurück. Der ›Wildberger Mann‹, entstanden um 1200, hatte seinen Standplatz auf einer Gartenmauer in Wildberg an der Nagold. Wahrscheinlich ist ihm eine apotropäische Bedeutung zuzuschreiben. Der ›Wannweiler Drachenstein‹ ist ein romanischer Türsturz, auf dem eine Drachendarstellung und eine Sonnenuhr zu sehen sind (S. 99).

Es ist wohl hauptsächlich die Abteilung ›alemannische Kunst‹ (3), die das Landesmuseum berühmt gemacht hat. Viele der Ausgrabungsfunde archäologischer Zonen Südwestdeutschlands sind hier aufgestellt und durch Schau- und Schrifttafeln erläutert, so daß man einen ausführlichen Einblick in die Kunst- und Lebensweise der Alemannen erhält. Besonders reizvoll sind die vielfältigen Schmuckformen der Alemannen, wie z. B. die mit Goldfassungen und Almandineinlagen gestalteten Bügelfibeln (500 n. Chr.; Abb. 5).

Den Römern in Württemberg ist der benachbarte Raum (4) gewidmet. Eines der Prunkstücke ist ein aus versilbertem Kupferblech verzierter Gesichtshelm (3. Jh. n. Chr.). Das Marmorporträt des Kaisers Augustus (entstanden um Christi Geburt) zählt ebenfalls zu den Kostbarkeiten dieser Abteilung. Geräte, Werkzeuge, Waffen sowie zahlreiche andere Funde ermöglichen ein ausführliches Studium der Römer in Württemberg. – Die Abteilung ›Klassische Antike‹ befindet sich zur Zeit im Aufbau und ist daher nicht zugänglich (5).

Eine immer wieder gern besuchte Abteilung im *zweiten Obergeschoß* ist die Uhrensammlung (1). Die ›Kaisermonumentuhr‹, aus dem 16. Jahrhundert stammend, weist einen reich dekorierten Unterbau auf. Kannelierte korinthische Säulen stehen vor Bogenfeldern und stützen einen zierlichen Pavillon. Ganz in der Nähe eine ›astronomische Maschine‹ des Mechaniker-Pfarrers Philipp Matthäus Hahn (1739–90). Diese Uhr mißt die Weltzeit, die der Pfarrer aus der Bibel errechnet hat. Der Umlauf eines Zeigers dauert 7777 $\frac{1}{9}$ Jahre! Das ursprüngliche Rokokogehäuse wurde durch ein klassizistisches von Thouret (1805) ersetzt. In einer weiteren Abteilung sind Musikinstrumente (2) zu sehen, u. a. ein schön geformtes Barockclavichord (1680) und ein Hammerflügel (1814). In Turm (3) ist der Kronschatz ausgestellt. Wieder in den Saal zurückgekehrt, gelangt man zur kostbaren Münzsammlung (4) und schließlich zu einer Sammlung mit wissenschaftlichen Instrumenten (5).

Schillerplatz

Der Schillerplatz wird begrenzt von den ältesten Gebäuden der Stadt (s. Plan S. 50). Mit dem Alten Schloß im Rücken ist rechts die *Merkursäule* (b) von 1598 zu sehen (Farbt. 1). Dieser ehemalige Wasserturm ist nach den Plänen Wendel Ditterlins erbaut worden. Die Merkurstatue (nach Giovanni da Bologna) wurde erst später (1862) auf den Turm gesetzt. Die Merkursäule lehnt an der *Alten Kanzlei* (c), einem stattlichen Renaissance-Bau (1541–43) mit zwei Portalen an der Platzseite, deren Ornamentik mit der des Tübinger Schlosses zu vergleichen ist. Es handelt sich hier um Motive, die von niederländischen Ornamentmustern des 16. Jahrhunderts angeregt sein dürften. Im Winkel zum Prinzenbau, neben der Passage zur Königstraße, befindet sich der Eingang der *ehemaligen Hofapotheke* (d), die heute modern ausgestaltet ist.

Der im rechten Winkel an die Alte Kanzlei stoßende *Prinzenbau* (e) wurde 1605 von Heinrich Schickhardt aus Herrenberg entworfen. Er hat allerdings nur das Kellergeschoß ausführen können. Erst hundert Jahre später wurde der Bau vollendet. Die italienisch anmutende Palastfassade mit klassischer Säulenordnung stammt von J. F. Nette. Diese wurde in Abstimmung mit dem kurz vorher vom Kasseler Festungsbaumeister Weiss erbauten Erdgeschoß und dem daraus stark hervortretenden Portal entworfen.

Links neben dem Prinzenbau steht, an den Chor der Stiftskirche grenzend, der *Fruchtkasten* (f). Sein weit hinuntergezogener und mit einem kleinteiligen Treppenmuster gegliederter Giebel steht in einem gefälligen Kontrast zu den weit ausladenden Fassaden der gegenüberliegenden Gebäude. Der Bau wurde 1393 als Kelter erwähnt, die offensichtlich später abgerissen wurde. 1596 hat Heinrich Schickhardt das Haus neu wieder aufgebaut und mit einer Renaissance-Fassade versehen. Rechts der Zugang zu einem römischen Lapidarium mit der Nachbildung der Jupitergigantensäule, die in Hausen an der Zaber (Kreis Heilbronn) gefunden wurde (tägl. geöffnet 10–17 Uhr, mi 10–19 Uhr, mo geschl.). Im Zentrum des Platzes das *Schillerdenkmal* (g) von Thorvaldson (1839). Der Sockel stammt von Thouret.

Stiftskirche (h)

Vermutlich stand an diesem Platz schon um 1000 ein romanischer Vorgängerbau. Dieser wurde um 1230 zur Basilika, wahrscheinlich unter Hermann V., dem Markgrafen von Baden, ausgebaut. Hundert Jahre später konstituierte sich das Chorherrenstift Stuttgart. Die Pfarrrechte der Cannstatter Martinskirche wurden nun auf die Stuttgarter Stiftskirche übertragen. Zwischen 1327 und 1347 wurde der hochgotische Chor errichtet. Von 1433 bis 1460 hat Alberlin Jörg, von dem in Württemberg noch viel die Rede sein wird, einen an den Parlern inspirierten dreischiffigen Hallenbau entworfen und ausführen lassen. Der unverwechselbare Renaissance-Westturm (1490–1531) ist oktogonal gestaltet (Ft. 1). Er steht auf einem breiten Untergeschoß, dessen Eingangshalle zugleich das erste Joch des Mittelschiffes ist.

Gegenüber dem in einem Stumpf endenden Westoktogon nimmt sich der Südturm mit seinen gestreckten Dachformen leicht und spielerisch aus. An den Untergeschossen kann man noch ein romanisches Ornamentband erkennen (1230). Das Portal ist mit einer modernen Bronzetür versehen. Darüber stehen mittelalterliche Skulpturen, Christus und die Apostel vom ehemaligen Apostelportal. An der südlichen Chorwand fällt ein Tympanon mit einer Kreuzigung auf. Es stammt aus der ersten Hälfte des 14. Jahrhunderts. Neben Maria und Johannes erscheint der Pelikan, das Symbol für den Opfertod Christi.

Der Innenraum wird durch den Hallencharakter geprägt. Die drei Schiffe sind nahezu gleich hoch. Um eine einheitliche Raumwölbung zu erzielen, hat Alberlin Jörg die Seitenschiffe ein wenig gesenkt, so daß der höchste Punkt der Scheitelpunkt des Mittelschiffes ist. Als direkte Vorbilder sind die Frauenkirche in Esslingen (S. 75) und die Herrenberger Stiftskirche (S. 152) zu nennen. Das Baukonzept einer Hallen- oder Staffelkirche ist typisch und einzigartig für die württembergische Baukunst des Spätmittelalters. Wir werden es auf unseren weiteren Kunstfahrten noch häufiger entdecken.

Beachtenswert sind ferner die vielgestaltigen Gewölbeformen der Kapellen, der Seitenschiffe und des Hauptschiffes. In der Turmkapelle steht das Grabmal des Grafen Ulrich des Stifters mit seiner zweiten Gemahlin Agnes von Liegnitz. Das gegen 1170 entstandene

Grabmal veranschaulicht die Übergangsformen von der Romanik zur Gotik. Die Körperformen sind ungelenk und noch sehr flach gehalten. Dagegen ordnen sich die Faltenbahnen schon zu eleganten Schwüngen (Agnes) und feingliedrigen Röhren (Ulrich). An der nördlichen Langhauswand ist das seltene Motiv eines Schutzmantelchristus zu sehen. Die Schutzmantelfunktion ist sonst üblich bei weiblichen Heiligen oder bei der Madonna.

An der Chornordwand stehen die von Simon Schlör gestalteten Grafenstandbilder, die Herzog Ludwig in Auftrag gegeben hat und die unter Herzog Friedrich im Jahre 1574 vollendet wurden. Die Standbilder der elf württembergischen Grafen demonstrieren in Gestus und Mimik das Selbstbewußtsein des Renaissance-Fürsten. Die meisten von ihnen tragen Waffen und ihre Rüstung: auf Löwen stehend, angriffsbereit oder pathetisch in einer Herrschaftspose. Bogen- und Pilastermotiv entsprechen der Triumphbogenarchitektur. Die Pilaster sind mit Hermen auf hohen Sockeln versehen. Die Grafenstandbilder von rechts nach links in chronologischer Folge:

Ulrich der Stifter (ca. 1226–1265)
Ulrich II. (1253/54–1279)
Eberhard der Erlauchte (1265–1325)
Ulrich III. (1292–1344)
Ulrich IV. (1315–1366)
Eberhard II. der Greiner (1344–1392)
Ulrich, Sohn des Greiners (1342–1388)
Eberhard III., der Milde (1364–1417)
Eberhard IV., der Jüngere (1388–1419)
Ulrich V., der Vielgeliebte (1413–80)
Graf Heinz von Mömpelgard (1448–1519)

Beachtenswert sind auch die modernen Chorfenster von Saile, Kohler und Stockhausen. Sailes Apokalypse nimmt im unteren Teil Bezug auf die Bombennächte, die Stuttgart während der Endphase des Zweiten Weltkriegs erleiden mußte.

Marktplatz
Man kann sich heute kaum mehr vorstellen, daß der Marktplatz mit seinen Fachwerkbauten eine gemütliche und intime Atmosphäre vermittelt hat. Auf den Trümmern des Zweiten Weltkrieges wuchsen moderne Bauten empor, besonders der Breuninger-Komplex, der noch monumentaler wirkt als der klobige Rathaus-Bau von 1954. Dieser ist das genaue Gegenstück zum ehemaligen feingliedrigen neugotischen Rathaus.

Tagblattturm
Über die Hirsch- und die vielbefahrene Eberhardstraße gelangt man zum Tagblattturm, dem von Oswald erbauten ersten Hochhaus der Stadt (1924–27). Ein Stahlbetongerüst ist der konstruktive Kern des Gebäudes, dessen regelmäßig angeordnete Fensterreihen den Stil der ›Neuen Sachlichkeit‹ verraten.

Stuttgart, Rathaus und Marktplatz, Kupferstich von Carl Ganger, 1815

Turnierackervorstadt

Vom Tagblatturm gehen wir über den Rotebühlplatz rechts ab in die Hospitalstraße. Wir befinden uns jetzt mitten in der ehemaligen Turnierackervorstadt, die wegen der gehobenen Wohnqualität später auch ›Reichenvorstadt‹ genannt wurde. Das quadratische Rastersystem (Vorbild möglicherweise Neapel oder Turin) ist teilweise heute noch auszumachen.

Die *Hospitalkirche* war früher die Pfarrkirche dieses Stadtviertels und gleichzeitig die Klosterkirche eines 1473 gegründeten Dominikanerklosters. An die Klosteranlage erinnert heute lediglich ein kleiner Hof. Alberlin Jörg hat diese Kirche 1471 als Hallenkirche geplant und erbaut. Der Turm ist erst später, im Jahre 1730, hinzugekommen. Seine der Renaissance nachempfundenen Formen erinnern entfernt an den Turm der Stiftskirche. Im Chor steht eine frühbarocke Kreuzigungsgruppe von Hans Seyffer (1501).

Leonhardskirche

Eine Unterführung unterquert die Theodor-Heuss-Straße. Man gelangt auf die Königsstraße und von dort über den Marktplatz, vorbei am Breuninger-Kaufhaus durch eine erneute Unterführung in die ehemalige *Esslinger Vorstadt* (vorher Leonhardsvorstadt) zur Leonhardskirche. Die ebenfalls von Alberlin Jörg im Jahr 1460 erbaute Kirche ist wieder als dreischiffige Halle konzipiert worden. Sie wurde an einen bereits vorhandenen Chor aus dem Jahre 1409 angebaut. Das differenzierte Netzgewölbe des Chors steht in einem unseligen Kontrast zur Flachdecke des Langhauses. Das Einziehen einer Flachdecke ist aber leider notwendig geworden, nachdem das Gewölbe im letzten Krieg eingebrochen war. Von der Ausstattung ist nur das teilweise aus der Spätgotik stammende Chorgestühl an der Südwand sehenswert. Die neben der Kirche stehende Kreuzigungsgruppe ist eine Kopie der Seyffer-schen von der Hospitalkirche (S. 56).

Waisenhaus

Von der Leonhardskirche führt die Esslinger Straße zum Charlottenplatz. Für Nikolaus von Thouret hatte dieser Platz eine wichtige Gelenkfunktion im Konzept seines Residenzbau-plans. Dadurch, daß hier die Dorotheen- und die Neckarstraße (heute Konrad-Adenauer-Straße) im rechten Winkel aufeinanderstoßen, werden der Karlsplatz und der nördlich sich anschließende mittelalterliche Bereich mit dem Alten Schloß und der Kanzlei mit in den Komplex des Neuen Schlosses und des Schloßgartens einbezogen.

Heute ist von dieser städtebaulichen Idee nichts mehr zu verspüren. Lediglich das alte Waisenhaus am Charlottenplatz erinnert an Thourets Vorstellungen. Es ist unter Eberhard Ludwig zwischen 1710 und 1788 entstanden. Heute hat sich das Institut für Auslandsbezie-hungen in einigen seiner Räume niedergelassen.

Neues Schloß

Wenn man auf dem Schloßplatz steht und sich umschaut, wird man mit den die Stadt prägenden Kulturepochen konfrontiert: Das Alte Schloß, Chor und Türme der Stiftskirche sowie die Alte Kanzlei und die Merkursäule veranschaulichen das mittelalterliche Stuttgart. Direkt vor einem das Neue Schloß, das barocke Stuttgart also. Und wenn man sich umwen-det, fallen die sperrig wirkenden Betonterrassen auf, der sogenannte ›Kleine Schloßplatz‹ – Markenzeichen unseres Jahrhunderts.

Eine erste Schloßanlage gegenüber dem Alten Schloß ist schon um 1500 erwähnt worden. Gegen 1550 soll Herzog Christoph Anbauten angeordnet haben. Auch die Gartenanlage war schon vorhanden, wenn auch längst nicht in den heutigen Ausmaßen. Von diesem Garten wurde übrigens gesagt, er sei der schönste in ganz Deutschland. Hier stand ein sogenanntes Lusthaus, das Georg Beer zwischen 1580 und 1593 erbaut hat. Dieser seit langem abgebrochene Renaissance-Bau mit volutengezierten Treppengiebeln stand genau dort, wo sich heute das Kunstgebäude befindet (S. 60).

Eine entscheidende Erweiterung der Schloßgartenanlage ist aus dem beginnenden 17. Jahrhundert überliefert. Heinrich Schickhardt, gerade von seiner ausgedehnten Italienreise zurückgekehrt, hat die Pläne geliefert. Dann ruhten die Arbeiten im Schloßbereich. Der Dreißigjährige Krieg verheerte das Land. Danach wurde die Residenz bekanntlich nach Ludwigsburg verlegt. Erst Karl Alexander zog um die Mitte des 18. Jahrhunderts wieder nach Stuttgart, und sein Sohn Karl Eugen (1737–93) begann mit dem Neu- und Ausbau. Sein Orientierungspunkt war das Ludwigsburger Schloß. Dessen Erbauer, Frisoni, empfahl seinen Neffen Leopold Retti nach Stuttgart. Von ihm stammen auch die ersten Pläne. Übrigens wurde auch der berühmte Balthasar Neumann, Erbauer der Würzburger Resi-denz, zu Rate gezogen. Seine Vorstellungen gefielen, und er lieferte Pläne, die einen pracht-vollen, aber eben auch sehr teuren Bau versprachen. Aus diesem Grunde entschied sich Karl Eugen für Retti, der nun endlich mit dem Bau beginnen konnte. Nach seinem frühen Tod im

ZV STVETTGARTT

Jahre 1751 wurde Philip de la Guepiere, ein Franzose, für den Weiterbau verpflichtet. Das entsprach ganz der Vorliebe des Herzogs für den ›französischen Geschmack‹. Das typisch Französische zeigt sich in den abgerundeten Ecken, die sowohl am Außenbau als auch in manchen Innenräumen auffallen.

Der Gartenflügel brannte im Jahre 1762 vollständig aus, und da der Herzog seine Residenz wieder nach Ludwigsburg verlegte, ruhte der Aus- und Weiterbau für die nächsten zwanzig Jahre. Nach dem Tode Karl Eugens im Jahre 1793 wurde das Schloß unter König Friedrich hauptsächlich vom Hofbaumeister Nikolaus von Thouret in den Jahren 1805 und 1807 vollendet. Er nahm sich hauptsächlich den Innenausbau vor und brachte eine streng klassizistische Note in den manchmal etwas spielerisch anmutenden Spätbarock de la Guepieres. Zunächst fällt auf, daß das Schloß sehr tief liegt. Das ist auf ein fehlendes Sockelgeschoß zurückzuführen. Dafür wird die Raumtiefe des Innenhofes gesteigert. Unschwer erkennt man darin das Vorbild von Versailles, was auch die Absicht des absolutistischen Herrschers Karl Eugen gewesen sein dürfte. Ferner fällt auf, daß das Schloß zwei Hauptschauseiten hat: eine zum Hof und zum Schloßplatz (Abb. 8) und die andere zum Park. Während erstere den Stadtschloßcharakter betont, vermittelt die ›Parkseite‹ mehr das Moment eines Landschlosses. Zwei nach vorn gezogene Flügel rahmen einen langgestreckten Mitteltrakt (das ist der große linke Seitenflügel vom Schloßplatz aus gesehen) mit einer leicht vorspringenden Portalzone. Zum Portal führt eine Freitreppe. Über dem gesamten Portaltrakt erhebt sich ein Dreiecksgiebel, in dem die Allegorien des Frühlings und des Sommers dargestellt sind.

Die Innenräume sind während des Zweiten Weltkriegs vollständig zerstört worden. Den größten Teil hat man modern wieder aufgebaut. Ein seltenes Beispiel für die originalgetreue Rekonstruktion historischer Räume ist die Äneas-Galerie. Auf Grund einer Federzeichnung und einer Ölskizze konnte das große Deckenbild von M. Günther wiederhergestellt werden. In anderen Sälen war man ebenfalls bemüht, die originalen Dekorationen Rettis und Thourets zu rekonstruieren. Heute befinden sich das Finanz- und Kultusministerium in den Schloßräumen.

Schloßplatz (Farbt. 7)

Im Zentrum steht die *Jubiläumssäule* (L. Hofer, 1863) mit einer pathetischen Concordia-Figur, die ursprünglich nicht vorgesehen war. Die Sockelreliefs und die Figuren sind von Th. Wagner. Am Rande des Platzes das von P. Müller gestaltete Standbild des Herzogs Christoph (1889).

An Stelle des alten Lusthauses steht heute das 1912 von Th. Fischer erbaute *Kunstgebäude* mit der an mediterrane Architektur erinnernden Loggia als Eingangsfront. Hier finden Wechselausstellungen des Württembergischen Kunstvereins statt. Ferner hat sich in den Räumen dieses Gebäudes die ›Galerie der Stadt Stuttgart‹ mit wichtigen Werken von Otto Dix eingerichtet (Öffnungszeiten tägl. 10–17 Uhr, mi 10–19 Uhr, mo geschl.).

◁ *Stuttgart, Fürstlicher Lustgarten, Kupferstich von Matthäus Merian, 1616*

Königsbau

Der an der Königsstraße gelegene Königsbau war als städtebauliches Pendant zum Neuen Schloß gedacht. Die ersten Pläne stammen von J. M. Knapp. Chr. Leins hat diese Entwürfe stark verändert und zwischen 1855 und 1859 ausgeführt. Die Fassade wird durch mächtige ionische Säulen gegliedert und unterbrochen von zwei etwas hervortretenden portikusähnlichen Teilen mit korinthischen Säulen und Dreiecksgiebeln (Farbt. 7).

Kleiner Schloßplatz

Mit den 1968 über die Planie geführten Betonebenen (Bächer, Belz, Kammerer) konnte sich die Stuttgarter Bevölkerung lange nicht anfreunden. In der Tat steht die festungsartige Architektur in einem merkwürdigen Kontrast zum großzügigen Schloßplatz gegenüber. Unten auf der Verkehrsinsel steht wie verloren ein Bogenstück des ehemaligen Kronprinzessinnenpalais. Der 1842 errichtete Bau brannte im letzten Krieg aus und wurde danach im Zuge der neuen Verkehrsführung abgerissen.

Obere Anlagen

Über den Schloßplatz gelangt man zu den Oberen Anlagen, die sich über die *Mittleren* und *Unteren Anlagen* ca. 3,5 Kilometer lang bis an den Neckar nach Bad Cannstatt hinziehen. Im 16. und 17. Jahrhundert erstreckte sich hier das ›herrschaftliche Wiesental‹, von kleinen Wasserläufen und dem Nesenbach durchzogen. Eine Umgestaltung des Geländes fand erst 1808 unter König Friedrich statt. Nikolaus von Thouret hat diese Anlage im Stil des englischen Landschaftsgartens konzipiert, aber nicht ausgeführt.

In einer gefälligen und kontrastreichen Plazierung gruppieren sich um den Anlagensee die Gartenfront des Neuen Schlosses, das Kunstgebäude, halb hinter Büschen versteckt, sowie der moderne Block des Landtagsgebäudes und die vornehme Fassade des Staatstheaters. Großflächige Rasenzonen und ein üppiger Baumbewuchs lassen diesen Park wie eine Oase inmitten des Großstadtzentrums erscheinen.

Landtagsgebäude

Das 1958–61 von Viertel, Linde und Heinle konstruierte zweigeschossige Gebäude steht auf weißen Stützpfeilern. Die Bauweise in Stahlbeton und die vorgeblendete Fensterfassade erinnern an das Vorbild Mies van der Rohe.

Staatstheater

Der Architekt M. Littmann hat zu Beginn dieses Jahrhunderts noch einmal auf die längst überwundene Formensprache des Klassizismus zurückgegriffen. Die mit monumentalen ionischen Doppelsäulen versehene leicht ausgewölbte Eingangsfassade, zu der eine großzügig angelegte Freitreppe führt, wird von einer Balustrade abgeschlossen. Darüber erhebt sich die mit Figuren geschmückte Dachzone. Der anschließende Neubau des ›Kleinen Hauses‹ wirkt wie ein Fremdkörper neben dem älteren Theaterbau.

Wilhelmspalais

Eine schmale Fußgängerbrücke führt über die Stadtautobahn hinüber zum Wilhelmspalais, einem repräsentativen Bau mit mächtigem Säulenportikus (G. Salucci 1834–40). Das Palais stand mit vielen anderen klassizistischen Bauten an der ehemaligen Neckarstraße. Im Krieg zerstört, wurde es 1963 von Tiedje wieder aufgebaut. Heute wird es als Stadtarchiv und Stadtbibliothek genutzt. Es folgen die modernen Bauten des Hauptstaatsarchivs und der Landesbibliothek.

Alte und Neue Staatsgalerie

Der jüngste und spektakulärste Neubau Stuttgarts ist die von James Stirling erbaute *Neue Staatsgalerie* (Eröffnung März 1984). Der Bau staffelt sich in mehreren Ebenen von der Konrad-Adenauer-Straße zur Urbanstraße hoch. Rampen führen auf die Eingangsebene und weiter über den Innenhof zur Urbanstraße. Eine sanft geschwungene Glasfassade umfaßt die Eingangshalle (Farbt. 8), die mit einem giftgrünen Noppenfußboden ausgelegt ist. Ein mit Säulen umgebener Rundtisch (Postkarten- und Katalogverkauf) und ein in einem gläsernen Schacht auf- und abgleitender Fahrstuhl gehören zu den Überraschungen dieser langgestreckten Halle, an deren Ende Zugänge zum Kammertheater und zum Café führen. Eine schmale Rampe führt die Besucher zu den Ausstellungsräumen und zur Skulpturenterrasse, in die eine Rotunde integriert ist (Farbt. 6). Die Ausstellungssäle sind u-förmig angelegt und führen zum ersten Obergeschoß der Alten Staatsgalerie. Eine elegante kelchförmige Säule markiert den Übergang.

Stirling ist bekannt für seine historisierenden Bauelemente, die er in diesem Bau fast spielerisch verteilt hat: Eine gedrungene romanische Säule, schlanke Rundbogenfenster, schwere Gesimse und die Rotunde (Lichthof) sind spezifische Kennzeichen seiner Bauspra-

Stuttgart, Alte und Neue Staatsgalerie, Erdgeschoß 1 Kunst Südwestdeutschlands 20. Jh. 2 Wechselausstellungen 3 Eingangshalle 4 Wechselausstellungen 5 Skulpturenhof 6 Vortragsraum 7 Restaurant 8 Kammertheater/Foyer

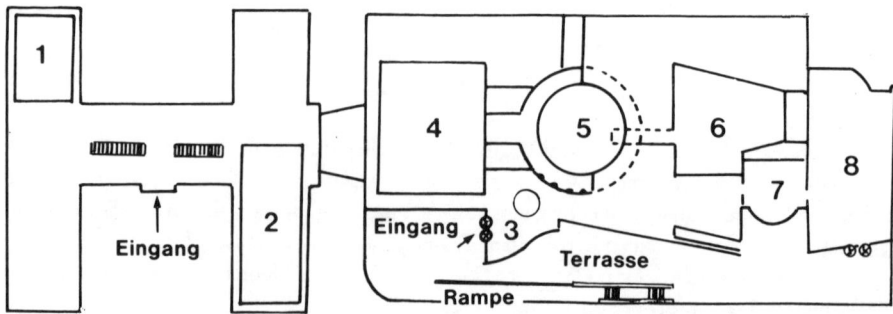

che. Die mit Naturstein verkleideten Wandflächen und riesige Lüfter erinnern an die Neue Pinakothek in München und an das Centre Georges Pompidou in Paris. Die *Alte Staatsgalerie* ist von G. G. Barth errichtet (1838–42). Der Stil ist ein vornehmer Klassizismus. Die drei Flügel begrenzen einen nicht einmal großräumigen und zur Straße hin offenen Hof, in dessen Zentrum das Reiterstandbild König Wilhelms I. steht (Hofer 1884).

Beginnen wir den Rundgang durch die Sammlungen in der Alten Staatsgalerie im *Erdgeschoß* (Öffnungszeiten tägl. 10–17 Uhr, mi 10–19 Uhr, mo geschl.). Nach dem Eingang gelangt man links zum sogenannten Schwabensaal (1), in dem die zeitgenössische Malerei Südwestdeutschlands u. a. mit Arbeiten von Hajek, Pfahler und Willekens ausgestellt ist.

Im *Obergeschoß* ist im Saal mit der altdeutschen Malerei (1) das Triptychon des Meisters des Ehinger Altars aus der zweiten Hälfte des 15. Jahrhunderts hervorzuheben. Der vermutlich bei dem Flamen Dirk Bouts ausgebildete Meister schwäbischer Herkunft hat die drei Tafeln (Auferstehung (Mitte), Christus vor seiner Mutter (links) und Christus und der ungläubige Thomas (rechts)) in der entsprechenden flämischen Formensprache gestaltet, was besonders in der Erzählweise deutlich wird. Sie zeichnet sich dadurch aus, daß zeitlich aufeinanderfolgende Szenen in einem einheitlichen Bildraum untergebracht sind.

Der ›Meister der Sterzinger Altarflügeln‹ (Mitte 15. Jh.), ein Mitarbeiter Hans Multschers, hat besonders prächtig das Gefolge der Hl. Drei Könige gemalt. Auffallend sind die für diese Zeit ungewöhnlichen Physiognomien. Sie sind ausnahmslos individuell gestaltet. Realistisch und mit einer unglaublichen Detailtreue sind Tracht und Schmuck herausgearbeitet worden. – Von Bartholomäus Zeitblom, einem der Hauptvertreter der Schwäbischen Schule des Spätmittelalters, stammt die Tafel vom Kilchberger Altar mit einer Darstellung des Hl. Florian (Mitte 15. Jh.).

Stuttgart, Alte und Neue Staatsgalerie, Erstes Obergeschoß 1 Altdeutsche Malerei 2 Italienische Malerei 3 Niederländische Malerei 4 Deutsche Malerei 19. Jh. (Schick) 5 Deutsche Malerei 19. Jh. 6 Malerei Ende 19., Anfang 20. Jh. 7 Französische Malerei 19. Jh. 8 Malerei der klassischen Moderne 9 Zeitgenössische Kunst 10 Skulpturenterrasse 11 Kammertheater 12 Probenraum 13 Musikhochschule 14 Öffentlicher Fußweg

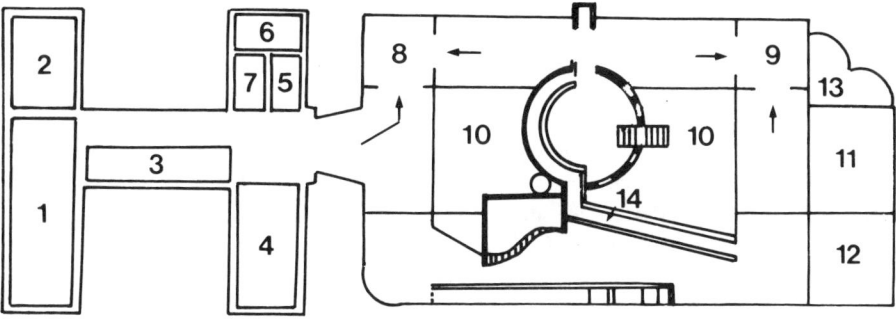

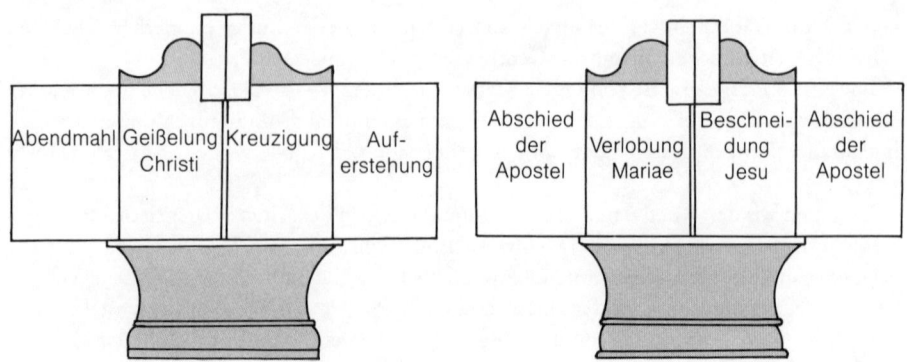

Stuttgart, Alte Staatsgalerie, Jerg Ratgeb, Herrenberger Altar: Vorderseite und Rückseite

Prunkstück der Galerie ist der ›Herrenberger Altar‹ des Jerg Ratgeb (1518/19). Ratgeb, der am Bauernkrieg teilgenommen hat und nach der verlorenen Schlacht von Böblingen (1525) in Pforzheim geviertelt worden ist, hat das Leiden der Bauern in der Passion des Herrn zum Ausdruck bringen wollen. Mitreißend ist die phantastische Architektur in der Geißelung Christi. Die trutzige Architektur in den Passionstafeln, die Assoziationen mit Schlachtschiffen aus dem Ersten Weltkrieg aufkommen lassen mögen, verweist auf das brutale Vorgehen der bündischen Soldaten im Bauernkrieg. Die ›Auferstehung‹ ist mit großer Wahrscheinlichkeit an Grünewalds Darstellung im Isenheimer Altar inspiriert. Die in warmen Gold- und Gelbtönen gehaltene Palastarchitektur auf den rückwärtigen Tafeln deutet vielleicht einen utopischen Entwurf an: Reichtum und Pracht auch für das Volk! – Man sollte außerdem nicht versäumen, die Gemälde von Lukas Cranach d. Ä. zu betrachten: ›Lucretia‹, ›Judith und Holofernes‹ und ›Madonna mit Kind‹.

In der italienischen Abteilung (2) sind einige kleinformatige Tafelbilder des 14. und 15. Jahrhunderts der verschiedenen Schulen bemerkenswert. Die Hochrenaissance ist mit einem Fra Bartolomeo (Krönung Mariens, Fragment 1512), einem Giovanni Bellini (Beweinung Christi, 1505) und zwei großformatigen Gemälden des Venezianers Vittore Carpaccio (Sacra Conversazione, 1507 und Steinigung des Hl. Stephanus, 1511) vertreten. – Der Florentiner Manierist Giorgio Vasari hat die ›Toilette der Venus‹ (1558) in unterkühlten Farben und einer dynamischen Komposition gemalt. Nach einem ähnlichen Kompositionsprinzip – typisch für den Manierismus – hat auch Jacopo Tintoretto eine ›Auferstehung Christi‹ (1581) dargestellt. Giovanni Battista Tiepolos Ölskizze zum Deckenbild des Kaisersaals der Würzburger Residenz (1751) zeigt Apollo, der dem Kaiser Barbarossa Beatrix von Burgund als Braut zuführt. Giovanni Paolo Panninis großformatiges Gemälde ›Roma antica‹ von 1756 erzählt von den antiken Kunstdenkmälern Roms, so wie sie sich in der Barockzeit präsentiert haben. Das Gegenstück ›Roma moderna‹ befindet sich in Boston.

Das Spektrum der niederländischen Malerei (3) führt von den sogenannten ›Flämischen Primitiven‹ bis zu den Genremalern des 17. Jahrhunderts. Hans Memlings ›Bathseba‹ (1485)

veranschaulicht eine für diese Zeit vollendete Aktdarstellung. Frederik van Valckenborgs ›Raub der Helena‹ (Anf. 17. Jh.), ein Nachtstück, experimentiert mit der damals beliebten ›Hell-Dunkel-Malerei‹, die der Italiener Caravaggio um 1600 populär gemacht hat. Sehenswert ist auch ein Früchte-Tier-Stilleben von Frank Snyders (1600). Zu den kostbaren Schätzen der Galerie gehören drei Werke von Rembrandt, von denen zwei in die Frühphase des Künstlers zu datieren sind: ›Paulus im Gefängnis‹ von 1627 und die ›Heilung des Tobias‹ von 1637. Der weich modellierte Hell-Dunkel-Kontrast und der mit feinstem Pinsel ausgeführte Detailrealismus sind kennzeichnend für diese Schaffensphase. Dagegen zeigt das ›Selbstbildnis mit roter Mütze‹ (1660) den breiten, fast schon impressionistisch aufgetragenen Pinselstrich. Diese Arbeit gehört aber zweifellos nicht zu seinen Spitzenwerken. In Jan Steens ›Abfahrt vom Wirtshaus‹ (1660) wird ein amüsantes Szenarium entfaltet, das das turbulente Alltagsleben der einfachen Bevölkerung schildert.

Der Raum mit der deutschen Malerei des 19. Jh. (4) wird durch den Stuttgarter Maler Gottlieb Schick geprägt (1776–1812). Schick, der ›schwäbische Raffael‹, hielt sich zwischen 1802 und 1811 in Rom auf. Dort stieg er bald zum führenden deutschen Historienmaler auf. Die Körperhaltung der Heinrike Dannecker (Danneckers zweite Frau) von 1802 geht auf antike Bewegungsmotive zurück. Desgleichen ›Wilhelmine Cotta‹ (1802), die Ehefrau des Buchhändlers und Verlegers Cotta. Eine Synthese aus Klassik und Romantik, Pathos und Idyllik ist Schick in ›Apoll unter den Hirten‹ (1806–08) gelungen (Abb. 3). Das in Rom entstandene Bild läßt deutlich Raffaels Einfluß erkennen. Einen Blick sollte man in diesem Raum auch auf Danneckers Schillerbüste aus Carrara-Marmor werfen.

In einem weiteren Raum (5) wird die deutsche Malerei des 19. Jahrhunderts durch Caspar David Friedrich, Moritz von Schwind, Theodor Schüz, Carl Spitzweg und Carl Schuch repräsentiert. Friedrichs Landschaften sind im Atelier entstanden, also ›ästhetisch gebaut‹, um in weichen und zarten Tönen die Poesie einer Gegend und die daran anknüpfende Sehnsuchtsstimmung zu entfalten. Diese ist keineswegs heimelig, sondern eher melancholisch. Im ›Mittagsgebet bei der Ernte‹ von Schüz (1862) erkennt man im Hintergrund das Ammertal mit der Wurmlinger Kapelle bei Tübingen. Die Familie erinnert in ihrer Komposition – vom Maler wahrscheinlich beabsichtigt – an vergleichbare religiöse Themen, wie z. B. ›Ruhe auf der Flucht nach Ägypten‹.

Die anschließende Abteilung (6) zeigt großformatige Gemälde vom Schweizer Ferdinand Hodler sowie Landschaften und Figurenbilder von Lovis Corinth und Max Slevogt.

Die Impressionistenabteilung (7) überrascht mit Pissarro, Renoir, Manet, Monet und Cézanne. Claude Monets zauberhaftes Bild ›Felder im Frühling‹ (1895) kann programmatisch für den Impressionismus stehen, da deutlich wird, daß Motiv und Thema wegen des faszinierenden Lichteinfalls, der für eine besondere Stimmung sorgt, ausgewählt wurde. Edouard Manets Skizze ›Der Maler Monet in seinem Atelier‹ von 1874, Auguste Renoirs ›Madame V. Choquet‹ von 1875 oder Camille Pissarros ›Port Marly‹ von 1877 veranschaulichen nahezu das gesamte Spektrum impressionistischer Malerei. Paul Cézannes Gemälde stehen dagegen für die Auflösung dieser Stilrichtung und für die Hinwendung zum Kubismus.

Im Raum, von dem ein Gang zur Neuen Staatsgalerie führt, hängen Edward Burne-Jones Bilder zum Perseus-Zyklus (1875–95). Der englische Präraffaelit Burne-Jones hat diesen (unvollendet gebliebenen) Zyklus im Auftrag des späteren englischen Premierministers Arthur Balfour gemalt.

Die *Neue Staatsgalerie* empfängt die Besucher im Obergeschoß im großen Schlemmer-Saal. Oskar Schlemmer (1888-1943), neben Hölzel oder Baumeister einer der bedeutenden Stuttgarter Künstler, war zwischen 1921 und 1928 Lehrer am Bauhaus (Weimar und Dessau). Er leitete die Abteilung Bildhauerei, Wandmalerei und Bühne. Die überlebensgroßen Puppen sind Figurinen zum ›Triadischen Ballett‹, das 1922 im Württembergischen Staatstheater uraufgeführt wurde. Nach der Musik von Debussy, Haydn oder Mozart tanzten die kubischen Figuren wie ›Spirale‹, ›Goldkugel‹ oder ›Taucher‹, um den Kubismus auch tänzerisch Ausdruck zu verleihen.

Die folgenden Räume (8) zeigen viele bekannte Werke der klassischen Moderne, u. a. Gemälde von Pablo Picasso, Lyonel Feininger, Piet Mondrian, Willi Baumeister, Ernst Ludwig Kirchner oder Paul Klee sowie Arbeiten von surrealistischen Künstlern wie Giorgio de Chirico oder Marc Chagall. Man gewinnt einen ausgezeichneten Einblick in die verschiedenen Stilrichtungen der ersten Hälfte dieses Jahrhunderts und kann den Weg verfolgen, den die Abstraktion von den ersten kubistischen Äußerungen Picassos zu den klar gegliederten Farbfeldern Mondrians genommen hat. Der Expressionismus, der manchmal eine Gratwanderung zwischen Abstraktion und Konkretion gesucht hat, ist ebenfalls in seiner ganzen Mannigfaltigkeit zu studieren.

Es schließt sich die Abteilung mit Werken zeitgenössischer Kunst an (9). Die internationale Kunstszene nach 1945 hat sich sehr kontrastreich und widersprüchlich entwickelt. Einerseits versuchen die Künstler der Action painting (Tobey) und der Minimal art (Sol Lewitt) expressionistische und konstruktivistische Impulse aufzunehmen, andererseits versuchen viele Künstler neue Wege zu gehen, wie z. B. Edward Kienholz mit seinen mythischen Raumgestaltungen oder Andy Warhol, der direkt an die Werbung anknüpft. Die Malerei der ›Neuen Wilden‹ ist u. a. durch Georg Baselitz und Anselm Kiefer vertreten. Geheimnisvoll, widersprüchlich, aber in einer bestimmten Weise auch stark beeindruckend der ›Beuys-Saal‹.

Gegenüber der Staatsgalerie steht das *Königin-Katharina-Stift* (heute Schule und Volkshochschule), ein historistisches Haus, das gegen Ende des 19. Jahrhunderts erbaut worden ist. Über eine Stahlhängebrücke gelangt man in die *Mittleren Anlagen*, rechts die *Eberhardsgruppe* von P. Müller (1881). ›Graf Eberhard, im Schoß eines Hirten ruhend‹ ist angeregt von einem Gedicht Justinus Kerners. Unweit davon entfernt die Längswand des *Lusthauses* (S. 57, 59), die hier einen neuen Standort gefunden hat.

Der von Bonatz und Schlorer erbaute *Hauptbahnhof* (1914–27) wirkt durch seine Rustikaquadern, den Turm und den hohen Bogen monumental. Trotzdem besticht der Baublock durch seine einfache und klare architektonische Gliederung. In der Nähe ein weiterer Bau von Bonatz, das *Zeppelinhotel* (1929–31) in der Lautenschläger Straße und ein paar Schritte weiter Richtung Königsbau ist noch die alte Fassade des *ehemaligen Hauptbahnhofs* (Mitte 19. Jh.) zu sehen.

Schiller und die Hohe Karlsschule

An der Rückseite des Neuen Schlosses zur ehemaligen Neckarstraße hin ließ Karl Eugen eine Akademie errichten (heute Akademie-Garten). Diese entwickelte sich in kurzer Zeit zu eine der bedeutendsten Erziehungsanstalten Europas. Die Gebäude wurden im Krieg zerstört. Heute erinnert nur noch der Löwenbrunnen von Thouret (1811) an den ehemaligen Akademiehof.

Schon bald nach der Fertigstellung der im Jahre 1775 von R. F. H. Fischer errichteten Gebäude wurde die Karlsschule zur Universität erhoben (1782). Als Friedrich Schiller (geb. 1759 in Marbach) im Jahre 1773 vom Herzog Karl Eugen an seine Schule gerufen wurde, war diese noch ›militärische Pflanzschule‹ auf der Solitude. Die Eltern Schillers haben sich anfänglich gegen diese Berufung ihres Sohnes gesträubt, da sie in ihm den künftigen Pfarrer sahen. Der junge Schiller wurde in dieser Schule wie in einem Gefängnis gehalten. Der Tagesablauf war militärisch geregelt. Auch die Übersiedlung nach Stuttgart auf die eröffnete Akademie und spätere Universität brachte kaum Erleichterung. Hier studierte Schiller Medizin, wieder gegen den ausdrücklichen Willen des Vaters. Allerdings konnte sich der

Friedrich Schiller als Karlsschüler, getuschter Schattenriß. Schiller-Nationalmuseum, Marbach

junge Dichter mit dem neuen Los eher zufrieden geben, da, wie er sagte, »die Medizin der Poesie verwandter sei als alle übrigen Fächer«. Besonders interessierten ihn die psychologischen Vorlesungen. Diese machten ihn mit Shakespeare bekannt. Erste dramatische Versuche folgten, wie z. B. ›Der Student von Nassau‹ – eine ›Werther-Variante‹. Das Manuskript ist leider verschollen. Seine eigene beklemmende Situation an der Akademie und die Begegnung mit den Schriften seines in der Verbannung lebenden Landsmannes Schubart (S. 113) inspirierten ihn zu einem Drama mit dem Thema der ungleichen Brüder, dem später in Mannheim uraufgeführten Schauspiel ›Die Räuber‹.

1779 bestand er die Schlußprüfung mit Auszeichnung. Auf der Stiftungsfeier im großen Saal der Akademie begegnete er zum ersten Mal Goethe, der zusammen mit dem Herzog Karl August von Weimar vom Herzog Karl Eugen eingeladen worden war. 1780 entläßt der

Stuttgart, die Karlsschule, Stich nach einer Zeichnung von K. P. Conz. Schiller-Nationalmuseum, Marbach

Herzog Schiller aus der Akademie und stellt ihn als Regimentsmedikus in Stuttgart ein. Im ständigen Konflikt mit seinen dichterischen Ambitionen und im sich zuspitzenden Streit mit dem Herzog, der ihm das ›Komödienschreiben‹ verbot, floh er schließlich nach Thüringen.

Neben Schiller sind noch weitere berühmte Männer aus der Hohen Karlsschule hervorgegangen wie z. B. der Baumeister Nicolas von Thouret, der Bildhauer Johann Heinrich Dannecker oder der Maler Gottlieb Schick. Nach dem Tod Karl Eugens (1793) wurde die Universität aufgelöst.

Historismus – Jugendstil – Moderne

Einen besonderen Rang nehmen die vor rund hundert Jahren erbauten Häuser in Stuttgart ein. Die meistens im historistischen Stil konzipierten großbürgerlichen Bauten lassen noch eine ziemlich genaue Vorstellung vom Stuttgart der Gründerzeit aufkommen – trotz der starken Zerstörungen des Zweiten Weltkriegs (Abb. 15).

Gegen Ende des letzten Jahrhunderts wurde diese teilweise schon erstarrte Formenwelt der Neo-Romanik oder Neo-Gotik durch Jugendstilelemente aufgeweicht. Der Jugendstil selbst hat sich allerdings in Stuttgart nie so recht entfalten können. Die leicht geschwungenen florealen Muster tauchen meistens im Detail der Bauplastik auf. Die darauf folgende architektonische Ernüchterung, ich meine die ›Neue Sachlichkeit‹ (Tagblatturm, S. 55) und die moderne Architektur fügen sich in vielen Fällen harmonisch in das Ambiente der älteren Gebäude ein.

In der *Calwer Straße 64* kann man die eben angebrochene Stilmischung ›Historismus – Jugendstil‹ sehr gut beobachten (Abb. 11, 12). Die mit eingestellten Säulchen ausgebildeten Rundbogenfenster und der Zahnfries zeugen noch vom Baugedanken, alte Stile zu präsentieren. Im Detail der Bauornamentik jedoch fallen typische Jugendstilmuster auf, die dem Gebäude die strenge Note genommen haben.

In der Nähe befindet sich der Zugang zur *Calwer Passage*, die 1979 von Kammerer und Belz erbaut wurde (Abb. 10). Es handelt sich hier aber um keine echte Passage, die sich ja durch eine Verbindung von zwei Straßenzügen durch einen Häuserblock auszeichnet. Die Calwer Passage verläuft in einer Art Hinterhof parallel zur Calwer Straße und mündet in einem großzügig angelegten Platz. Von hier gelangt man durch eine Unterführung zur anderen Seite der Theodor-Heuss-Straße und von dort über die Fritz-Elsas- und Schloßstraße zur *Liederhalle* (1954–56). Abel und Gutbrod haben mit Hilfe verschiedener Materialien und einer ungewöhnlichen Grundrißgestaltung einen kontrastreichen und bewegten Baukörper geschaffen. Mosaikartige Außenwände wechseln ab mit Klinkerfassaden und Fensterfronten. Der Innenraum wird vom Foyer und der Galerie bestimmt. Von hier aus findet man den Weg zu drei verschieden großen Sälen, dem Beethoven-, dem Mozart- und dem Silchersaal. Alle drei Säle können geöffnet werden und bilden dann zusammen mit dem Foyer samt Galerie einen riesigen, schachtelartig verschränkten Raumorganismus.

Die Schloßstraße führt Richtung Südwesten zur Johannisstraße. Diese in den dreißiger Jahren des 19. Jahrhunderts geplante und wenig später bebaute Straße weist noch viele schöne mehrstöckige Bürgerbauten auf. An ihrem Ende erhebt sich die von Chr. Leins erbaute neugotische *Johannis-Kirche* (1866–76; Abb. 13). Der Turm endet stumpf, da die steile Turmhaube nach der Zerstörung nicht wieder ersetzt wurde. Im Inneren herrscht eine

Stuttgart, Liederhalle, 1954–56

etwas strenge und düstere historistische Note vor. Der Weg um die Kirche herum zum Ufer des Feuersees ist lohnend, um die malerische Chorpartie zu betrachten.

Ein stilgeschichtliches Kuriosum steht in der Hegel-, Ecke Seidenstraße, die orthodoxe, im neo-byzantinischen Stil erbaute *russische Kirche* (1895, Eisenlohr und Weigle; Abb. 14, 16). Ebenso interessant dürfte die aus Stahlbeton 1906 errichtete *Markuskirche* sein (Filderstraße nahe Marienplatz). Ihre Bauformen sind weder dem Historismus noch dem Jugendstil eindeutig zuzuordnen.

Entscheidend für die Verbindung der Stadt mit Degerloch und den Fildern war die Planung und Ausführung der *Neuen Weinsteige* durch E. Etzel (1823–31). Von dieser Straße aus hat man einen prachtvollen Blick über die Stadt. In Degerloch ist es nicht weit bis zum Fernsehturm, einer Inkunabel der modernen deutschen Baukunst. Der Stuttgarter *Fernsehturm* (1955-56) ist 217 Meter hoch und gilt als einer der schönsten seiner Art. Der Architekt war F. Leonhard. – Ganz in der Nähe befindet sich der Stadtteil *Sillenbuch*. Hier, in der Hohenheimer Straße, steht eine sehenswerte moderne Kirche, *St. Michael* (Hans Herkommer 1953), mit Altar und Tabernakel von Hajek.

Weißenhofsiedlung

Im Jahre 1927 hat der Deutsche Werkbund eine Mustersiedlung auf dem Killesberg eröffnet. Ein internationales Architektenteam wollte verschiedene Möglichkeiten zum Problem ›Soziales Bauen und Wohnen‹ zur Diskussion stellen. Die einzelnen Beispiele wurden wegweisend für das moderne Bauen in aller Welt. Wenn auch schon stark verändert, vermittelt

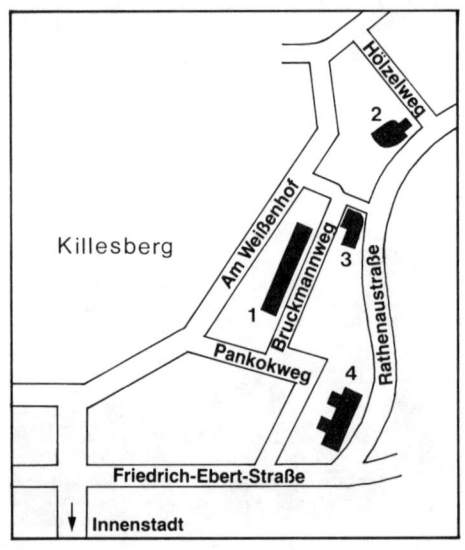

Stuttgart, Weißenhof-Siedlung   1 Ludwig Mies van der Rohe   2 Haus Scharoun   3 Max Taut   4 Le Corbusier und Pierre Jeanneret

die Weißenhofsiedlung immer noch die Ideen und Vorstellungen, nach denen die moderne Baukunst damals aus der Taufe gehoben worden ist. Übrigens sind viele Parallelen zwischen der Grund- und Aufrißgestaltung der Gebäude und der damaligen abstrakten Malerei, wie z.B. der von Paul Klee festzustellen (Abb. 18). Betrachten wir einzelne Gebäude etwas näher:

1 Im mehrgeschossigen Mietshausblock von *Ludwig Mies van der Rohe* sollte einerseits die Fertigbauweise einzelner Bauelemente erprobt und zum anderen der daraus resultierende kostensparende Faktor für das soziale Wohnen erwiesen werden.

2 *Hans Scharoun*, bekannt durch seine Berliner Philharmonie, hat im Hölzelweg ein Haus erbaut, bei dem er bewußt den rechten Winkel vermeiden wollte. Die Hausrundungen fügen sich in die Straßenkurve, deren Bewegung die Fassade und der gesamte Baukörper mitzumachen scheinen.

3 *Max Tauts* Haus, stark verändert, veranschaulicht eine ähnliche Idee. Die Hausrundung vermittelt zwischen der Treppenstiege und der im rechten Winkel dazu verlaufenden Rathenaustraße (Abb. 17).

4 In den Häusern von *Le Corbusier* und *Pierre Jeanneret* spielt das Licht eine wichtige Rolle. Die Beleuchtung der Räume ergab sich aus der Anlage des Grundrisses. Dieser kann, je nach den wechselnden Lichtverhältnissen, variiert werden. Das Doppelhaus steht auf Pfosten und scheint so vom Erdboden gelöst zu sein (Abb. 19).

Rund um den Stuttgarter Kessel

Die Gegend um den Stuttgarter Kessel ist landschaftlich nicht besonders reizvoll. Trabantenstädte mit sperrigen Hochhäusern, zahlreiche Industrieanlagen, zersiedelte Wohngebiete sowie Schnellstraßen und Autobahnen prägen das Aussehen dieser Landschaft – einer typischen Kulturlandschaft des 20. Jahrhunderts. Nur vereinzelt finden sich kleinere Waldstücke und Weinberge sowie weite Felder und Wiesen. Inmitten dieses ›Industriegroßraumes Stuttgart‹ nehmen sich die mittelalterlichen Zentren kleinerer Städte und Dörfer wie ›historische Inseln‹ aus.

Man sollte allerdings nicht vergessen, daß die Industrie zwar den ästhetischen Genuß eines kunsthistorischen Denkmals oder einer besonders anmutigen Gegend nachhaltig stören kann, aber doch auch größtenteils den Menschen, die hier wohnen, einen Arbeitsplatz bietet und auch indirekt zur finanziellen Pflege von Kultur und Natur beiträgt.

Esslingen

Esslingen ist schon in keltischer Zeit Siedlungsgebiet gewesen. Darauf deutet eine Viereckschanze, die sich im Wald oberhalb von Esslingen-Zell befindet. Für die Römer war Esslingen offensichtlich nicht so interessant. Die vom Oberrhein über Cannstatt zur Alb führende Römerstraße berührte lediglich Esslinger Gebiet. Dann kamen die Alemannen. In Esslingen-Sirnau wurden 222 Gräber eines Reihengräberfeldes entdeckt. Die reichhaltigen und kostbaren Funde sind im *Esslinger Heimatmuseum* im *Alten Rathaus* ausgestellt.

Esslingen, in karolingischer Zeit erstmals als ›Hetsilinga‹ erwähnt (866), erhielt schon sehr früh das Marktrecht. Nach den Karolingern ist Esslingen zum Reichsgut gekommen. Später ging es an die Staufer über, die Esslingen um 1200 zur Stadt erhoben. Nun wurden die Ringmauern ausgebaut und Türme errichtet. Um 1300 wird Esslingen als ›Freie Reichsstadt‹ geführt. Durch Weinbau und Weinhandel sowie durch bekannte Tuchmanufakturen gewann Esslingen rasch an Bedeutung. Mönchsorden gründeten hier ihre Niederlassungen. Während der Städtekriege war die Stadt einer der Hauptgegner Württembergs. Der Dreißigjährige Krieg und die Franzoseneinfälle im 17. Jahrhundert besiegelten schließlich das Schicksal der einst blühenden Stadt. 1803 wurde Esslingen württembergisch und verlor schließlich seine Reichsfreiheit. Seit dem 19. Jahrhundert wächst Esslingen als Industriestadt und gewinnt dadurch immer mehr an Bedeutung.

Esslingen, Stich von Fr. Müller, 1810

Die vielen Kirchen Esslingens sowie die Neckarbrücken und einige Stadttürme – nicht zu vergessen die Burg – beherrschen das Stadtbild, dessen mittelalterliches Gesicht noch sehr gut zu erkennen ist. Eine eingehende Besichtigung der Kirchen sollte auf keinen Fall versäumt werden. Beginnen wir also unseren Rundgang am Marktplatz. *St. Dionys*, evangelische Stadtkirche (Farbt. 9): Ausgrabungen im Innern haben karolingische Reste aus der zweiten Hälfte des 8. Jahrhunderts hervorgebracht. Demnach handelt es sich um eine Saalkirche, in der das Grab des Hl. Vitalis, eines Märtyrers, untergebracht war. Ein alemannischer Adliger namens Hafti soll dem Abt von St. Denis dieses Vitalis-Heiligtum übergeben haben. Dieser ließ daraufhin den Neubau der Kirche beginnen. Erst im 9. Jahrhundert taucht das Patrozinium des Hl. Dionysius auf. Zu dieser Zeit entstand wahrscheinlich eine Hallenkrypta. Erst nachdem die Staufer diese Kirche an das Speyer Domkapitel abgetreten haben, beginnt der Bau, der weitgehend auch heute noch erhalten ist. Im 13. Jahrhundert werden die wuchtigen Osttürme hochgezogen. Es folgt das Langhaus und der gotische Chor. Charakteristisch für das Stadtbild ist die Verbindung beider Türme mit einer Brücke.

Innen dominieren ein nüchterner Raum mit stämmigen Säulen und einem hohen Obergaden. Dieser karge Eindruck ist sehr wahrscheinlich auf den Einfluß der damals mächtigen Bettelordenskirchen zurückzuführen. Im nördlichen Seitenschiff lassen sich noch Reste gotischer Wandmalereien entdecken. Der reich ausgestattete und lebhaft wirkende hochgotische Chor (Farbt. 11) steht im wohltuenden Kontrast zum Hauptschiff. An der nördlichen

73

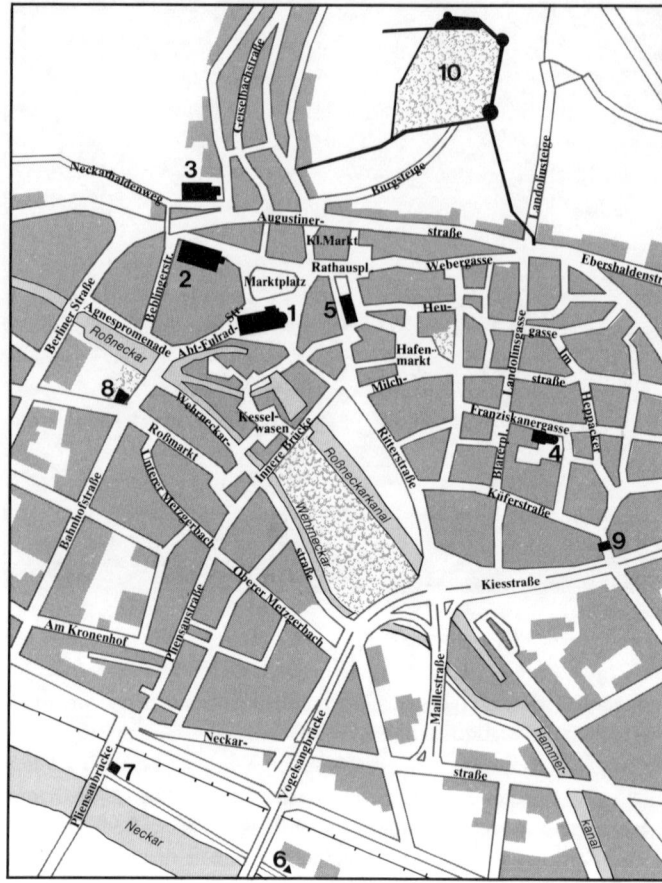

Esslingen
1 Stadtkirche
 St. Dionys
2 Dominikanerkirche
 St. Paul
3 Frauenkirche
4 Franziskanerkirche
 St. Georg
5 Altes Rathaus
6 Ritterbau
7 Pliensauturm
8 Schelztor
9 Wolfstor
10 Burg

Chorwand wächst zierlich ein Sakramentshäuschen in die Höhe. Dieses und der Taufstein stammen vom Meister Lechler aus der zweiten Hälfte des 15. Jahrhunderts. Dieser Künstler hat auch den Lettner gestaltet. Den Hochaltar, ein Renaissance-Werk, hat Riedlinger aus Ravensburg gemalt (1604). Auf seinen Tafeln sind Szenen aus dem Leben Christi dargestellt.

Einzigartig in Deutschland sind die mittelalterlichen Glasfenster im Chor. Das älteste im Norden mit Christusszenen wird in das 13. Jahrhundert datiert. Im Ostfenster werden abwechselnd Szenen aus dem Alten und dem Neuen Testament gezeigt. Sie sind nach dem Schema der ›biblia pauperum‹ angeordnet und versuchen den Gläubigen die Bezüge zwischen dem Alten und dem Neuen Testament deutlich zu machen. Im Südfenster erscheinen die Apostel, Tugenden und Laster sowie einige Szenen aus der Mariengeschichte.

Die um die Mitte des 13. Jahrhunderts erbaute Dominikanerkirche *St. Paul* ist die älteste Bettelordenskirche Deutschlands. Im Jahre 1268 wurde sie von Albertus Magnus geweiht. Gemäß der Ordensvorschrift hat die turmlose Kirche eine ebenmäßige und schmucklose Westfassade erhalten. Die Proportionen sind machtvoll. Stämmig stehen die Säulen im Kirchenschiff (Abb. 20). Die Erbauungszeit – immerhin in der Hochgotik – würde eher filigranes Maßwerk vermuten lassen, aber in diesem Raum dominiert eindeutig die staufische Klassik, die bewußt monumentale antike Architekturvorstellungen nachvollziehen wollte.

Nachdem wir die der Dominikanerkirche benachbarte Berliner Straße überquert haben, gelangen wir zur *Frauenkirche*. Diese vermittelt das genaue Gegenteil der eben besuchten Kirche. Schon von weitem fallen die Maßwerkfenster und Filialtürmchen sowie der filigrane, schlank aufragende Maßwerkturm auf. Die im 14. und 15. Jahrhundert entstandene Kirche wurde von den berühmten Baumeisterfamilien Böblinger und Ensinger erbaut. Ensinger wurde ja zu dieser Zeit nach Mailand berufen, um die verschiedenen Dombaupläne zu begutachten. Die Esslinger Frauenkirche war in ihrer Zeit ein Architektur-Experiment. Sie zählt zusammen mit dem Gmünder Heiligkreuzmünster (S. 193) und der Herrenberger Stiftskirche (S. 152) zu den frühesten schwäbischen Hallenkirchen.

Die Südwand ist die Schauseite. Im Tympanon des südöstlichen, also rechten Portals sind die Anbetung der Hl. Drei Könige sowie der Tod Mariens und die Marienkrönung dargestellt (um 1350). Im Portal daneben erkennen wir ein Jüngstes Gericht (1400). Die schlank und elegant in die Höhe aufsteigenden Bündelpfeiler beherrschen den Innenraum. Wie Palmenwedel spreizen sich die Gewölberippen von den Pfeilern ab, ohne von einem Kapitell unterbrochen zu werden. Ähnliche Pfeiler werden wir noch in Bebenhausen bewundern können (S. 270). Beachtenswert sind wieder die Glasfenster mit Szenen aus dem Alten und Neuen Testament sowie aus dem Leben der Maria. Sie dürften um 1350 entstanden sein.

Von der im 13. Jahrhundert erbauten Franziskuskirche *St. Georg* steht nur noch der Chor, nachdem das Langhaus 1840 abgerissen wurde. Der für eine Bettelordenskirche typische Langchor wirkt verhalten und ruhig. Die hochgotische Ausgestaltung vermittelt einen eher strengen und keineswegs einen so spielerischen Eindruck wie der Chor in der Frauenkirche. Das östliche Glasfenster, zwischen 1310 und 1320 entstanden, zeigt Szenen aus dem Alten und Neuen Testament nach dem Schema der ›biblia pauperum‹, ähnlich wie in der Stadtkirche St. Dionys.

Viele profane Gebäude, die auch heute noch das mittelalterliche Esslingen kennzeichnen, sind sehenswert. Allen voran das *Alte Rathaus*, ein bedeutender gotischer Fachwerkbau aus der ersten Hälfte des 15. Jahrhunderts. Die nach vorn versetzten Geschosse mit alemannischem Fachwerk werden von einem steilen, mit vielen Gauben besetzten Dach abgeschlossen.

Zu nennen wäre auch noch der sogenannte *Ritterbau* aus dem beginnenden 18. Jahrhundert, im Stil eines Barockpalazzos erbaut (heute Landratsamt), und Teile der stark zerstörten Stadtmauer. Das *Pliensautor* mit der alten im 13. Jahrhundert erbauten Neckarbrücke, das *Schelztor* und das *Wolfstor* sind ebenfalls noch Zeugen der mittelalterlichen Freien Reichsstadt. Sie markieren den einstigen Verlauf der Stadtmauer und verdeutlichen die ehemaligen

Ausmaße der Stadt, zu der später auch die oberhalb des Zentrums errichtete *Burg* (16. Jh.) mit ihren Wehrgängen und Ringmauern gehörte (Farbt. 9).

Auf den Fildern

Scharnhausen
Auf abfallendem Hügel in exponierter Lage steht das im Landhausstil erbaute Schloß für Herzog Karl Eugen und seine Geliebte Franziska von Hohenheim. Der Architekt war R. F. H. Fischer.

Denkendorf
Die ehemalige Klosterkirche ist die Stiftung eines Kreuzritters aus dem frühen 12. Jahrhundert. Aus dieser Zeit stammen lediglich Teile des Turms. Vorhalle und Langhaus sowie Chor und Krypta dürften um 1200 entstanden sein. Die Klosterkirche zählt zu den am besten erhaltenen romanischen Bauten Württembergs. Im Langhaus (Abb. 22) der dreischiffigen Basilika fällt ein hoher Obergaden auf, der auf massigen Rechteckpfeilern ruht. Bei genauerem Hinschauen zeigt sich, daß die Arkadenbögen im Scheitelpunkt leicht angespitzt sind – ein Zeichen für die aufkeimende Gotik. Wahrscheinlich waren hier elsässische Einflüsse maßgeblich. Der flach geschlossene und sehr nüchtern gehaltene Chor geht auf Bauformen der Zisterzienser zurück. Seine Wandkapitelle zeigen wieder frühgotische Formen und erinnern an vergleichbare Baudetails der zu dieser Zeit schon beherrschenden französischen Gotik. – Die unter dem Chor befindliche Krypta wirkt orientalisch. Solche Bauvorstellun-

Dorf und Kloster Denkendorf, Kieser Forstlagerbuch, 1683. Hauptstaatsarchiv, Stuttgart

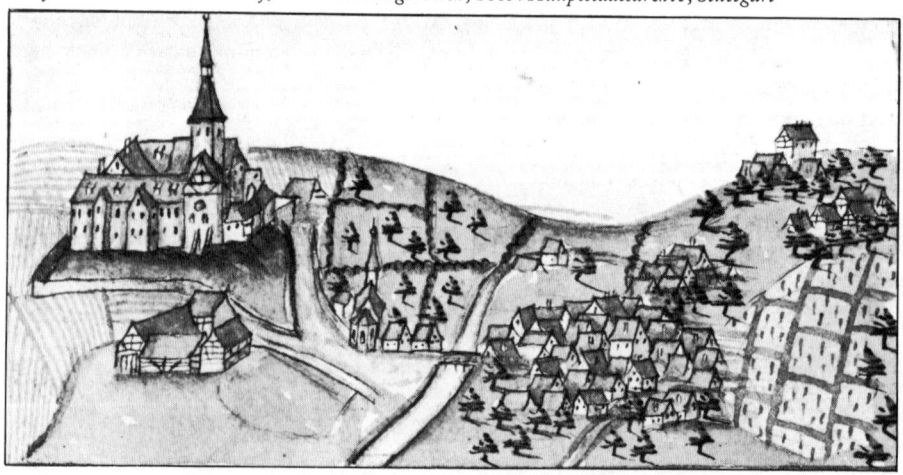

gen konnten die Kreuzritter aus dem Heiligen Land nach Schwaben importiert haben. Ihnen ist wohl auch der tiefe Schacht im Boden zuzuschreiben. Er hängt sicherlich mit dem Kult des Heiligen Grabes zusammen. – Die Wandgemälde mit Themen aus der Johannis-Vita des frühen 16. Jahrhunderts lassen ebenfalls auf Kreuzritter, genauer auf die Johanniter schließen. Dargestellt sind das Gastmahl des Herodes und die Enthauptung des Täufers.

Plieningen

Eine mittelalterliche Fabelwelt aus Stein überrascht an der Außenwand des Kirchenschiffes. Phantasie-Figuren wie Vogelmonster oder Sphinx neben biblischen Gestalten wie Simson, Adam und Eva oder Kain und Abel in einer typisch romanischen Gestaltungsweise. Der spätgotische Chor dürfte in der ersten Hälfte des 15. Jahrhunderts entstanden sein.

Hohenheim

In einer mittelalterlichen Wasserburg lebte hier früher das Geschlecht der Bombaste von Hohenheim. Von ihm stammt der berühmte Arzt Paracelsus (1493(?)–1541) ab. Viele hundert Jahre später (1785) erhielt der Baumeister R. F. H. Fischer vom Herzog Karl Eugen den Auftrag, für seine gerade angetraute Gattin Franziska von Hohenheim ein *Schloß* zu erbauen. 1793 ist der Herzog hier gestorben.

Der Hauptbau tritt mit seinen drei Toren und der Flachkuppel besonders hervor (Abb. 21). Die flankierenden Schloßtrakte sind um einen Mittel- und zwei Seitenhöfe angeordnet. Wandgliederung und Baudekor sind streng klassizistisch gehalten. Berühmt war damals der Garten, ein englischer Landschaftsgarten, so wie er in dieser Zeit besonders beim Adel populär war. Karl Eugen hat sich, angeregt von der römischen Architektur, die er auf einer Italien-Reise studiert hat, eine kleine ›römische Spielstadt‹ bauen lassen. Das ›Wirtshaus zur Stadt Rom‹ ist heute noch erhalten. Die Innenräume, besonders das ›Franziskazimmer‹ und das Treppenhaus, zeichnen sich durch gleichmäßige und schön geformte Stukkaturen aus. – Im Jahre 1817 wurde hier die landwirtschaftliche Hochschule gegründet, die erste in Deutschland. Heute ist sie Universität.

Solitude

Das Lustschloß oder Refugium des Herzog Karl Eugen liegt hoch oben auf einem auslaufenden Bergrücken. Von hier hat man einen wunderbaren Blick bis nach Ludwigsburg und den Hohenasperg sowie zu den ferneren Hügeln des Strombergs im Westen und des Hohenloher Landes im Nordosten. Bald fällt auch eine Wald- und Feldschneise auf, die, gebietsweise durchbrochen, wie mit dem Lineal gezogen Richtung Norden verläuft. Es handelt sich hier um die alte ›Direttissima‹, einer geraden Baumallee, die das Lustschloß mit der Residenzstadt Ludwigsburg verbinden sollte.

Baumeister des Schlosses war der Franzose Philipp de la Guepiere. Er errichtete den Bau zwischen 1763 und 1767 (Farbt. 5). In der Mitte ragt ein Kuppeloval auf, das von Längstrakten, die in flachen Apsiden enden, flankiert wird. Je zwei geschwungene Freitreppen führen

Schloß Solitude bei Stuttgart, Stich von G. N. Servandoni, um 1765. Württembergisches Landesmuseum, Stuttgart

auf jeder Seite zum Mittelbau. Dieser ruht auf einer Art Sockel, der durch Arkaden gegliedert ist. Ein harmonischer Kontrast zeigt sich in den schon fast spielerisch geschwungenen Wandflächen und einer strengen klassizistischen Wandgliederung. Hier mag sich der Übergang vom Rokoko zum Frühklassizismus andeuten. Dieser Kontrast setzt sich in den Innenräumen fort. Sie sind einerseits prachtvoll mit floralen Mustern im Stile des Rokoko geschmückt, andererseits aber auch wieder streng klassizistisch ausgestaltet (Abb. 24). Hervorzuheben ist der ›Weiße Saal‹ mit Deckenmalereien von N. Guibal.

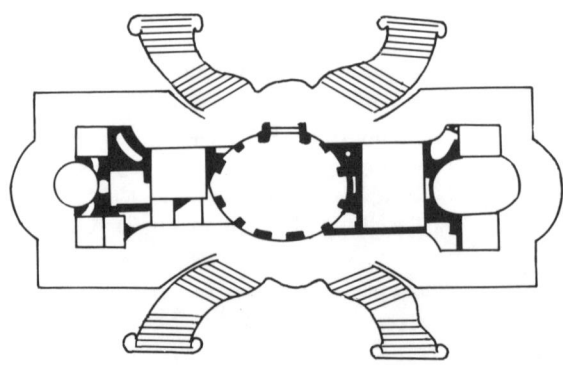

Schloß Solitude, Grundriß des Hauptgeschosses

Einen Blick sollte man auch auf die Nebengebäude, beispielsweise auf den Kavaliers- und den Offizienbau werfen. Sie waren früher durch gedeckte Brücken miteinander verbunden. Ein Trakt des Kavalierbaus wurde als Theatersaal genutzt. Später hat man ihn als Kapelle umgebaut. An der Decke ist eine ›Christi Himmelfahrt‹ zu sehen (Abb. 23).

Leonberg und Eltingen

Im Markungsgebiet von Leonberg wurden keltische Siedlungen, ein römischer Friedhof und alemannische Reihengräber gefunden. Die Fundstücke sind nicht so bedeutend, daß sie eigens erwähnt werden müßten.

Die eigentliche Geschichte der Stadt vor den Toren Stuttgarts beginnt am Anfang des 14. Jahrhunderts. Im Jahre 1318 ist **Leonberg** württembergisch geworden. Zu dieser Zeit wurde die Stadt mit einer Mauer befestigt. Kurz darauf hat man die Burg erbaut. Der mittelalterliche Stadtkern ist heute bis auf wenige Reste geschrumpft. Ein breiter, nicht zu übersehener Halbkreis von Hochhäusern sowie mehrspurige Straßen lassen eher an eine Trabantenstadt der großen benachbarten Kapitale denken als an ein mittelalterliches Städtchen.

Der in einer leichten Neigung angelegte Marktplatz mit schönen Fachwerkhäusern und einem Renaissance-Brunnen aus dem Jahre 1566 (Baumhauer) läßt noch eine Ahnung vom damaligen städtischen Leben aufkommen – natürlich besonders an Markttagen. Das monumentale spätmittelalterliche *Fachwerkrathaus* mit vorkragenden Geschossen ist von A. Tretsch erbaut worden (Abb. 26). Dieser Typus, dem wir schon in Esslingen begegnet sind, ist im Unterland, also im Raum nördlich von Stuttgart, weit verbreitet. Ganz in der Nähe das *Schloß*, das um die Mitte des 16. Jahrhunderts Herzog Christoph hat anlegen lassen. Unterhalb der Südfront eine kleine Kostbarkeit, die im weiten Umkreis ihresgleichen sucht, ein von Heinrich Schickhardt angelegter und kürzlich wieder rekonstruierter *Pomeranzengarten* (Abb. 27) in italienischer Manier (1609). Im ehemaligen *Bebenhäuser Hof* (heute ›Schwarzer Adler‹), einem gotischen Steinhaus, soll der erste württembergische Landtag 1457 zusammengetreten sein. Die evangelische Pfarrkirche *St. Johannis Baptist* ist um 1300 als Pfeilerbasilika erbaut worden. Der Eindruck ist ganz romanisch, gotische Formen lediglich vereinzelt, wie z. B. am Taufstein. Die Chorfresken stellen Szenen aus dem Leben des Titelheiligen dar. Sie dürften im 14. Jahrhundert entstanden sein. Sehenswert sind ferner das spätmittelalterliche Chorgestühl und ein Kruzifix aus dem 15. Jahrhundert.

Zwischen Eltingen und Leonberg kam es im Verlauf der Jahrhunderte immer wieder zu Auseinandersetzungen um Gebietszugehörigkeiten. Im Jahre 1859 wurden beide Gemeinwesen getrennt, und 1938 hat man Eltingen nach Leonberg eingemeindet. Heute gehen die Städte ineinander über. Die Hauptstraße **Eltingens** ist ein sehr seltenes Beispiel für eine geschlossene Reihe von Fachwerkhäusern, gewissermaßen ein Paradebeispiel für eine typische württembergische Dorfstraße. Die einschiffige Kirche wurde 1487 von Peter von Koblenz erbaut. Das Netzgewölbe im Chor, das spätgotische Chorgestühl und die Deckenmalereien lohnen einen Besuch.

Ditzingen

Die durch das Dorf fließende Glems war im Mittelalter so etwas wie eine Kirchengrenze. Sie teilte das Dorf in zwei Teile. Der eine gehörte zum Bistum Speyer und der andere zum Bistum Konstanz. Die *Konstanzer Kirche* (1477) im Norden mit einem Renaissance-Kruzifix und einem mittelalterlichen Chorgestühl steht der im selben Jahr erbauten *Speyerer Kirche* im Süden gegenüber. Hier wären eine spätgotische Westempore und eine aus derselben Zeit stammende Erkerkanzel zu erwähnen. Ganz in der Nähe steht ein kleines ehemaliges Wasserschloß.

Schwieberdingen

Zur *St. Georgskirche* führt eine unterteilte Freitreppe hinauf. Der ursprüngliche Bau ist wohl um 1300 anzusetzen. Die Um- und Neubauten hat Peter von Koblenz um 1500 ausgeführt. Der Innenraum überrascht durch ein schönes Sterngewölbe. Beachtenswert sind die Figurenkonsolen, die schlanke Gewölberippen auffangen. Die Kreuzigungsgruppe könnte aus der Werkstatt des Hans Seyffer (um 1500) stammen.

Mühlhausen

Wie eine Portalinschrift besagt, ist die *Veitskirche* im Jahre 1380 gestiftet worden. Im Gegensatz zur Balkendecke des Langhauses ist der erhöhte Chor mit einem Rippengewölbe ausgestattet. Besonders anmutig und kunsthistorisch interessant sind die Ausmalungen im Chor und am Triumphbogen (Chorzugang). Die florealen Ornamentmuster und die Szenen der Veitslegende müssen um 1400 entstanden sein. Der aus einer böhmischen Werkstatt stammende Hochaltar (1380) steht heute in der Stuttgarter Staatsgalerie (S. 63 f.).

Bad Cannstatt

Der Übergang von Stuttgart nach Bad Cannstatt ist fließend – zumindest in städtebaulicher Hinsicht. Im Laufe dieses Jahrhunderts sind beide Städte zusammengewachsen. Im Jahre 1903 wurde *Cannstatt* zusammen mit *Untertürkheim* und *Wangen* nach Stuttgart eingemeindet.

Steinzeitliche Siedlungsfunde und Münzen aus Keltengräbern kennzeichnen die vor- und frühgeschichtliche Situation in und um Bad Cannstatt. Bedeutung erhielt die Stadt in der Römerzeit. Hier am Cannstatter Castell führte eine Straße, wahrscheinlich vom Rhein kommend über Waiblingen ins Remstal und weiter zum Limes und auf die Schwäbische Alb. Offensichtlich unterhielten die Römer eine Töpferei, denn viele Terrasigillata-Funde wurden in der Umgebung ausgegraben. Über den Neckar führte eine römische Holzbrücke und in der Nähe, auf dem Altenburger Feld, wurden Reste von Villen und Bädern gefunden. Über die später nachrückenden Alemannen ist kaum etwas überliefert worden – bis auf ein bemerkenswertes Datum: Im Jahre 746 haben die Franken zu einem Fest sämtliche alemannischen Fürsten eingeladen. Sie wurden umgebracht. Diese Mordnacht ist als das ›Cannstatter Blutbad‹ in die Geschichte eingegangen.

Im hohen Mittelalter waren wahrscheinlich die Grafen von Calw oder die Staufer im Besitz der Stadt. Erst ziemlich spät, im 14. Jahrhundert, wurde die Stadt befestigt und erhielt Marktrecht. Die günstige Verkehrslage förderte in den nächsten Jahrhunderten das wirtschaftliche Wachstum. Im 16. Jahrhundert wurde die erste Poststation Württembergs eingerichtet und 1845 die erste Eisenbahnstrecke des Landes. Sie verband Cannstatt mit Untertürckheim und Esslingen. Bad Cannstatt war auch der Gründungsort der Motorenfabrik von Gottlieb Daimler. Später wurde sie nach Untertürckheim verlegt.

Einziges bedeutendes mittelalterliches Monument ist die *Uffkirche,* nachdem die auf fränkische Zeit zurückgehende Urkirche St. Martin schon zu Beginn des 16. Jahrhunderts abgebrochen wurde. Die auf eine romanische Chorturmkirche zurückgehende Uffkirche ist eine Saalkirche, die gegen Ende des 15. Jahrhunderts von einem Baumeister aus dem Alberlin Jörg-Kreis errichtet wurde. Der Renaissance-Turm stammt von Heinrich Schickhardt (1612).

Man sollte unbedingt den *Kurpark* aufsuchen, um den von Nikolaus von Thouret erbauten *Kursaal* (1825–27) zu besichtigen. Vom halbrunden mit Säulen versehenen Mitteltrakt gehen langgestreckte Flügel aus. Der Klassizist Thouret hat sich hier u. a. von Palladio anregen lassen. Auf der anderen Seite des Neckars Richtung Stuttgart Zentrum breitet sich der *Rosenstein-Park* aus. König Wilhelm I. hat den Hofbaumeister Giovanni Salucci beauftragt, in diesem Park ein Schloß zu bauen. Salucci kam diesem Auftrag nach und entwarf ein *Schloß* im Stil italienischer Landvillen (1825–29). Die Parkseite zeichnet sich durch eine dreiteilige Treppenanlage aus, die zu einem Säulenportikus führt. Sehenswert sind auch die Skulpturen, größtenteils von einheimischen Künstlern wie Mack, Wagner oder Distelbarth geschaffen. Das im Krieg zerstörte Schloß wurde originalgetreu wieder aufgebaut. Heute ist es Naturkundemuseum. – In der Nähe befindet sich der Tierpark ›*Wilhelma*‹ (Farbt. 3). König Wilhelm I. ließ ihn zunächst als Lustgarten im maurischen Stil zwischen 1842 und 1851 errichten. Baumeister der Land- und Gewächshäuser war L. Zanth – sein Vorbild: italienische Landhäuser der Renaissance.

Waiblingen

Die vom Cannstatter Kastell ins Remstal verlaufende Römerstraße führte durch Waiblingen. Von den Alemannen zeugen lediglich drei Gräberfelder im heutigen Zentrum der Stadt. Die Ausgrabungen waren nicht sehr ergiebig. Seit dem 6. Jahrhundert ist Waiblingen fränkisch. Die erste urkundliche Erwähnung der Stadt fällt in das Jahr 885. Etwas mehr als hundert Jahre später verbindet sich Konrad II. (990–1039) mit Gisela von Schwaben, der Herrin des Königsgutes Waiblingen. Von da an nannte sich Konrad II. der ›Waiblinger‹. ›Waiblinger‹ stand später für Kaiser und Reich. Die Gegenpartei, die Welfen, die Papsttreuen, stritten häufig mit den Waiblingern (Staufern) um den Königsthron. Diese Streitigkeiten wurden

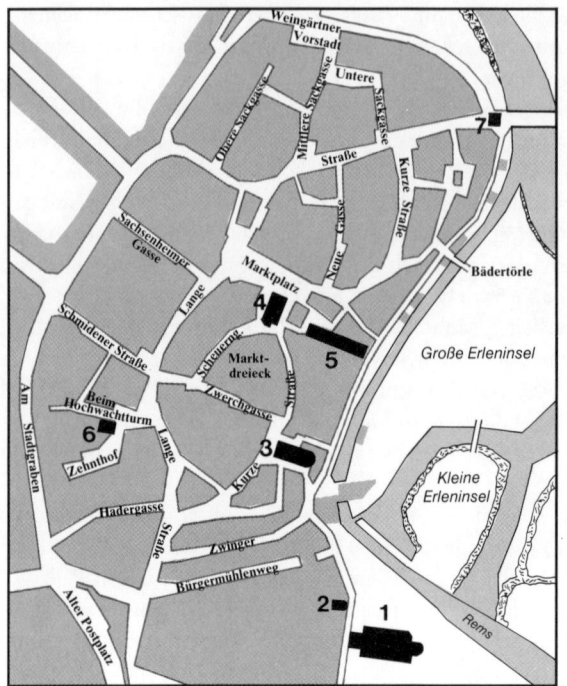

Waiblingen 1 Michaelskirche 2 Nonnenkirche 3 Nikolaus- kirche 4 Altes Rathaus 5 Neues Rathaus 6 Hochwachtturm 7 Brückentorturm (Beinsteiner Tor)

damals auch in Italien ausgetragen. Die Waiblinger oder Staufer hießen ›Ghibellinen‹ und die Welfen ›Guelfen‹.

Im 13. Jahrhundert erhielt Waiblingen Stadtrechte. Ihr Geschick war wechselvoll. Mal war die Stadt unter staufischer Herrschaft, mal unter württembergischer. Schließlich dominierte die mächtige Freie Stadt Esslingen. Im Dreißigjährigen Krieg wurde Waiblingen schwer getroffen. Fast alle Gebäude brannten nieder. Von der mittelalterlichen Stadt blieb so gut wie nichts mehr übrig (Abb. 25).

Die vor den Mauern der Stadt als Wehrkirche errichtete *Michaelskirche* entstand zwischen 1459 und 1489. Die Baumeister Hans von Landau und Peter von Lahn konzipierten einen Staffelraum. Das Mittelschiff ist gegenüber den Seitenschiffen nur etwas erhöht, so daß der damals populäre Hallencharakter zum Ausdruck gekommen ist. Das nordwestlich davon im Jahr 1469 errichtete ›*Nonnenkirchle*‹ ist ein winziger zweigeschossiger Bau. Er mißt zwölf Meter in der Länge und sieben Meter in der Breite. Ihren Namen hat die Kirche von Beginen, die hier bis zum Jahr 1634 lebten. Ihnen war im Westen ein eigener Eingang und im Innern eine Empore vorbehalten. Die Obergeschoßkapelle wurde 1510 von Hans von Ulm ausgewölbt. – Ganz in der Nähe die *Nikolauskirche* (Abb. 25), die 1269 zum ersten Mal genannt wurde. Die durch den Stadtbrand zerstörte Kirche wurde Ende des 17. Jahrhunderts wieder aufgebaut. – Das 1476 erstmals erwähnte *Rathaus* wurde im Dreißigjährigen Krieg vollständig zerstört und an derselben Stelle Mitte des 18. Jahrhunderts neu erbaut. Sehenswert sind der Arkadengang mit der ehemaligen Schranne (Markthalle) sowie der alte Aufgang. – Der auf dem höchsten Punkt der Stadt errichtete *Hochwachtturm* erhebt sich über einem kleinen Rest des ehemaligen Wehrganges. Im unteren Teil sind noch frühstaufische Mauerteile (um 1100) zu entdecken. Die Stadtmauer wurde im 13. Jahrhundert angebaut. Der *Brückentorturm* (auch Beinsteiner Tor genannt) ist mit einem Wappen des Herzogs Eberhard im Barte versehen. Die in Sgraffito-Technik angebrachten Szenen aus der Stadtgeschichte stammen aus dem Jahre 1938.

Ludwigsburger Barock

Schloß Ludwigsburg

Die Stadt Ludwigsburg ist zu Beginn des 18. Jahrhunderts auf dem Reißbrett entstanden. Der Grund für diese mehr oder weniger überstürzte Stadtplanung war ein umfangreicher Schloßbau auf einem alten Jagdgut der württembergischen Herzöge nördlich von Stuttgart. Nachdem der auf diesem Gut stehende Erlachhof von den Truppen Ludwig XIV. zerstört wurde, und das Alte Schloß in Stuttgart als Residenz schon längst nicht mehr akzeptiert wurde, ließ Eberhard Ludwig, erst sechzehnjährig, vom Kaiser aber schon für volljährig erklärt, dieses Unternehmen beginnen. Ein weiterer, etwas pikanter Grund, mag den Herzog bewogen haben, Stuttgart den Rücken zu kehren. Es war seine Mätresse, die berüchtigte und vom Volk verachtete Wilhelmine von Grävenitz, die ihn immer wieder bedrängte, Ludwigsburg zur neuen Residenzstadt zu machen. Nur so konnte sie dem Machtbereich der herzöglichen Gemahlin entgehen.

Im Jahre 1704 begannen die Bautätigkeiten. Sie sollten fast hundert Jahre dauern. Zunächst gab Eberhard Ludwig dem Theologen und Hofbaumeister Philipp Joseph Jenisch den Auftrag, das ›Jagdlusthaus zum Erlachhof‹ neu zu errichten. Es entstand der nördliche Quertrakt, der *Fürstenbau* oder auch ›*Altes Corps de Logis*‹ genannt. Jenisch konnte den Bau allerdings nur bis zum ersten Geschoß fertigstellen. Dann unterbrach der Herzog die Bautätigkeiten, da ihm die Ausführungen mißfielen. Auch konnte er den weiteren Plänen seines Architekten nichts Positives mehr abgewinnen. Sein Freund und Berater, der Oberhofmarschall Forstner, ein Gegner Jenischs, schlug dem Herzog den 35jährigen Johann Friedrich Nette vor, der die Bautätigkeiten unverzüglich aufnahm. Er wählte den italienischen Palazzo zum Vorbild. Das dreigeschossige Gebäude wurde flach gedeckt. Die Mittelachse betonte er durch ein hervortretendes Säulenportal mit seitlichen Zufahrten (Abb. 28).

Im Jahre 1709 hat Nette den rechten Flügelbau, den sogenannten *Ordensbau*, ein weitgehend schmuckloses dreigeschossiges Gebäude mit Mansarddach, angebaut. Der Mittelrisalit der Hofseite wird durch ein Portal mit vier flach vorgeblendeten Pilastern betont. Das Pendant gegenüber, der linke Flügelbau also (der ›Riesenbau‹), entstand drei Jahre später. Aus dem anfänglich geplanten Lust- oder Jagdschloß ist nunmehr eine Anlage mit Residenzcharakter entstanden. Die Grävenitz hatte jetzt schon keine Mühe mehr, den Herzog zu überreden, sich nun endgültig von seiner Gemahlin und Stuttgart zu trennen.

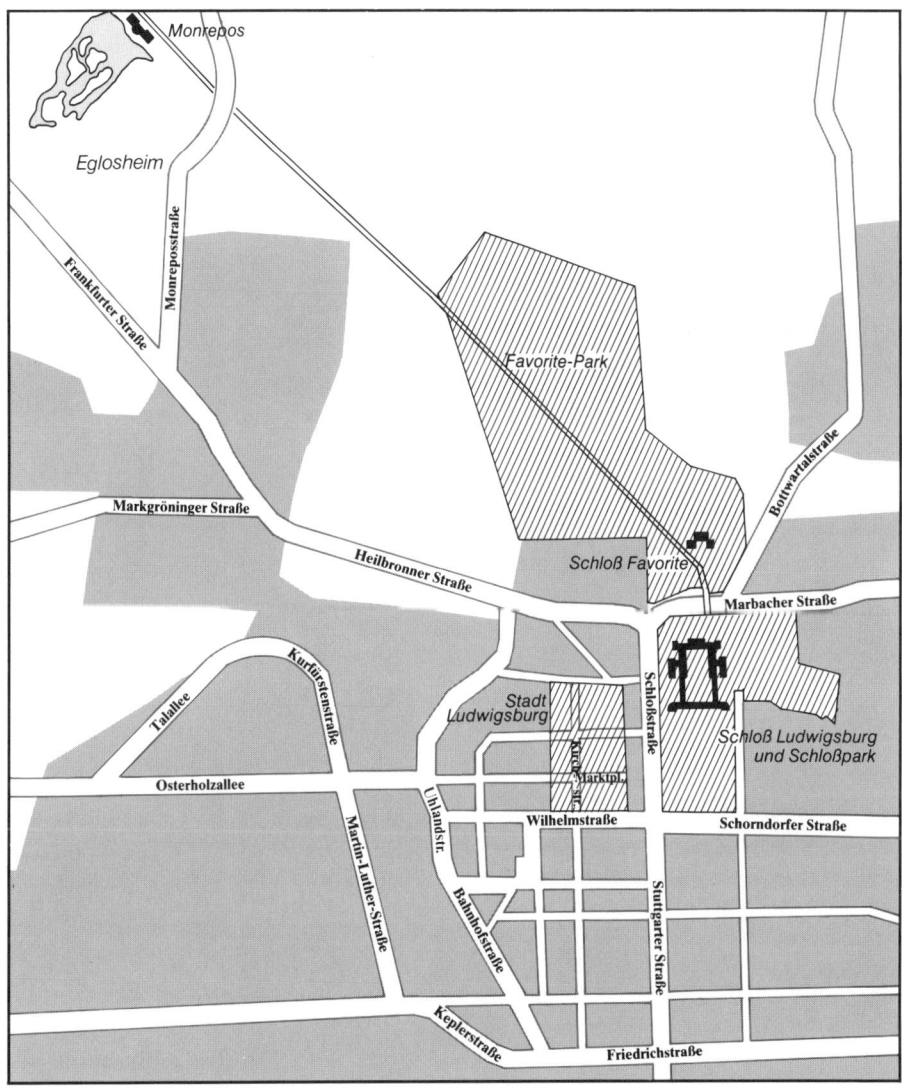

Ludwigsburg mit Schloß, Favorite-Park und Schloß Monrepos

Der Herzog überlegte weitere Anbauten als Nette unverhofft im Jahre 1714 starb. Sein Nachfolger wurde D. G. Frisoni. Zunächst verwirklichte er auf die Empfehlung des Herzogs hin die Pläne seines Vorgängers Nette: In der Längsachse des Fürstenbaus (Altes Corps de Logis) wurde links und rechts je eine Galerie mit Eckpavillons angefügt. An den Ordens-

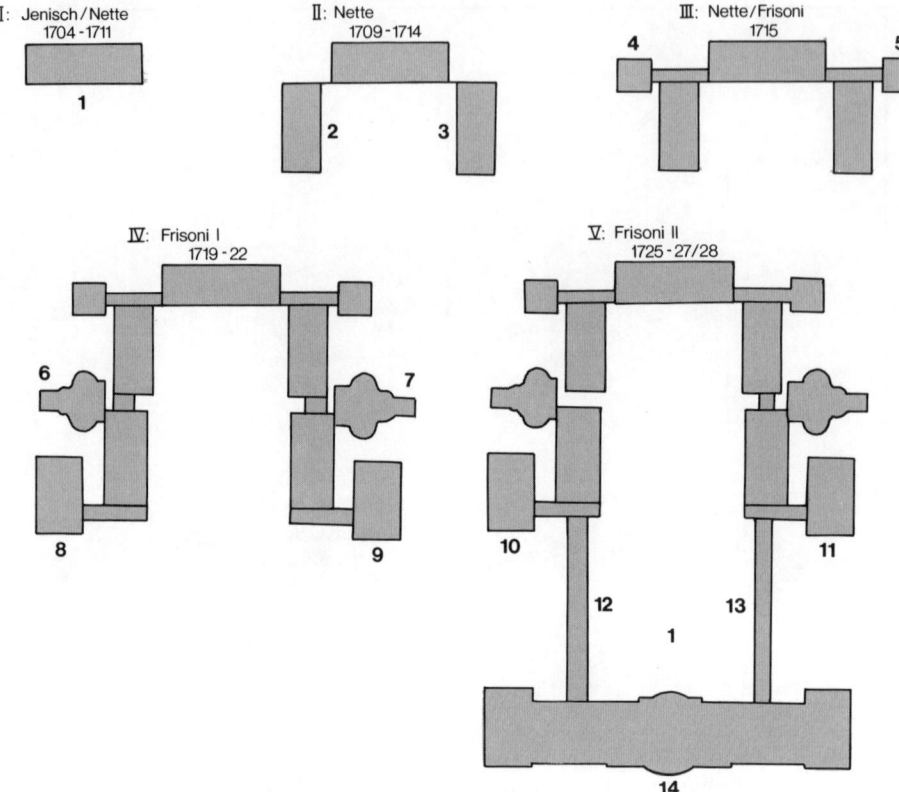

*Bauphasen des Ludwigsburger Schlosses   1 Altes Corps de Logis (Fürstenbau)   2 Ordensbau   3 Rie-
senbau   4 Jagdpavillon   5 Spielpavillon   6 Ordenskapelle   7 Schloßkapelle   8 Westlicher Kavalierbau   9 Östlicher Kavalierbau   10 Festinbau   11 Theaterbau   12 Bildergalerie   13 Ahnengalerie   14 Neues Corps de Logis*

bau schloß sich nun rückwärtig der *Jagdpavillon* an, auf der anderen Seite, ebenfalls rückwärtig, der *Spiegelpavillon*.

Nun konnte Frisoni an seine eigenen Pläne gehen. Er legte dem Herzog Entwürfe für eine
Hofkapelle im italienischen Stil vor. Sie sollte sich seitlich etwas zurückversetzt an den
Riesenbau anschließen. Ihr Pendant, die *Ordenskapelle*, genau gegenüber, lag ebenfalls in
einem Entwurf vor. Damit wurde der ohnehin große Innenhof um eine weitere Dimension
geöffnet. Um die Gelände- und Hofproportionen wieder annähernd in Übereinstimmung
zu bringen, plante Frisoni in der Längsachse von Ordens- und Riesenbau je einen langgestreckten *Kavaliersbau*. Diese umfangreichen Erweiterungspläne wurden zwischen 1715
und 1722 ausgeführt.

Frisoni hat die beiden Kapellen als Zentralräume mit je drei Apsiden und doppelten Kolossalsäulen geplant. Neben den italienischen Akzenten machten sich auch Wiener und Prager Einflüsse geltend. Das wird besonders in den Apsidenovalen deutlich, die in der Längsachse abgeschnitten sind, um sich zum Innenraum hin öffnen zu können.

Wie schon beim Riesen- und Ordensbau dominiert auch bei den beiden *Kavaliersbauten* jeweils der Mitteltrakt. Er tritt etwas hervor. Die Portale werden von zwei Säulen flankiert; darüber eine mit Kandelabern geschmückte Balustrade. Im ersten Geschoß hat Frisoni die Fenster mit Segmentgiebeln versehen. Ein Mansarddach bekrönt das Gebäude.

Aus einem ursprünglich geplanten kleinen Jagdschloß ist nunmehr im Laufe von über zehn Jahren ein glanzvolles Residenzschloß geworden, das in dieser Ausgestaltung europäische Vergleiche nicht zu scheuen brauchte. Und dennoch gab sich der Herzog mit der Anlage nicht zufrieden. Er verlangte von Frisoni weitere Pläne. Dieser machte auch bald einen Vorschlag – einen ungewöhnlichen Vorschlag. Es sollte ein neues Hauptgebäude entstehen, das um ein vielfaches größer als der ältere Fürstenbau ausfiel. Die 1725 vorgelegten Pläne für einen horizontalen Südabschluß sahen eine Umwandlung des bisherigen Ehrenhofes in einen Innenhof vor. Vom neuen Corps de Logis gingen zwei neue Galerien aus, die den Hauptbau mit den beiden Kavaliersbauten verbanden. Die Flügel des pompösen

Ludwigsburg, Schloß, Nordansicht von J. F. Nette, Stich 1709. Heimatmuseum Ludwigsburg

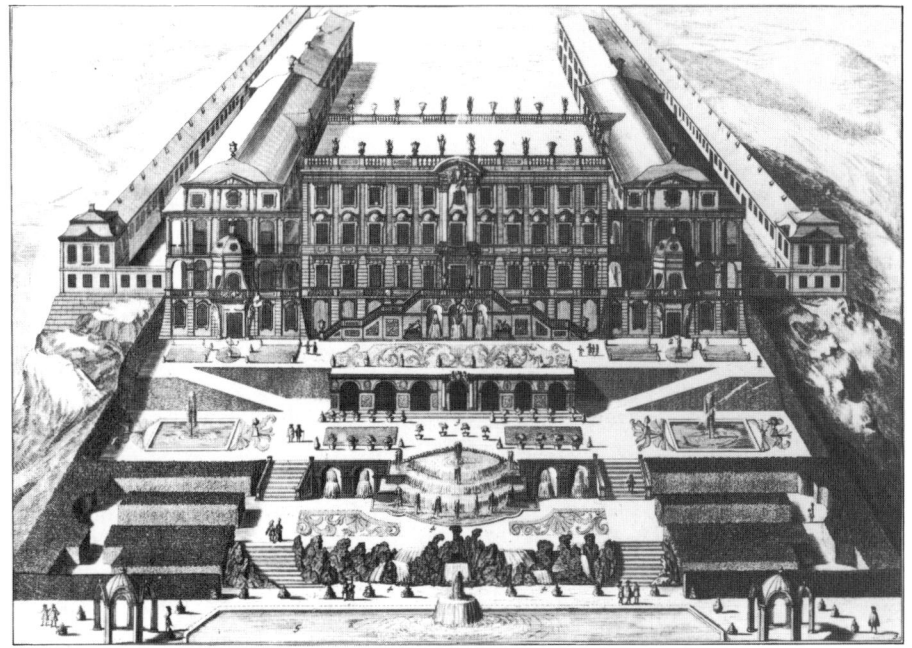

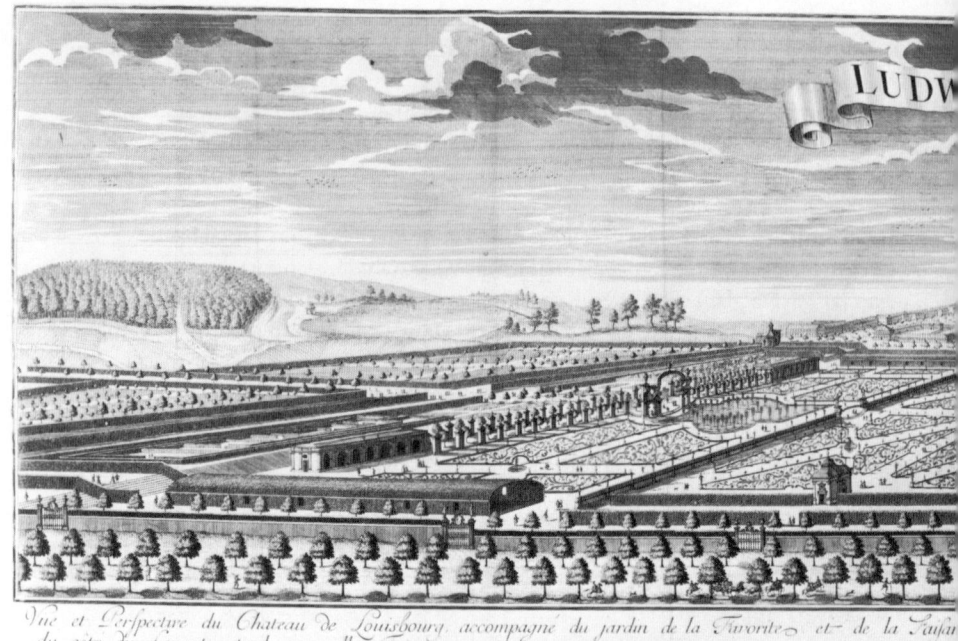

Ludwigsburg, Schloßanlage von Osten, Kupferstich von D. G. Frisoni, 1724. Staatsgalerie Stuttgart

Quertraktes sollten mit einem neu zu errichtenden Theater- und Festinbau, jeweils hinter den Kavaliersbauten gelegen, neue Ehrenhöfe bilden.

Diese Pläne wurden damals unterschiedlich beurteilt. Einerseits entzog nun der neue Querbau den Blick auf den Ehrenhof und den Fürstenbau (Altes Corps de Logis), andererseits wurde nun aber der ungünstige Höhenunterschied zwischen Hof und anschließendem Garten durch die neue Überbauung kaschiert. So entschloß sich der Herzog zur Verwirklichung der Pläne Frisonis.

Die Gartenseite des *Neuen Corps de Logis* war mit einem durchgehenden Mansarddach versehen. Lediglich über dem dominierenden Oval des Eingangstraktes wurde das Dach leicht angehoben. Frisoni hat die Ecktrakte ebenfalls erhöhen wollen, um den langgestreckten Bau aufzulockern. Daraus ist aus finanziellen Gründen nichts geworden. Frisoni mußte seine Pläne ändern.

Der ovale Mitteltrakt ist zur Parkseite hin durch flach vorgeblendete Pilaster gegliedert. Eine figurengeschmückte Balustrade erhebt sich über dem Gesims (Abb. 30). Als Schauseite möchte man allerdings diese Fassade nicht bezeichnen. Das ist vielmehr die Hofseite. Ein

…ctiv und Prospect der Refidenz Ludwigsburg S.r Hochfurfil. Durchl. des Regierenden Herrn Herhogen zu Würtemberg ... wie solche sam̃t furftl. Luft-Garten, Favorit und Fasanen-Garten gegen Morgen anzusehen erweitert von Donato Giosepe Frisoni, Obrist Lieutenant ü. Ober Landbau Di :
re. S.r Hochfurfil. Durchl.

mit Doppelsäulen monumental gestaltetes Portal mit Balustrade und Eckfiguren bildet den Zugang zum Gardesaal. Das Untergeschoß, das infolge des ansteigenden Geländes an der Gartenseite fehlt, weist ebenfalls rundbogige Torzufahrten auf, die von Doppelsäulen flankiert werden. Eine wahrscheinlich nicht Frisoni anzulastende Unstimmigkeit bemerkt man an der Hofseite, und zwar dort, wo die Galerietrakte an den Hauptbau stoßen. Die langgezogenen Mansarddächer enden stumpf im Obergeschoß des Hauptbaus. Ursprünglich waren Terrassen vorgesehen – eine zweifellos glücklichere Lösung.

Im Jahre 1730 besuchte König Wilhelm I. von Preußen Ludwigsburg. Er war erbost über die Grävenitz und setzte dem Herzog so lange zu, bis dieser schließlich seine Mätresse verstieß und sich zurück nach Stuttgart zu seiner Gemahlin begab. Es kam zur Aussöhnung, und er verlor allmählich das Interesse an Ludwigsburg. Die Vollendung seines Schlosses erlebte er dann auch nicht mehr. Im Jahre 1733 starb er. Sein Nachfolger, Herzog Karl Alexander, kehrte Ludwigsburg ebenfalls den Rücken. Erst unter Karl Eugen wurde die Bautätigkeit im Jahre 1744 wieder aufgenommen. Während der Bauarbeiten residierte der Herzog häufig in Ludwigsburg. Im Jahre 1758 berief er den Franzosen Philipp de la Guepiere und ließ ihn das Neue Corps de Logis ausbauen. Karl Eugen verlegte dann wieder seine Residenz von Stuttgart nach Ludwigsburg. Das war im Jahre 1764. Elf Jahre später ging er wieder nach Stuttgart zurück. Nun wurde es still in Ludwigsburg. Erst nach Karl Eugens Tod im Jahre 1793 hat Nikolaus von Thouret unter Herzog Friedrich I. von 1797 an den weiteren Um- und Ausbau der Anlage übernommen. Thouret war es auch, der den Garten neu anlegte – im Stil des englischen Landschaftsgartens, so wie es der Herrschaft gefiel.

Besuch des Schlosses

Für die Besucher scheinen die Zimmerfluchten des Ludwigsburger Schlosses kein Ende zu nehmen. Man könnte Tage verbringen, um jeden einzelnen Raum, sofern er zugänglich ist, zu inspizieren. Ich habe deswegen eine nicht geringe Auswahl getroffen, um die m. E. interessantesten Räume vorzustellen.

1 Gardesaal mit anschließendem Marmorsaal. Beide Säle bilden das Kernstück des ›Neuen Corps de Logis‹. Thouret hat sie zwischen 1800 und 1816 umgebaut. Von hier links und rechts die Zugänge zu den Vor- und Audienzzimmern des Königs und der Königin.

2 Königstreppe. Die Nischenskulpturen, unglückliche Liebschaften der Antike darstellend, stammen von D. Carlone (1730).

3 Bildergalerie. Das Deckengemälde hat Scotti gemalt (1732). Es zeigt Szenen aus dem Trojanischen Krieg. Die Innengestaltung ist von Thouret. Wir durchqueren anschließend das westliche Kavaliershaus. Hier sind die Wohnungen der Hofbediensteten untergebracht.

4 Die Ordenskapelle wurde durch Leger (1746–48) zur Hofkapelle umgebaut. Auftraggeber war Herzog Karl Eugen. Die Umbauten, besonders im westlichen Teil, sind von Thouret (Königsthron).

5 Im Treppenhaus des Ordensbaus sind originelle Wand- und Deckenfresken von Colomba (1712) zu sehen: ›Verherrlichung des Herkules‹, eine verkappte Allegorie auf den Herzog.

6 Ordenssaal. Hier fanden zwei wichtige historische Ereignisse statt. Am 25. 9. 1819 wurde in diesem Saal die Verfassung des Königreichs Württemberg und auf den Tag genau hundert Jahre später die demokratisch-republikanische Verfassung des Landes Württemberg verkündet. Das Deckengemälde von Scotti und Baroffio (1731) ist im römisch-barocken Stil gemalt. Innerhalb scheinperspektivischer Architektur ist die Verherrlichung der Athena im Kreise der olympischen Götter dargestellt.

7 Chinesisches Lackkabinett. Die schwarze Wandlackierung mit Chinoiserien hat Sänger geschaffen (1714–22).

8 Spiegelkabinett. Solche Kabinette, die als reine Zierkabinette verwendet wurden, fehlten in keinem Schloß. Häufig wurde hier kostbares Porzellan oder Schmuck ausgestellt.

9 Audienzzimmer des Erbprinzen. Hier wohnte im Jahre 1730 König Friedrich Wilhelm I. von Preußen. Das Deckengemälde mit einem ›Schlafenden Mars‹ hat Steinfels gemalt (1709/10).

10 Rundsaal mit vier Kreuzarmen. Die Stukkaturen stammen von D. Carlone. Die

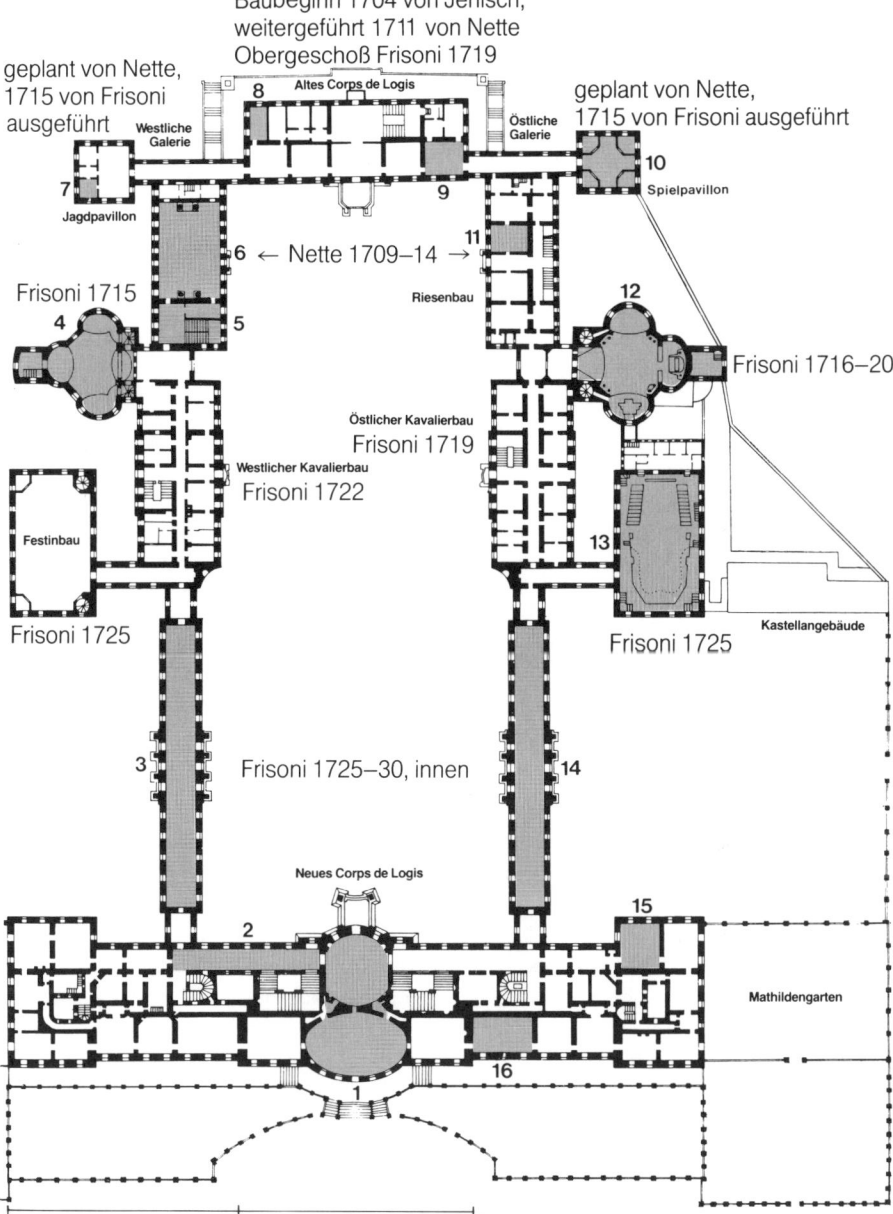

Baubeginn 1704 von Jenisch,
weitergeführt 1711 von Nette
Obergeschoß Frisoni 1719

geplant von Nette,
1715 von Frisoni
ausgeführt

geplant von Nette,
1715 von Frisoni ausgeführt

8 Altes Corps de Logis

Westliche
Galerie

Östliche
Galerie

7

10

Jagdpavillon

Spielpavillon

9

6 ← Nette 1709–14 →

11

Frisoni 1715

Riesenbau

4

12

5

Frisoni 1716–20

Östlicher Kavalierbau
Frisoni 1719

Westlicher Kavalierbau
Frisoni 1722

Festinbau

13

Frisoni 1725

Kastellangebäude

Frisoni 1725

3

Frisoni 1725–30, innen

14

Neues Corps de Logis

2

15

Mathildengarten

16

1

0   50 m   100 m

*Ludwigsburg, Schloß 1 Gardesaal und Marmorsaal 2 Königstreppe 3 Bildergalerie 4 Ordens-
kapelle 5 Treppenhaus des Ordensbaus 6 Ordenssaal 7 Chinesisches Lackkabinett 8 Spiegelkabinett 9 Audienzzimmer des Erbprinzen 10 Rundsaal 11 Vorzimmer des Erbprinzen
12 Schloßkapelle 13 Theater 14 Ahnengalerie 15 Bibliothek des Königs 16 Assembleezimmer der
Königin*

Innenausstattung, übrigens die am besten erhaltene des gesamten Schlosses, ist barocken Ursprungs (1715–20). Die Decke ziert eine Allegorie der ›Vier Jahreszeiten‹. Das Mobiliar ist typisch ›Louis XVI‹.

11 Riesenbau/Vorzimmer des Erbprinzen. Das ›Louis XVI-Mobiliar‹ und die flämischen Tapisserien von Reydams (1600) machen diesen Raum besonders sehenswert.

12 Schloßkapelle. Eine sogenannte Trikonchenanlage, bestehend aus drei Apsiden. Die Ausstattung ist für eine evangelische Kirche ungewöhnlich reichhaltig. Dieser Prunk ist aber für eine Schloßkapelle verständlich. Das Altargemälde ›Einsetzung des Abendmahls‹ hat Carlo Carlone gemalt. Die Deckenfresken sind von Carlone und Colomba.

13 Das Theater hat de la Guepiere erbaut (1758/59; Farbt. 4). Auf dem Vorhang sind Apoll und die Musen dargestellt (1763).

14 Ahnengalerie. Sie wurde 1800 von Thouret mit Marmorinkrustationen verkleidet. Das Deckenfresko stellt eine Huldigung der Künste und Wissenschaften an Eberhard Ludwig dar (Carlone und Baroffio, 1731–33). An den Längswänden sind württembergische Grafen und Herzöge sowie teilweise deren Gemahlinnen zu sehen.

15 Bibliothek des Königs. Die Ausstattung einschließlich der Bücherschränke stammt von Thouret (1800). Die Büste des Apollon von Belvedere und die des Königs Friedrich sind Arbeiten nach Dannecker.

16 Assembleezimmer der Königin. Um 1800 von Thouret ausgestaltet. Von ihm ist auch teilweise das Mobiliar entworfen worden. Bemerkenswert die Statuen der ›Vier Jahreszeiten‹: ›Sommer‹ und ›Herbst‹ von Dannecker; ›Frühling‹ und ›Winter‹ von Scheffauer.

Lusthaus Favorite

Etwa 350 Meter nördlich des Schlosses erhebt sich auf einer kleinen Anhöhe das Lustschlößchen Favorite. Die ersten Pläne haben Nette und Heim im Jahre 1708 für ein – wie der Auftrag lautete – »bescheidenes Häuschen im Fasanengarten« erstellt. Aus diesen Plänen ist nichts geworden. Zehn Jahre später legte Frisoni seine Entwürfe vor, die dann auch ausgeführt wurden. Ein würfelförmiger zweigeschossiger Mittelbau mit vier Ecktürmchen erhebt sich über einem breit gelagerten Untergeschoß mit Rustikaquadern. Den Ecken sind vier rechteckige Pavillons mit Mansarddächern vorgelagert. Die vier Belvedere-Türmchen erinnern an zeitgenössische böhmische Architektur; die Auffahrt und eine weit ausladende Freitreppe dagegen an italienische Barockvillen (Farbt. 2). Die Innenräume sind größtenteils von Thouret zu Beginn des 19. Jahrhunderts umgestaltet worden. Sehenswert ist unter anderem das ›Pompejanische Zimmer‹ (Abb. 32).

Monrepos

Früher führte von den Parkanlagen des Ludwigsburger Schlosses eine Pappelallee nach Monrepos. ›Monrepos‹ – ›Meine Ruhe‹, so nannte König Friedrich I. das kleine Seeschlößchen in Erinnerung an seine Landhäuser in Finnland und am Genfer See (Lausanne). Der

Lustschloß Monrepos bei Ludwigsburg, Radierung von Fr. Müller, 1811. Württembergische Landes-bibliothek, Stuttgart

Bauherr des Seeschlößchens war Herzog Karl Eugen. Er beauftragte Philipp de la Guepiere (1760–65) mit dem Bau. Er plante als Kernstück einen ovalen Mitteltrakt mit vorgelagertem Rechteck und seitlich anschließenden Flügeln. Diese Flügel waren zur Seeseite gerade und zum Hof geschwungen; letzteres um der Auffahrt und der Freitreppe Raum zu schaffen. Das Schloß liegt auf einem Hügel, der zum See hin abfällt (Abb. 33). Daher mußte die Seeseite auf einen Sockel gestellt und die Hofseite ebenerdig gebaut werden. Die klassische Hofseite fällt durch ihren löwenbewehrten Treppenaufgang auf. Doppelsäulen tragen ein weit vorkragendes Gesims, das die Seitenflügel umgreift und dort ausschwingt. Das mit Rundfenstern versehene Mansarddach erhebt sich über einer Balustrade.

An der Seeseite dominiert das Oval, das ebenfalls durch Doppelsäulen gegliedert wird. Darüber ein niedrigeres, von einer Kuppel abgeschlossenes Fenstergeschoß. Das Sockelge-schoß, aus rundbogigen Arkaden und breiten Pfeilern bestehend, erhebt sich über einem großen Platz, an dessen Ende eine Freitreppe direkt in den See hineinführt. Philipp de la Guepiere hat sich wahrscheinlich an dem bei Melun liegenden französischen Schloß Vaux-le-Vicomte inspirieren lassen.

Der Innenausbau wurde erst unter König Friedrich I. von Thouret (1801–04) vollendet. Thouret hat sich am Außenbau orientiert und auch für die Wandgliederung der Eingangshalle Doppelsäulen verwendet. An der Decke ein von Guibal gemaltes Kuppelbild ›Venus und Adonis‹.

Monrepos zählt zu den frühesten Landschlössern Süddeutschlands, das im klassizistischen Stil erbaut wurde. Die Proportionen wirken gedrängt, auf jeden Fall nicht mehr so weitläufig und schlank wie das bei Barockschlössern der Fall ist. Ferner fällt ein kräftiges umlaufendes Kranzgesims auf und eine extrem flache Wandgliederung, besonders in den Innenräumen.

Stadt Ludwigsburg

Die Stadt Ludwigsburg bietet keine besonderen Anziehungspunkte. Erwähnenswert ist die von Frisoni erbaute zweitürmige *Stadtkirche* (1718–26). Ihre Fassade ist zum Marktplatz ausgerichtet. Die barocken Wohnbauten sind fast alle zweigeschossig und untereinander sehr ähnlich. Sie vermitteln eher ein eintöniges Bild. Auffallend ist lediglich das *Palais Grävenitz* (1728) in der Marstallstr. 5. Den *Marktbrunnen* mit dem Standbild Eberhard Ludwigs hat Retti (1723/24) errichtet.

Der schwäbische Demokratenbuckel.
Auf dem Hohenasperg

Die Geschichte des *Hohenasperges* ist die Geschichte eines Gefängnisses, die bis auf den heutigen Tag verfolgt werden kann. Schon von weitem, auf der Autobahn von Stuttgart Richtung Heilbronn fahrend, ist der mit einer Burg bekrönte stumpfe Bergkegel zu erblicken. Gegenüber im Osten liegt Ludwigsburg und im Westen, in der Ferne, zeichnen sich die Hügel des Stromberges ab.

Daß es sich hier um eines der traurigsten Gefängnisse (nicht nur) in Württemberg handelt, mögen die vielen bitteren Umschreibungen bezeugen, die im Laufe der Geschichte gefunden wurden. Um nur einige zu nennen: ›Tränenberg‹, ›Höllenberg‹, ›Hausberg der schwäbischen Intelligenz‹, ›Demokratenbuckel‹, ›Jammerbuckel‹. Der Hohenasperg war wegen seiner einzigartigen Lage schon sehr früh besiedelt. Zum ersten Mal wurde er im 5. Jahrhundert erwähnt. Auf dem Bergkegel drängten sich die Häuser eines kleinen Dorfes mit dem namen ›Asperg‹. Dieses wurde im Laufe der folgenden Jahrhunderte in das Tal an den Fuß des Berges verlegt, weil begonnen wurde, den Kegel mit einer Festung zu versehen. Herzog Ulrich hat im Jahre 1535 eine trutzige Burg errichten lassen, die zum größten Teil heute noch erhalten ist. Im 17. Jahrhundert wurden die Wehrmauern verstärkt und erweitert (Abb. 35).

Unten im Tal, im *Dorf Asperg*, ist lediglich das kleine Kirchlein erwähnenswert. Es stammt aus dem Jahre 1614 – ein Renaissance-Bau also. Die Empore im Innern ist geschnitzt. Die Wandmalereien werden in das 17. Jahrhundert datiert.

Nun aber zurück zum Gefängnis. Versuchen wir einmal einzelne Stationen seiner Geschichte nachzuzeichnen – Stationen, die in einer bestimmten Weise und von einer ungewöhnlichen Seite die Geschichte des Landes widerspiegeln. Der erste berühmte Fall geht auf das Jahr 1516 zurück. Kurz bevor die Festung durch Herzog Ulrich ausgebaut werden sollte, befand sich hier oben schon seit langer Zeit ein Gefängnis. Eben dieser Herzog Ulrich hat in dem erwähnten Jahr seinen Freund und Stallmeister Ulrich von Hutten in einem Wutanfall erstochen – es ging um die Gemahlin des Stallmeisters, mit der der Herzog ein Verhältnis angefangen hatte. Die Kunde von diesem Mord drang an die Öffentlichkeit und zog weite Kreise. Der Kaiser sah sich schließlich gezwungen, einen auf sechs Jahre befristeten Regimentsrat einzusetzen, was die zeitweilige Entmündung Ulrichs zur Folge gehabt hätte. Von Sühne an diesem Mord war natürlich überhaupt nicht die Rede. Gegen diese Maßnahmen ging Ulrich vor. Er hetzte seine Polizei auf den Adel des Landes, von dem er vermutete, daß dieser mit dem Kaiser gegen sein Regiment arbeitete. Angesehene Bürger wurden verhaftet und ohne Prozeß auf den Hohenasperg geschleppt. Unter ihnen befand sich Sebastian Breuning, Vogt von Weinsberg. Unter der Folter wurden ihm Geständnisse herausgepreßt. Die Anklage lautete: Majestätsbeleidigung. Daraufhin wurde er ein halbes Jahr später hingerichtet. Kaiser Maximilian I. ächtete Ulrich. Und aufgrund weiterer politischer Konstellationen (s. S. 15) hat der Schwäbische Bund den Herzog schließlich aus dem Land verjagt. Württemberg wurde habsburgisch ...

Der Fall ›Jud Süß‹ hat bis heute immer wieder neue Kreise gezogen, um die Genese des Judenhasses und seine Folgen aufzuzeigen (bekannt ist u. a. der Roman mit dem Titel ›Jud Süß‹ von Lion Feuchtwanger geworden.). Joseph Süß Oppenheimer, 1699 in Heidelberg geboren, stammte aus einer angesehenen jüdischen Kaufmannsfamilie. Er war Verwalter und enger Ratgeber des Herzogs Karl Alexander. Süß-Oppenheimer, die ›hebräische Excellenz‹, wie er spöttisch genannt wurde, brachte es in der kurzen Regierungszeit des Herzogs bis zum Wirtschaftsminister. Seine Aufgabe war, das Land finanziell zu sanieren, nachdem es vom Vorgänger Eberhard Ludwig durch den pompösen Schloßbau in Ludwigsburg heruntergewirtschaftet worden war. Süß-Oppenheimers Sanierungsmaßnahmen stießen beim Adel und beim Volk verständlicherweise auf wenig Gegenliebe. Zugegebenermaßen ging es

Der Hohenasperg über dem Dorf Asperg, Radierung nach C. H. Weng aus den ›Ansichten von Württemberg‹. Staatsgalerie Stuttgart

31 LUDWIGSBURG Schloß, Innenräume

◁ 30 LUDWIGSBURG Schloß, Gartenfront

32 LUDWIGSBURG Schloß Favorite, Pompejanisches Zimmer

33 Schloß Monrepos bei Ludwigsburg

35 Festung Hohenasperg ▷

34 Burg Neipperg im Zabergäu

36 MARBACH Geburtshaus von Friedrich Schiller

37 MARKGRÖNINGEN Rathaus ▷

38 BIETIGHEIM Unteres Tor

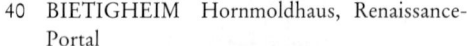

40 BIETIGHEIM Hornmoldhaus, Renaissance-
Portal

39 BIETIGHEIM Hornmoldhaus

41 BIETIGHEIM Pranger am Hornmoldhaus

42 BESIGHEIM Altstadt mit Burgturm

43 LAUFFEN AM NECKAR
    Regiswindiskapelle

44 Schloß Magenheim bei Cleebronn

46 HEILBRONN Deutschordenshof

47 Jupitersäule bei Hausen an der Zaber

45 HEILBRONN Kilianskirche

48 Schloß Lichtenberg über dem Bottwartal

49 MURRHARDT Romanisches Fenster der Walterichskapelle, um 1230

50 MAULBRONN Brunnenkapelle

51 MAULBRONN Parlatorium ▷

52 SINDELFINGEN Evangelische Stadtkirche

54 WEIL DER STADT Stadtkirche St. Peter und
Paul

53 DÄTZINGEN Schloß

56 HERRENBERG Altes Rathaus und Stiftskirche ▷

55 WEIL DER STADT Spitalkirche an der Würm

auch oftmals nicht rechtens zu, wenn gewisse Maßnahmen zum wirtschaftlichen Aufschwung eingeleitet werden sollten. Aber er war erfolgreich. Doch plötzlich starb Karl Alexander im Jahre 1737 am Schlaganfall. Sofort wurde Süß-Oppenheimer verdächtigt, dem Herzog einen Gifttrunk gereicht zu haben. Außerdem schob man ihm die Schuld für die Katholisierungsversuche des Herzogs zu. Das reichte, um ihn auf den Hohenasperg zu schaffen. In einem eisernen Käfig wurde Süß-Oppenheimer am Galgen aufgehängt.

Unter Herzog Karl Eugen erhielt der Hohenasperg den bitteren Spottnamen ›Demokratenbuckel‹. Demokraten, das waren damals Staatsfeinde, die man am ehesten unter den Dichtern und Denkern ausmachen konnte. Ein solcher Demokrat und somit Staatsfeind war der Dichter Christian Friedrich Daniel Schubart (1739–1791). Er schrieb Satiren auf den Herzog und spottete über die Religionsausübung der württembergischen Protestanten. Er wurde des Landes verwiesen. Aber nun konnte Schubart seinen Demokratismus erst richtig entfalten. In Augsburg gab er die ›Teutsche Chronik‹ heraus, eines der am meisten gelesenen politischen Blätter auch außerhalb Deutschlands. Auf württembergisches Gebiet gelockt, wurde er 1777 von Soldaten des Herzogs gefangengenommen und auf den Hohenasperg gebracht. Von seiner Einlieferung ins Gefängnis berichtet Schubart: »Schauer fuhr durch mein Gebein, als sich der Asperg vor mir aus seinem blauen Schleier enthüllte. ›Was wird dich dort erwarten?‹ dachte ich, als der Wagen bereits vor der Festung anhielt.«

Es erwarteten ihn zehn Jahre Kerkerhaft – ohne Anklage, Prozeß und Urteil. Er konnte schreiben und Besuch empfangen. Ein prominenter Besucher war Friedrich Schiller, der ja einen ähnlichen Hang zum ›Demokratismus‹ hatte. Vielleicht sollte er durch diesen vom Herzog empfohlenen Besuch zur Besinnung gebracht werden. Nach der Haft war Schubarts Gesundheit zerrüttet. Da der Herzog befürchtete, daß der Dichter vom Ausland gegen Württemberg schreiben würde, stellte er ihn als Hofdramaturg ein. Im Jahr 1791 ist Schubart gestorben.

Zu Schubarts 200. Geburtstag im Jahre 1939 wurde in den Asperger Kasematten der Öffentlichkeit eine Ausstellung präsentiert. In den benachbarten Zellen schmachteten die Schutzhäftlinge und andere politische Gefangene. Heute ist der Hohenasperg Vollzugskrankenhaus, aber auch Besichtigungsort, in dem die Besucher sich in einer ganzjährig bewirtschafteten ›Schubart-Stube‹ vom Rundgang erholen können.

Wo der Württemberger reift

Im Gebiet zwischen dem oberen Neckartal südöstlich von Stuttgart und dem Kocher-Jagst-Taubertal nordöstlich von Heilbronn wachsen verschiedene Reben, die unter Weinkennern hochgeschätzt sind. Der ›Württemberger‹ ist weitbekannt, aber nicht weitverbreitet. Er wird im ›Ländle‹ getrunken. Unsere kleine Rundfahrt führt in württembergische Weingegenden (s. auch S. 369 f.), wie z. B. ins Bottwartal, das mit einer Spezialität, dem ›Muskattrollinger‹ aufwarten kann. Im Heilbronner Raum ist der ›Klevner‹ besonders beliebt. Sie sollten ihre Aufmerksamkeit also nicht nur den Kunstdenkmälern und der Landschaft schenken, sondern besonders auch den Reben und Gasthäusern.

Hinter Ludwigsburg lassen wir allmählich den Industriegroßraum Stuttgart hinter uns zurück. Die Landschaft wird idyllisch, besonders auf der Landstraße nach Marbach (A81 – Ausfahrt ›Pleidelsheim‹).

Marbach

Marbach, ein kleines hübsches Städtchen, liegt auf einem Hang oberhalb des Neckars. Steile Straßen führen hinauf in die Oberstadt, und man ist erfreut, so viele anmutige Fachwerkhäuser zu sehen. Darunter das *Geburtshaus von Friedrich Schiller* (Abb. 36), das nicht zu verfehlen ist, da viele Wegweiser darauf aufmerksam machen. Hier kam Schiller am 10. November 1759 zur Welt. Heute befindet sich in den Räumen ein Museum. Der kleine Platz mit dem Haus und dem Brunnen zählt zu den malerischen Winkeln dieser Stadt. – Mehr über Schiller erfährt man im *Schiller-Nationalmuseum*, das sich mittlerweile zu einem Literatur-Archiv mit interessanten literarischen Wechselausstellungen entwickelt hat. Vorbild für den von Eisenlohr und Weigle zwischen 1901 und 1903 errichteten Bau war die Solitude bei Stuttgart.

Marbach ist schon im Jahre 1302 an Württemberg gekommen. Die im Rechteck angelegte Stadt ist gegen Ende des 17. Jahrhunderts völlig abgebrannt. Die Truppen des Franzosenkönigs Ludwigs XIV. belagerten die Stadt und stürmten sie. Zurück blieben schwelende Trümmerhaufen, ein Los, das noch viele württembergische Städte und Dörfer während der französischen Eroberungskriege um 1700 teilen mußten. Nur wenige Bauten blieben zumindest teilweise erhalten. So die spätgotische *Stiftskirche*. Der Turm fehlt. Sehenswert sind die Skulpturen an den Strebepfeilern. Das zierliche Wendeltreppentürmchen stammt aus der Renaissance (1602).

Bedeutender und interessanter ist die *Alexanderkirche* aus der zweiten Hälfte des 15. Jahrhunderts. Der Chor gehört zu den frühesten Werken des in Württemberg an so vielen Orten tätigen Baumeisters Alberlin Jörg. Das in gleichmäßigen Rauten angelegte Rippengewölbe im Chor verändert sich spielerisch in der Apsis, dem Chorabschluß. Dort wirkt es netz- oder sternförmig. Vom dreischiffigen, zu einer Halle gestaffelten Kirchenraum weiß man nicht sicher, ob er vom Baumeister des Chors ist. Auch hier ist das Gewölbe wieder interessant, ein Netzgewölbe, das an manchen Stellen Sternenformen ausbildet. Das könnte auf einen Meister hinweisen, der Alberlin Jörg sehr nahestand. Der Westturm datiert von 1481.

Eglosheim

Bei Neckarweihingen überqueren wir den Neckar, fahren am alten Corps de Logis, dem Nordtrakt des Ludwigsburger Schlosses, vorbei und erreichen Eglosheim am Fuße des Hohenaspergs. Besonders reizvoll ist dieser Ort eigentlich nicht. Es lockt aber eine bemerkenswerte Kirche, die Peter von Koblenz im 15. Jahrhundert erbaut hat. Die ehemalige Wallfahrtskirche, heute evangelische *Pfarrkirche,* ist mit einem schönen Netzgewölbe ausgestattet, dessen Rippen in Konsolen münden, die teilweise als Prophetenbüsten ausgestaltet sind. In den Schlußsteinen hat der Meister die Apostel kunstvoll dargestellt. Von den Glasmalereien, die zu Beginn des 15. Jahrhunderts entstanden sind, können wir das Fragment einer Kreuztragung betrachten.

Von Eglosheim führt uns die Straße durch die weite waldlose Strohgäulandschaft auf die ferne Hügelkette des Stromberges zu. Nach wenigen Kilometern erreichen wir unser nächstes Ziel.

Markgröningen

›Gröningen in der Mark‹ – und ›Mark‹ ist hier mit ›Gäu‹ zu übersetzen – so die erste Erwähnung dieses Städtchens. Seit dem Ende des 12. Jahrhunderts war es staufisch. Zu dieser Zeit erlangte es die Stadtrechte. Noch einmal zum Namem: ›Gröningen‹ kommt vom Grafen Hartmann von Grüningen, der 1252 die Stadt als Reichsdarlehen erhielt.

Die Altstadt von Markgröningen ist zauberhaft. Das liegt u. a. daran, daß dieser Ort nur sporadisch von Touristen aufgesucht wird. Entsprechend fehlen auch die oftmals störenden touristischen Einrichtungen. Das Auto sollte am Rand der Altstadt stehen bleiben. Den Rundgang können wir bei der *Bartholomäuskirche* beginnen.

Die um 1300 erbaute Pfeilerbasilika – ursprünglich waren die Patrone Peter und Paul – ist mit einem spätgotischen Chor von Alberlin Jörg versehen (1472). Ein ausgesprochen hohes Westportal wird flankiert von zwei Türmen, links dem Hochwachtturm und rechts dem Glockenturm. Der intim wirkende südliche Kirchplatz wird begrenzt von alten Fachwerkhäuschen. Zu beiden Seiten eines Portals wölben sich spätgotische Apsiden vor. Es sind die Außenwände von zwei Grabkapellen, die wir gleich besuchen können, nachdem wir den weiträumigen Kirchenraum betreten haben. Rechts befindet sich das Grabmal der Walburga

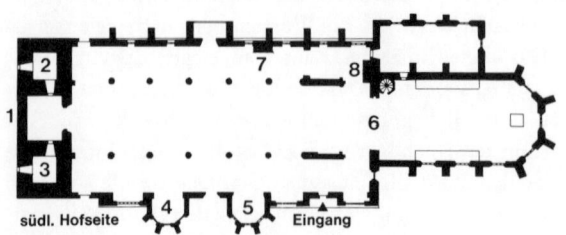

Markgröningen, Bartholomäus-kirche
1 Westportal   2 Hochwach-
turm   3 Glockenturm
4 Grabmal der Walburga von
Reischach   5 Vollandkapelle
6 Chorbogen mit Weltgericht
7 Grabmal des Hartmann von
Grüningen   8 Chorstuhl

von Reischach und links die 1479 erbaute Volland-Kapelle. Ambrosius Volland (1472–1551) war ja der nicht immer die politische Situation richtig einschätzende Kanzler des Herzog Ulrich. Durch seinen Rat verleitet, stürzte sich der Herzog in eine Schlacht gegen die übermächtigen ›Städter‹ – und verlor. Er wurde zum zweiten Mal aus seiner Heimat vertrieben.

Die kräftigen Rundpfeiler mit teilweise phantastisch anmutenden Figurenkapitellen und der hohe Obergaden vermitteln einen pathetischen Eindruck. Das Kreuzrippengewölbe ist sicherlich später eingezogen worden. Ursprünglich deckte wohl eine Flachdecke das Mittelschiff ab. Wenn man sich ein wenig an die Dunkelheit gewöhnt hat, erkennt man langsam die Fresken auf der Chorbogenwand (Triumphbogen). Die spätmittelalterlichen Darstellungen (1472) zeigen das Weltgericht. Der Blick in den Chor mit den schmalen gotischen Fenstern zeigt einem mittlerweile Vertrautes: Die typischen Rautenmuster im Gewölbe von Alberlin Jörg spreizen sich in der Apsis zu sternartigen Mustern.

Das älteste Grabmal in der Kirche steht im nördlichen Seitenschiff. Es ist das des Grafen Hartmann von Grüningen. Ganz in der Nähe, an der Stirnwand zum Chor, steht ein alter kostbarer holzgeschnitzter Chorstuhl. Er ist wahrscheinlich um 1340 entstanden. Links erscheint in kniender Haltung der Stifter, Graf Hartmann. Vor ihm die beiden Apostelfürsten Petrus und Paulus. Gegenüber eine Christophorus-Figur mit einem blühenden Baum, dem ›Tannhäuserstab‹, einem im Mittelalter oft verwendeten Motiv für die Erlösung des Sünders (Tannhäuser droht die Hölle, nachdem er bei Venus geweilt hat. Vergeben wird ihm nur, wenn der Stab in der Hand des Papstes ergrünt).

Ein paar Straßen weiter, Richtung Unteres Tor, also südwärts, befindet sich die *Spital-Kirche,* sie ist ebenfalls um 1300 gegründet und im 16. Jahrhundert umgebaut worden. Auf die Hochgotik lassen noch die schlanken Maßwerkfenster schließen. Vielleicht hat sie ein Straßburger Baumeister gefertigt. Beziehungen zum Elsaß waren vorhanden, da Kaiser Friedrich Barbarossa in diesem Ort einen Hof vom elsässischen Kloster Murbach erworben hat. Das Rippengewölbe endet in figürlich gestalteten Konsolen.

Von der Spitalkirche sind es nur ein paar Schritte zum sehenswerten Marktplatz. Der Blick wird sofort vom monumentalen *Rathaus* gefangengenommen (Abb. 37). Es zählt zu den schönsten im Lande. Das vielgestaltige Fachwerk stammt teils aus der Reanaissance, teils aus dem 17. Jahrhundert. Die drei vorkragenden Stockwerke lassen dieses Gebäude wie ein stolzes Monument erscheinen. Das darf sicherlich als Ausdruck der städtischen Würde gewertet werden. An der Stirnseite ragt aus dem Dach ein spitzhaubiger Glockenturm mit einem Fachwerkunterteil. Die Fachwerkkonstruktion und die Fachwerkstruktur erinnern an die Fassadengestaltung des Esslinger Alten Rathauses. Der *Marktbrunnen* aus dem 16. Jahrhundert ist mit einem Standbild des Herzog Christoph versehen.

Der durch Stauferkaiser Friedrich II. veranlaßte Stadtmauerbau hat der Landvogt Konrad von Winterstetten 1240 ausführen lassen. Reste sind nur noch am Oberen Tor sichtbar. Diese sind jedoch teilweise mit Nachbildungen kombiniert.

Von Markgröningen sind es nur wenige Kilometer nach Bietigheim. Die Straße führt über Tamm. Hier sollte man eine kurze Rastpause einlegen, um die schöne spätgotische Chorturmkirche zu besichtigen.

Bietigheim

Unterhalb der alten Stadtmauern an der Metter, einem Nebenfluß der Enz, befinden sich Parkplätze. Von hier aus führen kleine Gassen hoch in die Stadt.

Als ›Budincheim‹ wurde die Stadt im Jahr 789 in einer Lorcher Urkunde erstmals erwähnt. Wenn auch zahlreiche Neubauten und nicht immer ganz zufriedenstellende Sanierungsmaßnahmen das mittelalterliche Stadtbild entstellt haben, sind doch noch sehr viele Zeugnisse der spätmittelalterlichen Baukunst zu sehen. Beginnen wir unseren Rundgang auf dem Marktplatz, direkt am *Ulrichsbrunnen*, um schon mit einer Spezialität dieser Stadt bekannt gemacht zu werden: Sebastian Hornmold, ein Bietigheimer Patrizier, ließ im Jahre 1549 den Brunnen als Denkmal für den vom Volk verehrten und geliebten, aber geschichtlich umstrit-

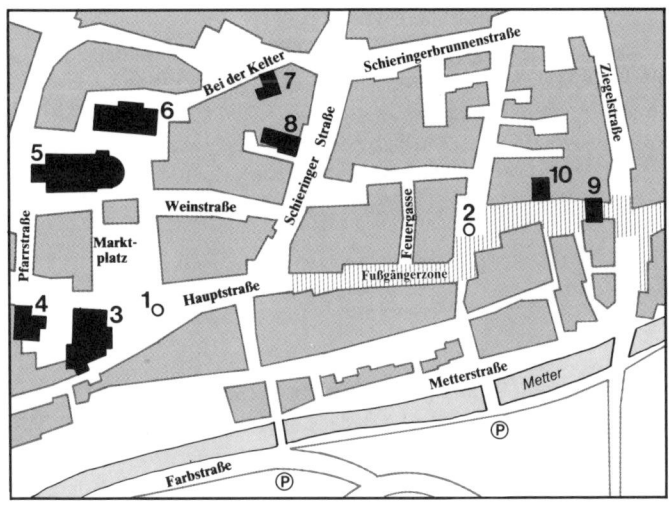

Bietigheim
1 Ulrichsbrunnen
2 Fräuleinsbrunnen
3 Rathaus
4 Hornmoldhaus
5 Stadtkirche
6 Kelter
7 Weingärtnerhaus
8 Bürgerhaus ›Eselchen in der Holzknagge‹
9 Unteres Tor
10 Haus der Nagelschmiede

tenen Herzog Ulrich errichten. Einen weiteren Brunnen finden wir später in der Nähe des Unteren Tores, den sogenannten *Fräuleinsbrunnen,* ebenfalls aus der Renaissance: Unterhalb eines Meerweibchens zischen Wasserstrahlen aus bärtigen Fratzen. Das Wasser des Brunnens galt früher als heilkräftig, vielleicht deswegen die ›zauberhaften‹ Märchenmotive.

Nun aber zurück zum Marktplatz, an dessen Stirnseite das dominierende Gebäude, das *Rathaus* steht (Farbt. 14, 15). Es wurde 1507 an Stelle eines älteren Baus errichtet. Dieser Renaissance-Bau ist mit einem hohen Giebel und einem steilen Satteldach versehen. Aus dem Erker des Obergeschosses aufragend ein spitzes Türmchen. – Das hinter dem Rathaus befindliche *Hornmoldhaus* (Abb. 39, 40) ist ein einzigartiges Zeugnis für ein hervorragend restauriertes und teilweise rekonstruiertes Renaissance-Patrizierhaus. Der schon erwähnte Hornmold, Stifter des Ulrich-Brunnens, erhielt im Jahr 1534 dieses ehemalige Haus aus der Johannespfründe (erbaut 1526) vom Herzog zum Geschenk. Die wertvolle Innenausstattung, bemalte Fachwerkbalken und ornamental verzierte Räume, lohnen einen Besuch. Am Haus der Pranger von 1625 (Abb. 41).

Die Pfarrstraße führt zur *Stadtkirche,* einer Stiftung der Antonia Visconti, Gemahlin Eberhards III. Die Kirche wurde inzwischen 1401 und 1411 an Stelle einer älteren Kapelle erbaut. An der nördlichen Choraußenwand befindet sich ein Inschriftenstein, der in lateinischer Schrift ein Unglück erzählt: Der Rest eines Bergfrieds stürzte 1542 ein, zerstörte Teile des Nordschiffes und tötete neun Menschen. Gegenüber der Kirche die alte *Kelter,* die 1762 unter Herzog Karl Eugen neu erbaut wurde; sie ist wahrscheinlich der vierte Bau an dieser Stelle. Auf dem Platz ›Bei der Kelter‹ fällt ein altes fränkisches *Weingärtnerhaus* (1609) mit dem sogenannten ›Neidkopf‹ über der Tür auf. Er soll böse Geister fernhalten.

Wenn wir die Schieringer Straße hinuntergehen, kommen wir an einer Reihe alter Häuser, z. T. aus Fachwerk vorbei. Eines aus dem Jahre 1565 zeigt ein *Eselchen in der Holzknagge,* das ist der alte Name des Fachwerkhauses. Der monumentale Fachwerkbau aus der Renaissance (1583) birgt eine alte Apotheke.

Schließlich gelangen wir zum schon erwähnten ›Fräuleinsbrunnen‹ und dann zum *Unteren Tor* (Abb. 38), dem ältesten Teil der Stadtbefestigung. Die Mauern stammen aus dem 14. Jahrhundert. Links davor die alte *Nagelschmiede* von 1567. Über dem Eingang des Hauses ist das Zunftzeichen zu erkennen.

Beim Verlassen der Stadt sollte man noch einen Blick auf den großen *Eisenbahnviadukt* werfen. Der Erbauer war K. Etzel (1853).

Besigheim

Zwischen den Flußschlaufen von Neckar und Enz ist Besigheim malerisch auf einem Bergrücken gelegen. Runde und halbrunde Türme, Reste der ehemaligen Stadtmauern, künden die Altstadt an (Abb. 42). Die Bedeutung Besigheims im Hohen Mittelalter ist an den beiden *Burgen,* die in der Ober- und Unterstadt errichtet wurden, zu ermessen. Neben dem Oberstadtturm steht ein altes Steinhaus, das als Getreidespeicher oder als Burghaus gedient haben könnte. Noch tiefer in die Geschichte tauchen die Besucher im Treppenhaus des *Rathauses*. Hier sind zwei römische Reliefplatten mit Szenen aus dem persischen Mithras-Mythos zu sehen. Auf der einen sind die Felsgeburt des Mithras und olympische Götter dargestellt. Auf der anderen fängt Mithras den Stier, um ihn zu töten. Die Tötungsszene, die den Beginn der Schöpfung ankündigt, fehlt allerdings. Wahrscheinlich waren die Platten Rahmenteile für ein Kultbild, das für ein Mithräum, d. i. der Tempel des Lichtgottes Mithras, bestimmt war.

An Kunstgeschichte besonders stark interessierte Buescher werden wahrscheinlich schon ungeduldig. Für viele ist Besigheim nicht nur Ortsname, sondern auch Name eines Altars, des *Besigheimer Altars*. Die Stadt und die Kirche scheinen um ihn herum gebaut worden zu sein. Dieses fränkisch-schwäbische Kunstwerk steht im hochgotischen Chor (1383) der Stadtkirche. Der Meister des Schnitzaltars ist Christoph von Urach. Er hat dieses Werk im Jahre 1520 fertiggestellt: In einer erhöhten Mittelnische heilt der Hl. Cyriakus die Tochter des Diokletian. Seitlich von dieser Gruppe stehen Johannes der Täufer (links) und Johannes der Evangelist (rechts). Über den Figuren erhebt sich dichtes Rankenwerk, das kleinere rundförmige Nischen oder Medaillons freiläßt, in denen Figuren stehen. An der Figur des Täufers ist die fränkische Formensprache genau abzulesen. Haltung und Gestik stimmen überein mit vergleichbaren Riemenschneider-Figuren. Aber auch das Schwäbische ist nicht zu verkennen – beispielsweise in den ruhigen, aristokratischen Gesichtern, die an die Ulmer Schule erinnern.

Besigheim sollte über die Neckarbrücke verlassen werden, um noch einmal einen Blick auf das Altstadtpanorama zu genießen. In einen ähnlichen Genuß kommen übrigens auch diejenigen, die den Zug gewählt haben. In einer weiten Schleife sind die Schienen um die Stadt herumgeführt worden. Bei Wahlheim berühren sie die Enz und stoßen bei Kirchheim an den Neckar, kurz bevor sie Lauffen und später Heilbronn erreichen.

Die kleine wenig befahrene Neckarstraße führt nach *Gemmrigheim*. Der Ort besitzt eine hochinteressante staufische Chorturmkirche aus dem Jahre 1240. Über der Treppe im zweiten Turmgeschoß befindet sich eine Kapelle mit gotischen Wandmalereien (um 1400). Zu sehen sind Szenen aus der Christus-Vita sowie Darstellungen eines ›Jüngsten Gerichtes‹ und der ›Zehn Gebote‹.

Hinter Gemmrigheim fahren wir über die Neckarbrücke, um auf der B 27 nach *Kirchheim* zu gelangen, dessen Stadtbefestigung und Türme noch gut erhalten sind. Im Ort eine Abzweigung nach Bönnigheim.

Bönnigheim

Die Stadt liegt am Rand des Zabergäus unterhalb der nach Osten verhältnismäßig steil abfallenden Hügel des Stromberges. Ein Straßenkreuz teilt die Stadt in mehr oder weniger gleich große Viertel auf. Die einzige bedeutende Sehenswürdigkeit ist die Kirche *St. Cyriakus*. Ursprünglich handelte es sich hier um eine hochgotische Basilika (um 1400). Gotisch ist lediglich noch der Lettner aus Stein. Viele Figuren und Wappen zieren ihn. Der Marienaltar (um 1500), ein verzierter Taufstein und ein spätgotisches Sakramentshäuschen sollten ebenfalls nicht unberücksichtigt bleiben. Das Städtchen lädt zum Verweilen und zum Spazierengehen ein. Es sind noch Reste der alten Stadtmauer zu entdecken – besonders am Alten Schloß.

Von Bönnigheim auf der B 27, die hier ›Schwäbische Weinstraße‹ genannt wird, sind es nur wenige Kilometer nach Lauffen am Neckar.

Lauffen am Neckar

Lauffen war lange Zeit eine Stätte wunderbarer Ereignisse. Sie geschahen dort, wo die Heilige Regiswind bestattet ist. In der unweit des Neckars gelegenen Regiswindkapelle ruht die Heilige in einem Steinsarkophag (Inschrift: 1227). Regiswind, die Tochter des Grafen Ernst vom Nordgau (9. Jh.), wurde von ihrer bösen Amme im Neckar ertränkt. Tage vergingen. Plötzlich lag die Leiche des Kindes am Ufer. Die Wangen rot, so als ob sie lebte, und die Arme seitlich ausgestreckt – in der Haltung einer Gekreuzigten. Unter großer Anteilnahme der Bevölkerung wurde sie zu Grabe getragen. Viele Kranke wallfahrten fortan zum Grab der Heiligen – manche wurden geheilt.

Lauffen am Neckar, Kleinsträttlsche Kartographie, um 1665. Hauptstaatsarchiv Stuttgart

Lauffen – der Name könnte von einer Stromschnelle im Neckar abstammen. Wahrscheinlicher ist, daß hier eine ehemalige Eilbotenstation (Läufer) dem Ort zu seinem Namen verholfen hat. Im Stadtwappen kann man jedenfalls noch den Läufer sehen.

Die Lage des Städtchens ist malerisch – in vielem vergleichbar mit Besigheim. Auf einer Felseninsel im Neckar sind noch Reste einer mittelalterlichen Burg zu erkennen. Wahrscheinlich ging von hier die Gründung der Stadt beiderseits des Flusses aus. Eine Besonderheit stellt die alte Renaissance-Brücke über dem Neckar dar. Sie ist im Jahre 1530 erbaut worden. In der Altstadt sind noch viele Reste der Ummauerung zu entdecken sowie Türme am Hang. Die Grundsteinlegung zur *Regiswindis-Kirche* (Abb. 43), die ursprünglich dem Hl. Martin geweiht war, fand im Jahre 1227 statt. Im 16. Jahrhundert fielen der Turm und das Hauptschiff einem Brand zum Opfer. Nur noch der Chor und die Sakristei sind aus dem

13. Jahrhundert. Die Kirchenschiffhalle wird von einer flachen Renaissance-Decke abgeschlossen. Der Ölberg ist ein Werk des Hans Seyffer.

Zwei wichtige historische Ereignisse sind für Lauffen zu nennen. In der Schlacht von Lauffen im Jahre 1534 erobert der zum zweiten Male aus Württemberg vertriebene Herzog Ulrich mit tatkräftiger Unterstützung des hessischen Landgrafen sein Land zurück – und führt die Reformation durch. Im Jahr 1770 wird der Dichter Friedrich Hölderlin geboren.

Von Lauffen fahren wir nun über die Ausläufer des Heuchelberges nach Schwaigern.

Schwaigern

Der Name kommt wahrscheinlich von ›Schweige‹; das war die Bezeichnung für einen fränkischen Viehhof im Gardachgau. Im Mittelalter wurde der Ort von einem staufischen Ministerialengeschlecht beherrscht, die sich nach der in der Nähe gelegenen Burg Neipperg nannten (s. S. 141). Schwaigern, das im 15. Jahrhundert Marktrecht erhielt, mußte sich in vielen politischen Auseinandersetzungen bewähren, da es im Grenzgebiet von Württemberg, der Pfalz und Baden lag. Im Jahre 1904 vernichtete ein verheerender Brand nahezu die gesamte Altstadt. Nur noch Reste der alten Stadtmauern mit dem sogenannten Hexenturm und die spätgotische Stadtkirche blieben übrig.

Die *Kirche,* zwischen 1515 und 1520 erbaut, ist ein Werk des B. Sporer, eines ehemaligen Gesellen des Alberlin Jörg. Jörgs Bausprache wirkt noch im Chor nach, und zwar im sternförmigen Rippengeflecht der Chorapsis sowie im rautenförmigen Gewölbe des Hauptschiffes. In der pompösen Eingangshalle, die großzügig, fast schon renaissancehaft wirkt, setzt der Baumeister sich aber von seinem ehemaligen Meister Jörg ab. Vier Flügelaltäre, von denen drei geschnitzt sind, können in der Kirche besichtigt werden. Einer, der gemalte, trägt die Signatur ›IRM 1510‹, d. i.: Jerg Ratgeb Maler, 1510. Es handelt sich hier um den sogenannten Schwaigener Barbara-Altar des Jerg Ratgeb, den wir ja schon mit seinem Meisterwerk, dem Herrenberger Altar, kennengelernt haben (s. S. 64). Wenn die Flügel geschlossen sind, erblicken wir die Szenen des auf zwei Tafeln verteilten Apostelabschieds. Die Gestaltungsweise ist vergleichbar mit derjenigen des Herrenberger Altars. Bei geöffneten Flügeln erscheint auf der Mitteltafel das Martyrium der Heiligen Barbara. Die grausamen Folterungen, von hämisch dreinblickenden Schergen ausgeführt, werden im Kolorit der damaligen Zeit repräsentiert – sicherlich, wie schon beim Altar aus Herrenberg, ein Hinweis auf die Leiden der Bevölkerung im Bauernkrieg. Die einzelnen Szenen sind über die Landschaft verteilt.

Auf dem linken Flügel sehen wir Christus als Gärtner verkleidet. Er wehrt die nahende Maria Magdalena (›noli me tangere‹) ab. Auf dem rechten Flügel ist der Sturz Saulus' zu sehen; er wird bekehrt und nennt sich Paulus. Dieser Altar, der das Martyrium einer Heiligen zur Sache des Volkes macht, ist für die damalige Zeit revolutionär gewesen. Ratgeb war eben nicht nur Maler, sondern auch Politiker. Als solcher übte er das Amt des ›Bauernkanzlers‹ aus. Die Niederlage der Bauern bei Böblingen (1525) und eine verleumderische Anklage reichten für sein fürchterliches Ende in Pforzheim (s. S. 64).

Heilbronn

Die Stadt liegt in der sogenannten Heilbronner Mulde am Neckar. Diese Region war schon sehr früh besiedelt. Darauf weisen Mammutknochen und Steinzeitfunde. Auch Keltengräber wurden auf den benachbarten Anhöhen ausgegraben. Gegenüber vom Hauptbahnhof, direkt am Neckar, muß ein Römerkastell gestanden haben, wahrscheinlich an einer Verbindungsstraße, die vom Limes zum Oberrhein verlaufen ist. Ein alemannisch-fränkisches Gräberfeld wurde in Böckingen, einem westlichen Vorort von Heilbronn, gefunden. Die ungewöhnlich reichen Grabfunde sind im Naturhistorischen Museum ausgestellt (s. S. 125).

Die Christianisierung erfolgte vom Bistum Trier aus. Zu dieser Zeit wird auch die Wurzel des Stadtnamens greifbar. Im heutigen Stadtgebiet befanden sich offensichtlich viele Quellen, die als heilig angesehen wurden: Es waren ›heilige Brunnen‹ – ›Heilbronn‹.

Die erste Kirchengründung wurde vom Bistum Würzburg im 8. Jahrhundert vorgenommen. Es handelte sich um eine Michaelsbasilika. Erst im 13. Jahrhundert wurde St. Kilian gegründet. Zu dieser Zeit erhielt Heilbronn Stadtrecht, und hundert Jahre später, um 1360, wurde sie Freie Reichsstadt. Heilbronn blühte dann hauptsächlich durch den Weinanbau und den Weinhandel. Im 19. Jahrhundert entwickelte sich hier eine bis auf den heutigen Tag bedeutende Kleinindustrie.

Die Heilbronner Mulde ist mit Häusern und Industrieansiedlungen übersät. Landschaftliche Reize sind eigentlich nur jenseits der Vororte auszumachen: Im Osten laden die Löwen-

›Heylbronn‹, um 1640, Kupferstich von Matthäus Merian. In der Mitte, unübersehbar, der Turm der Kilianskirche, links im Hintergrund der Wartberg

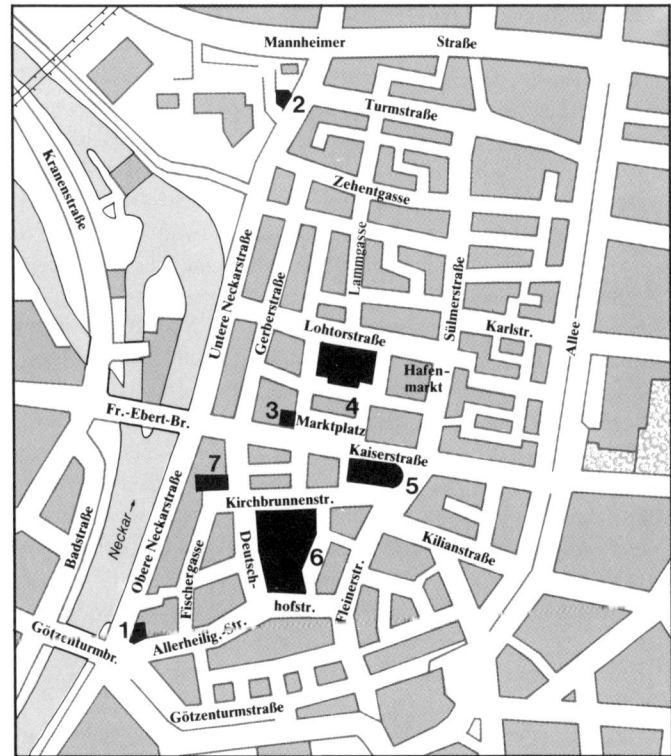

Heilbronn
1 Götzenturm
2 Bollwerksturm
3 Käthchenhaus
4 Rathaus
5 Kilianskirche
6 Deutschordenshof
7 Fleisch- und Ge-
richtshaus (Mu-
seum)

steiner Berge und im Westen der Heuchelberg mit dem südlich anschließenden Zabergäu zu Ausflügen ein.

Es ist traurig, aber wahr, der Altstadtkern existiert fast nicht mehr. Das mittelalterliche Stadtzentrum wurde innerhalb weniger Stunden fast vollständig zerstört: Am 4. Dezember 1944 verwüsteten alliierte Bomber Heilbronn. Vieles wurde wieder aufgebaut, teilweise historisch meisterlich rekonstruiert. Es sind aber auch viele moderne Betonbauten entstanden und fast unüberwindliche Straßenschluchten, die den Gedanken an eine historische Altstadt nicht mehr aufkommen lassen.

Man sollte sich durch das lebhafte Stadtzentrum treiben lassen, um dann überrascht vor dem einen oder anderen historischen Gebäude oder Denkmal stehen zu bleiben.

Der Spaziergang kann vom Neckarufer aus erfolgen. Die Obere und die Untere Neckarstraße werden von zwei Türmen markiert, dem *Götzenturm* und oben, bei der Mannheimer Straße (B 39), dem *Bollwerksturm*. Beide wiederhergestellten Türme sind Zeugen der ehemaligen mittelalterlichen Stadtbefestigung. Im Götzenturm soll der Ritter Götz von Berlichingen (deshalb der Name) eine Nacht als Gefangener verbracht haben. Tatsächlich saß er

123

aber im Bollwerks- oder Diebsturm. Neben Götz von Berlichingen, der seine Stammburg im nahen Jagsthausen hatte, kann sich Heilbronn einer weiteren historisch-dramatischen Person erfreuen, dem berühmten Käthchen. Ein Bürgerhaus aus dem 16. Jahrhundert, das am Marktplatz steht, trägt den Namen ›*Käthchenhaus*‹, und zwar nach Heinrich von Kleists ›Großem Ritterspiel in fünf Akten‹, dem ›Käthchen von Heilbronn‹. Man kann mutmaßen, ob sich hier das Käthchen aus dem Fenster gestürzt hat, nachdem der Ritter Graf Wetter vom Strahl das väterliche Haus besucht und einen nachhaltigen Eindruck bei der jungen Frau hinterlassen hat: Vielleicht hat er sie sogar unbewußt und ohne Vorsatz hypnotisiert. Wie dem auch sei, in Heilbronn ging ja tatsächlich eine Schlafwandlerin um, Lisette Kornacher, die Bürgermeisterstochter. Von diesem Fall hat sich Kleist, der sich mit Mesmerismus und Hypnose beschäftigte, zu seinem Schauspiel anregen lassen. – Die Lektüre des ›Käthchens‹ sollte man sich für später aufheben, um jetzt noch einen Blick auf dieses Haus zu werfen, besonders auf den schön geformten Erker mit Prophetendarstellungen (Farbt. 13).

Gegenüber das *Rathaus,* würdig einer Freien Reichsstadt. Der fast vollständig zerstörte Bau wurde nach alten Plänen wieder aufgebaut. Neben frühgotischen Fenstern aus dem 13. Jahrhundert stammt der größte Teil aus der Renaissance. Auffallend ist die große Freitreppe, die sich über Säulenlauben erhebt. Die Treppe war nicht nur Zugang zum Rathaus, sondern auch Podest, von dem wichtige Entscheidungen der Ratsherren dem Volk mitgeteilt wurden. Im säulen- und volutenverzierten Giebel der großen Dachgaube ist eine Kunstuhr vom Straßburger Habrecht eingearbeitet. Sie datiert aus dem Jahre 1580. Unter dem Zifferblatt befindet sich eine große Scheibe mit der Darstellung der Tierkreiszeichen und – in Medaillons – der sieben Planeten beziehungsweise der sieben Wochentage. Darüber, in einer Rundbogenkonsole, wacht ein Hahn über den Stundenschlag.

Die ganz in der Nähe stehende *Kilianskirche* zählt zu den herausragenden Sehenswürdigkeiten Württembergs. Das trifft auf jeden Fall für den hohen Westturm zu, der in der Kunstgeschichte seinesgleichen sucht (Abb. 45). Montage-Monster in Boschs Manier, Mönchsaffen oder Affenmönche, Nonnen mit Vogelleibern und weitere bösartige Tiermenschen tummeln sich im Strebenwerk dieses einzigartigen Turms. Gründe für diese Monstrositäten könnte die Entstehungszeit liefern. Der Turm wurde vom Meister Schweiner aus Weinsberg zwischen 1508 und 1529 errichtet. Das war die Zeit des Bauernkriegs und der Reformation Luthers. Die beißende Ironie gegenüber der katholischen Kirche und der weltlichen Obrigkeit war eben nur in einer Freien Reichsstadt möglich. Abgesehen von diesen Phantastereien war Schweiner ein genialer Architekt. Das Detail erinnert zwar noch an gotisches Filigranwerk, doch der Aufbau und besonders die Säulen des Treppenturms verweisen auf die Renaissance. Durch die Aufteilung der Geschosse des Oktogons ist schon fast ein Ausgleich zwischen Senkrechter und Waagerechter erreicht worden. Wenn man die ornamentalen Details genauer betrachtet, dann wird man an die manieristische Ornamentik der Niederlande erinnert, die auf druckgrafischem Wege nach Heilbronn gelangt sein dürften. Auf der Turmspitze steht das ›Männle‹, der Bannerträger der Freien Reichsstadt.

Nun sollten wir uns in die Kirche begeben, um auch ihre Geschichte zu rekapitulieren. Das Langhaus ist spätgotisch (Mitte 15. Jh.). Der dreischiffige Hallenchor von Anton Pilgram (1480) wurde von Alberlin Jörg im Jahre 1487 eingewölbt. Hier ist der Hochaltar von Hans Seyffer (1498) bemerkenswert. Im Zentrum steht Maria mit dem Kind, begleitet von Heiligen. Darüber im kunstvoll verzierten Gespreng weitere Figuren. Die Flachreliefs der Altarflügel scheinen mir am interessantesten, besonders was die Gestaltung der Physiognomien angeht. Jedes Gesicht erzählt eine eigene Geschichte von Hoffnung, Trauer, Schmerz oder Gleichgültigkeit. Es sind die Geburt Christi und die Ausgießung des Heiligen Geistes (links) sowie die Auferstehung und der Tod der Maria (rechts) dargestellt.

Ein paar Schritte von der Kilianskirche entfernt befindet sich der Komplex des *Deutschordenshofes* (Abb. 46), einer ehemaligen Niederlassung der Deutschordenskommende. Das dem Gebäude angegliederte *Münster Peter und Paul* stammt aus dem 13. Jahrhundert. Es zählt zu den ältesten Baudenkmälern der Stadt. Am Turm (Oktogon auf quadratischem Sockelgeschoß) ist noch die typische romanische Wandgliederung zu sehen. Heute sind hier die Stadtbücherei, das Stadtmuseum sowie die Jugendmusik- und die Volkshochschule untergebracht.

Gegenüber an der Kirchbrunnenstraße steht das frühere *Fleisch- und Gerichtshaus*. Das architektonische Konzept ist mit dem des Rathauses vergleichbar. Sehenswert sind die phantasievoll verzierten Säulenkapitelle an der Giebelfront. Heute befindet sich in dem Renaissance-Bau (1598) das *Naturhistorische Museum* mit sehenswerten Sammlungen zur Vor- und Frühgeschichte (Öffnungszeiten: Mo geschl., di 10–14 Uhr, mi–so 10–12, 14–17 Uhr).

Von Heilbronn wählen wir die wenig befahrene Landstraße Richtung Süden, die zum Weinstädtchen Flein führt. Von dort weiter nach Ilsfeld auf die Löwensteiner Berge zu.

Hohenbeilstein

Um 1150 wird Beilstein im Zusammenhang mit dem Burgberg im Hirsauer Codex erwähnt. Im 16. Jahrhundert ist die mittelalterliche *Burg* verfallen, 1962 ist sie teilweise wieder aufgebaut worden. Der ›Langhans‹ (Bergfried) sowie ein Teil der Ringmauer und die Verbindungsmauern mit der Stadt, die sogenannten Schenkelmauern, vermitteln einen anschaulichen Eindruck von der ehemaligen Grafenburg. Auf halber Höhe des Burgberges steht eine kleine Magdalenenkapelle mit Grabmälern der Grafen von Wunnenstein. Heute befindet sich hier ein christliches Jugendheim.

Oberstenfeld

Nun sind wir schon im Bottwartal, das von Weinbergen gesäumt wird. Oberstenfeld mit seiner Frauenstiftskirche *St. Johannis* sollte unbedingt besucht werden. In der Krypta beeindrucken romanische Würfelkapitelle und Säulenbasen mit tiefen Hohlkehlen. Die Kapitelle sind mit denen in der Krypta von Speyer vergleichbar. Ähnliche Krypten finden sich aber auch in der Lombardei. Auf welchem Wege oberrheinische oder lombardische Architekturideen ins Bottwartal gelangt sind, ist bisher ungeklärt. Auf jeden Fall ist diese Krypta in das 11. Jahrhundert zu datieren.

Die in der Nähe gelegene kleine Friedhofskirche *St. Peter* ist ebenfalls romanisch, wahrscheinlich zwischen dem 11. und 13. Jahrhundert erbaut. Der gedrungene Chorturm ist mit einem Zeltdach versehen. Im Obergeschoß fallen geteilte Rundbogenfenster auf.

Auf dem Bergrücken, der ins Bottwartal abfällt, erhebt sich die schon von weitem sichtbare *Burg Lichtenberg* (Abb. 48). Sie ist wahrscheinlich zu Beginn des 13. Jahrhunderts erbaut worden und heute noch in einem ausgezeichneten Zustand. Eine Ringmauer umzieht den Burgkern, der in einem unregelmäßigen Polygon angelegt ist. Im Burghof blickt man hoch zum Bergfried und auf einen gut erhaltenen Wehrgang. Hinter der Toreinfahrt dürfte sich die Dürnitz, die Ritterhalle, befunden haben. Hier sind noch die originalen staufischen Deckenbalken aus Eiche zu sehen. Im ersten Stock der Rittersaal und weitere Wohnräume.

Durch eine malerische Gegend, in der sich Weinberge und Wälder abwechseln, fahren wir über Klein- und Großaspach weiter nach Backnang.

Backnang

Die Stadt wurde 1067 erstmals als ›Baccananc‹ erwähnt und zwar im Zusammenhang mit einem Burgberg, den der Ortsadel befestigt hatte, um den Übergang über die Murr zu sichern. Im 13. Jahrhundert erfolgte dann die Ummauerung der Stadt. 1297 kam sie an Württemberg. Backnang spielte im Bauernkrieg eine besondere Rolle. Die Stadt beteiligte sich am Aufstand des ›Armen Konrad‹ im Remstal: Aufgebrachte Bauern zogen gegen die Regierung, um die Mißwirtschaft des Herzogs zu bekämpfen. 1534, also schon sehr früh, wurde Backnang reformiert. Im 17. Jahrhundert erfolgte dann der furchtbare Niedergang der Stadt: Nach dem Dreißigjährigen Krieg, der den Bürgern schwer zusetzte, brach die Pest aus. Nicht genug damit, wenige Jahre später kamen die Franzosen und äscherten die Stadt ein. Erst im 18. Jahrhundert wurde Backnang neu aufgebaut.

Zwei Kirchen sind von Bedeutung, die evangelische *Stadtkirche* (ehem. St. Pankraz) und *St. Michael.* Beide Kirchen sind romanischen Ursprungs. Davon zeugen noch die beiden Osttürme der Stadtkirche. Ihr Chor ist spätgotisch und mit einem zierlichen Netzgewölbe versehen. Der über dem frühgotischen Chor (13. Jh.) von St. Michael sich erhebende Turm ist ein Werk Heinrich Schickhardts (1614). Von ihm stammt wahrscheinlich auch das Erdgeschoß des *Rathauses.* Sein Fachwerkobergeschoß ist barock, aus dem 17. Jahrhundert. Ob das *Schloß* auf dem Burgberg nach Schickhardts Entwürfen erbaut wurde, ist nicht sicher.

Machen wir noch einen kleinen Abstecher nach Murrhardt, um dann wieder in das Bottwar- und schließlich in das Neckartal zurückzukehren.

Oppenweiler

1288 wird hier ein Ritter Burkhard von Oppenweiler, die ›Sturmfeder‹, erwähnt. Dieses Rittergeschlecht lebte in vielen Generationen fort – bis zum Jahr 1901. Beim Ritter ›Sturmfeder‹ erinnert man sich wahrscheinlich an Hauffs Lichtenstein (s. S. 246) – aber die Übereinstimmung der Namen ist rein zufällig. Ihre reich verzierten Grabmäler sind in der spätgotischen St. Jakobskirche zu bewundern.

Oberhalb der Stadt liegt die *Burg Reichenberg* aus dem 13. Jahrhundert. Sie ist noch sehr gut erhalten. Der Grund dafür ist ungewöhnlich, aber einleuchtend. Sie lag an strategisch ungünstiger Stelle. Deshalb wurde sie im Mittelalter als Amtsburg verwendet. Später war sie der Sitz des Forstmeisters. Karl Schiller, der Sohn des Dichters Friedrich Schiller, war in den Jahren von 1822 bis 1833 hier Forstmeister. Heute wird die Burg als Fürsorgeanstalt für Frauen und Mädchen genutzt.

Murrhardt

Ein einzigartiges Kleinod dieses Städtchens ist die *Walterichskapelle*. Den Bauproportionen nach ist sie staufisch, im Ornament romanisch. Irgendwie wirkt die kleine intime Kapelle, die an die Nordwand der ehemaligen Klosterkirche angebaut wurde, monumental. Intim und monumental, ein Kennzeichen der staufischen Klassik. Der ornamentale Bauschmuck ist einzigartig (Abb. 49). Die Ornamentbänder weisen abstrakte und florale Muster auf, in die hin und wieder Tierformen eingewoben sind. Die ornamentale Struktur erinnert an die irische Buchmalerei, die im Zuge der irischen Mönchsbewegung und Missionstätigkeit wahrscheinlich schon sehr früh in dieses Gebiet gelangt ist. Auf dem schräg abfallenden Fensterbrett hocken zwei Löwen. Darunter zwei Halbsäulen mit Konsolenkapitellen. Halbsäulen gliedern auch das Apsisrund und münden in einen weitläufig gezackten Ornamentfries. Darüber ornamental verzierte Blendarkaden.

Den Namen hat die Kapelle von Walterich, einem Adligen aus fränkischem Geschlecht, erhalten. Walterich, wahrscheinlich ein Verwandter Ludwig des Frommen, gründete Anfang des 9. Jahrhunderts mit Unterstützung der Reichenau das Benediktinerkloster St.

Murrhardt, Walterichskapelle

Januarius. Das Grab Walterichs wurde kürzlich auf dem Friedhof der *Walterichskirche* gefunden (Farbt. 16). Es stammt aus der ersten Hälfte des 9. Jahrhunderts.

Der Maler und Graphiker Reinhold Nägele, der in realistischer und zugleich phantastischer Weise seine Umgebung dargestellt hat, wurde hier 1884 geboren. 1972 starb er in Stuttgart. Sein Grab befindet sich auf dem Walterichsfriedhof.

Groß- und Kleinbottwar

Großbottwar wartet mit einem schönen und intimen Stadtzentrum auf. Die evangelische Pfarrkirche, eine frühgotische Chorturmkirche, ist sehenswert. Ebenso das Fachwerkhaus aus der Renaissance (1550). Auf dem Marktplatz ein barocker Brunnen. – In der spätgotischen Dorfkirche von *Kleinbottwar* befindet sich ein Altarschrein mit Malereien aus dem beginnenden 16. Jahrhundert.

Großbottwar, Georg Wilhelm Kleinrättl, 1664. Hauptstaatsarchiv Stuttgart

Mundelsheim

Der bekannte Weinort zeigt noch viele alte Fachwerkhäuser, teils aus der Barockzeit, teils aus früheren Jahrhunderten. Die frühgotische Dorfkirche ist nicht so interessant, dafür aber die *Friedhofskirche* aus dem Jahr 1445 mit einer vollständigen spätgotischen Ausmalung aus der Zeit um 1470. Es sind Szenen aus dem Marienleben und der Kiliansvita zu sehen. Dann fällt eine äußerst seltene Darstellung auf, eine ›Hostienmühle‹. Christus, umgeben von den vier Evangelistensymbolen und von Gottvater gehalten, erscheint über dem Trichter einer Mühle. Apostel drehen die Winde, um unten aus der Öffnung die Hostien zu empfangen. Diese volkstümliche Darstellung beschreibt den Opfertod Christi, vielmehr den Sinn seines Opfers: Die Hostien sollen dem Sünder die Möglichkeit zur Erlangung der Seligkeit geben.

›Unterm Rad‹. Hesses Jugend in Maulbronn

»Im Nordwesten des Landes liegt zwischen waldigen Hügeln und kleinen stillen Seen das große Zisterzienserkloster Maulbronn. Weitläufig, fest und wohl erhalten stehen die schönen alten Bauten und wären ein verlockender Wohnsitz, denn sie sind prächtig, von innen und außen, und sie sind in den Jahrhunderten mit ihrer ruhig schönen, grünen Umgebung edel und innig zusammengewachsen. Wer das Kloster besuchen will, tritt durch ein malerisches, die hohe Mauer öffnendes Tor auf einen weiten und sehr stillen Platz. Ein Brunnen läuft dort, und es stehen alte ernste Bäume da und zu beiden Seiten alte steinerne und feste Häuser und im Hintergrunde die Stirnseite der Hauptkirche mit einer spätromanischen Vorhalle, Paradies genannt, von einer graziösen, entzückenden Schönheit ohnegleichen. Auf dem mächtigen Dach der Kirche reitet ein nadelspitzes, humoristisches Türmchen, von dem man nicht begreift, wie es eine Glocke tragen soll. Der unversehrte Kreuzgang, selber ein schönes Werk, enthält als Kleinod eine köstliche Brunnenkapelle; das Herrenrefektorium mit kräftig edlem Kreuzgewölbe, weiter Oratorium, Parlatorium, Laienrefektorium, Abtwohnung und zwei Kirchen schließen sich massig aneinander. Malerische Mauern, Erker, Tore, Gärtchen, eine Mühle, Wohnhäuser umkränzen behaglich und heiter die wuchtigen alten Bauwerke. Der weite Vorplatz liegt still und leer und spielt im Schlaf mit den Schatten seiner Bäume.«

So hat Hermann Hesse in seiner Novelle ›Unterm Rad‹ das Zisterzienserkloster Maulbronn geschildert. Ein lyrisches Bild. Die Besucher werden überrascht sein, dieses Bild wiederzufinden. Die Klosteranlage von Maulbronn, es ist wohl eher von einem Klosterstädtchen zu sprechen, bietet sich heute noch genauso verträumt dar wie zu Hesses Zeiten oder wie im Mittelalter. Verändert hat sich eigentlich fast gar nichts.

Allerdings ist diese Idylle trügerisch, zumindest war sie es für Hermann Hesse, der in seiner Novelle Jugenderlebnisse verarbeitete, u. a. diejenigen seiner qualvollen Schulzeit. Hans Giebenrath, so der Name des Knaben in der Novelle, wird aus seinem Schwarzwalddorf von den Eltern herausgerissen und kommt in die Klosterschule Maulbronn. Dort scheitert er an den törichten und fast schon grausamen Unterrichtsmethoden des Lehrpersonals und am Ehrgeiz seines Vaters, der ihn zu immer neuen Leistungen hochpeitscht:

»Alle diese ihrer Pflicht beflissenen Lenker der Jugend, vom Ephorus bis auf den Papa Giebenrath, Professoren und Repetenten sahen in Hans ein Hindernis ihrer Wünsche, etwas Verstocktes und Träges, das man zwingen und mit Gewalt auf gute Wege zurückbringen

Herrmann Hesse (1877–1962), Porträtfoto, 1898, von Chr. Barth, Tübingen

müsse. Keiner, außer vielleicht jenem mitleidigen Repetenten, sah hinter dem hilflosen Lächeln des schmalen Knabengesichts eine untergehende Seele leiden und im Ertrinken angstvoll und verzweifelnd um sich blicken. Und keiner dachte etwa daran, daß die Schule und der barbarische Ehrgeiz eines Vaters und einiger Lehrer dieses gebrechliche Wesen so weit gebracht hatten. Warum hatte er in den empfindlichsten und gefährlichsten Knabenjahren täglich bis in die Nacht hinein arbeiten müssen? Warum hatte man ihm seine Kaninchen weggenommen, ihn den Kameraden in der Lateinschule mit Absicht entfremdet, ihm Angeln und Bummeln verboten und ihm das hohle, gemeine Ideal eines schäbigen, aufreibenden Ehrgeizes eingeimpft? Warum hatte man ihm selbst nach dem Examen die wohlverdienten Ferien nicht gegönnt? Nun lag das überhetzte Rößlein am Weg und war nicht mehr zu brauchen.«

›Unterm Rad‹, so der programmatische Titel dieser Novelle. Aber handelt es sich hier nicht vielmehr um eine ›Streitschrift‹ gegen eine barbarische Pädagogik und gegen den ungehemmten Ehrgeiz von Eltern, die ihren Kindern Wege ebnen wollen, die für sie nicht gangbar sind.

Bei aller Idyllik dieses Ortes sollte darüber hinaus nicht vergessen werden, daß die Lebensweise der Mönche im Mittelalter ungleich härter und hoffnungsloser war als Hesse geschildert hat.

Wie haben die Mönche, es waren Zisterzienser, damals gelebt? Die Aufgabe des Ordens war, das benediktinische Mönchstum von weltlichen Aufgaben freizuhalten. Ihr Ideal bestand in der Armut. In den Sümpfen von Cîteaux in Burgund fanden sich im Jahre 1098 dreiundzwanzig Mönche zusammen und diskutierten die Ziele ihrer neuen Klostergemeinschaft. In der später vom Papst bestätigten ›Carta Caritatis‹ wurden die Aufgaben des einzelnen Mönchs und des Ordens genau festgelegt. Aber viel mehr als »meidet den Luxus, betet und arbeitet« gab es nicht zu sagen. Dann wurden Bauvorschriften für die Errichtung der Klosterkirche und der übrigen Gebäude erlassen. Und das war notwendig, denn die meisten Kirchen waren pompös ausgestattet. Wie soll aber das Armutsideal innerhalb prächtiger Kirchenmauern gedeihen? So hat schon Bernhard von Clairvaux in einer Streitschrift gegen den Bauluxus gewettert:

»Außerdem im Kreuzgang bei den lesenden Brüdern, was machen dort jene lächerlichen Monstrositäten, die unglaublich entstellte Schönheit und formvollendete Häßlichkeit? Was sollen dort unreine Affen? was wilde Löwen? was monströse Zentauren? was Halbmenschen? was gefleckte Tiger? was kämpfende Krieger? was blasende Jäger? Da siehst du unter einem Kopf viele Körper und da auf einem Körper viele Köpfe. Man sieht hier an einem Vierfüßler den Schwanz einer Schlange, dort an einem Fisch den Kopf eines Vierfüßlers. Dort eine Bestie, die vorne ein Pferd ist und hinten eine halbe Ziege; dort ein Tier mit Hörnern vorn, hinten aber ein Pferd. Mit einem Wort, so viel, so wunderbare Mannigfaltigkeit verschiedenartiger Geschöpfe erscheint überall, daß man eher in den gemeißelten als in den geschriebenen Werken liest; sich lieber den ganzen Tag damit beschäftigt, derlei zu bestaunen als das Gesetz Gottes zu bedenken. Bei Gott! Wenn man sich der Albernheiten schon nicht schämt, warum gereuen dann nicht die Kosten?«

Die äußeren Kennzeichen einer Zisterzienserkirche sind der rechteckige flach abgeschlossene Chor ohne Fenster und der fehlende Turm. Im Innern herrschen Kargheit und Kühle vor, ohne daß die Harmonie der Bauproportionen dabei vernachlässigt worden wäre.

Vom Stammkloster Clairvaux, gegründet im Jahre 1115, sind weit über 350 Klostergründungen ausgegangen, u. a. auch diejenige in Maulbronn. Eine erste Gründung ist vom Jahr 1138 überliefert, allerdings nicht in Maulbronn selbst, sondern in der Nähe bei Mühlacker. Erst im Jahre 1147 wurde dieses Kloster in das Salzbachtal, inmitten der hügeligen Ausläufer des Stromberges, verlegt. Gründer war ein schwäbischer Ritter, Walter von Lomersheim,

Bau der Klosterkirche in Maulbronn, Tafel eines Flügelaltars, um 1450

131

Kloster Maulbronn, Lithographie von F. F. Wagner, um 1830. Württembergische Landesbibliothek, Stuttgart

der sich vom neuen Orden hat begeistern lassen. Er trat selbst als Laienbruder ein und erbat vom Kloster Neuburg im Elsaß einen Abt und zwölf Mönche. Der Grundbesitz des Klosters wuchs rasch. Im Jahre 1156 nahm Kaiser Barbarossa Maulbronn in Reichs-Schutz und befreite es vom Zehnten. Sämtliche Schenkungen wurden bestätigt. Die Zahl der Mönche stieg im Laufe der Jahrhunderte bis auf weit über hundert. Die Zahl der Laienbrüder mochte ungefähr das Doppelte betragen haben. Im 14. Jahrhundert übertrug Kaiser Karl IV. das Vogtrecht über das Kloster an die Kurpfalz. Nun brachen unruhige Zeiten an, da auch die Württemberger Interesse am reichen Maulbronn zeigten. Im Jahre 1504 gelang es schließlich dem Herzog Ulrich, die Pfälzer nach siebentägiger Belagerung aus Maulbronn zu vertreiben. Kaiser Maximilian übertrug die weltliche Obrigkeit an Württemberg, und Herzog Ulrich reformierte das Kloster, d. h. es ist in eine evangelische Klosterschule umgewandelt worden, die bis auf den heutigen Tag besteht.

Nun sollten wir noch kurz einen Blick auf berühmte ehemalige Schüler dieser Schule werfen. Von Hermann Hesse war ja schon die Rede. Er litt etwas mehr als ein Jahr in den Mauern des Klosters, von 1891 bis 1892. Friedrich Hölderlin ging hier ebenfalls zur Schule, von 1776 bis 1778. Im Testimonienbuch ist noch zu lesen, »daß er von feinen Sitten und in der Poesie vorzüglich gewesen sei«. Schließlich sollten wir noch an Johannes Kepler aus Weil der Stadt (s. S. 146) denken, der zwischen 1586 und 1589 hier schon seine ersten astronomischen Forschungen betrieben hat.

Besichtigung des Klosters

Betreten wir mit Hermann Hesse den Klosterbereich »durch ein malerisches, die hohe Mauer öffnendes *Tor (1)* auf einen weiten und sehr stillen Platz. Links gleich hinter dem Tor sind die Herberge und das *Frühmesserhaus (2)*, ein romanisches Steinhaus, zu sehen. Hier wohnten die Ordensgeistlichen. Dahinter auf der anderen Seite ist die *Klosterküferei (3)* und der riesige *Fruchtkasten (4)* zu sehen. Unter seinem Erdgeschoß befinden sich noch alte Kelleranlagen aus dem 16. Jahrhundert. Gegenüber auf dem Platz das *Rathaus (Marstall) (5)* mit einem schön verzierten Renaissance-Giebel. Dieses Haus stößt in einem annähernd spitzen Winkel an den ›Klosterkeller‹, der ehemaligen *Schmiede (6)* von Maulbronn. Links davon, etwas zurückversetzt öffnet sich ein breites Rundbogentor, das zur alten *Klosterwagnerei (7)* führt.

In Richtung Klosterkirche gehen wir jetzt auf ein schönes Fachwerkhaus mit einem kleinen Ecktürmchen, die *Klosterverwaltung (8)* zu. Das besagte Ecktürmchen sitzt auf einem Strebepfeiler, der zum Rest einer alten Klostermauer gehört. Wahrscheinlich verlief hier die ursprüngliche Begrenzung des Klosterbereiches. Wenn wir an dieser Mauer entlanggehen, kommen wir zur Nordmauer und zum *Mühlenturm (9)*. Links daneben ist die einstige *Klostermühle (10)*, die an die Mauer im 15. Jahrhundert angebaut wurde, zu sehen. Heute hat sich eine Jugendherberge in den Räumen eingerichtet. Das kleine Haus gegenüber ist die *Klosterbäckerei (11)*. Etwas rückwärtig versetzt steht der alte *Haberkasten (12)* mit malerischen Treppenaufgängen. Unter dem hochaufragenden *Hexenturm (13)* stoßen im rechten Winkel die alten *Klosterscheunen (14)* und der *Melkerstall (15)* aufeinander.

Begeben wir uns wieder auf den großen *Klosterhof*. Am Brunnen können wir einen Blick auf die Kirchenfassade und die angrenzenden Gebäude werfen (Farbt. 21), und wenn wir uns umdrehen, auch auf das traute Beieinander der Fachwerkhäuser.

Vor dem Besuch des Klosters gehen wir noch rasch zum schönen *Renaissance-Jagdschloß (16)*. Herzog Ludwig von Württemberg hat es sich 1588 erbauen lassen. In seinen Räumen ist heute die schon erwähnte Klosterschule untergebracht. Gegenüber, malerisch zwischen Fichten gelegen, der *Faustturm (17)*. Es handelt sich hier um den südöstlichen Befestigungsturm des Klosters. Den Namen hat er von einem Besuch des berühmten Dr. Faustus (s. S. 137 f.) aus dem benachbarten Knittlingen, der 1516 vom Maulbronner Abt Entenfuß ins Kloster gerufen wurde, um durch Zauberei die arg liegenden finanziellen Mittel aufzubessern.

Betreten wir nun zunächst das ›*Paradies*‹ *(a)*, die Klostervorhalle, ein einzigartiges Beispiel für die staufische Baukunst. Allerdings muß man hier unterscheiden: Die Eingangsfassade der Kirche selbst ist romanischen Ursprungs. Das erkennt man besonders gut am Rundbogenportal mit den eingestellten Viertelsäulen und den kaum differenzierten Würfelkapitellen. Die vor die Fassade geblendeten Strebepfeiler auf hohen Sockeln und die davon ausge-

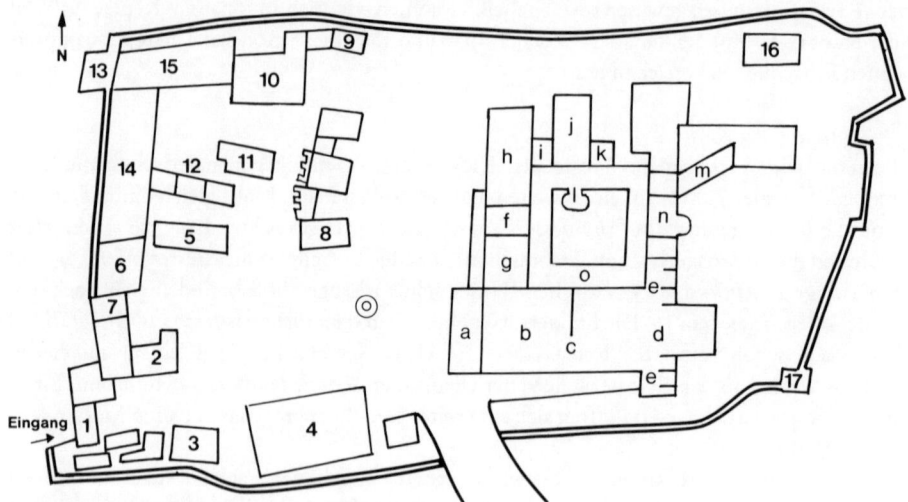

Klosteranlage Maulbronn   1 Klostertor   2 Frühmesserhaus   3 Küferei   4 Fruchtkasten   5 Marstall (Rathaus)   6 Schmiede   7 Klosterwagnerei   8 Klosterverwaltung   9 Mühlenturm   10 Klostermühle 11 Bäckerei   12 Haberkasten   13 Hexenturm   14 Klosterscheunen   15 Melkerstall   16 Jagdschloß   17 Faustturm

Kloster und Kirche   a Paradies   b Laienkirche   c Lettner   d Mönchschor   e Gebetskammern f Klostereingang   g Klosterkellerei   h Laienrefektorium   i Küche   j Herrenrefektorium   k Calefaktorium   l Brunnenkapelle   m Parlatorium   n Kapitelsaal   o südlicher Kreuzgang

henden massiven Rippen sind staufisch. Die gedrungenen Proportionen – jedes Joch ist über einem Quadrat konstruiert –, die in der Mitte unterteilten Säulen und die großen Rundbogenfenster zum Hof kennzeichnen die staufische Klassik.

Im *Kirchenraum (b)* dominiert wieder die Romanik, abgesehen vom eingewölbten gotischen Netzgewölbe. Dieses wurde nachträglich eingebaut. Vorher hat eine Flachdecke das Mittelschiff abgeschlossen. Auch das grell durch das große gotische Chorfenster einfallende Licht konnten viele Mönchsgenerationen nicht genießen. Nach den Bauvorschriften der Zisterzienser war der Chor ohne Fenster. Typisch romanisch der hohe Obergaden und die Seitenschiffarkatur, die durch Lisenen flach gegliedert ist. Die viereckigen Pfeiler mit Halbsäulen sind weitgehend schmucklos gestaltet. Auffallend ist die langgestreckte Form der Kirche. Hier sind eigentlich zwei Kirchen zusammengefaßt, die Laienkirche und die Mönchskirche. Getrennt sind sie durch den Lettner. Vor dem mit einem Zahnfries abgeschlossenen romanischen *Lettner (c)* steht ein monumentales Kruzifix. Am Stamm ist eine Inschrift zu erkennen: CVS 1473. Man vermutet, daß es sich hier um den Meister Conrad von Sinsheim handelt. Ein merkwürdiges Bildwerk, dieses spätgotische Kruzifix. Der ausgemergelte Körper des Gekreuzigten ist mit einem weniger dramatisch als vielmehr spielerisch anmutenden Lendenschurz umgeben. Der ›kecke‹ Faltenschwung deutet schon voraus auf die barocke Gestaltgebung. Ein Blick in das rechte, also südliche Seitenschiff überrascht. Der Typus der dreischiffigen Pfeilerbasilika wurde hier im wahrsten Wortsinne durchbrochen. Im Spätmittelalter haben Baumeister den Kirchenraum um zehn gotische Kapellen erweitert.

Jenseits des Lettners befinden wir uns im *Mönchschor (d)*. Das im 15. Jahrhundert aus Eichenholz geschnitzte Chorgestühl hatte Platz für 92 Chorherren. Die Schnitzereien sollte man sich unbedingt ansehen. Neben phantastischen Ornamenten mit eingearbeiteten Figuren, sind auch biblische Szenen zu entdecken, wie z. B. die ›Opferung Isaaks‹ oder ›Moses vor dem brennenden Dornbusch‹. Im Chorgewölbe sind die Symbole der vier Evangelisten dargestellt. An der Nordwand, stark verblaßt, sind musizierende Engel zu betrachten, die sich um eine schmale Konsolen-Nische gruppieren, in der eine Madonna sitzt. Diese entspricht dem Typus der sogenannten ›schönen Madonna‹ des 14. Jahrhunderts. Der Meister hat sich offensichtlich an französischen Vorbildern orientiert. Unmittelbar vor dem Zugang zum Chor führen links und rechts schmale Gänge zu kleinen Seitenkapellen, sogenannten *Gebetskammern der Mönche (e)*.

Wir verlassen die Kirche wieder, gehen durchs Paradies und dann nach rechts zum *Klostereingang (f)*. Rechts davon führen Treppen hinunter in den *Klosterkeller (g)*, dessen Kreuzgewölbe durch stämmige Säulen abgestützt wird. Links geht es in das *Laienrefektorium (h)*. Seine ungewöhnliche Größe fällt sofort ins Auge. Spätromanische Doppelsäulen mit Akanthuskapitellen tragen ein wuchtiges zweigeteiltes Kreuzgratgewölbe. Die äußeren Wandgrate münden in klobigen Konsolen. An der Längswand sind noch zwei ›Durchreichen‹ mit verschließbaren Gittertüren zu entdecken. Hier wurde den Laien und auch Besuchern des Klosters das Essen gereicht. Hinter diesem Teil der Wand befand sich die *Klosterküche (i)*, die wir über den Kreuzgang erreichen.

Der vielgerühmte *Kreuzgang* von Maulbronn ist ein kleines Wunder, gerade dann, wenn das Licht durch die vielgestaltigen Hoffenster in den Gang und auf die gegenüberliegende Wand fällt. Hier im westlichen Teil, der in der Hochgotik entstand, stehen zierliche Säulchen, die sich mit kleinen Kapitellen um die Fensterpfeiler gruppieren. Anders der Nordflügel. Von ihm gehen die Küche, das *Herrenrefektorium (j)* und das *Calefaktorium (k)*, der Wärmeraum, ab. Dieser Trakt ist staufisch. Das Herrenrefektorium, der Speisesaal der Mönche, ist zwischen 1220 und 1230 erbaut worden. Die Bausprache erinnert uns wieder an das Paradies. Die unterteilten Säulen mit Akanthuskapitellen teilen den Raum in zwei Hälften. Die Rippen werden von einem schmalen Zahnfries begleitet und enden an den Wänden in Säulenkonsolen.

Gegenüber die *Brunnenkapelle (l)* (Abb. 50) aus der Zeit der Hochgotik (um 1350). Das Sterngewölbe ist unvergleichlich. Steil streben die Rippen von den spitzbogigen Fenstern und deren Laibungen ausgehend in die Höhe und treffen sich im Scheitelpunkt, durchdringen einander und senken sich wieder herab. Die Gewölbemalereien soll der Herrenberger Jerg Ratgeb ausgeführt haben. Von den drei Brunnenschalen ist die unterste so alt wie die

Kapelle selbst. Die beiden oberen Schalen stammen aus dem 19. Jahrhundert. Man sollte es übrigens auch nicht versäumen, den Klostergarten aufzusuchen, um die Kapelle auch von außen zu betrachten. Im Calefaktorium, dem einzigen Raum des Klosters, der beheizbar war, sind noch rußschwarze Steine zu sehen.

Von der Ostseite des Kreuzganges geht das *Parlatorium (m)* ab, der Sprechraum des Klosters (Abb. 51). Das langgezogene Tonnengewölbe ist von einem dichten Rippennetz überzogen. Nach einer Inschrift hat der Abt Burrus diesen Anbau im Jahre 1493 in Auftrag gegeben. Der Baumeister war Conrad Schmie.

An der Nordostecke des Kreuzganges, also noch vor dem Zugang zum Parlatorium, fällt eine Steintreppe mit einem gotisch verzierten Geländer auf. Das ist die sogenannte ›Höllentreppe‹, die den Schlafsaal der Mönche im ersten Obergeschoß mit dem Kreuzgang verband.

Neben dem Parlatorium befindet sich der *Kapitelsaal (n)*, der in seiner architektonischen Struktur wie eine natürliche Fortsetzung des Kreuzganges wirkt. Das betrifft natürlich besonders die gotischen Fenster der Kreuzgangsseite und auch das zweiteilige Gewölbe mit den scharfkantigen Rippen. Ähnlich wie in der Brunnenkapelle formieren sich diese zu einem sternförmigen Muster. Besonders sehenswert sind die schlanken Säulen, aus denen die Rippen gleichsam herauswachsen. Das Vogelkapitell im Eingang zählt zu den Besonderheiten dieses an Überraschungen so reichen Klosters.

Abschließend gehen wir den *südlichen Kreuzgang (o)* entlang. Gegenüber dem zierlichen Filigran des gotischen Maßwerks erscheint dieser Teil wuchtiger und monumentaler, ohne allerdings seine Intimität damit aufgegeben zu haben. Dieser Teil ist staufisch, erkennbar an den Säulenkonsolen der Kirchenwand, die so gestaltet sind wie im Herrenrefektorium. Auch die unterteilten Viertel- und Dreiviertelsäulen, die gebündelt zwischen den Fenstern auf hohen Sockeln stehen, weisen auf die ›staufische Klassik‹. Bemerkenswert sind auch die mehrfach unterteilten und an den Seiten der Fensterlaibung lehnenden Ecksäulchen, die bis hoch in die Stichkappen des Gewölbes ragen.

Einen letzten verweilenden Blick sollten wir auf die vielen unterschiedlichen Fensterformen des Kreuzganges werfen: Schlichtes einfaches Maßwerk findet sich neben verspielten Rosettenformen, gebündelte Mittelsäulchen neben dünnen scharfkantigen Stäben, die im Spitzbogen oder Dreipaß enden.

Im Zabergäu

Von Maulbronn führt eine Landstraße nur wenige Kilometer in nordwestlicher Richtung durch das Hügelland des Stromberges nach Knittlingen. Das Städtchen selbst liegt noch nicht im Zabergäu; das beginnt erst weiter östlich kurz vor Zaberfeld im Zabertal. Knittlingen liegt am nordwestlichen Rand unseres Gebietes. Ein Sprung ist es nur nach dem ehemals pfälzischen Bretten, das heute der Region Nordbaden angehört.

Knittlingen

»Ich habe einen namens Faustus gekannt aus Kundling, einem Städtchen nahe bei meiner Heimat Bretten. Als er zu Krakau studierte, hatte er die Magie erlernt, wie sie dort früher stark getrieben wurd, wo man öffentliche Vorlesungen über diese Kunst hielt. Später schweifte er an vielen Orten umher und sprach von geheimen Dingen. Da er zu Venedig Aufsehen erregen wollte, kündigte er an, er werde in den Himmel fliegen. Der Teufel hob ihn also in die Höhe, ließ ihn aber darauf zur Erde fallen, so daß er von diesem Falle fast den Geist aufgegeben hätte. Vor wenigen Jahren saß dieser Johannes Faustus an seinem letzten Tage sehr betrübt in einem Dorfe des Herzogtums Württemberg. Der Wirt fragt ihn, warum er so betrübt sei wider seine Sitte und Gewohnheit; denn er war sonst ein schändlicher Schelm, der ein liederliches Leben führte, so daß er ein- und das anderemal fast wegen seiner Liebeshändel umgekommen wäre. Darauf erwiderte er dem Wirt in jenem Dorfe: ›Erschrick diese Nacht nicht!‹ In der Mitternacht ward das Haus erschüttert. Da Faustus am Morgen nicht aufgestanden und bereits der Mittag gekommen war, ging der Wirt in sein Zimmer und fand ihn neben dem Bette liegen mit umgedrehtem Gesichte, so hatte ihn der Teufel getötet.«

Diese schreckliche Vita des Dr. Faustus hat der berühmte Tübinger Gelehrte Philipp Melanchton im Jahre 1563 verfaßt. Faustus verkörpert den Typus des deutschen Gelehrten des Spätmittelalters. Goethe hat ihn wieder aufleben lassen und ihn als eine Art Leitfigur geistiger und moralischer Grenzüberschreitungen präsentiert. Im ›Faust‹ vereinen sich Genialität und Magie. Der geniale Mensch muß so etwas wie ein Zauberer sein, denn anders sind seine ungewöhnlichen Gedanken nicht erklärbar. Aus diesem Grunde unterstellen die dem Genie gegenüber ratlosen Zeitgenossen diesem auch oftmals ein Zusammenarbeiten mit dem Teufel: Weisheit kommt eben nur im Pakt mit dem Bösen zustande.

Neben der Kirche im Ortszentrum befindet sich das *Geburtshaus des Dr. Faustus*. Hier erblickte er also das Licht der Welt. Das war im Jahre 1480. Sechzig Jahre später ist er in Staufen im Breisgau gestorben.

Titel der ältesten bekannten Ausgabe des Volksbuches von Doctor Johann Faust, 1725

Ganz in der Nähe vom Geburtshaus steht das *Rathaus*. Dort ist ein kleines Faustmuseum untergebracht. Sonst ist in dem Städtchen nicht viel zu entdecken. Die Schall- und Klangarkaden am Kirchturm des Klosters gleichen denen von Maulbronn. Vielleicht haben hier Baumeister der Maulbronner Bauhütte gearbeitet. Im 12. Jahrhundert besaß dieses Kloster in Knittlingen einen landwirtschaftlichen Musterhof, eine sogenannte Grangie. Später konnte es sogar die Ortsherrschaft über Knittlingen gewinnen. Im Dreißigjährigen Krieg ist der Ort schwer mitgenommen worden. Fast alle Häuser wurden niedergebrannt. Gerade hatten die Bürger mit dem Wiederaufbau begonnen, da kamen im Jahre 1692 die Franzosen und verheerten den Ort aufs neue. So jedenfalls erzählt eine Inschrift am Stadtpfarrhaus.

Eine kleine Landstraße führt über Freudenstein und Sternenfels nach Zaberfeld. Die Gegend ist beschaulich und still. Hier befinden wir uns weitab von jeder Industrieansiedlung. Felder und Wälder wechseln in rascher Folge. Hin und wieder ein Gehöft. Kurze Zeit später öffnet sich nach Norden die Landschaft. Von dieser Stelle ist ein herrlicher Ausblick zu genießen. Das weite Zabergäu liegt einem zu Füßen. Und dann kommt auch schon Zaberfeld in Sicht.

Zaberfeld

Das anmutige Städtchen ist von Weinbergen umgeben. Eine der zahlreichen Stiegen könnten gewählt werden, um von der Anhöhe einen Blick auf die eng verschachtelten Häuser und auf die in verschiedenen Rottönen schimmernde Dachlandschaft zu werfen. Dann hat man auch schnell die evangelische *Pfarrkirche* (ehem. St. Mauritius) entdeckt, eine sehenswerte Chorturmkirche aus dem frühen 16. Jahrhundert. Ein aus Zaberfeld gebürtiger badischer Hofbaumeister namens Hans Spryss hat den Tabernakelturm im Jahre 1476 errichtet. – Das *Pfarrhaus* war früher ein Schloß, worauf der Renaissancegiebel und das Portal deuten.

Wir verlassen Zaberfeld. Das Tal wird schnell weiter. Die Weinberge treten zurück. Nun befinden wir uns in der zum Neckartal abfallenden Ebene des Zabergäu. In Güglingen biegen wir rechts ab und fahren über Eibensbach an einer alten Wehrkirche, wahrscheinlich aus spätromanischer Zeit, vorbei zur Ruine Blankenhorn.

Blankenhorn

Diese riesige *Burganlage,* sie ist vielleicht die größte ihrer Art in Württemberg, wurde im 13. Jahrhundert errichtet. Die Burg gehört dem Typus der Schildmauerburg an. Die Schildmauern sind teilweise erhalten, Reste von Wohnbauten sind hier ebenfalls zu sehen.

Ein kleiner Abstecher nach *Ochsenbach* ist lohnenswert, um den Wein dieser Gegend zu kosten. Er ist ganz vorzüglich, vor allem der Lemberger. Ochsenbach, ein idyllischer Weinort mit einem romantischen Dorfbild, liegt abseits und wird fast nur von Kennern aufgesucht.

Cleebronn

Im Ort selbst könnte die frühgotische Kirche besucht werden. Dann ist aber gleich der Weg auf den Michaelsberg zu suchen. Hinweisschilder sind unübersehbar.

Oberhalb des Dorfes fahren wir an der *Burg Magenheim* vorbei, einem wehrhaften Steinhaus aus der Frühgotik, das sehr gut erhalten ist. An der Hofseite im Untergeschoß sind noch schön geformte Spitzbogenfenster zu bewundern. Hier befindet sich auch der Zugang zum Rittersaal. Der Ostgiebel ist ein Werk der Renaissance.

Nach einigen Kehren haben wir die Bergspitze erreicht. Auf dem *Michaelsberg* befand sich schon eine Kultstätte der Römer. Zur Zeit der Missionierung Württembergs wurde dann eine Michaelskapelle errichtet. Im Jahre 793 wird diese im Zusammenhang mit einem kleinen Benediktinerkloster erwähnt. Die später ausgebaute *Michaelskirche* ist ein Werk des 13. Jahrhunderts. Der Chor ist im Geist der staufischen Klassik erbaut worden – monumental und doch intim. Das ist sehr gut angesichts des Lettners nachzuvollziehen. Die verhältnismäßig kurzen Säulenschäfte sind mit schönen Figurenkapitellen versehen. Ähnliche Ausführungen fielen schon in Markgröningen auf. Erst beim zweiten Hinsehen wird bemerkt werden, daß der Lettner, diese Trennwand zwischen Chor und Kirchenschiff oder zwischen Mönchschor und Laienraum, gar keine Wand ist. Es handelt sich vielmehr um einen ›Lettner-Raum‹ mit einem kompakt ausgestalteten staufischen Gewölbe. Reste von Wandmalereien sind ebenfalls zu sehen.

Der Rundblick vom Michaelsberg ist einmalig. Im Norden breitet sich das Zabergäu aus und dahinter die Hügel des Heuchelberges, die ins Neckartal abfallen. In der östlichen Ferne das Hohenloher Land und im Südosten das zersiedelte Gebiet an den Hängen des Stuttgarter Kessels. Hier, über der Landschaft gleichsam schwebend, sollte man eines schwäbischen Dichters gedenken, der hier oben zu einem phantasiereichen Gedicht inspiriert wurde. Ich meine Eduard Mörike, der die Gründungslegende der Kapelle erzählt. Früher hockte der

Teufel auf diesem Berg und genoß den Ausblick – vielleicht so wie wir. Das ärgerte den lieben Gott und er sandte Bonifaz, der den Teufel vertreiben sollte.

»Das kam dem Satan überzwerch,
Tät ihm sogleich den Weg verrennen,
Ließ den Boden wie Schwefel brennen,
Hüllet' mit Dampf und Wetterschein
Das ganze Revier höchst grausam ein,
Ging selber auf den Heiligen los,
Der stand aller irdischen Waffen bloß,
Die Hände sein zum Himmel kehrt',
Rief: Starker Gott! leih mir ein Schwert!
Da zückt herab wie ein Donnerstreich
Erzengel Michael sogleich.
Sein Flügel und sein Fußtritt dämpft
Das Feuer schnell, er ficht und kämpft,
Und würgt den Schwarzen blau und grün,
Der hätte schier nach Gott geschrien;
Schmeißt ihn der Engel auch alsbald
Kopfunter in den Höllenspalt;
Schließt sich der Boden eilig zu,
Da wars auf Erden wieder Ruh.«

Bei dem Kampf hat der Erzengel eine Feder gelassen. Diese hob Bonifaz auf und weihte die Kapelle auf dem Berg dem Erzengel Michael.

Mörike schließt sein Gedicht mit einem ›touristischen Hinweis‹:

»Zu guter Letzt ich melden will:
Da bei dem Berge liegt auch Tripstrill,
Wo, wie ihr ohne Zweifel wißt,
Die berühmte Pelzmühl ist.«

Die Pelzmühl, das ist eine ›Verjüngungsmühle‹, die inmitten eines Vergnügungsparkes steht. Die Attraktionen sind nicht gerade umwerfend. Wahrscheinlich werden Sie schmunzeln und weiterfahren.

Von Cleebronn führt der Weg durch die Ebene des Zabergäu nach *Frauenzimmern*. Das kleine Dorf besaß früher ein Zisterzienserinnenkloster. Einige Reste aus dem 13. Jahrhundert sind noch zu sehen. Der Enzberger Hof aus dem 16. Jahrhundert ist leider schon stark zerfallen. An der Hauptstraße ragt ein kleiner zu diesem Hof gehörender Renaissance-Erker hervor.

Brackenheim

Das Städtchen ist ein kleines Schatzhaus voller Kostbarkeiten. Allerdings handelt es sich nicht um spektakuläre Stücke. Dafür muß man sie auch nicht mit vielen kunstbeflissenen Touristen teilen. In der frühgotischen *Chorturmkirche* ist eine kleine Renaissancekanzel aus

Holz zu bewundern. Das gotische Kruzifix ist ebenfalls von hervorragender Qualität. Ein Tonnengewölbe aus Holz, nicht eben häufig anzutreffen, verleiht dieser Kirche Wärme und Intimität. Zwischen Kirche und Rathaus und überhaupt im Zentrumsbereich stoßen wir immer wieder auf Fachwerkhäuser der Renaissance und des Barock. Besonders in der *Obertorstraße* fallen die Renaissance-Häuser auf. Man sollte sich einfach treiben lassen. Groß ist das Städtchen nicht. Ein Blick noch auf das Rathaus. Es ist ein Rokokobau aus den Jahren 1774–76. Das Schloß hat Herzog Christoph in Auftrag gegeben. Der hiesige Baumeister Martin Berwart hat im Jahre 1556 einen dreiflügeligen Bau mit runden Treppentürmchen errichtet.

Ein Kleinod steht auf dem Friedhof, die *Johannis-Kirche* aus dem 13. Jahrhundert, ebenfalls eine Chorturmkirche. Die Westanlage erinnert, wenn auch nur entfernt, an Maulbronn. Bemerkenswert sind die frühgotischen Glasmalereien im Chor. Und auch diese Kirche wird innen von einer Holztonne überspannt.

Schließlich noch ein kleiner Hinweis: Brackenheim ist der Geburtsort des ersten Bundespräsidenten der Republik, Theodor Heuss.

Burg Neipperg

Die *Burg,* schon von weitem zu sehen, erhebt sich auf der Höhe eines Weinberges im Heuchelberg-Gebiet (Abb. 34). Neipperger unterhielten wirtschaftliche Beziehungen zu den Magenheimern, wie aus Urkunden, in denen beide Geschlechter verzeichnet sind,

Neipperg, Kieser Forstlagerbuch, 1683. Hauptstaatsarchiv, Stuttgart

hervorgeht. Auch die Steinmetzzeichen der Burg Magenheim sind auf Quadern der Burg Neipperg zu finden. So hat wohl dieselbe Bauhütte beide Burgen im 13. Jahrhundert errichtet. Auffallend ist, daß zwei hohe Türme dicht beieinander stehen. Forschungen haben ergeben, daß es sich hier früher um zwei eigenständige Burgbauten gehandelt haben muß. Einer der Türme war als Wohnturm ausgebaut. Innen im Rittersaal ist noch ein Kamin mit romanisch geformten Konsolen zu sehen. Der Kamin endet in einem frühgotischen Schornstein mit einem kreuzförmig angelegten Satteldach.

141

Städtekrieg und Bauernkrieg

In Döffingen wurde der Städtekrieg entschieden. Im Jahre 1388 schlägt Graf Eberhard der Greiner (der Zänker) die Reichsstädte. Diese Schlacht hatte jahrzehntelange Auseinandersetzungen zwischen den Territorialfürsten und den Städten beendet. Die Reichsstädte waren im Schwäbischen Landfriedensverband zusammengeschlossen. Diese Verbindung war erforderlich, nachdem die Städte ihr wirtschaftliches Wachstum durch Übergriffe der Landesfürsten bedroht sahen. Schließlich siegten die württembergischen Grafen, nachdem sie Jahre vorher schlimme Niederlagen haben einstecken müssen.

Auf einem Feld zwischen Böblingen und Sindelfingen wurde im Jahre 1525 das letzte Kapitel des deutschen Bauernkrieges geschrieben (s. S. 16). Truchseß Georg von Waldburg, genannt der Bauernjörg, hat das Bauernheer völlig aufgerieben. Kurz vorher haben die Bauern Herrenberg belagert und erstürmt. Ein Gedicht, in der Nähe von Heilbronn geschrieben, schildert diese Ereignisse:

»Die bauern teten sich wieder regen
und hetten gar und ganz kein ruo
und zogen Herrenberg bald zuo.
Da tetens durcheinander türmen,
liefen hinzuo und wollten stürmen;
da wollt ihr stürmen gar nit sein.
Da schießen sie mit feuer nein,
damit brachtens ein forcht in die leut;
da hört man auf dieselbige Zeit
schreien mordio, helfio!
von weibern die warn gar nit fro.
Gott woll uns allen kraft verleien!
man tet gar bald ein frieden schreien
und gab den bauern die stat uf.«

Heimsheim

Schon von weitem ist das *alte Schleglerschloß* sichtbar. Es ist ein mächtiger kastenförmiger Steinbau, der um 1400 entstanden sein muß. Das obere Geschoß ist durch Blendarkaden abgesetzt.

Die Schlegler waren ein Ritterbund, die von Graf Eberhard dem Milden 1395 bekämpft und hier im Schloß eingekerkert wurden. In diesem sogenannten Schleglerkrieg brannte die Stadt fast vollständig ab. Ein zweiter Brand verwüstete sie im Dreißigjährigen Krieg und dann ein letztes Mal im Zweiten Weltkrieg.

Um noch einmal tief in die sonst nicht weiter geschichtsträchtige Stadt zu tauchen: Im Jahre 965 wurde Heimsheim als ›villa Heimbodesheim‹ genannt. In diesem Jahr wurde hier Otto der Große, der gerade von der Kaiserkrönung aus Rom zurückgekommen ist, von seinen Söhnen begrüßt.

Neben dem Alten Schloß, dem Schleglerschloß, steht das *Neue Schloß*, ein Barockbau von P. Retti aus den Jahren 1729/30. Die Deckenbilder sind von C. Carlone.

Nun geht die Fahrt in das malerische Würmtal, das wir in *Hausen* erreichen. Wir fahren über eine alte eindrucksvolle, aus dem Jahr 1777 stammende Steinbrücke; auffallend die massiven Eisbrecherpfeiler.

Merklingen

Merklingen kam 1296 an das Kloster Herrenalb im Schwarzwald. Aus dieser Zeit ist noch eine alte und sehr gut erhaltene *Kirchenburg* im Ortszentrum zu besuchen. Zu ihr führt ein reizvolles Brückentor. Teile der romanischen Ringmauer sowie ein gotisches Steinhaus aus dem 14. Jahrhundert gehören ebenfalls zu diesem mittelalterlichen Ensemble. Die ehemals romanische Pfarrkirche St. Remigius wurde im 15. Jh. zu einer Querschiffanlage umgebaut.

Nun verlassen wir wieder das Würmtal Richtung Malmsheim. Nach wenigen Kilometern ist eine Anhöhe erreicht und der Blick gleitet über eine liebliche Hügellandschaft. Der kleine Ort Malmsheim, von einem Neubaugürtel umgeben, liegt tief in den Tälern eingebettet.

Malmsheim

Die evangelische Pfarrkirche *St. German,* inmitten verwinkelter Fachwerkhäuser gelegen, ist auf eine Stilepoche kaum festzulegen. Umbauten aus dem 17. und 19. Jahrhundert haben den ehemaligen staufischen Bau fast vollständig ›aufgelöst‹. Der Innenraum wirkt merkwürdig steril – bis auf den Chor, in dem die seltene Darstellung einer Hostienmühle zu finden ist. Sie gleicht in der Motivik und Komposition derjenigen von Mundelsheim (zur Interpretation s. S. 128).

Sonst hat Malmsheim an Sehenswürdigkeiten nichts mehr zu bieten. Man sollte aber nicht versäumen, einen kleinen Spaziergang durch diesen idyllischen und abgelegenen Ort zu machen. Die alte gemütliche Wirtschaft gegenüber der Pfarrkirche ist empfehlenswert.

Weil der Stadt

Eine mittelalterliche Urkunde erklärt den seltsamen Ortsnamen. Ihr zufolge sollte von ›Weil‹, der Stadt eine Sendung nach ›Weil‹, dem Dorfe gehen. Die beiden ›Weils‹ sollten also

Weil der Stadt, aquarellierte Bleistiftzeichnung von Christian Friedrich Mali. Graphische Sammlung,
Staatsgalerie Stuttgart

unterschieden werden. Übrigens bezeichnet ›Weiler‹ eine Ansammlung mehrerer beieinan-
derliegender Gehöfte, die sich zu einer Gemeinde zusammengeschlossen haben.

Im Mittelalter war der Ort abwechselnd im Besitz der Calwer Grafen, der Welfen und der
Staufer. Die Klöster Hirsau, Herrenalb und Bebenhausen hatten hier ihre Besitzungen.
Schon im Jahre 1241 wurden die Stadtrechte verliehen und 1275 durfte sich Weil ›reichsun-
mittelbar‹ nennen, ist also Freie Reichsstadt geworden. Zu dieser Zeit entstanden auch die
heute noch in großen Teilen erhaltenen Stadtmauern und Stadttürme. Im 16. und 17. Jahrhundert wurde die Einwohnerzahl drastisch verringert. Es wüteten die Pest und der Dreißigjährige Krieg.

Im Stadtzentrum dominiert eindeutig die Kirche *St. Peter und Paul* mit ihrem hochaufragenden Westturm und den beiden romanischen Osttürmen, die den Chor flankieren (Farbt.
12). Der geniale Baumeister Alberlin Jörg hat diese beiden alten Türme mit in sein Baukonzept einbezogen, d. h. auf deren Proportionen Rücksicht genommen.

Die Baugeschichte ist unklar. Es wird eine erste Kirche aus dem 6. Jahrhundert vermutet.
Die ältesten nachweisbaren Teile sind die eben genannten Türme, sie sind um 1200 erbaut
worden. Im 14. Jahrhundert wurde der Westturm bis zur ersten Galerie errichtet. Zu diesem

Zeitpunkt stand schon eine mehr oder weniger ausgebaute Basilika auf dem Platz. Die Umbauten und Erneuerungsarbeiten leitete Alberlin Jörg ab 1492. Allerdings blieb ihm nicht mehr viel Zeit, da er zwei Jahre später starb. Seine Autorschaft ist also nicht für den gesamten Bau geltend zu machen. Vermutlich hat sein Sohn die Arbeiten weitergeführt.

Das obere zweigeschossige Turmoktogon mit den schlanken Schallarkaden und den Renaissancebrüstungen ist unverwechselbares Wahrzeichen der Stadt Weil geworden. Der Turm wurde übrigens als Glocken- und zugleich als Wachtturm genutzt. Das bedeutete für eine Freie Reichsstadt: Der Kirchturm war zugleich Stadtturm. Im obersten Turmgeschoß, das von einer Zelthaube abgeschlossen wird, befand sich eine Turmwächterwohnung.

An der Südseite der Kirche öffnet sich das Ehe- oder Brauttor. Ein fast schon in barocken Schwüngen aufgelöstes spätgotisches Gewölbe breitet sich über dem mit gotischen Steinschmuck versehenen Portal aus. Die Gewölbekurvatur ist derjenigen von Schorndorf zu vergleichen. Sie erinnert an die Bausprache des Hans von Urach. Auf den Fialtürmchen sitzen links Petrus und rechts Salomon.

Der Innenraum (Abb. 54) wird durch die Turmvorhalle betreten. Das breite etwas überhöhte Mittelschiff – die Seitenschiffe sind niedriger gehalten – weist auf eine Zwischenlösung hin: Auf der einen Seite wirkt noch der alte basilikale Typus nach und auf der anderen Seite ist von einem Staffelraum (annähernd gleich hohe Kirchenschiffe) noch nicht zu sprechen. Die schlanken freistehenden Pfeiler stützen ein schwer wirkendes Sterngewölbe ab. Viel Licht strömt aus dem Chor den Eintretenden entgegen. Das verästelte Netzgewölbe steht in einem eigenartigen Kontrast zum barocken Hochaltar, wie übrigens auch die mit Ornamenten und Figuren übersättigte Kanzel am linken Vierungspfeiler. Der Hochaltar ist scheinarchitektonisch gestaltet, d. h. die Architektur ist gemalt. Sie rahmt zwei Tafeln. Auf der unteren ist die Schlüsselübergabe an Petrus dargestellt und auf der oberen die Bekehrung Sauli. Auf der Spitze steht der Erzengel Michael. Das Renaissance-Sakramentshäuschen von

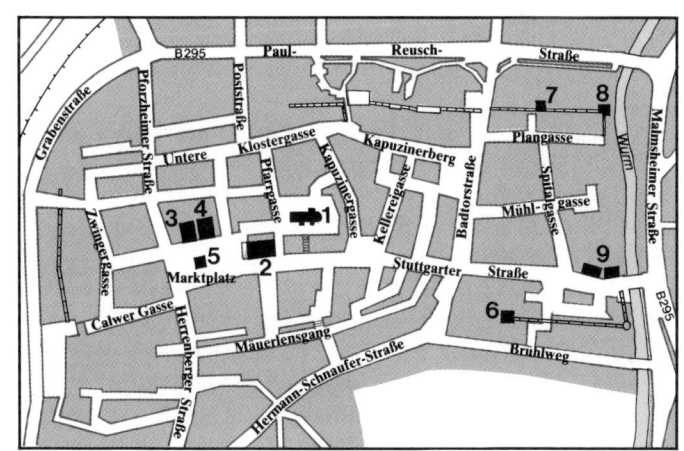

Weil der Stadt
1 Kirche St. Peter und
  Paul
2 Rathaus
3 Altes Rathaus
4 Stadtmuseum
5 Kepler-Denkmal
6 Rabenturm
7 Storchenturm
8 Diebsturm
9 Spital

Johannes Kepler (1571–1630), Kupferstich

1611, links im Chor, variiert das Thema ›Brot des Lebens‹. Unten, gleichsam als Konsole gestaltet, liegt Elias unter dem Ginsterstrauch und empfängt vom Engel das Brot. Die Relieftafeln zeigen die ›Einsetzung des Abendmahls‹ und die ›Speisung Israels in der Wüste‹.

Unmittelbar vor der Kirche, seitlich versetzt, steht das *Rathaus*, ein Bau aus dem Jahre 1532. Nach dem Stadtbrand von 1648 erstand es in der heutigen Form neu.

Das Gebäude am Marktplatz 14 ist das *Alte Rathaus*. Es handelt sich hier um ein mittelalterliches Steinhaus aus dem Ende des 15. Jahrhunderts. Daneben das *Stadtmuseum* mit einer ansehnlichen heimat- und stadtgeschichtlichen Sammlung. Mitten auf dem Marktplatz, nicht zu übersehen, steht das *Keplerdenkmal* aus dem 19. Jahrhundert. Johannes Kepler, der berühmte Astronom, wurde am 27. 12. 1571 hier geboren. Er war Assistent von Tycho Brahe in Prag. Kepler, der an einer ›Weltharmonik‹ arbeitete, fand die Gesetze der Planetenbewegungen. 1630 ist er in Regensburg gestorben. Im Jahre 1959 wurde das Kepler-Institut von München nach Weil der Stadt verlegt.

Ein anderer berühmter Sohn der Stadt war Johannes Brenz. Der Reformator wurde 1499 hier geboren (gestorben ist er 1570). Brenz war Propst an der Spitze des württembergischen Kirchenwesens. Die von ihm angeregte und ausgearbeitete Kirchenordnung wurde damals auch von anderen Ländern, wie z. B. Kurpfalz und Baden-Durlach übernommen.

Nehmen wir unseren Spaziergang durch die Stadt wieder auf. Er führt uns südlich an der Kirche vorbei Richtung Würm und damit zur alten Stadtmauer. Ein besonders gut erhaltener Teil dieser Mauer ist im Brühlweg zu besichtigen. Am Ende dieses Mauerteils erhebt sich der *Rabenturm*. Er ist halbrund und innen mit Fachwerk gestaltet. Die anderen Türme, der im 16. Jahrhundert zum ersten Mal erwähnte *Storchenturm* und der sogenannte *Diebsturm* von 1533 lohnen ebenfalls einen Besuch. Überdies macht einen der kleine Spaziergang entlang der Würm mit dem mittelalterlichen Stadtpanorama bekannt.

Zum Schluß wollen wir noch das gotische *Spital* aufsuchen. Es ist im Jahre 1364 erbaut und nach dem Stadtbrand von 1648 umgebaut worden. In der anschließenden Spitalkirche (Abb. 55) befindet sich eine einzigartige Sammlung spätgotischer Altäre. Das großformatige

Altarretabel von Matthias Weinmann dürfte aus dem späten 15. oder frühen 16. Jahrhundert stammen. Es ist ein sogenannter Sippenaltar. In zwei Reihen sind die Heilige Familie mit Anna, Maria und Christus sowie deren Verwandte dargestellt. Die Physiognomien sind unterschiedlich. Besonders gut gelungen sind die Gesichter von Maria und Zebedäus (oben rechts). Mag sein, daß der Ulmer G. Erhart den Meister und seine Werkstatt beeinflußt haben. An der linken Seite des Hochaltars steht eine Heilige Agnes. Sie wird dem oberrheinischen Meister HL zugeschrieben (um 1530). Auffallend die etwas gröberen, aber nichtsdestoweniger schönen Formulierungen der Gestalt.

Die Straße führt durch das *Schwippetal* südwärts in die Gemeinde Grafenau. Noch schnell ein Blick zurück, um noch einmal das einmalige Stadtpanorama von Weil zu genießen. Viel anders hat es sich den Reisenden im Spätmittelalter wohl auch nicht dargeboten.

Dätzingen

Das alte *Malteserschloß*, unser nächstes Ziel, liegt mitten im Dorf und will gar nicht so recht hineinpassen (Abb. 53). Der großzügig angelegte klassizistische Garten und das prächtige Portal im Stil der italienischen Renaissance stehen im ästhetischen Widerspruch zu den kleinen dicht beieinanderstehenden Fachwerkhäusern.

Schon im Mittelalter stand hier eine Wasserburg. Sie wurde zu Beginn des 17. Jahrhunderts von Johannitern (den späteren Maltesern) umgebaut. Vier Gebäudetrakte umschlossen einen Innenhof. Vom Portal führte ein überdachter Gang zur Barbarakirche. Diese wurde abgerissen, als ein Günstling des württembergischen Königs Friedrich II. aus diesem Schloß ein Lustgebäude machen wollte. Im Jahre 1812 hat Thouret mit den Umbauten begonnen. Von ihm stammt die schöne Vorhalle mit Doppelsäulen und die Loggia (Zugang vom ersten Stock). Das ebenfalls von Thouret entworfene Treppenhaus führt zum Rittersaal, in dem Städte- und Historienbilder unbekannter Meister hängen. Auf ihnen ist die Insel Malta und La Valeta zu sehen sowie die Schlachten von Malta, Rhodos und Lepanto – die berühmten Kriegs- und Verteidigungszüge der Malteser.

Döffingen

Das altertümliche Dorfbild von Döffingen wird einen schnell gefangennehmen. Der Ort bietet keine ausgesprochenen Sehenswürdigkeiten. Vielleicht sollte man einen Spaziergang zum Friedhof machen, um noch einmal der Schlacht des Grafen Eberhard zu gedenken. Einige Zeilen aus Ludwig Uhlands Ballade versetzen einen sicherlich in eine melancholische Stimmung:

Die Döffinger Schlacht
»Am Ruheplatz der Toten, da pflegt es still zu sein,
Man hört nur leises Beten bei Kreuz und Leichenstein.
Zu Döffingen war's anders; dort scholl den ganzen Tag
Der feste Kirchhof wider vom Kampfruf, Stoß und Schlag.

Die Städter sind gekommen, der Bauer hat sein Gut
Zum festen Ort geflüchtet und hält's in tapfrer Hut.
Mit Spieß und Karst und Sense treibt er den Angriff ab;
Wer tot zu Boden sinket, hat hier nicht weit ins Grab.

Noch lange traf der Bauer, der hinterm Pfluge ging,
Auf rost'ge Degenklinge, Speereisen, Panzerring;
Und als man eine Linde zersägt und niederstreckt,
Zeigt sich darin ein Harnisch und ein Geripp versteckt.«

Das Schwippe-Tal wird nun immer enger auf unserem Weg nach Sindelfingen. *Darmsheim* ist im Jahre 1907 vollständig abgebrannt und dann sogleich wieder aufgebaut worden. In *Dagersheim* fällt der mächtige Wehrturm der Kirche auf. Im Innern ist ein spätgotisches Glasfenster zu sehen.

Sindelfingen

Die Stadt wird durchzogen von vielspurigen Autostraßen, auf denen der Verkehr unaufhörlich entlangrauscht. Industriegebäude von Daimler Benz oder IBM, viele Hotelbauten sowie Kaufhäuser und andere klein- und großgewerbliche Firmen bilden einen Ring um die Altstadt, die in dieser unterkühlten Industrieatmosphäre wie verloren erscheint. Das Rathaus, ein peinlicher Monumentalbau aus unseren Tagen, scheint ebenfalls vergessen machen zu wollen, daß Sindelfingen eines der ältesten und bedeutendsten Denkmäler des Landes zu bieten hat, die *Martinskirche*.

Im Jahre 1059 hat Graf Adalbert II. von Calw ein Benediktinerkloster gegründet. 1066 sind die Mönche offensichtlich nach Hirsau abgewandert, als dort zur gleichen Zeit ein Benediktinerkloster entstand (vgl. K. Ebert, Der Schwarzwald und das Oberrheinland). So wurde das Kloster in Sindelfingen in ein weltliches Chorherrenstift umgewandelt. Im Jahre

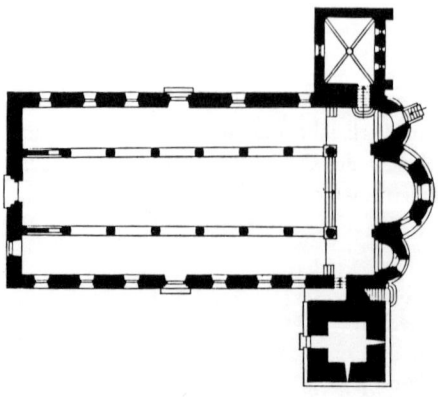

Sindelfingen, ehemalige Stiftskirche, Grundriß

1083 war die Kirche vermutlich fertiggestellt, eine dreischiffige Pfeilerbasilika. Das romanische Konzept ist noch sehr gut vor der Chorpartie im Osten zu studieren. Der hohe Wehrturm mit Schießscharten läßt in den Schallarkaden noch kleine romanische Säulchen erkennen. Der oberste Teil wurde übrigens im 19. Jahrhundert von Chr. Leins ergänzt. Die Hauptapsis mit den kleineren Nebenapsiden wartete mit einer schlanken und wohlproportionierten Wandgliederung auf. Von einem vorstehenden Mauerring mit flachen Podesten führen Halbsäulen in die Höhe. Sie enden in Würfelkapitellen, von denen Rundbogen ausgehen (Abb. 52).

Hier vor dem Chor und dem fast freistehenden Turm möchte man sich an italienische, genauer lombardische Vorbilder erinnern. Die Art und Weise der Apsidengestaltung könnte aber auch an das Vorbild ›Speyer‹ denken lassen.

Der Innenraum wirkt ruhig und klar. Verhaltenes Licht fällt durch die Fenster des hohen Obergadens und die der Seitenschiffe. Die mit Rundstäben besetzten Pfeiler tragen weitgeschwungene Arkadenbögen. Ansonsten zeigt sich der Innenraum eher nüchtern. Von den Ausstattungsstücken ist der romanische Beschlag der Holztür des Westportals bemerkenswert. Eine Votivplatte zeigt die Pfalzgräfin Mechthild mit ihrem Sohn Graf Eberhard im Bart in Verbindung mit einem Schmerzensmann (1477).

Nahe der Kirche sind noch einige schöne Fachwerkhäuser zu sehen, besonders die Renaissance-Gruppe bestehend aus *Altem Rathaus* und *Salzhaus.*

Böblingen

Die beiden Städte Sindelfingen und Böblingen gehen ineinander über. Sie sind lediglich durch die Bodenseeautobahn getrennt. Übrigens befand sich bis in die dreißiger Jahre der Flughafen Stuttgart hier auf dem militärischen Feld südlich Böblingens. Das alte Flughafengebäude ist noch zu erkennen. Böblingen ist städtebaulich ähnlich gegliedert und geprägt von der Industrie wie Sindelfingen. Das Stadtbild wirkt etwas angenehmer, da die Altstadt oder das, was von ihr noch übrig ist, auf einer weit sichtbaren Anhöhe liegt. Auf deren Spitze erhebt sich die alte *Stadtkirche* aus dem 14. Jahrhundert. Ein *Christophorusbrunnen* auf dem Marktplatz (16. Jh., Kopie) und alte Mauerteile mit Wehrgängen der ehemaligen *Stadtbefestigung* sowie ein *Stadtturm* (›Grüner Turm‹) sind die einzigen bemerkenswerten Sehenswürdigkeiten der Stadt. Ein kleiner Sprung in die ›Rauhe Kapf‹ (Straße Richtung Schönaich) ist lohnend. Die Wohnsiedlung wurde 1964/65 von Hans Scharoun erbaut.

Wenn wir nun auf der Bodenseeautobahn in Richtung Süden fahren, erblicken wir zu unserer Linken ein großes, für militärische Zwecke eingezäuntes Feld. Vielleicht fand hier der Bauernaufstand sein blutiges Ende in der schon erwähnten Schlacht bei Böblingen 1525.

Die Autobahn führt uns nach einigen Kilometern an einem kleinen Dorf vorbei – *Ehningen*. Die schmucke Kirche ist von Schickhardt umgebaut worden. Innen befindet sich an der Nordwand ein riesiges Höllenfresko aus dem 15. Jahrhundert, wahrscheinlich von einem flämisch geschulten Meister. Übrigens stammt aus dieser Kirche der sogenannte ›Ehninger Altar‹, der heute in der Stuttgarter Staatsgalerie zu betrachten ist (s. S. 63).

Böblingen, um 1640, Kupferstich von Matthäus Merian. Neben dem Turm der Stadtpfarrkirche St. Dionys
die ehemalige Burg einer Nebenlinie der Pfalzgrafen von Tübingen

Gärtringen

Schon von weitem ist der Kirchturm und das von Bäumen umstandene Kirchenschiff zu erkennen. Es heißt ja, daß die Gärtringer Dorfkirche die schönste des Landes sei, vielleicht auch zurecht. In Württemberg ist man schnell bereit zu Superlativen ...

Die mit einem Wehrturm versehene spätgotische *Kirche* (1445–1496) ist im Innern mit einer Empore ausgestattet. Von dort bietet sich ein eindrucksvoller Blick in das Langhaus und den Chor. Das Netzgewölbe tut sich mit markant ausgebildeten Schlußsteinen hervor. An den Chorwänden finden sich ornamentale Malereien, die wahrscheinlich vom Meister Jerg Ratgeb stammen, von dem wir im Zusammenhang mit dem Herrenberger Altar und dem Bauernkrieg schon ausführlich gesprochen haben (s. S. 26, 64). In einem Ornament-schnörkel meinen Kunsthistoriker sogar seine Signatur entdeckt zu haben.

In der Nähe der Kirche befindet sich ein kleines Landschlößchen. Die rundbogige Einfahrt ziert ein üppiges Wappen mit der Jahreszahl 1728.

Von Gärtringen sollte man nicht direkt nach Herrenberg fahren. Ein kleiner Umweg über *Deckenpfronn, Oberjesingen* und *Kuppingen* wird sich auszahlen. Gleich hinter Kuppingen öffnet sich vor uns ein schon bekanntes Panorama: Die Herrenberger Stiftskirche drängt sich an einen Bergrücken des Schönbuchs. Darunter, wie verspielt, die Häuser der Stadt. Über der Stadt das Ammer- und dahinter das ferne Neckartal. Die Albkette mit dem Roßberg und dem Hohenzollern schließt das Bild ab. Nun fehlt noch im Vordergrund der große Apfelbaum mit seinen vom überreifen Obst herabhängenden Zweigen und die Bauernfamilie, die sich zum Mittagessen darunter niedergelassen hat. Hier in der Nähe, etwas weiter links auf einem Hügel hat Theodor Schüz, der schwäbische Landschafts- und Heimatmaler sein ›Mittagsgebet bei der Ernte‹ gemalt. Es hängt in der Stuttgarter Staatsgalerie (s. S. 65).

Herrenberg

»Eine Gluckhenne und ihr Völkchen, das sich unter ihre Flügel duckt, so lautete für das alte Stadtbild Herrenbergs der hergebrachte Vergleich: Man kann dieser Vorstellung nicht widersprechen, aber von selbst eingestellt hat sie sich mir nie. Es war unmöglich, das reine Idyll zu sehen, mir aber erschien in dem Bild mehr: eine Größe, ein Ernst von der Art, die anderes als Behagen weckt...«

So der etwas zwiespältige Eindruck von Gerd Gaiser, dem Autor von ›Schlußball‹ und ›Die sterbende Jagd‹. Gaiser hat viele Jahre in Herrenberg gelebt und immer wieder von neuem versucht, die Stadt dichterisch zu begreifen. Wir werden Gerd Gaiser ein weiteres Mal hören, wenn wir zusammen mit ihm die endlosen Stufen zur Stiftskirche hochsteigen. Zunächst gilt es, einige Geschichtssplitter anzumerken: Im 13. Jahrhundert wurde Herrenberg – Berg der Herren – um den Schloßberg, einem Ausläufer das Schönbuch, von den Tübinger Pfalzgrafen angelegt. Im selben Jahrhundert nach dem Niedergang dieses Grafengeschlechtes ging die Stadt an Württemberg über. Im 16. Jahrhundert litt Herrenberg stark unter den Auswirkungen des Bauernkrieges – ein etwas holpriges Gedicht berichtete ja

Herrenberg, Kupferstich von Matthäus Merian. Hauptstaatsarchiv Stuttgart

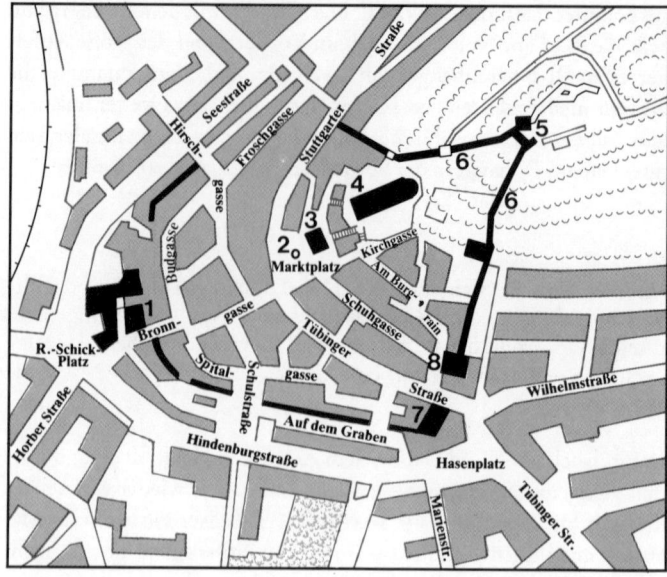

Herrenberg
1 Bronntor
2 Löwenbrunnen
3 Rathaus
4 Stiftskirche
5 Schloßberg
6 Schenkelmauern
7 Fruchtkasten
8 ›Alt Herrenberg‹
(Restaurant)

schon davon (S. 142). Dann folgte die Pestzeit und, wie fast überall in Württemberg, der Dreißigjährige Krieg.

Unseren Rundgang können wir am *Bronntor* beginnen. Auf unserem Weg hinauf zum Marktplatz sollten wir hin und wieder einen Blick in die Seitengäßchen, die mit alten Fachwerkhäusern und intimen Plätzen überraschen, werfen. Schließlich stehen wir auf dem Marktplatz. Der Zwiebelturm der Stiftskirche ist unübersehbar (Abb. 56). Ja, Gaiser scheint Recht zu haben, idyllisch erscheint der Anblick nun nicht mehr, eher gewaltsam. Am *Löwenbrunnen* von 1660 und einigen alten Fachwerkhäusern vorbei gehen wir auf die Stufen zu, die links vom *Rathaus* auf den Schloßberg führen. Lassen wir uns wieder von Gerd Gaiser begleiten:

»Hinter dem Markt stieg ich durch das rückwärtige Gewinkel. Plötzlich, beinahe senkrecht über mir schoß die Wucht der Kirche aufwärts und warf sich gegen den nassen grauen Himmel. Es war das Westwerk, das da einherkam: ein ungeheures Schiff, das kämpfend daherfurcht ... Furchterweckend sperrte die gewaltige Westmauer sich zu, torlos, verweisend ... Da war nichts Einladendes, auch nichts Behütendes ... dieses durchaus rätselhafte, dieses gebieterische und nicht geheure Werk ...«

Die Herrenberger *Stiftskirche* ist eine seltsame Kirche. Sie hat seit ihrem Bestehen Unruhe verbreitet, da sie ständig drohte einzustürzen. Und so ist die Geschichte dieser Kirche eine Geschichte ihrer Restaurierungen. Die haben schon um 1300 kurz nach Fertigstellung des Turms begonnen. Im 16. Jahrhundert wurden dann Baumeister aus Tübingen geholt, um erneute Schäden am Turm zu beheben. Um einem Mißverständnis vorzubeugen: Bis zum

18. Jahrhundert haben zwei Türme das Sockelgeschoß des Westwerks bekrönt, bis sie dann im Jahr 1749 gekappt wurden, um einer barocken Zwiebel Platz zu machen. Die Gründe dafür: Wieder Schäden am Turm. Das Turmfundament befindet sich in einem lockeren, ewig sich bewegenden Erdreich. Der Schloßberg wandert, neuesten Messungen zufolge, pro Jahr einen Millimeter auf den Marktplatz zu. Die Kirche ist ungefähr 700 Jahre alt. Demnach ist sie 70 Zentimeter abgesunken. Diese Erdbewegungen haben bis auf den heutigen Tag nicht aufgehört. Sie werden es auch in künftiger Zeit nicht tun. Im November 1971 wurde die Kirche geschlossen. Man dachte sogar an Abbruch. Dann wurde sie umfassend restauriert und der Turm mit Spannbeton stabilisiert – für die nächsten 200 Jahre.

Wir betreten den Kirchenraum durch das südliche Turmportal. An den Wänden sind noch die alten Spuren des Kreuzrippengewölbes zu sehen. Es handelt sich also um eine mächtige Halle – typisch für eine Kirche, die im Auftrag ›hoher Herren‹ erbaut worden ist. Im Obergeschoß hat sich eine riesige Empore geöffnet. Sie war ohne Zweifel für die Pfalzgrafen von Tübingen reserviert. Vergleichbares bezüglich dieser Art von Turmhallenarchitektur ist in Württemberg nicht zu finden. Man muß schon weiter im Norden suchen, etwa in Minden oder in Freckenhorst. Der Kunsthistoriker Adolf Schahl hat herausgefunden, daß die Gestaltung des Westbaus westfälischen Ursprungs ist.

Der Kirchenraum ist ein Hallenraum, einer der ganz frühen im Lande. Er ist im ausgehenden 15. Jahrhundert entstanden. Darauf weist auch das Netzgewölbe. Im erhöhten Chor fällt dann ein schlichtes frühgotisches Rippengewölbe auf. Prunkstück der Ausstattung ist das Chorgestühl von Heinrich Schickhardt. Er hat es 1517 geschnitzt. Heilige, Apostel und Kirchenväter sitzen in flachen Bogennischen und entfalten verhalten ihre Bewegungen. Schickhardts Flachreliefs sind meisterhaft. Sie suggerieren Tiefe. Er arbeitete mit der Schattenwirkung, die durch das diffuse Licht des Chors erzeugt wird. Zartes spätgotisches Maßwerk gliedert und rahmt die oberen Partien des Gestühls und leitet so über in die Architektur des Gewölbes.

Und dann sollten wir uns noch daran erinnern, daß hier im Chor einst der phantastische Altar von Ratgeb stand (S. 64). Dieser von den Bürgern der Stadt ungeliebte Altar wurde für 5000 DM im Jahre 1890 an die Königliche Altertümersammlung nach Stuttgart verkauft.

Hinter der Kirche windet sich ein steiler Pfad hoch durch ein Wäldchen auf die Höhe des Schloßberges. Durch das Ast- und Blattwerk der Bäume und Büsche sind links und rechts noch Teile der alten *Schenkelmauern* zu erkennen, die das längst abgegangene Bergschloß mit der Stadt verbunden haben. Oben auf einer *Plattform* vor einer Brüstung ist dann ein herrlicher Blick über die Landschaft zu genießen. Stiftskirche und Häuser liegen direkt zu Füßen. Dahinter steigt die Gäulandschaft auf und verschmilzt mit den Hügeln des Schwarzwaldes. Im Süden zieht sich die lange Albkette entlang. Ostwärts blickt man in das Ammertal bis zur Wurmlinger Kapelle. Etwas weiter links liegt dann – von hier dem Blick entzogen – Tübingen.

Machen wir uns wieder auf den Weg hinunter zur Stadt. Hier im Wäldchen vor der Kirche soll übrigens der ›Geisterpfarrer von Herrenberg‹ zur mitternächtlichen Stunde in das Gotteshaus geeilt sein, vielleicht um seine Sonntagspredigt zu üben, oder, wie die Herrenberger sagen, den Geistern zu predigen. Das war vor etwas mehr als 200 Jahren. Der Pfarrer hieß Friedrich Christoph Oetinger (1702–1782), einer der ›frommen Schwabenväter‹, wie sie Eduard Mörike im ›Turmhahn‹ gewürdigt hat.

Vom Marktplatz biegen wir links ab in die Tübinger Straße. An deren Ende, unmittelbar vor dem Hasenplatz steht der ehemalige *Fruchtkasten* (1683/84). Die Untergeschosse sind gemauert. Darüber erheben sich fünf Fachwerkgeschosse, deren Speicherräume durch viele kleine Dachfenster Licht und Luft erhalten. Früher befand sich im Untergeschoß eine alte Kelter. Heute soll ein Stadtmuseum in den Räumen eingerichtet werden. Gegenüber führt eine kleine Gasse Richtung Schloßberg. Gleich rechts ein Restaurant ›*Alt Herrenberg*‹. Die alten Kellergewölbe sind original – und natürlich sehr gemütlich.

Von hier aus können noch verschiedene heimelige Gassen und Stiegen Richtung Stiftskirche oder Marktplatz entdeckt werden. Man wird immer wieder an ›Spitzweg-Motive‹ erinnert.

Durchs Remstal zur Wiege der Staufer

Beutelsbach, Schnait und Strümpfelbach

Die drei Weinorte, die seit 1975 mit anderen Ortschaften den phantasielosen Namen ›Weinstadt‹ erhalten haben, liegen am nördlichen Rand des Schurwaldes. Sie gehören zum Weinanbaugebiet ›Remstal‹, in dem der Trollinger und der Riesling besonders geschätzt werden. Hier verläuft die ›Schwäbische Weinstraße‹. Ein paar Kilometer weiter östlich werden wir dann auf die ›Straße der Staufer‹ stoßen. Wir befinden uns also, wenn man so will, im Herzen Württembergs.

Beutelsbach gehörte zum ältesten Besitz der Grafen von Württemberg. In der Stiftskirche befand sich ihre Grablege. Im 14. Jahrhundert wurde das Stift zerstört und Graf Eberhard der Erlauchte verlegte es daraufhin nach Stuttgart. Ein weiteres, für Württemberg folgenschweres Ereignis fand im Jahre 1514 statt: Unter dem Zeichen des ›Armen Konrad‹ rotteten sich hier Bauern zusammen. Das war der Beginn des über zehnjährigen Bauernkrieges (s. S. 15 f.).

Ein paar Kilometer weiter südlich liegt *Schnait*. Schon im 11. Jahrhundert kam es zusammen mit Beutelsbach an Württemberg. Im Mittelalter waren hier die Herren von Gaisberg mächtig. Drei *Schlößchen* sind in der Ortschaft noch erhalten. Sie stammen aus der Renaissance. Die *Pfarrkirche* ist barock. In ihr sind noch Teile eines spätgotischen Flügelaltars zu sehen (1497).

Am 27. Juni 1789 wurde hier der Volkslieddichter Friedrich Silcher geboren. Silcher war später Universitätsmusikdirektor von Tübingen. In der alten Schule ist ein *Silchermuseum* eingerichtet worden (Öffnungszeiten: Ostern–Mitte November tgl. 10–12 Uhr und 14–17 Uhr). – Die Straße führt nun über Aichelberg in den Schurwald hinein. Nach kurzer Zeit erreichen wir das Dörfchen Schanbach und danach *Strümpfelbach,* ein Dorf mit vielen schmucken Fachwerkhäusern. An einigen sind barocke Schnitzereien zu sehen. Strümpfelbach war zunächst in staufischem Besitz, kam dann aber an Württemberg. Die evangelische *Kirche* aus dem späten 15. Jahrhundert fällt durch ihren großen Wehrturm auf, der sich über dem Chor erhebt. An den Chorwänden sind noch spätmittelalterliche Freskenreste zu erkennen. Im Jahre 1784 wurde die Kirche barock umgebaut und erweitert.

Schorndorf

Unter dem 446 Meter hohen Schönbühl entlang – eine Besteigung kann empfohlen werden, da sie mit einem Ausblick auf das Remstal und dem nördlich anschließenden Welzheimer

Wald belohnt wird – gelangen wir nach Schorndorf. Die Stadt wurde schon 1299 mit einem festen Mauerring umgeben. Bald stieg sie neben Tübingen, Stuttgart und Urach zu einer der wichtigsten Städte Württembergs auf.

Ein für Schorndorf bis auf den heutigen Tag bedeutendes Jahr war 1686: Die Franzosen führten ihre Eroberungskriege auf württembergischem Gebiet. Vor der Stadt lag Mélac mit seinen Truppen. Er hatte gerade Stuttgart, Tübingen und Esslingen zur Übergabe gezwungen. Nun wollte er Schorndorf einnehmen. Zu diesem Zweck ließ er Unterhändler aus Stuttgart kommen, die den Stadtherren den Übergabebefehl aushändigen sollten. Diese waren bereit, dem Feinde die Tore zu öffnen. Die Tore blieben geschlossen. Es waren die tapferen Weiber von Schorndorf, die ihren Männern Prügel androhten, wenn sie es wagen würden, die Stadt zu übergeben. Unverrichteter Dinge und in Erwartung einer längeren erfolglosen Belagerung zog Mélac mit seinen Truppen ab. Bis auf den heutigen Tag sprechen die Schorndorfer stolz von ihren tapferen Frauen.

Die spätgotische *Stadtkirche* ist vom berühmten württembergischen Baumeister Alberlin Jörg und – nach seinem Tode – von seinem Schüler, dem später nicht minder bedeutenden Hans von Urach erbaut worden (1477–1501). Ursprünglich war das Langhaus als Halle geplant und ausgeführt. Es wurde jedoch im Dreißigjährigen Krieg zerstört und unter dem Ulmer Stadtbaumeister Furttenbach als Saal mit Emporen neu erbaut. Der Chor lehnt sich im Konzept an das Schwäbisch Gmünder Heiligkreuzmünster der Parler an (s. S. 193). Das wird besonders in der doppelten Geschoßführung und den mit Fialtürmchen besetzten Strebepfeilern deutlich. Die Struktur der Maßwerkfenster wiederholt sich variantenreich in der Chorbalustrade. An die Nordseite des Chors ist eine kleine Kapelle angebaut worden, die man auch als Nebenchor bezeichnen kann. Das Gewölbe ist phantasiereich ausgestaltet. Die Rippen verästeln sich zu Ast- und Blattwerk, aus dem Figürchen herausschauen. Diese ornamentale Komposition veranschaulicht ein kirchliches Thema, die Wurzel Jesse, auch als ›Stammbaum Christi‹ bekannt.

Am *Marktplatz*, neben dem barocken Rathaus – es erinnert ein wenig an die nüchternen Ludwigsburger Profanbauten – stehen eindrucksvolle Fachwerkhäuser aus dem 17. Jahrhundert, wie z. B. die Palmsche und die Gauppsche Apotheke.

In der Nähe ein *Renaissanceschloß* aus der Zeit des Herzog Ulrich. Die vierflügelige Anlage ist mit mächtigen Rundtürmen versehen.

Schließlich sollte noch erwähnt werden, daß Schorndorf der Geburtsort bedeutender Männer ist: Gottlieb Daimler, Erfinder des Benzinmotors (1834–1900), und Reinhold Maier, erster Ministerpräsident des Landes Baden-Württemberg (1889–1971).

Die *Rems* schlängelt sich nun zwischen den Höhen des *Schurwaldes* im Süden und denen des *Welzheimer Waldes* im Norden auf Lorch zu.

Lorch

In Lorch betreten wir wieder altes römisches Gebiet. Nahe der Klosterlinde stoßen der Obergermanische Limes und der Rätische Limes aufeinander. Mehr soll an dieser Stelle

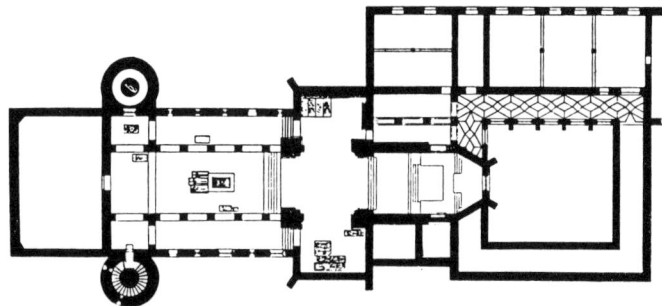

Lorch, ehemaliges Kloster, Grundriß

nicht über das monumentale antike Grenzwerk gesagt werden. Im Aalener Limes-Museum werden wir noch ausführlich über diese Befestigungsanlage unterrichtet werden (s. S. 210). Im ehemaligen Kastellbereich steht heute eine vorwiegend spätgotische Kirche, St. Maria. Wahrscheinlich handelte es sich hier um eine staufische Gründung, die auf das 11. Jahrhundert zurückgeht.

Zu dieser Zeit haben die Staufer das *Benediktinerkloster St. Peter und Paul* gestiftet und die Klosterkirche zu ihrer Grablege bestimmt. Der erste Abt kam von weither, von Maria Laach in der Eifel. Die Architektur dieser romanischen Kirche war dann auch Vorbild für Lorch. Die Klosteranlage wurde im 16. Jahrhundert nahezu vollständig zerstört. Nach der Reformation wurde dann eine Klosterschule in den wiederaufgebauten Gebäuden errichtet. Seit 1947 ist hier ein Altersheim untergebracht.

In der Klosterkirche sind noch die typisch gedrungenen staufischen Proportionen zu erkennen. Sie werden in den Maßverhältnissen deutlich: Das Querschiff ist so lang wie das Hauptschiff. Es kommt also zu keiner Längenausdehnung. Auch die Höhenwirkung erscheint durch die ›gestauchten‹ Pfeiler und die Flachdecke reduziert. Die innere Chorgestaltung ist rund. Für den Außenbau wurde später ein flacher Abschluß gewählt. Möglich, daß Einflüsse der Zisterzienser, für deren Baukonzept bekanntlich flache Chorabschlüsse typisch waren, eine Rolle gespielt haben. Vor die Westfassade ist ein Narthex, ein Vorhof gesetzt. Von den beiden flankierenden Westtürmen ist lediglich der südliche im 19. Jahrhundert wieder aufgebaut worden (Abb. 60).

Wir betreten nun wieder den Innenraum. Auffallend, daß an den Pfeilern staufische Fürsten in der höfischen Tracht der Renaissance dargestellt sind. Das ist ein Anachronismus, denn zu dieser Zeit war das Staufergeschlecht schon längst ausgestorben. Bei diesen Bildern handelt es sich um Übermalungen aus dem 16. Jahrhundert. Vor dem Chor sind in kleinen Vertiefungen die staufischen Sarkophage zu sehen. Diese blieben leer, denn die großen Stauferkaiser sind weitab von ihrer ursprünglichen Grablege bestattet worden: Barbarossa irgendwo in Kleinasien; oder Friedrich II., der letzte Stauferkaiser, in Palermo – um nur zwei Beispiele zu nennen.

Das Kruzifix im Chor dürfte um 1500 entstanden sein, eine ulmische Arbeit, wahrscheinlich sogar von Syrlin.

Der Türsturz des Westportals ist römischen Ursprungs, wahrscheinlich stammt er vom Tor des benachbarten Römerkastells. Nördlich der Kirche liegt ein großes Würfelkapitell. Woher es stammt, weiß man nicht.

Teile des Kreuzganges aus dem 15. Jahrhundert sowie das Konventgebäude sind noch erhalten. Die Prälatur ist im 16. Jahrhundert erbaut worden. Im Kloster ist ein Heimatmuseum untergebracht. Es sind u. a. Erinnerungsstücke der zeitweise hier lebenden Dichter Schiller und Mörike zu sehen (Tgl. geöffnet, Schlüssel an der Klosterpforte).

Bevor wir Schwäbisch Gmünd aufsuchen, bleiben wir noch ein wenig auf den Spuren der Römer, denen wir ja schon in Lorch begegnet sind. Dort wo der Rotenbach in die Rems mündet, wenige Kilometer südwestlich von Schwäbisch Gmünd, befinden sich Reste eines *römischen Kastells*. Kurz nach der Überquerung des Rotenbachs führt ein kleiner Weg

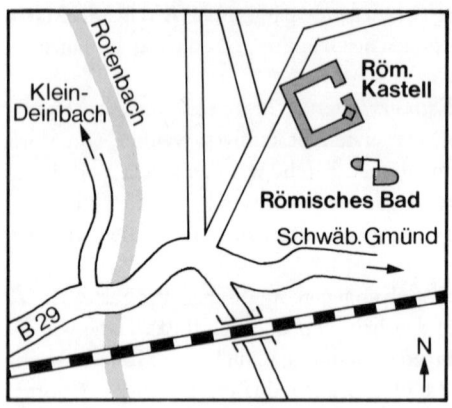

Römisches Kastell bei Schwäbisch Gmünd

hinauf in den Wald. Bald ist das im Jahre 1901 entdeckte Kastell zu sehen. An den Ecken befanden sich wahrscheinlich Wachtürme sowie an den Ost- und Westseiten Toreinfahrten. Fünfzig Meter südwestlich fallen größere Bodenerhebungen auf. Sie verweisen auf Reste eines römischen Bades, wie Ausgrabungen ergeben haben. Das Kastell befand sich 1,7 Kilometer südwestlich vom Limes entfernt, der hier in West-Ostrichtung angelegt war. Also handelte es sich um einen Vorposten, der offensichtlich die Grenze zwischen Obergermanien und Rätien bewachen sollte.

Schwäbisch Gmünd

Schwäbisch Gmünd liegt alten Chroniken zufolge im Mündungsgebiet von zwei Bächen, daher der Name ›Gmünd‹. So wurde die Stadt übrigens zwischen 1805 und 1934 genannt.

Schwäbisch Gmünd ist gleichzeitig mit dem Kloster Lorch von den Staufern gegründet worden. Die Ausmaße der mittelalterlichen Stadt sind von der Höhe aus, beispielsweise von

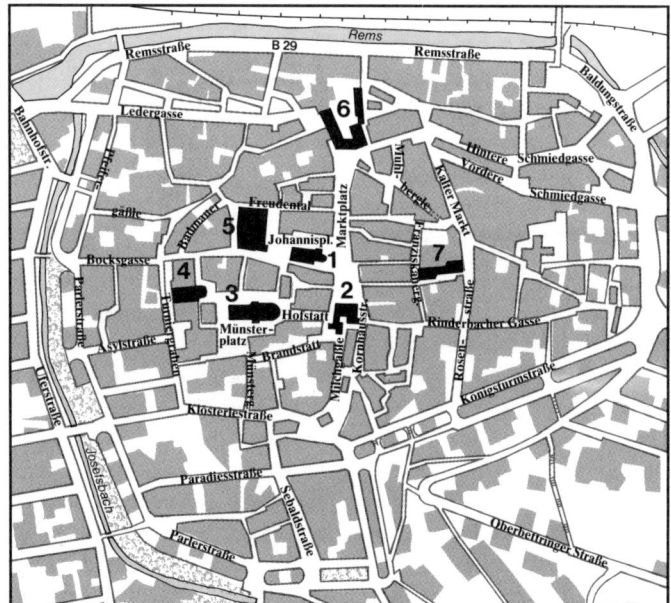

Schwäbisch Gmünd
1 Johanniskirche
2 Rathaus
3 Heiligkreuzmünster
4 Augustinerkloster-
  kirche
5 Prediger
6 Hospital zum Heili-
  gen Geist
7 Franziskanerkirche

der St. Salvator-Kapelle oder von der Landstraße zum Hohenrechberg aus, noch gut auszumachen. Auffallend ist der Mauerring mit noch sechs erhaltenen Türmen (von ehemals 24) aus dem 14. Jahrhundert.

Unser Rundgang beginnt am Marktplatz vor dem Chor von *St. Johannis* (Abb. 59), einem einzigartigen Zeugnis staufischer Baukunst aus dem beginnenden 13. Jahrhundert. Apsis, Chor und Hauptschiff sowie die niedrigen Seitenschiffe lassen auf eine dreischiffige Basilika schließen. Rechts erhebt sich, fast freistehend, der Kirchturm. Die mit skurrilen Phantasiewesen verzierten Blendarkaden sind schmückendes Leitmotiv des gesamten Baus. Sie ziehen sich um die Apsis, steigen die Giebelseiten von Chor und Hauptschiff hinauf und verlaufen unter den Dachkanten des Haupt- und der Seitenschiffe entlang. Die Chorwand selbst wird von einem Arkadenfries gegliedert. Besonders phantasiereich sind die Wesen in den Arkaden, die das Sockelgeschoß des Turms abschließen. Über diesem spitzt sich der Turm konisch zu und geht über in ein frühgotisches Oktogon.

Wie sollen wir diese Fabelwesen, die nicht nur hier, sondern an fast allen romanischen Kirchen in ähnlicher Gestalt vertreten sind, interpretieren? Eine Erklärung ist meistens schnell zur Hand: Die Dämonen wehren Unheil ab, sie erschrecken unlautere Besucher. Diese apotropäische, also abschreckende, Bedeutung mag zutreffend sein. Nun mischen sich hier aber auch Christusszenen in diese Fabelwelt ein. Es wäre demnach eine weitere Erklärungsmöglichkeit denkbar: Tierdarstellungen, auch Phantasietiere, lassen sich auf eine antike Schrift zurückführen, die im Mittelalter übersetzt wurde. Diese Schrift hat den Titel

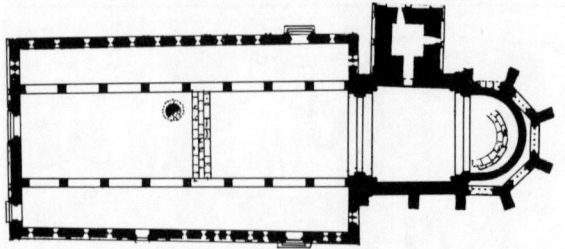

Schwäbisch Gmünd, Johanniskirche, Grundriß

›Physiologus‹, d. h. der Naturkundige. Sie enthält antike Tierfabeln, die in den ersten nachchristlichen Jahrhunderten auf das christliche Heilsgeschehen Bezug genommen und entsprechende moralische Grundsätze ausgesprochen haben: Da ist z. B. von Sirenen und Kentauren die Rede, diesen Wesen, halb Tier, halb Mensch, die vom ›Physiologus‹ mit dem Neuen Testament in Verbindung gebracht werden: »So wie die Sirenen und Kentauren ist auch jeder Mensch – zwieschichtig und unbeständig in allen seinen Wegen.« Es ist demnach gut möglich, daß die romanischen Tierwesen an Kirchenwänden eben nicht nur apotropäische, sondern auch moralische Bedeutung haben.

Bevor wir den Innenraum betreten, noch einen Blick auf das Tympanon des romanischen Westportals: Christus erscheint als König am Kreuz. Neben ihm die trauernden Maria und Johannes (Abb. 61).

Der Innenraum ist weniger interessant. Typisch staufisch sind die stämmigen Rechteckpfeiler mit Runddiensten. Die darüber aufsteigenden Arkaden sind zart gegliedert. Die

Schwäbisch Gmünd, Heiligkreuzmünster, Fassade

2 LUDWIGSBURG Schloß Favorite
◁ 1 STUTTGART Stiftskirche, Merkursäule und Wappenlöwe
3 STUTTGART Wilhelma, ›Maurischer Garten‹

4 LUDWIGSBURG Schloßtheater

5 STUTTGART Schloß Solitude

7 STUTTGART Schloßplatz mit Königsbau und Jubiläumssäule
6 STUTTGART Neue Staatsgalerie, Skulpturenhof
8 STUTTGART Neue Staatsgalerie, Eingangsbereich

10 SCHWÄBISCH GMÜND   Heilig-Kreuz-Münster, Blick in den Chor
◁ 9 ESSLINGEN   Stadtkirche St. Dionys und Burg

12 WEIL DER STADT Stadtmauer und Pfarrkirche St. Peter und Paul

◁ 11 ESSLINGEN Stadtkirche St. Dionys, Chor

13 HEILBRONN Käthchen-Erker und Rathaus

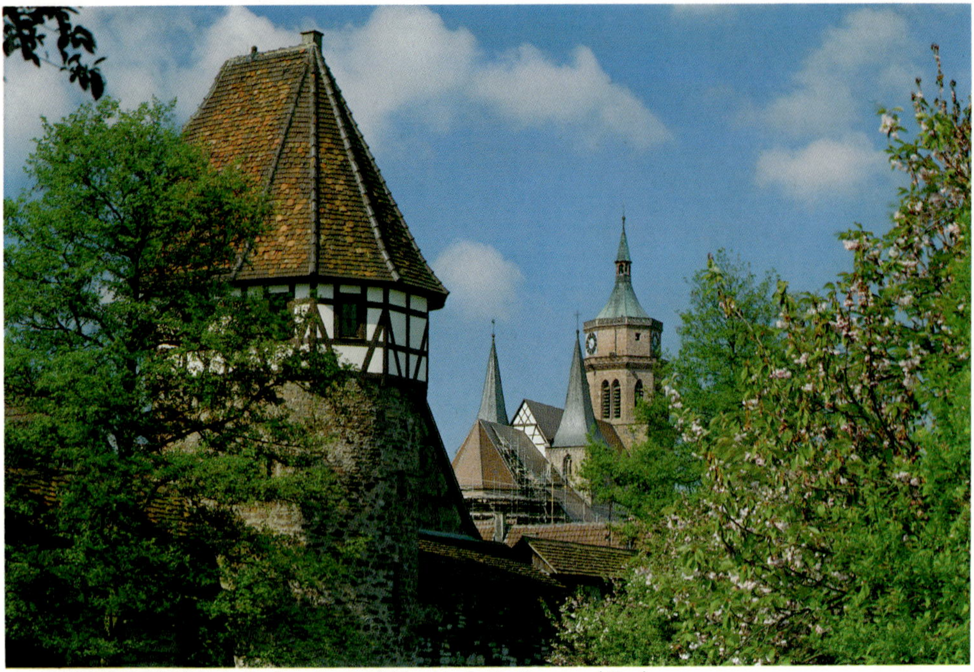

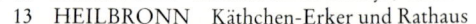

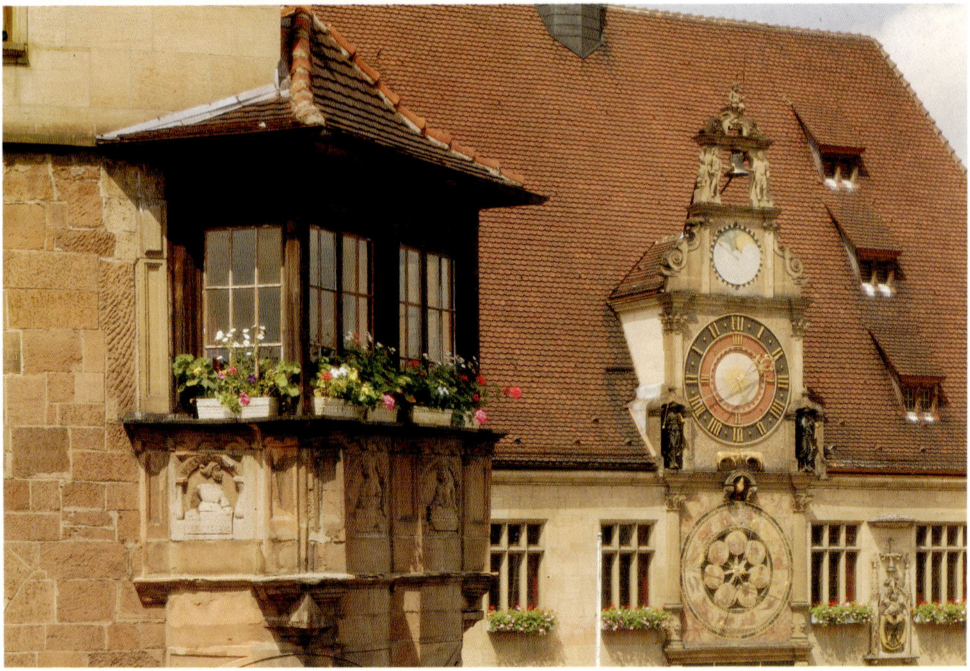

14   BESIGHEIM   Fachwerkdetail am Rathaus

15 BESIGHEIM Rathaus und Markgrafenbrunnen   16 MURRHARDT Walterichskirche auf dem Friedhof ▷

18 TÜBINGEN   Marktplatz mit Rathaus
◁ 17 TÜBINGEN   Blick vom Schloß mit alter Schloßlinde
19 TÜBINGEN   Neckarpartie mit Hölderlinturm, Alter Aula und Stiftskirche

20   BEBENHAUSEN im Schönbuch, Zisterzienserkloster

22   Burg Hohenneuffen mit Blick auf Neuffen ▷

21   MAULBRONN   Vorhalle der Klosterkirche und Zugang zum Kreuzgang

23 HORB am Neckar mit Pfarrkirche und Schurkenturm

24 BICHISHAUSEN im Lautertal

25 HAIGERLOCH Schloßkirche und Schloß   26   Hegau mit Hohentwiel und Weiterdingen ▷

27 SIGMARINGEN Hohenzollernschloß über der Donau

28 BALINGEN Zollernschloß

29, 30   Alemannische Fastnacht: Federahannes und Rottweiler Gschellnarr

31   ROTTWEIL   Schwarzes Tor mit barocken Bürgerhäusern

33 HECHINGEN   Ehem. Franziskanerklosterkirche St. Luzen
◁ 32 HAIGERLOCH   St. Anna, Chorpartie, Stukkaturen von J. M. Feichtmayr
34 HAIGERLOCH   Schloßkirche, Blick durch das Kirchenschiff in den Chor

35 DONAUESCHINGEN   Hans Holbein d. Ä., ›Graue Passion‹: Christus am Ölberg. Fürstl. Fürstenbergische Sammlungen, Gemäldesammlung im Karlsbau

36   TUTTLINGEN
Jugendstil-Pfarrkirche

37   Burg Lichtenstein ▷

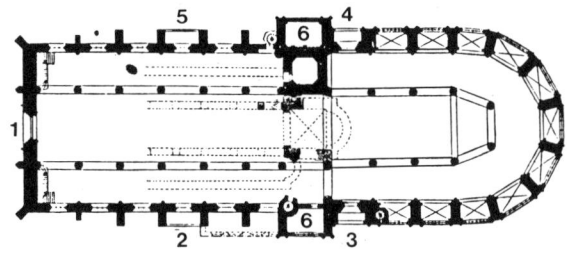

Schwäbisch Gmünd, Heiligkreuz-
münster, Grundriß
1 Westportal   2 Südportal:
›Christi Geburt‹, ›Anbetung‹
3 Chorportal/Süd: ›Jüngstes
Gericht‹   4 Chorportal/Nord:
›Passion‹   5 Nordportal: ›Marien-
tod‹, ›Marienkrönung‹
6 ehemalige romanische Türme

neuromanische Bemalung aus dem 19. Jahrhundert will nicht so recht in den nüchternen Raum passen. Ebenfalls aus dem 19. Jahrhundert ist die in die Westfassade unglücklich eingebrochene Rosette.

Begeben wir uns nun wieder auf den Marktplatz und von dort zum *Rathaus*, einem Spätbarockbau, der als Wohnhaus geplant und ausgeführt wurde (1783–85). Einzige Sehenswürdigkeit ist das Treppenhaus mit einem schönen Lichthof.

Von hier sind es nur ein paar Schritte zum Höhepunkt von Schwäbisch Gmünd, dem *Heiligkreuzmünster* (Abb. 58). Es geht zurück auf eine romanische Kirche aus dem 13. Jahrhundert, die schon ein Jahrhundert später bis auf die Türme wieder abgebrochen wurde. Der gotische Neubau war eine Hallenkirche, Ursprungsbau oder architektonische Keimzelle für den in Württemberg so häufig vertretenen Kirchentypus, der durch eine gleiche Höhe aller drei Schiffe gekennzeichnet ist. Im Jahre 1410 fand die Weihe statt. Zu dieser Zeit standen noch die beiden romanischen Chortürme, und zwar an der Nahtstelle von Chor und Langhaus. Am Karfreitag des Jahres 1497 – Bauleute waren gerade dabei den Chor einzuwölben – stürzten die Türme ein. Im Laufe der folgenden Jahre wurden die Reste abgetragen und die Kirche konnte vollendet werden.

Das Heiligkreuzmünster ist das Hauptwerk der berühmten aus Schwäbisch Gmünd stammenden Baumeisterfamilie der Parler. Werfen wir einen kurzen Blick auf diese, weit über Württembergs Grenzen hinaus bekannt gewordene Architektenfamilie. Die Parler haben im 14. Jahrhundert und zu Beginn des 15. Jahrhunderts in ganz Mitteleuropa, wie z. B. in Köln, Prag, Straßburg und Bozen sowie in zahlreichen kleineren Städten ihre Werke hinterlassen. Später ging ihre Wirkung noch weiter, bis nach Oberitalien, Frankreich und Siebenbürgen. Stammvater der Familie war wahrscheinlich Heinrich Parler d. Ä. In Köln tauchte er zu Beginn des 14. Jahrhunderts als Polier (daher der Name ›Parler‹) auf. In Schwäbisch Gmünd nennt er sich schon im Zusammenhang mit dem Bau des Heiligkreuzmünsters ›magister‹, also ›Meister‹. Bedeutendstes Werk der Parler war das von Peter Parler (ein Sohn Heinrichs) errichtete Netzgewölbe im Prager Veitsdom (1395), das erste monumentale Gewölbe in Mitteleuropa überhaupt. Die Parler waren auch als Bildhauer maßgebend. Von ihren Werken hängt im großen Maße die Entwicklung des europäischen Porträts des 14. Jahrhunderts ab. Im südwestdeutschen Raum waren die Parler außer in Schwäbisch Gmünd auch in Ulm und in Freiburg tätig.

Das typische Aufrißsystem der Spätgotik ist vor der Westfassade zu erkennen. Sie wirkt einerseits breit und lagernd, andererseits aber auch hochstrebend. Letzteres trifft besonders für das Giebeldreieck zu, in dem die schlanken Maßwerkfenster noch eindeutig die hochgotische Formensprache vertreten. Dagegen nimmt sich der untere Teil schon fast wie eine Renaissancefassade aus, abgesehen vom gotischen Portal mit flankierenden Fialtürmchen, den Rosetten und den Wasserspeiern. Wenn wir um die Kirche herumgehen, fallen die vielen Strebe- oder Stützpfeiler auf, die den Seitenschub des mächtigen Gewölbes auffangen müssen, beziehungsweise die durch Fenster durchbrochenen Seitenwände in ihrer ›Stützfunktion‹ entlasten. Im Südportal ist eine Darstellung der Geburt Christi und die ›Anbetung der Könige‹ zu sehen. Ein paar Meter weiter ist das weitaus prächtiger gestaltete Chorportal zu finden. Sein reicher Figurenschmuck wird durch eine Vorhalle verstärkt zur Geltung gebracht. Dargestellt ist das Jüngste Gericht – eine meisterhafte Szenerie (Abb. 57). Aus verzerrten Gesichtern blicken die zusammengedrängten Sünder angstvoll in den Höllenschlund. Kleine flinke Teufelchen zerren sie in den Rachen des Molochs. Jedes Gesicht ist anders gestaltet. Diese Individualisierung, im Gegensatz zur mittelalterlichen Typisierung, mag schon ein Hinweis für das selbstbewußter gewordene Bürgertum einer kleinen Reichs-

Schwäbisch Gmünd, Heiligkreuzmünster auf der Ablaßtafel von 1503

Schwäbisch Gmünd, Heiligkreuzmünster, Wiederaufbau nach dem Einsturz der Chortürme, um 1500

stadt sein. Der spezifische ›Parler-Stil‹ wird in diesem Portal besonders gut anschaulich. Abgesehen von der eben erwähnten individuellen Prägung der Gesichter sind die Gewänder weich modelliert, um die Bewegung der Figuren anschaulich zu machen. Hier ist das statuarische Aufreihen von Gestalten, so wie es an mittelalterlichen Kathedralen üblich war, vermieden worden. Es dominiert die freie Komposition, in der sich jede Person in individuellen Bewegungen entfalten kann. Die beiden Portale der Nordseite sind zwar auch sehenswert, doch bieten sie nicht das dramatische Szenarium des eben geschilderten Portals. Im Chorportal ist die ›Passion Christi‹ zu sehen und im Langhausportal der ›Marientod‹ und die ›Marienkrönung‹.

Nach dem Betreten des Innenraums glaubt man in einen ›Säulenwald‹ versetzt worden zu sein (Farbt. 10). Aus den Säulenenden scheinen die Rippen zu sprießen, steigen steil in die Höhe und gliedern das Gewölbe. Bald ist zu erkennen, daß diese Säulen keine ausgesprochen tragende Funktion haben. Die Hauptlast des Gewölbes, ich meine den statisch bedingten Seitenschub, wird von den schon erwähnten Stützpfeilern der Längs- und Chorwände aufgefangen.

Schließlich sollten wir noch genauer den Übergang zum Chor untersuchen. Hier ist ein Bruch im Baukonzept zu verspüren. Dieser ergab sich aus den eingestürzten und abgetragenen romanischen Chortürmen.

Eine Spezialität dieser Kirche sind zweifellos die ›Parler-Konsolen‹, die figurativ gestalteten Rippenstützen. Sie stammen sicherlich nicht selbst von den Parlern, sondern von Gesellen oder Schülern. Was die Ausstattung anbelangt, ist die mittlere Chorkapelle besonders sehenswert. Hier steht ein um die Mitte des 14. Jahrhunderts geschaffenes ›Heiliges Grab‹. Es ist mit dem im Freiburger Münster zu vergleichen. Die Glasmalereien stammen vom Ulmer Wilhelm Geyer aus der ersten Hälfte unseres Jahrhunderts. Die Wände sind mit spätgotischen Fresken wie ›Kreuzigung‹ und ›Beweinung‹ versehen. In der Schreyer-Kapelle steht ein Altar, dessen Gemälde aus dem Dürer-Umkreis stammen sollen. Hier befinden sich ferner Reste von Renaissance-Glasmalereien. In der südlichen Chorkapelle ist in einem Gemälde der Wiederaufbau der Kirche nach dem Einsturz der romanischen Türme zu betrachten. Schließlich wäre noch die Renaissance-Empore im Westen erwähnenswert.

Unser Spaziergang führt uns weiter durch verwinkelte Gassen der Stadt zur ehemaligen *Augustinerklosterkirche*, einem spätgotischen Bau, der im 18. Jahrhundert im Rokoko-Stil umgestaltet wurde. Im Innern erzählen Fresken die Geschichte des Hl. Augustinus.

Nicht weit entfernt steht der ›Prediger‹, ein ehemaliges Dominikanerkloster aus dem späten 15. Jahrhundert, das modern umgebaut wurde und heute viele kulturelle Aktivitäten bietet. Vom ehemaligen *Hospital zum Heiligen Geist* am Marktplatz ist nur noch ein alter Trakt übrig geblieben, das Amtshaus mit Renaissance-Fachwerk (um 1500). Etwas seitlich, ein weiteres Gebäude, ebenfalls zu diesem Komplex gehörend, in dem eine sehenswerte Renaissance-Stube eingerichtet ist. Von der Schwäbisch Gmünder *Franziskanerkirche* sagt man, daß sie die älteste auf deutschem Boden sei. Der einschiffige Bau stammt aus dem 13. Jahrhundert. Im Chor fallen schön figurierte Konsolen auf. Die Fresken sind im 18. Jahrhundert entstanden, und den Hochaltar soll wahrscheinlich Dominikus Zimmermann, einer der bedeutendsten süddeutschen Architekten des Rokoko (Steinhausen, Wieskirche), geschaffen haben.

Hohenrechberg und Hohenstaufen

Der Weg von Schwäbisch Gmünd zum Gipfel des **Hohenrechberges** zählt sicherlich zu den landschaftlichen Höhepunkten Württembergs. Auf den 707 Meter hohen Bergkegel erhob sich einst die Burg der Herren von Rechberg, einem staufischen Ministerialengeschlecht. Von der Burgruine sind heute noch die Ringmauer teilweise erhalten sowie einzelne Teile der romanischen Burgbauten. Ein Bergfried fehlt.

Der Blick schweift in die Runde zu den benachbarten Bergkegeln, zum Stuifen im Osten und zum Hohenstaufen im Westen. Dann sind auch im Hintergrund die Höhenzüge der Schwäbischen Alb, die sich im Südwesten in der Ferne verlieren, zu erkennen.

Der Nachbarberg, der **Hohenstaufen** mit seinen 684 Metern, wird wohl die größte Aufmerksamkeit auf sich ziehen. Vielleicht auch wegen des kleinen gleichnamigen Dorfes (603 m), dessen Häuser sich eng an die bewaldete Bergkuppe schmiegen. Über eine kleine Landstraße sind Dorf und Burg schnell erreicht.

Von der *Burganlage* des einst mächtigen deutschen Kaisergeschlechts sind nur noch wenige Trümmer erhalten. Die glanzvollen deutschen Kaiser wie Barbarossa oder Friedrich II. gehen auf den Reichsgrafen Friedrich zurück, der 1079 von Kaiser Heinrich IV.

mit dem Herzogtum Schwaben belehnt wurde. Er zog auf diesen Berg, errichtete die Burg und nannte sein Geschlecht fortan nach diesem Ort, Staufen. Viel ist über die Staufer geschrieben worden – Geschichtliches und Legendäres. Wenig nur weiß man über die Burg, genauer über deren architektonische Anlage. Zwei Quellen sind überliefert, nach denen sich Interessierte auch heute noch ein Bild vom Hohenstaufen machen können. Die erste Quelle ist ein spätmittelalterliches Fresko, das wir gleich unten in Göppingen in der Oberhofkirche betrachten können. Es entstand gegen Ende des 15. Jahrhunderts. Die zweite Quelle stammt aus etwas späterer Zeit, aus dem 16. Jahrhundert: Martin Crusius, Tübinger Professor, hat in seinen lateinisch geschriebenen ›Schwäbischen Annalen‹ die Burganlage beschrieben. Dem Bild und dem Text ist zu entnehmen, daß sich die Anlage aus zwei Höfen, die jeweils von einer Mauer umgeben waren, zusammengesetzt haben muß. In dem einen Hof befanden sich eine Kapelle und der Brunnen, im anderen der ›Mannsturm‹ und der ›Bubenturm‹ sowie Wohngebäude. Im Süden muß das Haupttor gestanden haben. Dieser Befund deckt sich im großen und ganzen mit archäologischen Untersuchungen von 1936 bis 1938 sowie von 1967 bis 1971. Die Burg wurde in den letzten Tagen des Bauernkrieges (1525) von Aufständischen, dem sogenannten ›Gaildorfer Haufen‹, restlos zerstört. Die letzten noch stehenden Mauern ließ der Herzog Christoph 1560 abreißen, um Baumaterial für seinen Göppinger Schloßbau zu gewinnen.

Unten im Dorf sollte man nicht versäumen, die sogenannte *Barbarossa-Kirche* aufzusuchen. In einem modernen Anbau ist ein Dokumentationsraum für staufische Geschichte eingerichtet worden. Hier ist auch ein Modell der Burg Hohenstaufen zu sehen. Von Zeit zu Zeit werden Wechselausstellungen eröffnet, in denen Themen aus der Geschichte, Kunst und Kultur der Stauferzeit präsentiert werden (Öffnungszeiten: Mitte März bis Mitte November: tägl. 10–12 Uhr und 14–17 Uhr).

Wäschenbeuren

Nordwestlich unterhalb des Hohenstaufen liegt die kleine Ortschaft Wäschenbeuren mit einem kleinen Schlößchen, dem *Wäscherschlößchen*. Die gedrungen wirkende Anlage wird durch einen merkwürdigen Grundriß definiert: Der rechteckige Schloßbau (Palas) ist gleich-

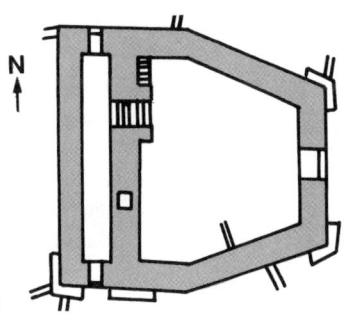

Wäschenbeuren, Schloß, Grundriß

zeitig der wehrhafte Trakt einer sich trapezförmig anschließenden Hofanlage, die von hohen Mauern umgeben ist. Einen Turm hat diese Burg nicht besessen, weswegen es durchaus möglich wäre, daß es sich hier um ein wehrhaftes Jagdhaus und nicht um eine Burg gehandelt hat. Der seltsame Name stammt wahrscheinlich von Konrad dem Wäscher, der zu Beginn des 13. Jahrhunderts mit dieser Burg belehnt wurde.

Göppingen

Göppingen, vom alemannischen ›Geppo‹ abgeleitet, nennt sich gern die Hohenstaufenstadt. Um die Mitte des 12. Jahrhunderts von den Staufern gegründet, wurde sie schon kurze Zeit später, Ende des 13. Jahrhunderts, von württembergischen Grafen erobert. Seit dieser Zeit blieb sie in deren Händen. Besonders anziehend für die württembergische Herrschaft war das Sauerbrunnenbad. Es wurde dann später nach dem Herzog Christoph ›Christophsbad‹ genannt. Er erweiterte die Badanlagen, ließ die alte Burg abreißen und an ihrer Stelle ein Schloß erbauen.

Göppingen, um 1640, Kupferstich von Matthäus Merian. Links neben der evangelischen Stadtpfarrkirche das von Tretsch erbaute Schloß für Herzog Christoph von Württemberg

Beginnen wir unseren Rundgang am *Schloß*. Der Schloßplatz liegt am Rand der Altstadt. Das Schloß selbst hat Alberlin Tretsch, Erbauer des Stuttgarter Alten Schlosses (s. S. 50) errichtet (1552–69). Er benutzte u. a. die Steine und Quadern der Burgruine Hohenstaufen. Begeben wir uns gleich in den Innenhof des Renaissance-Schlosses, denn hier ist *die* Attraktion von Göppingen zu bestaunen, eine Rebenstiege. Unter einer steilen Wendeltreppe (also immer über den Besuchern) zieht sich ein ausgearbeitetes Rankenwerk hoch. In seinen Ästen tummeln sich Vögel, ein Bär, eine Katze und ein Schwein. Diese kunstvolle Arbeit ist einerseits zu vergleichen mit der Ornamentik spätgotischer Chorgestühle und andererseits mit den florealen Ornamenträndern gotischer Illuminationen aus Frankreich. Letztere waren wahrscheinlich als unmittelbare Inspirationsquelle ausschlaggebend. Der Konstrukteur der Stiege war M. Berwart.

Die ehemalige Schloßkirche, heute *Stadtkirche*, hat Heinrich Schickhardt nach seiner ausgedehnten Italienreise im Jahre 1618 erbaut. In einigen Details und im Konzept wird die italienische Renaissance anschaulich, wie beispielsweise in den eleganten Giebelverzierun-

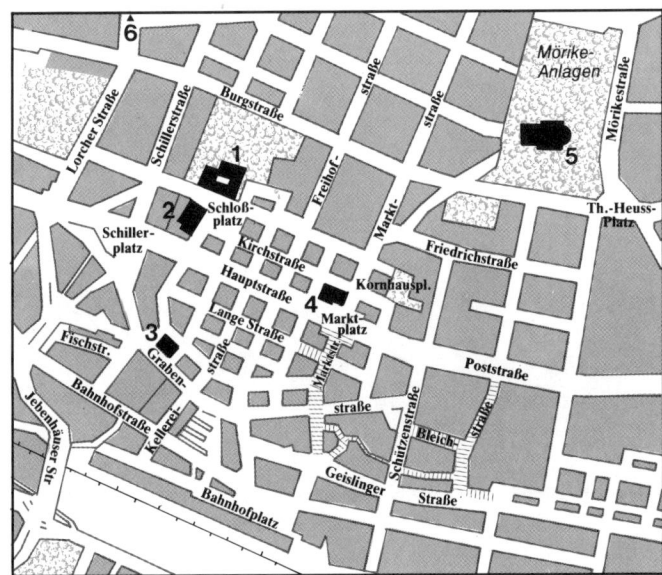

Göppingen
1 Schloß
2 Evangelische Stadt-
kirche
3 Museum ›Storchen‹
4 Rathaus
5 Oberhofkirche
6 Hohenstaufenhalle

gen oder Fensterrahmungen. Auch die Portalgestaltung erinnert an den italienischen Palazzo. Im Innern werden die Besucher von einer großartigen Raumwirkung überrascht. Das ist kein Kirchenschiff, sondern ein riesiger Festsaal mit kassettenähnlicher Decke und feierlichen Emporen. Große Fenster lassen viel Licht einfallen. Eine weihevolle Stimmung will sich hier jedoch nicht einstellen, und es hätte damals nur unbedeutender Veränderungen bedurft, um den höfischen Glanz des benachbarten Schlosses auch hier erstrahlen zu lassen.

Im ›Storchen‹, einem spätmittelalterlichen Fachwerkhaus mit einem Steinunterbau, ist heute das *Städtische Museum* eingerichtet. Es ist übrigens das erste nach dem Zweiten Weltkrieg eröffnete Museum in Württemberg. In der Stauferhalle sind interessante Objekte zur staufischen Kunst und Geschichte ausgestellt wie z. B. eine Goldmünze von Friedrich II., die er in Erinnerung an den großen römischen Imperator Augustus ›Augustalis‹ nannte. Mit seinen ›Augustalen‹ wollte der in Süditalien residierende Stauferkaiser Friedrich II. seinen imperialen Machtanspruch unterstreichen. Sehenswert sind auch die Stücke der ›Göppinger Rokoko-Fayence‹ aus der zweiten Hälfte des 18. Jahrhunderts. Neben alten Ansichten nahezu aller Orte des Landkreises und beachtlichen Objekten religiöser Kunst ist auch ein Besuch in der ›Heimatabteilung‹ lohnenswert. Hier wird bäuerliches und bürgerliches Leben und Wohnen anschaulich gemacht. Die ungewöhnlich reichhaltig ausgestattete Spielzeugabteilung gehört sicherlich zu den Überraschungen des Museums (Öffnungszeiten: Mi, sa, so, feiertags 10–12 Uhr und 14–17 Uhr).

Das *Rathaus* von 1783 ist in einem nüchternen Klassizismus erbaut worden. Die zweiflügelige Anlage fügt sich in die rastermäßige Stadterweiterung aus dem frühen 19. Jahrhundert bestens ein.

Die abgebrannte Stadt Göppingen, Ölgemälde von Chr. Nikolaus Kleemann, 1782. Städtisches Museum, Göppingen

Die *Oberhofkirche* ist ein spätgotischer Bau aus der ersten Hälfte des 15. Jahrhunderts. Eine Flachdecke schließt das Hauptschiff ab. Der ungewöhnlich hohe Chor von ca. 1480 ist mit einem Netzrippengewölbe versehen, das vom Konzept her mit dem Ulmer Chorgewölbe vergleichbar ist. Im Zuge der Renovierungsarbeiten von 1853 entstanden die Türme und die Holzempore. Von den Ausstattungsstücken sind lediglich das Chorgestühl (um 1500) und ein Kruzifix (1515) erwähnenswert. In der südlichen Eingangshalle ist das schon erwähnte Fresko mit der Darstellung der Burg ›Hohenstaufen‹ zu finden.

Für diejenigen, die an moderner Architektur interessiert sind, möchte ich noch auf die ›*Hohenstaufenhalle*‹ (nordwestlich des Stadtzentrums) verweisen. Es handelt sich um eine Sporthalle, die in spektakulärer Stahlbetonweise von Winkler in den Jahren 1964–67 errichtet worden ist.

Faurndau

Wenn wir die Stadt in westlicher Richtung verlassen, haben wir sehr schnell Faurndau und seine *Kirche* erreicht (Abb. 63, 64). Hier begegnen wir wieder der Bausprache von St. Johannis in Schwäbisch Gmünd oder der von Oberstenfeld (s. S. 159/125), also der sogenannten schwäbischen Romanik oder staufischen Klassik. Auffallend die gedrungenen Proportionen, die zu Beginn des 13. Jahrhunderts konzipiert wurden. Diese sind am besten von der Chorseite her zu erkennen. Wieder sind es die Blendarkaden, die sich um Apsis und Chor herum und unterhalb der Chor- und Längsschiffgiebel hochziehen. Innen dominiert ein hoher Obergaden, der von einer flachen Decke abgeschlossen wird. Die verhältnismäßig kurzen Säulen mit Figurenkapitellen stützen engbogige Arkaden ab. Der Grundriß verrät, daß früher ein Turm seitlich der Westfassade geplant war. Vielleicht dachte man sogar an eine Zweiturmanlage.

Wenn ich eben von einer schwäbischen Romanik gesprochen habe, dann meine ich den Baustil, den wir in Sindelfingen, Oberstenfeld, Schwäbisch Gmünd und nun auch hier in Faurndau kennengelernt haben. Weitere Beispiele werden noch folgen: Es handelte sich bei diesen und späteren Beispielen um kleinere Provinzkirchen, in denen die besondere Formensprache des staufischen Mittelalters zum Ausdruck gekommen ist. Vielleicht sollte in diesem Fall sogar von einer württembergischen Sonder-Romanik gesprochen werden.

In Faurndau verlassen wir nun die ›Straße der Staufer‹. Wer noch weiter auf den Spuren dieses Kaisergeschlechtes wandeln möchte, dem empfehle ich nachfolgende Rundfahrt zu machen. Viele der Orte haben wir schon aufgesucht, einige stehen noch aus. Diese werden kurz charakterisiert.

Straße der Staufer
1 Adelberg, Kloster 1178
von einem Vetter Barba-
rossas gegründet
2 Boll, Stiftskirche, Pfeiler-
basilika, um 1200
3 Süssen, romanisches
Kreuz 12. Jh. in der Ma-
rienkirche
4 Salach, Burgruine Stau-
feneck, um 1230 in Buk-
kelquader-Technik er-
baut, sehr guter Erhal-
tungszustand
5 Donzdorf, Ruine Schar-
fenberg aus dem 12. Jh.,
Veränderungen im 15.,
16. Jh.
6 Schloß Ramsberg, gut er-
haltene Dürnitz (drei-
schiffige gewölbte Halle,
13. Jh.)

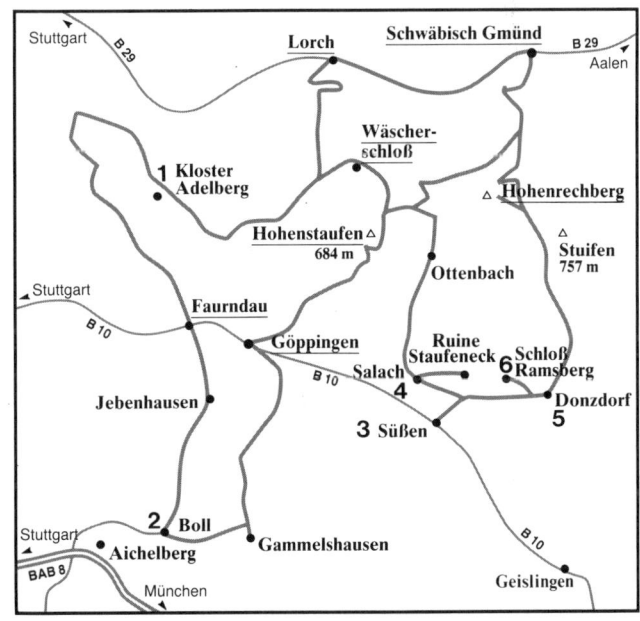

Kirchheim unter Teck

Die Herzöge von Teck erbten um 1180 von den Zähringern eine Marktsiedlung, die im 11. Jahrhundert zum ersten Mal urkundlich erwähnt wird. Kurze Zeit später schon wurde Kirchheim zur Stadt erhoben. Im 14. Jahrhundert ging die Stadtherrschaft an Württemberg

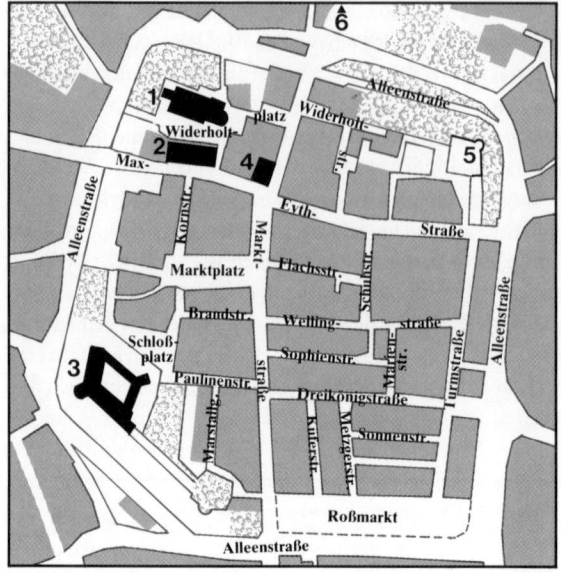

Kirchheim unter Teck
1 *Martinskirche*
2 *Kornhaus*
3 *Schloß*
4 *Rathaus*
5 *Stadtbefestigung*
6 *Dominikanerinnen-Kloster*

über. Wie in Göppingen oder Schwäbisch Gmünd stieg auch hier das Bürgertum auf, trieb Handel und brachte die Stadt zur Blüte. Bedeutend war der Tuchhandel und später im 18. Jahrhundert die Textilindustrie. Im 19. Jahrhundert wurde Kirchheim an das im Entstehen begriffene Eisenbahnnetz angeschlossen. Von da an entwickelte sich die Industrie sehr rasch – bis auf den heutigen Tag.

Der Altstadtkern von Kirchheim ist überschaubar. Es bringt Spaß, in diesem Städtchen spazieren zu gehen, weil viele Straßenzüge zu Fußgängerzonen umgewandelt wurden. Beginnen wir unseren Spaziergang in der nordwestlichen Ecke bei *St. Martin,* einer dreischiffigen Basilika aus dem 12. Jahrhundert. Sie geht auf einen Vorgängerbau des 8. Jahrhunderts zurück. Allerdings ist von der Romanik bis auf das untere Turmgeschoß und die nördliche Langhauswand nichts mehr zu sehen. Das hohe und geräumige Mittelschiff stammt aus dem 14. Jahrhundert. Die ehemalige Flachdecke fiel während der französischen Eroberungskriege gegen Ende des 17. Jahrhunderts einem Brand zum Opfer. Sie wurde ersetzt durch ein Tonnengewölbe aus Holz. Neben einer Barockkanzel sind noch im Chor befindliche Grabdenkmäler des 16. und 17. Jahrhunderts sowie spätmittelalterliche Tafelbilder, die eine Verkündigung und eine Anbetung des Kindes darstellen (Abb. 67), sehenswert.

Gegenüber der Kirche steht das *Kornhaus,* das Herzog Ulrich um 1550 hat erbauen lassen. Im Obergeschoß ist das Regionalmuseum mit einer heimatgeschichtlichen Sammlung zu besuchen. Im Erdgeschoß werden Wechselausstellungen mit vorwiegend avantgardistischen Künstlern gezeigt (Öffnungszeiten: tägl. außer mo 10–12 Uhr und 14–17 Uhr).

Nun laufen wir die Kornstraße hinunter über den Marktplatz zum *Schloß.* Die in einem leicht verzogenen Rechteck angelegten Trakte sind Teil der Stadtbefestigung geworden. Bauherr war Herzog Ulrich. Gegen Ende des 16. Jahrhunderts hat H. Schickhardt Umbauten vorgenommen. Das Kirchheimer Schloß war zeitweise ein ›Apanagenschloß‹, ein Sitz der Witwen württembergischer Herzöge. Eine der bekanntesten war Franziska von Hohenheim, die spätere Gattin Karl Eugens.

Der Marktplatz wurde nach dem großen Stadtbrand von 1690 angelegt. Das *Fachwerkrathaus* mit dem Laubengang und dem Türmchen wurde in der ersten Hälfte des 18. Jahrhunderts erbaut. Am Turm ist eine Mondphasenuhr angebracht (Abb. 71).

Vom Marktplatz spazieren wir zur Turmstraße und dann links hoch zu Resten der alten *Stadtbefestigung* aus dem 13. bis 15. Jahrhundert. Gegenüber befindet sich ein ehemaliges *Dominikanerinnenkloster,* das die Herzöge von Teck im 13. Jh. gestiftet haben. In der Kirche liegt die Gemahlin des Herzogs Eberhard im Bart, Barbara Gonzaga begraben.

Unübersehbar ist die *Teck* (773 m), einer der typischen Bergkegel, die dem Albtrauf vorgelagert sind. Unser Weg führt zunächst nach Holzmaden mit dem weltberühmten Hauff-Museum, in dem einzigartige Urweltfunde ausgestellt sind (s. S. 224; Öffnungszeiten: tägl. außer mo 10–12 Uhr und 14–17 Uhr).

Weilheim an der Teck

Der Ort war im 11. Jahrhundert Hauptsitz der Zähringer, einem auch in der Baar und im Schwarzwald begüterten Adelsgeschlecht, das in dieser Zeit mit den Staufern um die Vormachtstellung in Schwaben wetteiferte. Ihre Nachfolger, die Grafen von Aichelberg, machten Weilheim im Jahre 1319 zur Stadt. Kurze Zeit später wurde es württembergisch und im 15. Jahrhundert dem Amt Kirchheim zugeteilt. Städtisches Leben, wie in Kirchheim oder Göppingen, konnte sich also nicht entfalten. So macht die Stadt auch heute noch einen eher dörflichen Eindruck. Viele Bauernhäuser und Gehöfte sind noch anzutreffen.

Die *Stadtkirche* ist ein Werk des Peter von Koblenz. Die Weihe dürfte um 1500 stattgefunden haben. Die Kirche geht zurück auf ein von den Zähringern gestiftetes Benediktinerkloster St. Peter, das nach dem Investiturstreit in den Schwarzwald verlegt wurde. Im Chor ist ein schönes Sterngewölbe zu sehen und am Chorbogen ein monumentales ›Jüngstes Gericht‹ aus dem beginnenden 16. Jahrhundert. Ein weiteres Fresko aus derselben Zeit finden wir im nördlichen Seitenschiff – gezeigt wird eine Darstellung der Hölle. In der Nähe eine ikonografisch seltene Darstellung des ›Rosenkranzes‹. Vermutlich stammt sie aus dem Dürerkreis.

Von Weilheim fahren wir nun unter der *Limburg,* dem ehemaligen Stammsitz des Berthold I. von Zähringen, entlang über Wabern und Dettingen nach Owen.

Owen

Der Ort ist um die Mitte des 13. Jahrhunderts von den Herzögen von Teck angelegt worden. Das mittelalterliche Ortsbild, in dem viele schöne Fachwerkhäuser auffallen, ist noch gut erhalten. Von der Stadtmauer sind allerdings nur noch Reste im Westen und im Süden zu sehen. Die Pfarrkirche *St. Peter* weist Fresken aus dem 15. Jahrhundert auf, die leider schon sehr stark zerstört sind.

Der untere Dorfteil bietet mehr, beispielsweise die *Stadtkirche* aus dem 14. Jahrhundert. Der durch seine ungewöhnliche Breitenwirkung auffallende Chor könnte von einem Baumeister des Parler-Umkreises stammen. Neben dem Chor steht ein romanischer Glockenturm aus dem 12. Jahrhundert.

Von Owen führt ein Weg hinauf auf den Berg, zur ehemaligen *Herzogsburg Teck.* Es sind nur noch die äußeren Ringmauern erhalten. Vermutlich stammen sie aus dem 12. Jahrhundert. Wenn man über die Felderlandschaft Richtung Nordwesten schaut, fällt bald eine merkwürdige Spur auf. Sie könnte von einem überdimensional großen Wagen stammen. Es handelt sich hier um die geheimnisvolle Sibyllenspur. Sichtbar ist die Spur deswegen, weil die wie mit dem Lineal gezogenen Gräben später aufgeschüttet wurden und deswegen den Wuchs von Gras oder Getreide fördern. Nach einer Sage soll in der Vorzeit eine Prophetin auf der Teck gehaust haben. Aus Gram über die Untaten ihrer mißratenen Söhne hat sie riesige Katzen vor einen großen Wagen gespannt und ist davongezogen. Diese gigantischen Gräben sind wahrscheinlich im Zusammenhang mit dem römischen Limesbau entstanden, denn in unmittelbarer Nähe wurden Reste von Kastellen gefunden. Die Verlängerung der Sibyllenspur in Richtung Südost und Nordwest würde römische Kastelle und Gebäude treffen, u. a. die von Köngen und Cannstatt. Aber wissenschaftlich ist noch nichts nachgewiesen – aus diesem Grund ist die Legende von der weisen Sibylle höher einzuschätzen.

Neresheim, ein barockes Kleinod

Neresheim liegt nicht weit vom Nördlinger Ries entfernt. Hier, zwischen Heidenheim und Bopfingen durchfahren wir die letzten Täler der Schwäbischen Alb. Die Kuppen erreichen noch einmal Höhen von über 600 Meter. Dann, etwa zehn Kilometer östlich von Neresheim entfernt, bricht die Alb jäh ab und eine weite Ebene, die fast keine Erhöhungen aufzuweisen hat und von zahlreichen Flüssen wie der Eger und der Wörnitz durchzogen wird, erstreckt sich bis zum Horizont – das Nördlinger Ries. Man sollte es nicht versäumen, auf der B 466 Richtung Nördlingen noch bis Ederheim zu fahren, um dieses eindrucksvolle Landschaftsbild zu betrachten.

Die Abteikirche von Neresheim

Im Jahre 1747 wurde Balthasar Neumann, der berühmte Baumeister der Würzburger Residenz, nach Neresheim gerufen. Er hielt sich gerade in Stuttgart auf, um Pläne für das neue Schloß vorzulegen. Bekanntlich wurde daraus nichts (s. S. 57), so daß er gern den Auftrag für die Errichtung der *Reichsabteikirche* annahm. Er konnte seine Pläne kaum so schnell ausarbeiten wie der Bau vorangetrieben wurde. Schon zwei Jahre vor seiner Berufung hatte man begonnen, den Grund für die Fundamente auszuheben. Diese wurden dann im Jahre seiner Ankunft in Neresheim gesetzt und schon drei Jahre später, 1750 wurde der Grundstein gelegt.

Neumann hat einen kreuzförmigen Grundriß geplant. Das Längsschiff wird durch vier ovale Kuppelräume gegliedert. Die Querschiffarme, die durch den zentralen Kuppelraum fast um ihre Wirkung gebracht werden, hat Neumann als Seitenkapellen definiert. Die Vierung wird von vier Freisäulenpaaren flankiert. Diese ist nicht nur architektonisches Zentrum, sondern ein Höhepunkt im Raumerlebnis, das durch die kleineren in der Längsrichtung anschließenden Ovalräume mit flacher Pilastergliederung vorbereitet wird. Die Raumschwingungen, die im Vierungshaus in die Höhe streben, werden durch die über Eck gestellten Pilaster akzentuiert. Durch diese geniale Konstruktion konnte Neumann die Gesimspartien weit in den Raum hineinragen lassen. Die Wandzonen scheinen aufgelöst zu sein. Über dem Sockelgeschoß, das einem Laubengang gleicht, ziehen sich logenartig Emporen entlang. Darüber, tief in die Wand eingelassen, Fensterräume, ein Baumotiv, das sich oberhalb des Gesimses wiederholt. Diese architektonische Idee des Ein- und Ausschwingens sowie die rhythmische Konzentration der Baumasse in den konvexen Bauteilen wird an der Fassade

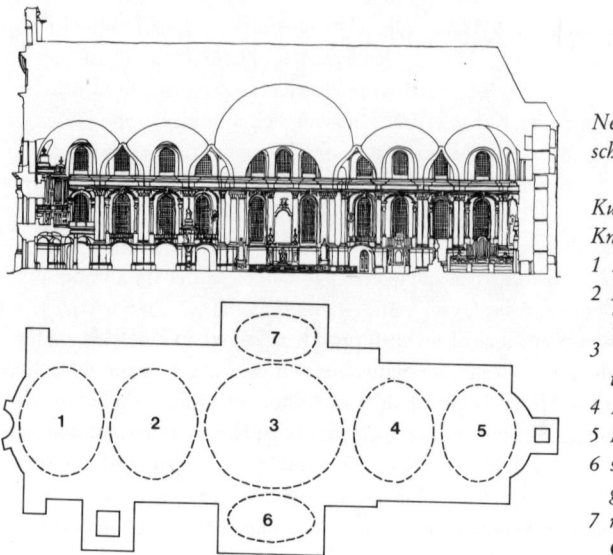

Neresheim, Klosterkirche, Längsschnitt

Kuppelprogramm von Martin Knoller

1 Eingang: Tempelreinigung
2 Kanzelraum: Christus im Tempel
3 Vierung: Anbetung der Dreifaltigkeit
4 Mönchschor: Auferstehung
5 Hochaltar: Abendmahl
6 südliches Querschiff: Darbringung Christi im Tempel
7 nördliches Querschiff: Taufe Christi

deutlich (Abb. 66): Der vorgewölbte Mitteltrakt wird im Untergeschoß durch Dreiviertelsäulen flankiert. Die Seitenteile werden durch flache Pilaster gegliedert. Interessant auch der das Obergeschoß abschließende Dreiecksgiebel, der elegant in die Seitentrakte ausschwingt.

Es ist fast unmöglich, diesen Kirchentypus zu klassifizieren. Er hat von jedem etwas: Von der Basilika leben die auf das äußerste Maß reduzierten Seitenschiffe nach. Diese dürften so gar nicht mehr bezeichnet werden, vielmehr müßten sie ›Umläufe‹ genannt werden. die Wandpfeilerkirche gibt sich im Pilastersystem zu erkennen und die Zentralanlage im dominierenden Vierungsraum. Leider konnte Neumann die Vollendung seines Werkes nicht mehr erleben. Er starb am 19. August 1753. Die Bauleitung ging über in die Hände von örtlichen Architekten. Diese schreckten offensichtlich davor zurück, die von Neumann geplanten Kuppelhöhen voll auszubauen. Sie befürchteten, daß die Wölbungen zusammenbrechen würden und führten die Kuppeln flacher aus. Auch wagten sie nicht, als Baumaterial massiven Stein zu wählen, und begnügten sich mit einem hölzernen Lattengewölbe.

Die Neresheimer *Kuppelfresken* (1710–1775) zählen zu den Höhepunkten der europäischen Barockmalerei. Der Maler Martin Knoller soll bei seinem ersten Besuch in Neresheim gesagt haben: »Hier kann, hier muß ich mir Ehre machen.« Martin Knoller, 1725 in Steinach am Brenner geboren, lernte bei dem Innsbrucker Maler Ignaz Pögel, einem Schüler des Wiener Akademiedirektors Paul Troger. Es schlossen sich verschiedene Italienaufenthalte an, besonders in Rom und Neapel. In Rom hat er sicherlich den Umgang mit scheinperspektivischen Architekturkonstruktionen gelernt, zumindest sind in den Neresheimer Kuppeln viele italienische Vorbilder, besonders die Kompositionen mit steilen Verkürzungen Andrea del Pozzos, die er in S. Ignaz bewundert haben dürfte, zu bemerken.

Das Zusammenspiel von real gebauter und illusionistisch gemalter Architektur ist vom Eingangsraum her am besten zu erfahren. Die von den Säulen und Eckpilastern ausgehenden Gurtbögen finden ihre gemalte Fortsetzung in der Kuppelmalerei. Das Motiv der freistehenden Doppelsäulen in der Kuppel des Kanzelraumes bezieht sich auf die Doppelsäulen des Kuppelovals. Es scheint, daß der reale Architekturraum im Fresko seine Fortsetzung findet. Säulen, Gesims und Gurtbögen sowie die kassettierte Kuppel mit einer Lichtöffnung türmen sich über den Betrachtern auf (Abb. 65). Ein ›Zugang‹, im übertragenen Sinne, wird durch den gemalten Treppenaufgang ermöglicht.

Für Knoller ist die Scheinarchitektur natürlich in erster Linie Träger der Erzählung. Während in der Kuppel des Eingangsraumes (1) die ›Tempelreinigung‹ dargestellt wird, ist in der folgenden Kuppel der ›Zwölfjährige Christus im Tempel‹ (2) zu sehen. Diese beiden Szenen stehen nicht in zeitlicher Abfolge, sondern sind symbolisch aufeinander bezogen: Nachdem der Tempel von den Händlern gereinigt wurde, kann Gottes Wort verkündet werden.

Die Mittelkuppel (3) dagegen verzichtet ganz auf gemalte Architektur. Innerhalb einer torsierenden Wolkenfront erscheint die Schar der Heiligen und Seligen, um Christus, Gottvater und den Heiligen Geist, die im Scheitelpunkt in einer lichten Aureole schweben, anzubeten. Das illusionistische Element, das malerische Überspielen der realen Architektur, ist am unteren Kuppelring zu beobachten. Hier scheinen Wolkenballen sowie Arme und Beine von Putten und Heiligen aus der Kuppel herauszuschweben. Dieses formale Motiv wird in der ›Auferstehung‹ (4), dem folgenden Fresko (Kuppel über dem Mönchchor), noch gesteigert. Der auf einem antiken Steinsarkophag triumphierende Christus läßt den Widersacher und die ›Sünde‹ in den Abgrund stürzen. Am konsequentesten erscheint die illusionistische Architektur in der Kuppel über dem Hochaltar (5). Das Abendmahl vollzieht sich unter einem klassizistisch anmutenden Zentralraum, der durch Pilaster und rot marmorierte Säulen gegliedert wird. Auch die Kuppel über dem südlichen Querschiff, die sich an der real gebauten Architektur orientiert hat, ist meisterhaft gestaltet worden. Die über der Szene ›Darbringung Christi im Tempel‹ schwebenden Engel suggerieren einen weitläufigen Kircheninnenraum. Ganz im Gegensatz dazu das Kuppelfresko im nördlichen Querschiff. Hier hat Knoller inmitten einer anmutigen Idylle die Taufe Christi dargestellt.

Die einzelnen Kuppelfresken sind thematisch aufeinander bezogen. Die ›Tempelreinigung‹ und der ›predigende Christus‹ sowie die ›Auferstehung‹ und das ›Abendmahl‹ sind die Voraussetzungen für die Entfaltung des göttlichen Kosmos, für die ›Anbetung der Dreifaltigkeit‹. Das ›Eingangsthema‹ (Tempelreinigung) und das ›Chorthema‹ (Abendmahl) rahmen erzählerisch und ikonografisch das Thema der Mittelkuppel: Erst muß der Tempel gereinigt werden, dann kann sich in ihm die christliche Gemeinde konstituieren (Abendmahl). Hinzu kommen die Fresken der Querschiffe: Die Zugehörigkeit zur Gemeinde wird durch den Eintritt in die Kirche (südl. Querschiff) und durch das damit verbundene Sakrament der Taufe (nördl. Querschiff) ermöglicht. Die Kirche als Abbreviatur für das ›Nova Jerusalem‹, das zu erreichende Paradies, wird konkret vorgestellt in der Illusionsarchitektur und symbolisch in der christlichen Thematik. Die Gläubigen sollen sich in ihrer Meditation von der diesseitigen Welt in die jenseitige Welt des göttlichen Glanzes erhoben fühlen.

In Rulamans Revier. Ostalb und ›Rauhe Alb‹

Nach Neresheim und den Stätten der staufischen Klassik, nach diesem konzentrierten Kunstgenuß also, wird es guttun, die Landschaft der Schwäbischen Alb auf uns wirken zu lassen. Die Strecke verläuft über die Ostalb, durch das Donauried in tiefe Albtäler und wieder auf die Hochfläche. Diese Landschaftsfahrt kann übrigens eine in die Urzeit des Menschen, des Höhlenmenschen werden. Wir durchstreifen Rulamans Revier. Es reicht vom ›Langen Fluß‹ über die ›Kadde-Ebene‹ ins ›Vaita-Tal‹. Dort treffen wir auf den Armibach, der in den Norge-Fluß fließt. So jedenfalls beschreibt David Friedrich Weinland das Gebiet des Höhlenmenschen und des Höhlenbären in seinem 1875 erstmals erschienenen Roman mit dem Titel ›Rulaman‹.

»Es war vor tausend und abertausend Jahren. Die Eiszeit war an ihrem Ende, die Erde wieder wärmer, die Sonne mächtiger geworden. Aber noch war unser Deutschland ein unwirtliches Land; denn noch herrschte die wilde Natur allerorten, und der damalige Mensch, der Höhlenmensch, griff in sie kaum anders ein als das Raubtier, mit dem er kämpfte.«

Der ›Lange Fluß‹, das ist die Donau. Mit der ›Kadde-Ebene‹ bezeichnet Weinland die Münsinger Alb, und durch das Vaita-Tal bei Urach führt heute die B 28 von Ulm nach Reutlingen. In einem benachbarten Tal entspringt auch der Armibach, die Erms, die in den Norge-Fluß, den Neckar mündet. Viel ist in diesem Buch über die Höhlen, die ja so zahlreich sind auf der Schwäbischen Alb, zu lesen. Der Roman über den Urmenschen beginnt mit einer idyllischen Familienszene vor der ›Tulka-Höhle‹. Das ist die Schiller-Höhe, die auch heute noch besucht werden kann. Sie befindet sich unweit von Urach nahe der Straße nach Münsingen. Schon wenige Kilometer hinter Urach führt auf der linken Seite (Hinweisschild) ein kleiner Waldweg in eine tiefe urwaldähnliche Schlucht. Bald taucht rechts eine hohe Felswand auf ... Dort könnte sich vor vielen tausend Jahren nach Weinland also folgendes Szenarium entfaltet haben:

»In dieser alten Zeit war es, da sehen wir im Geiste an einem warmen Frühsommer-Nachmittag auf dem freien, sonnigen Platz vor dem Eingang einer unserer Albhöhlen, die jetzt einsam und verlassen im Waldesdüster verborgen liegt, ein lustiges, munteres Treiben. Nackte gelbbraune Kinder mit schwarzen struppigen Haaren kullern auf dem weichen Grasboden herum. Auf einem jungen Bären reitet ein mutwilliger Knabe und schlägt mit einem Tannenzweig auf ihn los, während ein anderer ihn an einer Waldrebe, die er um seinen Hals geschlungen hat, vorwärts zerrt. Dort liegt ein zahmer Wolf; daneben ein etwa vierzehnjähriger Junge, der ihm Kopf und Nacken streichelt, während das Tier ihm gutmütig das Gesicht leckt. Andere Knaben jagen sich in den Ästen eines uralten Eibenbaumes herum, der etwas im Hintergrund, nahe dem Eingang der Höhle steht, und dessen schwarzgrün glänzender Nadelwald sich scharf von dem grauen sonnebeschienenen Felsen abhebt.«

Die Schillerhöhle, sie wird auch manchmal Schillingstock genannt, ist 91 Meter lang und sollte am besten mit einer Taschenlampe begangen werden.

Nun aber genug von Rulaman, dessen Revier wir gegen Ende dieser Fahrt aufsuchen. Bleiben wir zunächst noch im Tal unterhalb des Albrandes und machen einen Zeitsprung in eine nicht ganz so entfernte Vergangenheit, in die Römerzeit.

Aalen

Aalen ist eine ›Römerstadt‹. Hier befand sich das größte Kastell am Limes zwischen Rhein und Donau. Es lag genau im Norden der Provinz Rätien. Im Gebiet von Aalen haben Archäologen zahlreiche Ausgrabungen im Gelände des römischen Reiterkastells der Ala II Flavia gemacht. Hier wurde dann auch ein Museum errichtet, das im Jahre 1964 als Zweig-

›Stat Ala‹, aquarellierte Federzeichnung von Aalen, 1528. Hauptstaatsarchiv Stuttgart

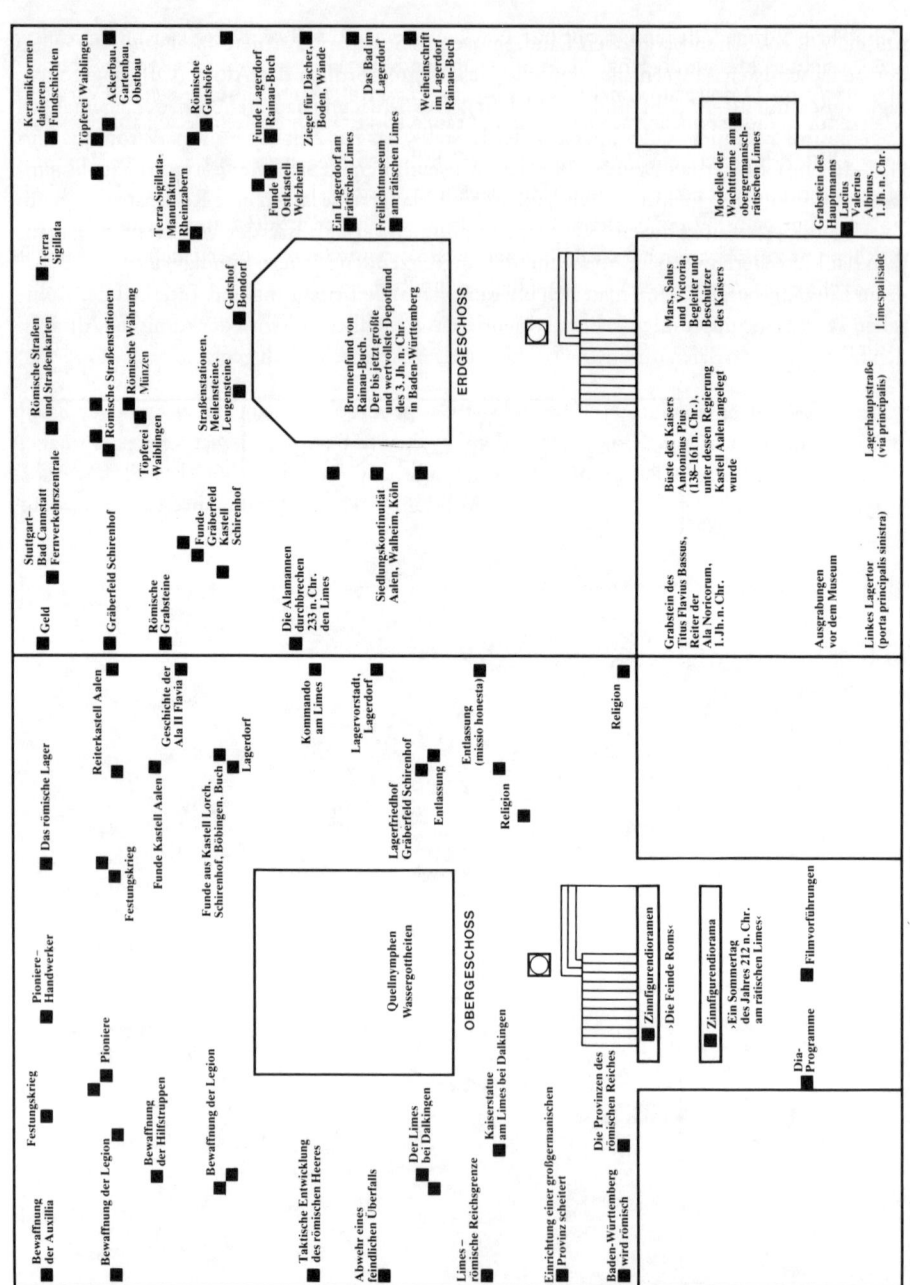

Aalen, Limesmuseum, Ausstellungsthemen im Obergeschoß und Erdgeschoß

museum des Württembergischen Landesmuseums Stuttgart eröffnete *Limesmuseum*, eines der bedeutendsten Museen für römische Geschichte nördlich der Alpen (Öffnungszeiten: tägl. außer mo 10–12 Uhr und 13–17 Uhr). Der Museumsbau steht auf der ehemaligen Lagerhauptstraße, der ›Via principalis‹ des Kastells, das zur Zeit des Kaisers Antoninus Pius (138–161 n. Chr.) erbaut wurde. Vor dem Museum befand sich die ›porta principalis sinistra‹, das linke Lagerhaupttor. Fundamente und Mauerreste lassen eine Rekonstruktion zu: Zwei Rundbögen, über die ein Wehrgang mit Zinnen verläuft, werden von zwei Giebelhäusern flankiert, deren vordere Ebene mit den angrenzenden Mauern bündig ist.

Im Eingangsbereich kann man sich über die damalige Bedeutung und Tätigkeit des römischen Heeres in Südwestdeutschland orientieren. Anschließend wird der römische Alltag in den beiden großen Sälen durch zahlreiche Fundstücke anschaulich gemacht.

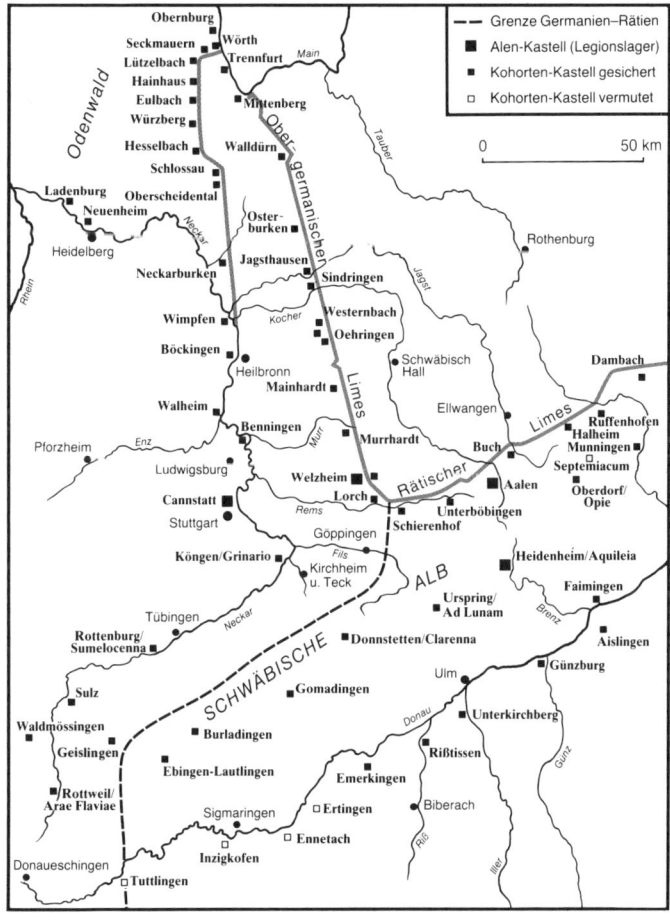

Limes, Verlauf durch Südwestdeutschland

211

Wachtturm am Limes

Bei einem Rundgang empfiehlt es sich zuerst das Obergeschoß aufzusuchen. Hier werden die Heerzüge der Römer nach Gallien und in den deutschen Südwesten aufgezeigt. Ferner erfahren wir Einzelheiten über die Konstruktion und militärische Funktion des Limes. ›Limes‹ (limitis, m.) bedeutet Weg oder Grenze zwischen zwei Grundstücken. Der obergermanische und rätische Limes kann als eine Grenzschutzeinrichtung gegenüber dem freien Germanien bezeichnet werden. Er setzte sich aus festen Grenzwegen, Wachttürmen, Palisaden, Wällen und Gräben sowie Mauern und Kastellen zusammen.

Die einzelnen Museums-Abteilungen sind thematisch gegliedert, so daß eine Orientierung sehr leicht fällt. So können sich die Besucher beispielsweise über die ›Abwehr eines feindlichen Überfalls‹ informieren lassen. In Vitrinen sind Bronzehelme, Schwertstücke oder Bruchstücke eines Offizierspanzers zu sehen. Dann vermitteln interessante Fundstücke Einblicke in die römische Mythologie und speziell in die Religionsausübung der römischen Soldaten. So wurde in den Fundamenten der St. Johannis-Kirche in Aalen die Basis eines Kupferstandbildes mit einer Weihinschrift gefunden. In einem Säulensegment schildert ein Relief den Kampf des Herkules mit den Giganten. Sehr gut erhalten ist das in Osterburken (Odenwaldkreis) gefundene Mithrasrelief: Der Lichtgott Mithras bezwingt den Stier. Die in zahlreichen Flachreliefs zart herausmodellierten Begleitszenen stellen Ereignisse aus dem Mithras-Mythos dar (s. S. 119).

Im Erdgeschoß wird ausführlich über das Alltagsleben der Römer berichtet. Viele Fundstücke lassen Rückschlüsse auf die Art und Weise, wie Acker-, Garten- und Obstbau betrieben wurde, zu. Die Terra Sigillata-Produktion wird ebenfalls anschaulich erklärt. Im Südwesten gab es zahlreiche Manufakturen. Es sollen etwa fünfzig Millionen Gefäße in einem Zeitraum von achtzig Jahren hergestellt worden sein. Schließlich wird auch das Ende der römischen Besatzungszeit aufgezeigt: Im Jahre 233 n. Chr. durchbrechen die Alemannen den Limes und stoßen weit in die römische Provinz vor.

Das Aalener Limesmuseum ist zweifellos *die* Attraktion von Aalen. Die Stadt selbst hat nicht viel zu bieten. Ihre Architektur ist vom 17. Jahrhundert geprägt, nachdem im Dreißigjährigen Krieg nach der Schlacht von Nördlingen im Jahre 1634 der größte Teil der Gebäude abgebrannt ist. – Zu verweisen wäre noch auf das *Heimat- und Schubartmuseum* am Marktplatz (Öffnungszeiten: Di–so 10–12 Uhr, 14–17 Uhr). Schubart, der schwäbische Dichter, mit dem wir schon im Zusammenhang mit dem Hohenasperg bekannt geworden sind (s. S. 113), hat einige Jahre in Aalen verbracht.

Der östliche Albtrauf ist zum Greifen nahe. Ein wunderschöner und erlebnisreicher Spaziergang führt auf den *Volkmarsberg* (743 m), von dem aus ein herrlicher Rundblick genossen werden kann. Im Norden die Stadt Aalen und die angrenzenden Ellwanger Berge und im Südosten die Hochfläche der Alb, die vom Kocher- und später Brenztal durchschnitten wird.

Durch das *Kochertal* verläuft die B 19 über Oberkochen nach *Königsbronn*. Hier können noch geringe Reste des ehemaligen Zisterzienserklosters aus dem 14. Jahrhundert besichtigt werden. Die meisten Gebäudeteile stammen aus dem 17. und 18. Jahrhundert. – In diesem Ort, am Quelltopf der Brenz, beginnt das *Brenztal*, das nun nach Heidenheim führt.

Heidenheim

Zahlreiche Funde aus der Umgebung verweisen auf urzeitliche Siedlungen. Nahe dem heutigen Bahnhof wird ein Römerkastell vermutet, das unter Kaiser Domitian (81–96) errichtet wurde.

Erst zu Beginn des 15. Jahrhunderts hat der Ortsadel die Stadt befestigen lassen und eine Michaelskirche gegründet. Ein Jahrhundert später nach dem bayrischen Erbfolgekrieg ging Heidenheim an Württemberg über. Im Dreißigjährigen Krieg war Heidenheim Schauplatz eines bunten Völkergemischs. Die Nördlinger Schlacht stand bevor, und die Truppen marschierten auf. Nach der Schlacht (1634), die bekanntlich von den Kaiserlichen gewonnen wurde, haben Truppen Heidenheim in Brand gesetzt. Kurze Zeit später wütete die Pest innerhalb der Mauern und raffte die meisten Einwohner dahin.

Heute wird das Stadtbild vom *Schloß Hellenstein* geprägt (Abb. 69). Ein romantischer Eindruck: Die Anlage, bestehend aus Ruinen, festen Wehrmauern und Türmen, thront über den Dächern der Stadt. Eine erste Burg entstand wohl schon im 12. Jahrhundert unter den Herren von Hälenstein. Deutlich erkennbar noch einige mittelalterliche Reste aus dem 13. Jahrhundert. Der vom Herzog Ulrich in Auftrag gegebene Bau (1537–44) ist leider nur noch als Ruine erhalten geblieben. Dagegen ist der ›Schickhardt-Trakt‹, entstanden um 1600, noch sehr gut erhalten. Ein mächtiger Rundturm erhebt sich neben der Schloßkapelle, in der eine Herrschaftsempore eingebaut ist. Der Torbau im Osten und der Renaissance-Fruchtkasten gehören mit zu den am besten erhaltenen Teilen des Schlosses. Die Michaeliskirche, um 1400 erbaut, wurde zwischen 1621 und 1622 wahrscheinlich von Schickhardt umgebaut. Erneute Umbauten fanden im 18. Jahrhundert statt, so daß von der ursprünglichen Kirche so gut wie nichts mehr zu erkennen ist.

Herbrechtingen

›Hagrebertingas‹, so die erste urkundliche Erwähnung dieses Ortes in karolingischer Zeit, war Verwaltungsmittelpunkt des Kronguts. Aus dieser Zeit ist die Gründung einer Dionysiuskirche überliefert. Sie wurde später in ein Chorherrenstift umgewandelt. Eine karolingische Kirche wird man in Herbrechtingen allerdings vergeblich suchen, denn von der alten Dionysiuskirche sind nur noch romanische Teile am Glockenturm und romanische Chorfenster erhalten. Ansonsten bietet sich die *Kirche* als ein barocker Bau aus dem 16. und 18. Jahrhundert dar.

Von Herbrechtingen führt eine kleine Straße durch das malerische Eselsburger Tal zur *Burg Falkenstein*. Fast schon pathetisch erhebt sich die Ruine auf steilem Felsen über dem Tal der Brenz. Gut erhalten sind noch ein gewölbter Dürnitzbau aus spätgotischer Zeit und weitere Hofgebäude.

Von Falkenstein können wir die wenig befahrene Landstraße nach Hürben wählen. Gleich hinter dem Ortsausgang Richtung Burgberg ein Hinweisschild zur durchaus besichtigenswerten *Charlottenhöhle*. Von dort führt die Straße weiter durch das Lonetal. Hinter Burgberg sind es nur noch wenige Kilometer bis zur Mündung der Lone in die Brenz. Eine kurze Strecke südlich davon, am Rande des Donau-Moos gelegen, die Stadt Brenz.

Brenz

Zum ersten Mal wurde der Ort im Jahre 774 als ›Brancia‹ erwähnt. Urkundlich taucht er rund hundert Jahre später auf: ›capella ad Prenza‹. Gemeint ist die *St. Galluskirche* an der Brenz. Die hier erstmals genannte karolingische Kapelle soll – so haben Ausgrabungen ergeben – auf einen Holzbau des 7. Jahrhunderts zurückgehen. Das staufische Westwerk, ein quadratischer Turmbau mit seitlichen runden Treppentürmen, aus dem 12. Jahrhundert und die südliche Portalvorhalle aus dem 13. Jahrhundert sind im historisierenden Stil des 19. Jahrhunderts stark verändert worden. Im Jahre 1620 hat Schickhardt das Westwerk erneuert.

Der Grundriß, eine dreischiffige Anlage beschreibend, wirkt etwas gestaucht. Dieser Eindruck stellt sich auch beim Betreten des Kirchenraumes ein. Die Proportionen sind gedrungen. Alles scheint zusammengerückt zu sein, so als ob wenig Platz für den Bau zur Verfügung gestanden hätte. Der Typus der Pfeilerbasilika mag auf die Vorbilder Lorch

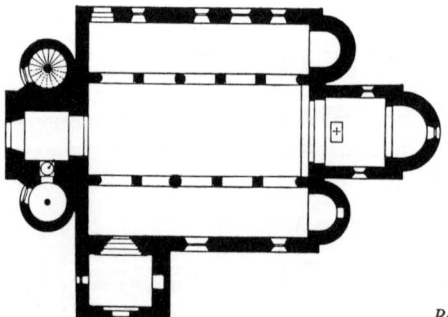

Brenz, St. Gallus, Grundriß

(S. 157) und Schwäbisch Gmünd, St. Johannis (S. 159) zurückgehen. Die Kapitelle der gestauchten Säulenschäfte sind ähnlich verziert wie diejenigen des Südportals. Hier im Tympanon ist Christus mit Maria und Johannes dargestellt. Die Muttergottes und der Täufer dürften die Funktion der Fürbitterin bzw. des Fürbitters haben – ein Hinweis auf die Thematik des Jüngsten Gerichtes. Die ornamentalen Verzierungen am Portal stammen sehr wahrscheinlich aus dem 19. Jahrhundert.

Nahe der Kirche das *Güssen-Schlößchen*, eine ehemalige mittelalterliche Wasserburg, die im 17. Jahrhundert umgebaut wurde. Sehenswert ist der Rittersaal mit typisch manieristischen Ornamenten. Das ›Gasthaus zum Hirsch‹ ist ein umgebautes Renaissance-Schloß.

Nun beginnt eine lange Fahrt durch eine abwechslungsreiche und äußerst reizvolle Landschaft. Von Brenz fahren wir westwärts am Rande des Donau-Moos entlang über Niederstotzingen nach *Langenau*. Die evangelische Stadtpfarrkirche St. Martin geht auf einen Bau zurück, der wohl schon im 7. Jahrhundert aus Resten eines römischen Tempels errichtet wurde. Im Innern des weitgehend barockisierten Baus ein Taufstein von Matthäus Böblinger, dem Mitkonstrukteur des Ulmer Münster (1474). – Von Langenau gelangen wir über Bernstadt wieder auf die Schwäbische Alb. Wir befinden uns hier auf der alten Römerstraße Richtung Westerstetten und Ursprung.

Ursprung

In der Nähe des Quelltopfs der Lone, um den sich einige Fachwerkhäuser drängen, wurde ein römisches Kastell, das im Jahre 90 n. Chr. zum ersten Mal unter der Bezeichnung ›ad lunam‹ erwähnt wird, ausgegraben. Dann hört man erst wieder tausend Jahre später von diesem Ort, als er in den Besitz der Grafen von Helfenstein kam. Aus dieser Zeit ist allerdings kaum etwas überliefert. Es vergingen wieder viele Jahrhunderte, bis Ursprung von sich reden machte: Im Jahre 1850 wurde die Eisenbahnstrecke Stuttgart – Ulm erbaut. Die Trasse zwängt sich durch das Lonetal, die nach der Geislinger Steige günstigste Möglichkeit, die Schwäbische Alb zu überwinden. Zu diesem Zweck mußte das mittelalterliche Kirchlein abgetragen werden, da die dauernden Erschütterungen der vorbeifahrenden Züge das Mauerwerk haben brüchig werden lassen. Den in neugotischen Formen entstandenen Neubau hat der Ulmer Baumeister Thrän errichtet. (Thrän war übrigens damals mit Arbeiten am Ulmer Münsterturm beschäftigt.)

Die B 10, die alte Handelsstraße zwischen Stuttgart, Ulm und Augsburg führt entlang der Eisenbahnlinie nach Geislingen, der Stadt der fünf Täler.

Geislingen

Mit fünf Tälern bildet der Nordwestrand der Schwäbischen Alb einen weiträumigen Talkessel, der während der letzten Jahrzehnte von der Stadt nahezu vollständig ausgefüllt wurde. Schon im Mittelalter war der Ort wegen seines Albaufstieges, der später sogenannten Geislinger Steige, berühmt. Immerhin führte über Geislingen die Reichsstraße vom Rhein zum

Mittelmeer. Diese Stelle mußte natürlich geschützt werden. Zu Beginn des 12. Jahrhunderts bauten die Helfensteiner eine Burg. Dieses Grafengeschlecht beherrschte das Gebiet bis ins 14. Jahrhundert. Dann mußten sie die Burg und die Stadt an Ulm verkaufen.

So etwas wie eine ›zweite Stadtgründung‹ vollzog sich um die Mitte des 19. Jahrhunderts, als die Eisenbahnlinie von Stuttgart nach Ulm gebaut wurde und damit auch die von Michael Knoll angelegte Geislinger Steige. Zu diesem Zeitpunkt begann die Industrialisierung in Geislingen, die den Wachstum der Stadt beschleunigte. Daniel Straub gründeten die Württembergische Metallwarenfabrik (WMF) und die Familie Staub die Süddeutsche Baumwollindustrie. Von diesen ersten großindustriellen Gründungen legt heute noch die Arbeiterwohnsiedlung in *Kuchen* (2 km nordwestlich von Geislingen) ein beredtes Zeugnis ab. Sie war damals eine der ersten ihrer Art. Viele Gebäude sind noch erhalten. Sie zählen zu den wenigen Beispielen sozialer Wohnbauten in Süddeutschland.

Geislingen ist heute eine moderne Industriestadt. Die Geschichte ist nur noch an wenigen Orten präsent. Beispielsweise in der *Stadtkirche,* die aus spätgotischer Zeit stammt. Die dreischiffige Basilika läßt deutlich die Neigung zur Hallenkirche erkennen. Der Altar im Chor aus dem beginnenden 16. Jahrhundert könnte Christoph von Urach oder Daniel Mauch gestaltet haben (Abb. 68). Es ist ein Marienaltar, auf dessen Predella eine seltsame Darstellung des Fegefeuers zu sehen ist. Das Chorgestühl aus dem Jahre 1512 ist das Werk eines Meisters aus dem Syrlin-Umkreis.

Von den älteren Profanbauten sind lediglich der ›Alte Bau‹ in der Moltkestraße und der ›Alte Zoll‹ in der Hauptstraße interessant. Beide sind schöne Zeugnisse der württembergischen Renaissance-Architektur. Der *›Alte Bau‹* mit vier vorkragenden Geschossen hatte früher die Funktion eines Fruchtkastens (Abb. 70), und der ›Alte Zoll‹, dessen alemannisches Fachwerk mit dem des Markgröninger Rathauses zu vergleichen ist, beeindruckt durch ein kleines Kranhäuschen auf dem Dach.

Oberhalb von Geislingen, beim Ortsteil Weiler, erhebt sich auf einer Felsklippe die *Stammburg der Helfensteiner.* Sie wurde im 12. Jahrhundert erbaut und später bis auf die Grundmauern zerstört. Die romantische Ruine, die wir heute sehen, ist in unserem Jahrhundert wieder aufgebaut worden.

Bad Überkingen

Bad Überkingen ist eines der ältesten Bäder in Südwestdeutschland. Seinen internationalen Ruhm konnte es zwischen dem 15. und dem 17. Jahrhundert genießen, und zwar wegen des sogenannten ›alkalischen Säuerlings‹, der schon seit dem frühen Mittelalter bekannt war. Die heute beliebte Adelheidquelle ist erst im Jahre 1926 erbohrt worden. Vom ehemaligen Glanz der Renaissance-Zeit kündet heute noch das *alte Badgebäude* in der Hauptstraße. Der Fachwerkgiebel ist mit einem Aufsatz versehen, so wie er damals in Ulm populär war, einem sogenannten ›Guckenhürle‹, ein Uhrentürmchen, dessen seltsamer Name vom lateinischen Wort ›horologium‹ (= hürle) abzuleiten ist. Der Reitstall des *Bades (Neuer Bau)* ist ebenfalls gegen 1600 entstanden. Auch hier haben wir es mit einem Renaissance-Bau zu tun. Zum

Obergeschoß führt eine elegante Freitreppe. Renaissance auch in der *Kirche*, die innen von einer flachen Holzdecke abgeschlossen wird. Diese wurde Ende des 16. Jahrhunderts von einem Geislinger Künstler namens Hennenberger bemalt.

Von Bad Überkingen fahren wir wieder hinauf auf die Hochfläche der Schwäbischen Alb Richtung Türkheim und *Nellingen*. Im zuletzt genannten Ort steht eine spätgotische Chorturmkirche, die unbedingt besucht werden sollte. Im Chorraum sind einzigartige mittelalterliche Malereien zu betrachten. Das zentrale Wandgemälde an der Südwand erzählt in allen Einzelheiten die Ereignisse des Jüngsten Gerichtes. Neben dem Erzengel Michael, der die Seligen segnet und die Verdammten in den Höllenschlund stößt, befindet sich eine Jahreszahl: 1492.

Laichingen

Im 13. Jahrhundert war Laichingen noch im Besitz der Tübinger Pfalzgrafen. Dann heiratete sich ein Helfensteiner in dieses Grafengeschlecht ein und erwarb den Ort. Bekanntlich verloren die Helfensteiner im 14. Jahrhundert fast alle ihre Besitzungen. So auch Laichingen. Der Ort ging an die Grafen von Württemberg über, die schon sehr bald vom Kaiser die Zustimmung erhielten, Laichingen zu ummauern und zur Stadt zu erheben. Das war im Jahre 1364.

Die Kirche, *St. Alban*, sie soll die größte der Schwäbischen Alb sein, wurde im 16. Jahrhundert von einer hohen Mauer umgeben. Wenn man sich auf die Südseite vor den romantischen Torbogen mit den Fachwerkbauten (Zeughaus und Fruchtkasten) begibt, dann meint man vor einer Art Kirchenburg zu stehen, vielleicht vergleichbar mit der Anlage von Merklingen bei Weil der Stadt (s. S. 143). Im Süden der Kirche ist das Brautportal mit einer spätgotischen Vorhalle bemerkenswert. Das Turmoktogon hat Heinrich Schickhardt entworfen (1631/32). In dieser Kirchenburg ist ein kleines und intimes *Heimatmuseum* untergebracht, das u. a. das Laichinger Weberhandwerk, dessen Anfänge bis auf das frühe Mittelalter zurückzuführen sind, dokumentiert.

Knapp einen Kilometer südlich von Laichingen liegt eine berühmte *Tiefenhöhle*, die einzige ausgebaute Schachthöhle Deutschlands. Die Höhle, entstanden im Jungtertiär, ist 103 Meter tief und 1100 Meter lang. Über Leitern und Treppen gelangt man in die Schächte und Gänge. Öffnungszeiten: 15. April–15. Oktober, 8–18 Uhr.

Wer ein bedeutendes Beispiel gotischer Malerei nicht versäumen möchte, der sollte nach Wiesensteig, unserer nächsten Station, über *Feldstetten* fahren. Hier im fast vollständig ausgemalten Chor der Galluskirche sind Apostel und der Kampf des Hl. Georg mit dem Drachen in Form einer ›Ritterszene‹ dargestellt.

Wiesensteig

Im Jahre 861 wird der Ort als ›Wisontesteiga‹ zum ersten Mal genannt. Im 12. Jahrhundert gehörte er den Grafen von Helfenstein und bleibt dann auch im Laufe der folgenden Jahrhunderte, nachdem die Grafen fast ihr gesamtes Herrschaftsgebiet verkauft hatten, in deren Besitz. Von ihnen stammt ein vierflügeliges *Renaissance-Schloß* (um 1600), von dem heute nur noch der südliche Flügel erhalten geblieben ist. Gegenüber steht ein mittelalterliches Steinhaus mit einem Fachwerkaufsatz. In der Nähe die Stiftskirche *St. Cyriakus,* ehemalige Kirche einer Benediktinerabtei. Der romanische Ursprung ist noch im Unterbau der West-türme aufzuspüren. In der ersten Hälfte des 15. Jahrhunderts sind sowohl der Chor als auch das Langhaus entstanden. Im Jahre 1648 drangen schwedische Truppen in die ehemals von den Helfensteinern reformierte, dann aber rekatholisierte Stadt vor und zerstörten sie. Die Kirche brannte bis auf die Türme aus. Der Wiederaufbau dauerte sehr lange, er war erst gegen Ende des 18. Jahrhunderts abgeschlossen. Aus diesem Grunde finden sich zwei Stil-epochen, die barocke und, dem Stilideal der zweiten Hälfte des 18. Jahrhunderts entspre-chend, ein nüchterner Klassizismus. Gegen Ende des Zweiten Weltkrieges mußte Wiesen-steig erneut schwere Schäden hinnehmen, nachdem alliierte Tiefflieger mehrere Angriffe geflogen hatten. Einen berühmten Sohn kennt Wiesensteig, den Wiener Hofbildhauer Franz Xaver Messerschmidt (1736–83).

Von Wiesensteig fahren wir über *Schopfloch, Böhringen* und *Hengen* nach *Münsingen.* Wir fahren über kleine Landstraßen, und kommen so in den Genuß, uns Zeit lassen zu können, um die idyllische Landschaft in uns aufzunehmen. Idyllisch ist vielleicht das falsche Wort, denn die Alb zwischen Münsingen und Urach wird die ›rauhe Alb‹ genannt. In der Tat bietet sich die Gegend nicht so lieblich dar wie bei Salmendingen oder Trochtelfingen (s. S. 248f.). Aber ›unwirtlich‹ und ›karg‹, und das könnte ja mit ›rauh‹ assoziiert werden, ist sie hier nun auch wieder nicht. ›Auf den Rauhen Schwäbischen Alpen‹, so hat Martin Crusius, der Tübinger Humanist und Chronist, die Schwäbische Alb in seinen ›Annales Suevici‹ von 1596 genannt. Crusius hat die Bezeichnung ›alpes‹ wie damals üblich mit dem deutschen Mittelge-birge in Verbindung gebracht. Damit knüpfte er an die antiken Geographen, wie z. B. Strabon oder Ptolemaios, an. Diese haben die Landschaft oberhalb der Donauquelle ›Alpen‹ genannt. Das Attribut ›rauh‹ muß sich nicht unbedingt auf ein ›rauhes Klima‹ beziehen, sondern auf ein ›gebirgiges, steiniges Ländchen‹, wie Ladislaus Suntheim in seiner um 1500 entstandenen Landesbeschreibung die Gegend zwischen Urach und Münsingen charakteri-siert hat. ›Rauh‹ also deswegen, weil das ›steinige Ländchen‹ landwirtschaftlich nicht oder nur ganz wenig genutzt werden konnte.

Münsingen

›Münsingen‹ geht auf das alemannische ›Munigiseshuntare‹ zurück. Damit war die Grün-dung einer Hundertschaft (militärische Einheit von 100 Soldaten = ›huntare‹) gemeint. Im 13. Jahrhundert ging Münsingen zusammen mit Urach an die Grafen von Württemberg über. Im mittelalterlichen *Schloß* (14. Jh., heute Museum) wurde im Jahre 1482 der ›Vertrag von Münsingen‹ unterzeichnet. Nach vierzigjähriger Teilung konnten die beiden Landestei-le wieder vereinigt werden. Wie kam es zu dieser Teilung? Im Jahre 1433 wurde Ulrich, der

Bruder des regierenden Grafen Ludwig von Württemberg, volljährig. Er verlangte eine Beteiligung an der Regierungsgewalt. Er konnte sich jedoch mit einer ›Mitregentschaft‹ nicht zufrieden geben und verlangte die Teilung des Landes. Diese wurde im Jahre 1442 friedlich vollzogen. Es entstand der sogenannte ›Uracher Teil‹ für Ludwig und der ›Stuttgarter Teil‹ für Ulrich. Diesen Faden werden wir im Zusammenhang mit der Uracher Geschichte noch weiterspinnen.

Sehenswürdigkeiten gibt es kaum in Münsingen. Das spätgotische Sterngewölbe im Chor der *Stadtkirche* ist sehr schön und in dieser Form wahrscheinlich nur in Reutlingen und Bronnweiler (s. S. 256 f.) anzutreffen. Mag sein, daß den Chor ein Baumeister aus den im Lande weit verbreiteten Bauhütten der Parler-Nachfolge oder des Peter von Koblenz gestaltet hat (1495/96). – Auf dem Marktplatz steht ein Vier-Röhren-Brunnen aus der Renaissance, eine Seltenheit für die wegen ihrer Wasserarmut bekannte ›Rauhe Alb‹. Bei einem Spaziergang sollte man auf die schmucken Gasthausschilder achten. Manch' interessante schmiedeeiserne Arbeit ist zu entdecken.

Durch das schöne Lautertal nach Hayingen

Über Apfelstetten und Buttenhausen erreichen wir das malerische *Lautertal.* Dieses abgelegene und wenig bekannte Tal lädt ein zu erholsamen Spaziergängen. In engen Windungen hat die Lauter ihr Bett geformt. Hoch ragen die Albhänge über dem Fluß auf. Unvermittelt kommen Burgruinen ins Blickfeld. In Bichishausen (Farbt. 24) befinden wir uns schon im ehemaligen Herrschaftsbereich der Grafen von Gundelfingen. Nach diesem Geschlecht ist auch eine Ortschaft an der Lauter benannt. Dort sind noch Reste der wahrscheinlich zu Beginn des 12. Jahrhunderts erbauten *Burg Hohengundelfingen* zu sehen. Sie kam um 1300 an Habsburg. Gegenüber, unten im Tal, die Ruine *Niedergundelfingen* aus dem 13. Jahrhundert, die weit besser erhalten ist.

Nach einer kurvenreichen Fahrt am Fluß verlassen wir das Lautertal und fahren auf den 714 Meter hohen Alenberg zu, an dessen Fuß **Hayingen** liegt. Der Ort wurde schon im 13. Jahrhundert von den Grafen von Gundelfingen als eine reine Handwerks- und Handelsstadt gegründet. Sehenswert sind die gotische *Kirche* mit Barockaltären und das im barocken Fachwerkstil erbaute *Rathaus* (17. Jh.). Ganz in der Nähe des *Spital,* dessen eher nüchterne Fachwerkkonstruktion den Renaissancestil verrät.

Von Hayingen, das 661 Meter hoch liegt, ist es nur ein Sprung nach Zwiefalten und ins Donautal (s. Ebert, Bodensee und Oberschwaben). Auf dem Weg dorthin kommt man durch das Dorf *Wimsen.* Von hier aus führt ein Weg zur *Friedrichshöhle,* der einzigen auf der Alb, die mit dem Boot befahren werden kann (s. S. 242).

Zurück nach Urach können wir den Weg über die Alb-Hochfläche wählen. Die Landstraße führt durch eine verlassene Gegend. Nach sechs Kilometern erreichen wir *Ehestetten* und nach weiteren sechs Kilometern wieder das Lautertal. Es folgen die Ortschaften *Dapfen* und *Marbach,* das Mekka der Pferdeliebhaber. Schon im Jahre 1554 ist hier ein Gestüt und ein Stutenknecht beurkundet. Neben dem ›Marbacher‹, einer veredelten Württemberger

Warmblutrasse, werden auch Trakehner und Vollblutaraber gezüchtet. Wir fahren weiter nach Münsingen und von dort Richtung Urach. Kurz hinter Münsingen wird die europäische Wasserscheide ›Rhein – Donau‹ angezeigt.

Urach

Seit einigen Jahren darf sich Urach ›Bad Urach‹ nennen, nachdem 1970 und 1974 Heilquellen erbohrt wurden. Innerhalb kürzester Zeit ist die Stadt als Bad- und Kurzentrum beliebt geworden.

Urachs Geschichte reicht weit zurück in die Frühzeit des Menschen. Zwei Kilometer westlich von Urach erhebt sich der ›Runde Berg‹ über dem Ermstal. Hier konnten Archäologen Siedlungen aus der Bronzezeit nachweisen. Keltische und römische Funde wurden ebenfalls gemacht. Die reiche Ausbeute ist heute im Württembergischen Landesmuseum in Stuttgart zu betrachten (s. S. 51). Die Gründung der Stadt geht auf die Grafen von Hohenurach zurück, die schon im 13. Jahrhundert ihren Herrschaftsbesitz an die Grafen von Württemberg abgetreten haben. Nachdem in der schon erwähnten Landesteilung (S. 218f.) Graf Ludwig Urach zur Residenzstadt erhob, kam es zu einer unvergleichlichen kulturellen Blüte, von der heute noch viele Kunstwerke zeugen. Unter Graf Ludwig und nach seinem Tod im Jahre 1450 (er starb an der Pest) unter der Regierung seines Sohnes Eberhard im Barte

Urach, Stammbuch des Prinzen von Sachsen-Altenburg, 1616. Württembergisches Landesmuseum, Stuttgart

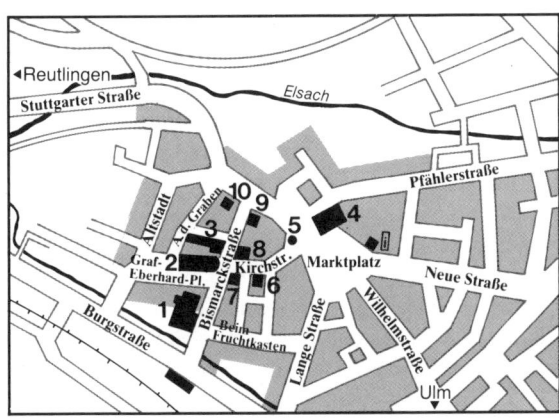

Urach
1 Schloß 2 Amanduskirche
3 Mönchshof 4 Rathaus
5 Brunnen 6 klassizistisches Haus
7 Bäckerei 8 Kanzlei 9 Alte Mühle
10 Haus am Gorisbrunnen

entstanden einzigartige Renaissance-Baudenkmäler. Hier ist vor allem das *Schloß* zu nennen, das, 1443 begonnen, unter Eberhard vollendet wurde, »prächtiger als bei Baubeginn abzusehen war«, wie manch ein Zeitgenosse wohl gesagt haben mochte. Über einem hohen Steinunterbau erheben sich die Fachwerkgeschosse mit Erker, Halbturm und Gauben (Abb. 72).

»Es ist herrlicher, als man es von außen dafür ansieht«, sagte der schwäbische Chronist Crusius im 16. Jahrhundert. In der Tat, das spätgotische Kreuzgratgewölbe der Dürnitz (Rittersaal) mag noch an klösterliche Strenge erinnern (Abb. 75). Der Goldene Saal jedoch mit seinen reich verzierten Säulen, Wandpilastern und der flachen, ebenfalls ornamentierten Holzdecke vermittelt einen hochherrschaftlichen Eindruck. An den Wänden die Palme und der Leitspruch des Grafen Eberhard: ›Attempto‹ (ich wag's), mit dem er nach Palästina gezogen war. Die Palme soll übrigens dort zu seinem Lieblingsbaum geworden sein. Zwischen der Dürnitz und dem Goldenen Saal befindet sich der weiße Palmensaal. Hier sind die großen Wappen der mit dem Hause Württemberg verwandten europäischen Familien zu sehen, wie z. B. die Mailänder Visconti. Eberhard selbst war ja mit Barbara, einer Tochter der Mantuaner Gonzaga, verheiratet gewesen. Hier in Urach wurde 1474 das glanzvolle Hochzeitsfest gefeiert. (Chroniken haben berichtet, daß für die Bevölkerung Wein aus dem Marktbrunnen geflossen sei.)

Gegenüber vom Schloß die *Amandus-Kirche*, eine der bedeutendsten Kirchen im Lande (Abb. 72). Ihr Baumeister, Peter von Koblenz, hat hier sein Meisterstück geliefert. Der Chor mit einem Gespinst von Netzgewölbe zieht alle Aufmerksamkeit auf sich. Seine Breitenwirkung mag schon unter dem Eindruck der Renaissance zustande gekommen sein. Auch das Sterngewölbe des Mittelschiffs, für das vielleicht die Reutlinger Marienkirche vorbildlich war, trägt zu dem großartigen Raumeindruck bei. Peter von Koblenz hat sich aber nicht für eine Hallenkirche entscheiden können. Dieser Typus schien passender für eine Freie Reichsstadt zu sein. Die Residenzstadt Urach verlangte offensichtlich nach einem herrschaftlichen Kirchentypus, dem der traditionellen dreischiffigen Basilika. Am letzten

Pfeilerpaar vor dem Chor, etwa in 2½ Meter Höhe, sind Ansätze für ein niedriges Rippenge-wölbe zu sehen. An dieser Stelle war offensichtlich ein Lettner geplant. Das kostbarste und eigenwilligste Ausstattungsstück ist der Taufstein des Christoph von Urach (1518). Bei den Brustbildreliefs handelt es sich um Propheten und Patriarchen des Alten Testaments: Sehenswert ist auch der Betstuhl des Grafen Eberhard im Barte. Er wurde im Jahre 1472 geschnitzt: In einem Relief wird die Verspottung Noahs gezeigt (Abb. 73). In der Halle des Westturms berichtet uns eine Inschrift, daß der Baumeister Peter von Koblenz hier begraben worden ist (wahrscheinlich kurz nach 1501). – Gegenüber der Kirche, im Norden, steht der *Mönchshof*, den Graf Eberhard im Jahre 1477 gestiftet hat.

Einen Straßenzug weiter öffnet sich der *Marktplatz*, der unter den württembergischen Marktplätzen sicherlich eine Sonderstellung einnimmt. Wenn auch heute die B 28 (Wilhelm-straße) den Marktplatz teilt, ist dennoch auffallend, daß noch einige Straßen kurz hinter dem Marktplatz leicht abknicken. So kommt es nicht zur Bildung von Straßenfluchten und die Geschlossenheit des Platzes ist gewährleistet. Gegenüber vom *Rathaus*, einem Fachwerkbau aus dem 16. Jh., steht der *Marktbrunnen*, der am ehesten noch mit dem von Rottenburg oder Nürnberg zu vergleichen ist. Die Brunnensäule ist in Form eines spätgotischen Fialtürm-chens gestaltet. Der Entwurf stammt von Peter von Koblenz. Christoph von Urach und M. Hillenbrandt haben die Arbeiten ausgeführt (1495–1500). Auf der Spitze des vom Grafen Eberhard gestifteten Brunnens steht ein Hl. Christophorus (seit 1905, Kopie). – Nun spazie-ren wir wieder die Kirchgasse zurück Richtung Amanduskirche und Schloß. Auf der linken Seite ein schöner *klassizistischer Bau*. Ein paar Häuser weiter eine *Bäckerei*, in der laut Tafel die ›Brezel‹ ›erfunden‹ wurde. Gegenüber ein altes *Kanzleigebäude* aus dem 15. Jahrhun-dert. Wir biegen rechts ab zur *Alten Mühle*, die heute immer noch in Betrieb ist, und gelangen zu einem ungewöhnlich gestalteten *Fachwerkhaus*. Diesen ›schwäbischen Palazzo‹ haben Tübinger Denkmalpfleger im Jahre 1977 als solchen erkannt. Es handelt sich um einen in spätgotisches deutsches Fachwerk umgesetzten italienischen Renaissance-Palazzo. Man ist sich heute sicher, daß dieser Palazzo vom Grafen Eberhard als Lustschloß geplant war – Reverenz an seine italienische Gattin Barbara Gonzaga.

Einen Spaziergang auf den Albtrauf zur Ruine *Hohenurach* ist sehr empfehlenswert, nicht zuletzt auch wegen der einmaligen Aussicht, die von der Burg zu genießen ist. Außerdem kann dieser Spaziergang mit einem kleinen Abstecher zum romantischen Uracher Wasserfall verbunden werden. Einzelne Burgteile sind noch überraschend gut erhalten, wie z. B. der gotische Palas aus dem 14. Jahrhundert sowie Geschütztürme aus dem 16. Jahrhundert. Im 18. Jahrhundert hat der Herzog Karl Eugen die Anlagen teilweise abbrechen lassen.

Neuffen und Hohenneuffen

Die gotische Martinskirche in *Neuffen*, wahrscheinlich gegen Mitte des 14. Jahrhunderts entstanden, ist eine Rundpfeilerbasilika mit flacher Decke. Der Chor ist gewölbt. Bis auf die Flachdecke kann die Kirche in einigen Details und im Gesamtkonzept mit der Reutlinger Marienkirche verglichen werden.

Die aus den Felsen des *Hohenneuffen* herauswachsende Burg geht auf eine Gründung des frühen 12. Jahrhunderts zurück. Die Türme wurden im 16. Jahrhundert angebaut (Farbt. 22). Auf Veranlassung von Herzog Karl Alexander wurden zwischen 1733 und 1737 monumentale Bastionen und Kasematten angefügt. Der Baumeister war Anton von Herbot. Im Jahre 1801 wurde die Burg geschleift. Seitdem gilt sie als die größte Ruine der Schwäbischen Alb.

Hinter der Burg öffnet sich eine Hochfläche, die in keltischer Zeit wahrscheinlich zu einer riesigen Festung ausgebaut worden war. Zwischen Erkenbrechtsweiler und Grabenstetten sind noch Spuren der sogenannten Heidengräben zu sehen.

Das geologische und geomorphologische Bild der Schwäbischen Alb

Von Uschi Schwitalla

Aufgrund ihres geologischen Aufbaus und ihrer Entwicklungsgeschichte nimmt die Schwäbische Alb eine Sonderstellung in der Reihe der deutschen Mittelgebirge ein. Sie verdient als einer der geschlossensten und eindrucksvollsten Naturräume in Süddeutschland besondere Beachtung. Die Reisenden, die sich auf der Bundesautobahn 81 von Norden kommend dem wie eine drohende Mauer aufgerichteten Steilanstieg nähern, mögen in einem der zahlreichen Taleinschnitte den Albtrauf erklimmen und die Landschaft der Schwäbischen Alb mit ihrer eigenen Schönheit erleben.

Die Schwäbische Alb bildet das aus Kalkstein aufgebaute Dach der *Südwestdeutschen Schichtstufenlandschaft*, die entstanden ist durch Ablagerungen verschieden widerständiger Sedimentschichten am Grund des ausgedehnten Jurameeres, das vor ca. 150 Millionen Jahren Südwestdeutschland bedeckte. Als diese Gesteinsschichten tektonisch gehoben wurden, brach der Oberrheingraben ein und die danach einsetzende Abtragung führte die ›Südwestdeutsche Schichtstufenlandschaft‹ ihrer heutigen geomorphologischen Form zu.

Das Einfallen der Sedimentschichten nach Südosten und ihrer stärksten Hebung im südlichen Teil haben ein fächerförmiges Nebeneinander von Schichtstufen und Schichtflächen von Südwest nach Nordost in der Süddeutschen Landschaft bedingt. Wer bei Singen auf die BA 81 fährt, beginnt am Drehpunkt des Fächers, fährt nach Norden auf immer breiter werdenden Schichtflächen und sieht die Schichtstufen besonders die der Schwäbischen Alb immer weiter nach Nordost abweichen.

Damit erklärt sich die Südwest-Nordost-Ausdehnung der Schwäbischen Alb, deren mächtige Kalkstufe mit den höchsten Höhen im Südwesten von der Schweizer Grenze bei Schaffhausen bis zum Nördlinger Ries folgt, und zu ihrer südöstlichen Grenze, dem Donautal sanft absinkt. Nach der vorherrschenden Farbe im Gelände wurde das Juragestein des Albvorlandes und der Alb in drei Stufen eingeteilt.

Die unterste Stufe des ›schwarzen Jura‹ oder ›Lias‹ ist besonders durch die schwarzen Ölschiefer ausgezeichnet, in denen zahlreiche Versteinerungen von Fischsauriern, Flugsauriern und Meereskrokodilen gefunden werden konnten.

Ein lohnender Weg in die Welt dieser Fossilien führt uns über die BA 8 nach Holzmaden am Fuß des Aichelberges. 1937 wurde dort von der Familie Hauff, heute in dritter Generation von ihr betreut, das *Urweltmuseum* gegründet. 1971 entstand ein größerer Neubau, in welchem den Besuchern mit Lehrfilm und großer Fossiliensammlung die Fauna und Flora

57 SCHWÄBISCH GMÜND Heiligkreuzmünster, Tympanon des südlichen Chorportals

58 SCHWÄBISCH GMÜND Heiligkreuzmünster ▷

59   SCHWÄBISCH GMÜND   Johanneskirche, Westfassade

60 LORCH Ehemalige Benediktinerklosterkirche

61 SCHWÄBISCH GMÜND Johanneskirche, romanisches Tympanon

62 Blick auf die Kaiserberge bei Göppingen
63 FAURNDAU   Pfarrkirche, Langhaus und
Chor

64 FAURNDAU   Pfarrkirche, Apsis

65 NERESHEIM Benediktinerklosterkirche, Kuppelfresken

66 NERESHEIM Benediktinerklosterkirche, Westfassade

67 KIRCHHEIM UNTER TECK St. Martin, spätgotische Altartafel, ›Anbetung der Könige‹

69 HEIDENHEIM Blick vom Schloß Hellenstein auf die Stadt

68 GEISLINGEN Pfarrkirche, Flügelaltar von Daniel Mauch (?)

71 KIRCHHEIM UNTER TECK Rathaus

70 GEISLINGEN ›Alter Bau‹

72 URACH Schloß und Amanduskirche
73 URACH Ehem. Stiftskirche St. Amandus, Betstuhl des Grafen Eberhard, 1472: ›Verspottung Noahs‹

74 TROCHTELFINGEN Fachwerkbauten im Ortszentrum

75 URACH Schloß, Dürnitz   76 Schloß Lichtenstein, Wappenzimmer

77 VERINGENDORF St. Michael

78 GAMMERTINGEN Schloß

79 PFULLINGEN ›Pfullinger Hallen‹

80 VERINGENDORF Friedhof ▷

82 TÜBINGEN Bebenhäuser Pfleghof   83 BRONNWEILER St. Marıen

1 81 REUTLINGEN Turm der Marienkirche und Friedrich-List-Museum (links)

84 BELSEN Portal der Kapelle   85 Nebelhöhle bei Genkingen, Schwäbische Alb ▷

der Jurazeit gezeigt wird. Besonders eindrucksvoll ist das komplette Skelett eines Ichthyo-
sauriers mit Embryo im Leib und daneben versteinertem Jungem sowie eine 18 mal 6 Meter
große Seelilienkolonie. Das Museum ist täglich geöffnet, außer montags, von 9–12 Uhr und
13–17 Uhr).

Die Region um Holzmaden ist inzwischen Versteinerungsschutzgebiet. Bis heute werden
dort immer wieder Fossilienfunde gemacht, und auch der Laie kann mit einer Genehmigung
des Landesdenkmalamtes in Stuttgart in einem der Schieferbrüche noch Fossilien suchen.

Über der schmalen Stufe des ›braunen Jura‹ oder ›Dogger‹ erhebt sich die charakteristische
bis 400 Meter mächtige Stufe des ›weißen Jura‹ oder ›Malm‹, der den nordwestlichen Steilanstieg oder ›Albtrauf‹ und die Hochfläche der Schwäbischen Alb bildet.

Geologische Karte der Schwäbischen Alb und vereinfachter Schnitt

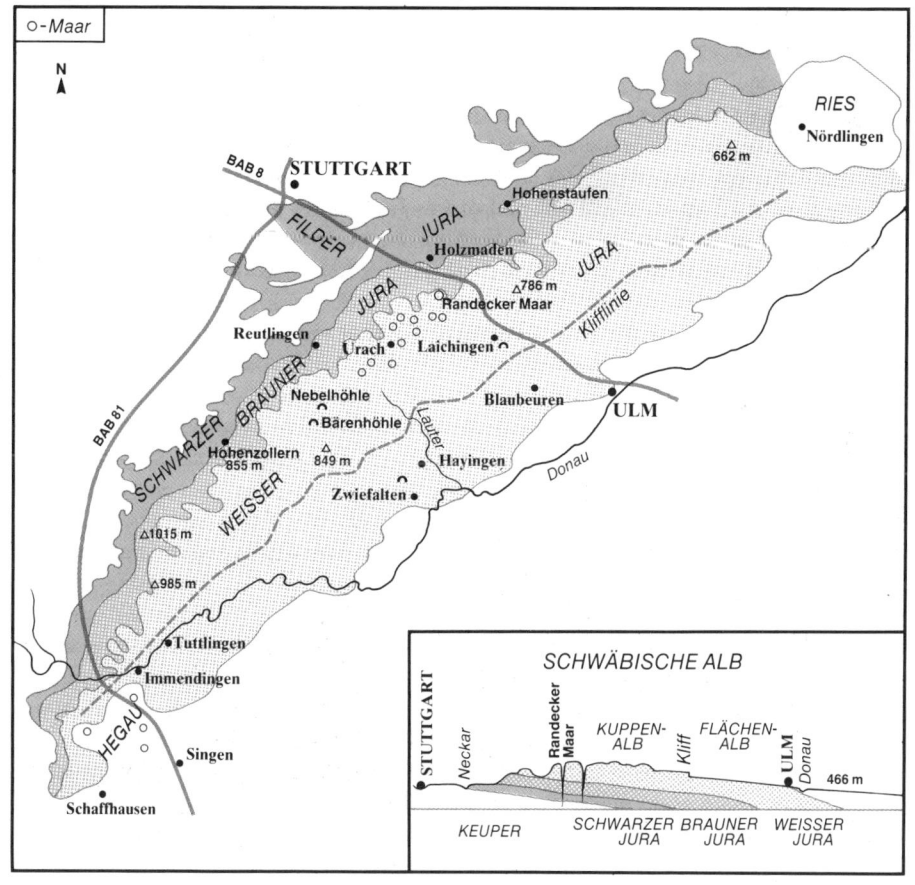

Form und Gestalt verdankt die Schwäbische Alb diesem Kalkgestein und seiner Wasserdurchlässigkeit und den damit verbundenen Verkarstungserscheinungen. Durch feinste Risse und Klüfte dringt das kohlensäurehaltige Regenwasser in das Gestein ein, kann in chemischer Reaktion den Kalk lösen, seine Wege zu Röhren und Höhlen erweitern und tritt erst wieder als Karstquelle über einer wasserundurchlässigen Schicht aus.

Einer der bekanntesten und schönsten Quelltöpfe ist der *Blautopf* neben dem Kloster Blaubeuren, der von der Tiefe und Reinheit des Wassers bis heute seinen Namen zu Recht trägt. Zahlreiche Höhlensysteme sind in den beiden letzten Jahrhunderten entdeckt, erforscht und teilweise für Besucher zugänglich gemacht worden.

Eine der ältesten ist die 350 Meter lange *Friedrichshöhle* oder *Wimsener Höhle* (3 km nördlich Zwiefalten). 1803 wurde sie bereits von Kurfürst Friedrich I. von Württemberg besucht. Als einzige Höhle kann sie teilweise mit dem Boot befahren werden.

Die bekannteste ist die *Bären- und Karlshöhle* (2,5 km nordöstlich von Erpfingen), benannt nach den Knochenfunden eiszeitlicher Bären. Sie erstreckt sich über 270 Meter durch Gänge und Schächte und führt die Besucher in eine unwirkliche Welt der Stalagmiten und Stalaktiten, die ganze Tropfsteingärten bilden (Besichtigung ca. 30 min.).

Unweit entfernt liegt die *Nebelhöhle* (3 km von Genkingen), die bereits 1803 für Besichtigungen ausgebaut wurde. Ein 380 Meter langer Gang führt durch große Hallen mit schönen Stalagmitbildungen (Abb. 85).

Die *Laichinger Tiefenhöhle* (1 km südlich von Laichingen) ist die tiefste Schauhöhle in Deutschland und beeindruckt die Besucher mit bis zu 100 Meter tiefen Schächten. Ein interessantes Höhlenkundliches Museum ist im Eingangsgebäude eingerichtet (Besichtigung ca. 45 min.).

Bedingt durch die Versickerung von fließendem Wasser, lassen sich auf der Albhochfläche vielerorts Trockentäler und das zeitweilige Verschwinden von Flüssen beobachten. Bekanntestes Beispiel ist die *Donauversickerung* zwischen Immendingen und Tuttlingen, deren Wasser im zwölf Kilometer südlich gelegenen Radolfzeller Achtopf wieder zum Vorschein kommt.

Die Bewohner der Albdörfer waren jahrhundertelang für ihre Trinkwasserversorgung auf Zisternen angewiesen. Viehtränke und Vorrat für Brandgefahr waren die immer schmutzigen Dorfteiche, die ›Hülben‹ genannt und in manchen Ortsnamen auftauchen. Erst 1871 wurde die Albwasserversorgung von Pumpwerken übernommen.

So wie Kalk gelöst wird, kann er an gewissen Stellen wieder als Sinterkalk ausgefällt werden. In größeren Terrassen entlang der Flüßchen vor dem Albtrauf, jahrhundertelang als widerständiger Baustein geschnitten und bis heute an vielen unverputzten Häusern im Albvorland zu finden. Oder auf markante Punkte begrenzt, wie am *Uracher Wasserfall*, dessen Kante sich immer weiter vorbaut, bis sie von Zeit zu Zeit wieder abbricht.

Die geomorphologischen Formen der Albhochfläche wurden in ihrer südlichen Hälfte durch spätere Überspülung eines untermiozänen Meeres eingeebnet. Bis zu dessen *Klifflinie* (Strandlinie, besonders schön zu erkennen im *Heldenfinger Kliff* auf der Ostalb) sprechen wir von der ›Flächenalb‹, die im Südwesten vom Oberlauf der Donau in eindrucksvollem

Felsental durchschnitten wird. Nördlich der Klifflinie kennzeichnet ein älteres leicht hügeliges Relief die ›Kuppenalb‹.

Intensive Erosion findet am Albtrauf statt durch Unterhöhlung und Nachbrechen der Kalksteinschicht und hat den Albtrauf immer weiter nach Südosten zurückverlegt. Beweis dafür sind zahlreiche *Zeugenberge* im nordwestlichen Albvorland, die als Teile der Alb dank erschwerter Abtragung als Restberge stehenblieben und idealer Standort mittelalterlicher Burgen wurden wie der Hohenstaufen, Rechberg und Stuifen bei Göppingen oder der Hohenzollern bei Hechingen.

Als Besonderheit für die Oberflächengestaltung ist der Vulkanismus der Schwäbischen Alb zu nennen. Ganz im Südwesten im ›Hegau‹ und im Bereich der mittleren Alb um Urach treffen wir auf Relikte vulkanischer Tätigkeit ausgehend von tektonischen Störungen. An keiner Stelle kam es allerdings zum Erguß, sondern lediglich zu Explosionen, wodurch Asche und Deckgestein ausgeworfen wurde, womit aber auch die Schlote wieder angefüllt wurden. Diese angefüllten Trichter traten an der Alboberfläche als Vertiefungen oder *Maare* auf, konnten Wasser sammeln und wurden deshalb zu gesuchten Siedlungsplätzen, wie z. B. das ›Randecker Maar‹ nordöstlich von Urach, mit einem Durchmesser von ca. einem Kilometer eines der größten Maare der Alb. Beim Zurückweichen des Albtraufes konnten die mit vulkanischem Tuff gefüllten Schlote die Abtragung verzögern und vulkanische Restberge bilden wie die Hegauvulkane bei Singen oder der Georgenberg bei Reutlingen.

Dank der tektonischen Störungen im Bereich der mittleren Alb lohnt Urach noch aus einem weiteren Grund einen Besuch: Seine warmen Mineralquellen haben die Stadt zum vielbesuchten Thermalbad gemacht, und im Jahre 1983 konnte der Name der Stadt stolz in ›Bad Urach‹ geändert werden.

Der geologische Aufbau bestimmt nicht nur die geomorphologische Form, sondern auch Böden und Vegetation der Schwäbischen Alb und damit die Besiedlung dieses Gebirges durch die Menschen.

Die häufigsten Ortsnamen der Schwäbischen Alb enden auf -*ingen* und weisen sie als Teil des bereits zur alemannischen Landnahme (ca. 500 n. Chr.) in Besitz genommenen und kontinuierlich besiedelten *Altsiedellandes* in Süddeutschland aus. Die zu rodenden Waldgebiete des Schwarzwaldes und der Keuperberge wurden erst im Spätmittelalter besiedelt und als *Jungsiedelland* bezeichnet. Erleichtert wurde die Besiedlung der Schwäbischen Alb, dieses mit Höhen bis zu 1000 Metern klimatisch nicht bevorzugten Berglandes durch die typische und heute schützenswerte Vegetationsform der *Steppenheideflora*. Dabei handelt es sich um eine Zwergstrauchfamilie (Weißdorn, Schlehen, Wacholder, Rosensträucher und Silberdistel – letztere Kennzeichen der ›Schwäbischen Albstraße‹), die Trockenheit, kohlensauren und kalkigen Boden und Sonneneinstrahlung sucht.

Robert Gradmann, der als Pfarrer auf der Schwäbischen Alb lebte und aufgrund seiner Forschungsergebnisse als Professor für Geographie nach Tübingen berufen wurde, hat um die Jahrhundertwende die Steppenheideflora untersucht und als Relikt einer nacheiszeitlichen Trockenperiode gedeutet. Gradmann hat die Steppenheidegebiete als Vorzugsraum für die vorgeschichtliche und alemannische Besiedlung definiert, da auf ihren kalkigen Böden intensive Feldgraswirtschaft möglich war und das Vordringen des Waldes bis heute dadurch eingeschränkt blieb.

Geschützt und erhalten wurde die Steppenheideflora im letzten Jahrhundert durch die wandernden Schafherden, die alles bis auf die dornigen Zwergsträucher abgrasten. Durch die deutliche Abnahme der Schafzucht nach 1945 bestand die Gefahr einer Überwucherung. Heute allerdings hat sich das Blatt gewendet, zu große Schafherden gefährden durch Überweidung die Relikte dieser Vegetationsform. Im Lautertal und bei Hayingen westlich von Ulm finden wir einige der schönsten Gebiete mit der heute geschützten einzigartigen Steppenheideflora.

In den Tälern der Schwäbischen Alb

Reutlingen, ›Tor zur Schwäbischen Alb‹, ist Ausgangspunkt für Fahrten über die Hochfläche der Alb und durch das Laucherttal. Besichtigen werden wir die Stadt im folgenden Kapitel; jetzt nehmen wir sie bei ihrem Namen, d. h. wir ›benutzen‹ sie als ›Tor zur Schwäbischen Alb‹.

Ob von Tübingen oder Stuttgart kommend, die ausgeschilderte Durchgangsstraße führt direkt auf die nahe Albkette zu. Auf der linken Seite erhebt sich die *Achalm* (707 m) und rechts der *Georgen-* oder *›Schorschlesberg‹* (602 m), wie die Reutlinger sagen. Diese beiden vorgeschobenen Bergkegel nehmen sich tatsächlich wie riesige ›Türpfosten‹ aus, die das lange und tief eingeschnittene Echaztal bewachen. Von der Landschaft ist allerdings nur der Albtrauf zu sehen.

Pfullingen

Die Altstadt wird zerschnitten durch breite Durchgangsstraßen. Ein homogenes Zentrum ist nicht auszumachen. Pfullingen geht auf eine alte alemannische Gründung zurück. Wahrscheinlich waren es die Grafen von Pfullichgau, die hier mit ihren Familien gesiedelt haben. Später, im Jahre 937, wird ein Graf Hermann im Zusammenhang mit der Stadt genannt – die erste urkundliche Erwähnung.

Im 14. Jahrhundert erwarben die Württemberger Besitz von dem seit dem 13. Jahrhundert hier ansässigen ›Remp von Pfullingen‹. Diese Grafenfamilie besaß an der Echaz ein Wasserschloß. Von ihm, das auf eine mittelalterliche Anlage zurückgeht, ist nichts mehr erhalten geblieben. Statt dessen hat um die Mitte des 16. Jahrhunderts der Erbauer des Stuttgarter Schlosses, Alberlin Tretsch, ein schmuckes Renaissance-Haus mit Ecktürmchen errichtet.

Ebenfalls aus der Renaissance ist das *Rathaus*. Es wurde 1686 erbaut. Dreizehn Jahre später erst erhielt Pfullingen die Stadtrechte. Die frühgotische Kirche, die auf ein im Jahre 1252 gegründetes Klarissenkloster zur Hl. Cäcilia zurückgeht, weist einen hohen einschiffigen Raum mit schlanken Maßwerkfenstern auf.

Mehr an kunsthistorischen Sehenswürdigkeiten hat die Stadt nicht zu bieten. Allerdings sollte man sich noch am Ortsausgang Richtung Lichtenstein von einem seltenen Beispiel des württembergischen Jugendstils überraschen lassen. Dort stehen rechter Hand die sogenannten *Pfullinger Hallen* (Abb. 79), die im Jahre 1904 von Theodor Fischer gebaut worden sind. Die typischen Jugendstilformulierungen, die man von München oder Darmstadt her gewöhnt ist, wird man vergeblich suchen. Fischer steuerte auf die ›Neue Sachlichkeit‹ zu, versuchte sich also in einer kühlen und nüchternen Bausprache. In Württemberg gibt es übrigens nur wenige Beispiele eines ›echten‹ Jugendstils. Die Pfullinger Hallen und vergleichbare Bauten in Stuttgart (Lukaskirche, Haus in der Calwer Straße 64, s. S. 69) erscheinen fast immer wie eine Kombination aus historistischem Baukörper und florealem Dekor. Bedeutend sind dann die Hallen auch nicht wegen ihrer Architektur geworden, sondern wegen der Ausmalungen unter der Leitung des Stuttgarter Akademie-Professors Adolf Hoelzel (1906/07), der mit seinen kunstpädagogischen Überlegungen und seiner Farbtheorie entscheidend auf das Bauhaus gewirkt hat.

Die Berge der Schwäbischen Alb rücken näher zusammen. Das Tal wird enger. Wer die freie Luft auf der Alb nicht mehr erwarten kann und möglichst schnell die Hochfläche erklimmen möchte, der sollte schon in Unterhausen die wenig befahrene Holzelfinger Steige ansteuern. In diesem Fall hätte man sich aber um einen märchen- oder sagenhaften Anblick gebracht. Ich meine die Burg Lichtenstein, die sich kurz vor Honau hoch oben auf einem steilen Felsen erhebt (Farbt. 37).

Burg Lichtenstein

Wir haben schon so viele Burgen besichtigt. Immer waren wir damit beschäftigt, die Ruinen im Geiste aufzubauen und höfisches Leben zwischen die Mauern zu projizieren. Letzteres werden wir auch oben im Schloß Lichtenstein tun müssen. Doch das fällt uns leicht, da die Burg vollständig erhalten ist (Abb. 76). Es hat eine besondere Bewandtnis mit dieser Anlage: Die Burg Lichtenstein ist nach einem Roman gebaut worden. Verfasser war der 24jährige Wilhelm Hauff (1802–27). Der Titel des Romans ist ›Lichtenstein‹. Er erschien 1826 in drei Teilen in Stuttgart und handelt vom vertriebenen Herzog Ulrich, der sein Land Württemberg – wenn auch nur für kurze Zeit – wiedererobert hat. Georg von Sturmfeder und die Dame seines Herzens Marie von Lichtenstein sind Held und Heldin der Ereignisse, in deren Verlauf der jähzornige Despot Ulrich sanft und sympathisch geschildert wird. Natürlich ist Hauff sehr freizügig mit der Geschichte umgegangen. Das mag sich vielleicht aus der politischen Situation zu Beginn des 19. Jahrhunderts erklären. Die Wiedergewinnung Württembergs durch den Herzog Ulrich verweist auf die Befreiung dieses Landes aus der Abhängigkeit Napoleons, des ›frechen Korsaren‹, nachdem dieser 1815 in Waterloo besiegt worden war.

Während Wilhelm Hauff an ›Lichtenstein‹ schrieb, stand auf dem Felsen über Honau ein einfaches Forsthaus. Hauff hat dieses in eine ideale mittelalterliche Burg verwandelt, in der sein vom Schwäbischen Städtebund vertriebener Herzog Ulrich Zuflucht fand. Die Beschreibungen des Dichters waren so detailliert, daß sich Wilhelm, Graf von Württemberg, später (1840–42) entschlossen hat, an dieser Stelle eine Burg Lichtenstein errichten zu lassen, gleichsam als historisches Denkmal.

Von einem weiteren Ort muß in diesem historisch-legendären Zusammenhang noch die Rede sein, nämlich von der nur wenige Kilometer entfernt gelegenen *Nebelhöhle* (Abb. 85).

Burg Lichtenstein, Öl-gemälde von J. J. Müller von Riga, um 1800. Schiller-National-museum, Marbach

In Hauffs Roman hat sich der flüchtige Herzog hier versteckt gehalten. Es ist anzunehmen, daß Hauff, der Burschenschaftler war, diese Höhle in seiner Tübinger Studentenzeit besucht hat. Es gab ja das traditionelle Nebelhöhlenfest zu Pfingsten, das von den Studierenden als ›Feiertag in Schwaben‹ bezeichnet wurde. Anläßlich der Feierlichkeiten wurden Fackeln entzündet und die unterirdische Halle leuchtete in festlichem Gepränge auf. Dann ertönte, wie ein Kommilitone Hauffs schilderte, »der helle Gesang der Studenten«.

Wer sich die Kulturgeschichte der Nebelhöhle und besonders über Hauffs Lichtenstein-Roman und die Burg noch ausführlicher informieren möchte, der kann das im *Wilhelm-Hauff-Museum* unten in *Honau* tun (Öffnungszeiten: März–Oktober, mi, sa, so, feiertags: 14–17 Uhr und nach Vereinbarung, ✆ 071 29/41 15).

Melchingen

In der Nähe des Ortes auf dem sogenannten ›Käpfle‹ sind Spuren frühgeschichtlicher Besied-lungen gefunden worden. Im Mittelalter war Melchingen im Besitz der Grafen von Achalm. Im 14. Jahrhundert ging der Ort an Württemberg über.

Unterhalb der geschwungenen Westempore der *Stephanskirche* ist auf einem Schriftband folgendes zu lesen: »Jo. Christian Großbayer von Haigerloch Baumeister Anno 1769.« Großbayer war hohenzollerischer Baumeister (s. S. 343 ff.) und hat in der Gegend zwischen Haigerloch und Sigmaringen zahlreiche Kirchen erbaut. Seine Formensprache war klassizi-stisch, also das genaue Gegenteil des Barock. Der weiträumige einschiffige Saal vermittelt den Eindruck einer Festhalle. Die Dekoration ist zurückhaltend. Auffallend die abgerunde-

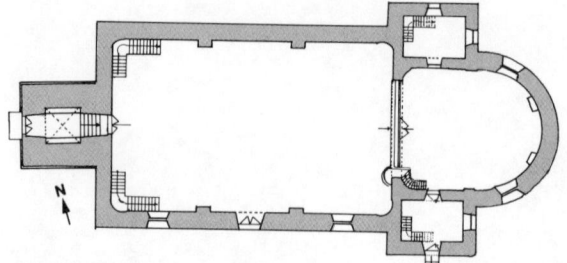

Melchingen, St. Stephan, Grund-
riß (Johann Christian Großbayer
nach Plänen von T. Moosbrugger)

ten Ecken, die durch flache Pilaster akzentuiert werden. Der Chor ist halbrund geschlossen, wie in St. Anna in Haigerloch (S. 326) – ein Kennzeichen für den Einfluß des bedeutenden Barockarchitekten Tiberius Moosbrugger, der für Melchingen die Pläne geliefert haben soll. – In St. Stephan hängt übrigens die älteste Kirchenglocke des Landes. Sie wurde im Jahre 1273 gegossen.

In der Nähe auf dem *Pfaffenberg* sind noch Reste einer mittelalterlichen Burg zu sehen. Das Badehaus und ein Brunnen sowie zwei Wohnhäuser sind noch auszumachen. Die spärlichen Ringmauern stammen aus dem 14. Jahrhundert.

Salmendingen

Im Ort selbst ist eigentlich nichts zu besichtigen. Auf dem 901 Meter hohen Köbele herrscht im Winter reger Skibetrieb. Im Sommer eignet sich die Gegend zu herrlichen Spaziergängen. Besonders lohnend ist eine Wanderung auf den 886 Meter hohen *Kornbühl*. Der Bergkegel

Kornbühl bei Salmen-
dingen, Gemälde von
Rudolf Schlichter,
1933. Städtische Gale-
rie Albstadt (Ebingen),
Stiftung ›Sammlung
Walther Groz‹

wird bekrönt von einer kleinen Kapelle, einem Wallfahrtskirchlein aus dem 16. Jahrhundert. Von hier oben ist ein einzigartiger Rundblick zu genießen. Man blickt von oben auf den Albtrauf hinauf und über ihn hinweg, Richtung Nordwesten, auf den ›Rammert‹ und Tübingen. Im Südwesten kommt der majestätische Hohenzollern ins Blickfeld und im Süden der benachbarte Bühlberg. Zauberhaft breitet sich unter einem die Felderlandschaft aus, die je nach Jahreszeit einem matt-ocker gefärbten oder auch einem saftig-grün aufleuchtenden abstrakten Muster oder einfach einem Gemälde von Paul Klee gleicht.

Trochtelfingen

Idyllisch im Schockachtal gelegen der kleine Ort Trochtelfingen (Abb. 74). Diese Gegend war schon in der Bronzezeit besiedelt, was viele Grabhügel und Funde nördlich von Trochtelfingen beweisen. Später sollen sich hier auch die Römer aufgehalten haben. Archäologen haben Reste einer Römerstraße gefunden, die ziemlich genau durch die Ortschaft verlaufen ist.

Trochtelfingen wurde im 12. Jahrhundert zum ersten Mal urkundlich erwähnt. Im 13. Jahrhundert war es im Besitz der Pfalzgrafen von Tübingen und ging dann sehr bald über an die Werdenberger, die das heute teilweise noch erhaltene Gesicht von Trochtelfingen geprägt haben. Ihr *Schloß*, ein Steinhaus mit Treppengiebeln, stammt aus der Renaissance. Es dürfte um 1500 erbaut worden sein. Die Pfarrkirche *St. Martin* ist um die Mitte des 15. Jahrhunderts entstanden. Chor und Turm stammen aus einer früheren Periode, wahrscheinlich aus dem 14. Jahrhundert. Die Ausmalung ist gotisch. Im Chor ist eine Majestas Domini (Christus als thronender Herrscher der Christenheit) zu sehen und im Hauptschiff ein ›Jüngstes Gericht‹ und die thronende Maria. Diese Darstellungen dürften aus der Zeit um 1470 stammen.

Ungefähr sechs Kilometer nördlich der Stadt Richtung Reutlingen an der Abzweigung nach Erpfingen steht die *Haidkapelle,* ein spätgotischer Bau mit interessanten Holzskulpturen, die in einer Ulmer Syrlin-Werkstatt gegen Ende des 15. Jh. geschnitzt worden sind.

Mariaberg

In Mägerkingen kommen wir in das *Laucherttal.* Nach einer weiteren Flußschleife erblicken wir rechts oben die Gebäude von Mariaberg. Sie gehörten einem ehemaligen Benediktinerkloster an, dessen *Kirche* sehr wahrscheinlich der berühmte Vorarlberger Baumeister Michael Thumb in der zweiten Hälfte des 17. Jahrhunderts erbaut hat. Besonders sehenswert ist die Barockkapelle. In den übrigen Gebäuden befindet sich ein Erziehungsheim für Behinderte.

Bronnen

Oberschwaben und seine Barockkultur sind nah. Das hat eben Mariaberg gezeigt. Die im Jahre 1708 erbaute Bronnener *Kapelle* stammt sehr wahrscheinlich ebenfalls von einem

Vorarlberger, nämlich Franz Beer. Die Ausmalungen hat F.J. Spiegler geschaffen, ein Maler, der ebenfalls den Oberschwäbischen Barock geprägt hat. Spiegler war der Schöpfer der berühmten Deckenbilder des Zwiefaltener Münsters (s. Ebert, Bodensee und Oberschwaben).

Gammertingen

Im Jahre 1927 haben Archäologen südlich der Stadt am rechten Ufer der Lauchert einen Begräbnisplatz aus der Bronzezeit ausgegraben. Dabei fielen ihnen zahlreiche Grabbeigaben in die Hände; beispielsweise Schwerter, Messer, Bratspieße, Armringe und Tongefäße. Die Funde sind heute im Hechinger Museum ausgestellt. Schon zwanzig Jahre vorher wurde im Osten der Stadt ein alemannisches Fürstengrab gefunden. Auch hier prachtvolle Grabbeigaben: Lanze, Köcher, Schwerter, Pferdezaumzeug, ein aus abertausenden von winzigen Ringen gefertigtes Panzerhemd und ein vergoldeter Prunkhelm. Diese Schätze befinden sich im Museum von Sigmaringen (s. S. 336).

Im Mittelalter beherrschten die Grafen von Gammertingen den Ort und die Umgebung. Jedoch schon im 13. Jahrhundert ging die Herrschaft an die Grafen von Veringen über. Diese bauten den Ort aus und erhielten im Jahre 1418 vom König Sigismund Marktrecht. Im 16. Jahrhundert konnten sich die Württemberger der Stadt bemächtigen. Im Jahre 1524 kaufte der württembergische Obervogt Ritter Dietrich von Speth Gammertingen. Ziemlich genau dreihundert Jahre später ging die Herrschaft dann an Hohenzollern-Sigmaringen über. Die Grabsteine der Familie Speth sind heute noch in der *Pfarrkirche* zu sehen. Die Kirche ist ein im Jahre 1803 errichteter klassizistischer Bau. Die Pläne stammen wahrscheinlich von Michel d'Ixnard (s. S. 340 ff.), einem der bedeutenden Frühklassizisten in Württemberg.

Sicher ist, daß der französische Baumeister d'Ixnard das *ehemalige Schloß* (heute Rathaus) erbaut hat (Abb. 78). Die im Jahre 1776 vorgelegten Pläne sahen eine klassizistische Fassade vor, ähnlich denen, die man von der florentinischen Renaissance her kennt. Prunkstück des Baus ist das Treppenhaus, das mit seinen vornehmen Säulen und ionischen Kapitellen an die ehemalige herrschaftliche Bestimmung des Gebäudes erinnert.

Hettingen

Gleich hinter dem südlichen Ortsausgang von Gammertingen wird das *Laucherttal* eng. Die Straße paßt sich dem Lauf des Flusses an. In weiten Schleifen fährt man zwischen den bewaldeten Hängen Richtung Hettingen, dessen erste Häuser nach wenigen Kilometern erscheinen.

Der malerisch über der Lauchert gelegene Ort wird ganz von seiner *Burg* beherrscht. Ihre Reste ragen hoch über den Dächern des Städtchens auf. Vermutlich haben die Grafen von Veringen diese 1276 erstmals erwähnte Burg errichtet. – Die spätgotische Pfarrkirche *St. Martin* überrascht mit einem zart herausgebildeten Netzgewölbe im Chor. Sehenswert sind auch die schönen Blumenmalereien in den Gewölbekappen sowie Brustbilder der Apostel. Ferner sind einige Renaissance-Grabdenkmäler der Familie Speth, die Hettingen zusammen mit Gammertingen erworben hat, zu sehen.

Veringenstadt und Veringendorf

Die Lauchert beschreibt einen großen Bogen um einen schroffen Felsen, der einen idealen Standort für die *Burg* von **Veringenstadt** abgegeben hat. Die Grafen von Althausen haben die Anlage im 12. Jahrhundert errichten lassen. Von der Burgruine ist noch ein romanischer Torbau erhalten geblieben sowie Reste eines Wohnturms. Romanisch ist auch die Apsis der Burgkapelle St. Peter. Innen sind Fresken zu sehen, die von einem hiesigen spätmittelalterlichen Maler namens Peter Strüb stammen sollen. Mittlerweile ist erforscht worden, daß dieser Künstler identisch sein soll mit den sogenannten Meistern von Meßkirch und Sigmaringen, von denen Werke in der Stuttgarter Staatsgalerie, im Donaueschinger Karlsbau und im Sigmaringer Schloß zu sehen sind (s. S. 63, 352, 336).

Interessanter noch als Veringenstadt ist **Veringendorf,** das sich nur wenige Kilometer südlich befindet. Schon von weitem sind die beiden Osttürme der ältesten Kirche Hohenzollerns zu sehen. Am besten man fährt am Dorf vorbei und überquert kurz vor der Eisenbahnunterführung die kleine Lauchertbrücke. Dann steht man vor der *Michaelskirche* (Abb. 77). Während der Restaurierungsarbeiten in den Jahren 1965 und 1966 hat sich folgendes baugeschichtliche Bild ergeben: Schon vor der Errichtung der romanischen Basilika hat hier eine ältere Kapelle gestanden. Eine Mauer in Nord-Südrichtung, die damals zwischen dem dritten Pfeilerpaar ergraben wurde, mag darauf hinweisen. Vom romanischen Bau ist heute noch die mit drei Apsiden abschließende Choranlage erhalten. Sie dürfte um 1100 entstanden sein. Im 14. Jahrhundert wurde die mittlere Apside abgebrochen und der Chor quadratisch erweitert. Aus dieser Zeit stammen auch die Chormalereien. 1723 erfolgte dann der Abbruch des romanischen Langhauses und der Neubau einer barocken Saalkirche mit je einer Kapelle im Norden und im Süden.

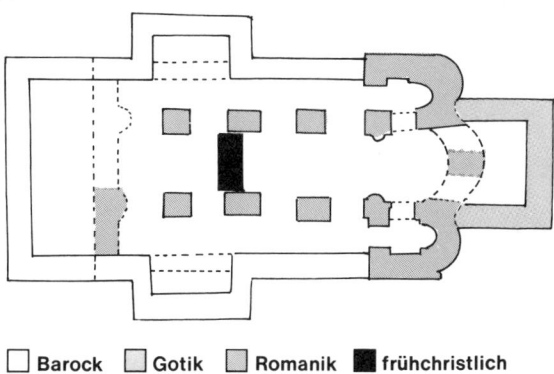

Veringendorf, St. Michael, Grundriß

☐ **Barock** ☐ **Gotik** ▨ **Romanik** ■ **frühchristlich**

Soweit der Baubefund. Wenden wir uns nun der Ausstattung zu, die einige Kostbarkeiten aufzuweisen hat. Von den gotischen Fresken – wahrscheinlich um 1330 entstanden – war ja schon die Rede. Man muß sich vorstellen, daß der gesamte Chor mit biblischen Bildszenen überzogen war. Die hervorragend restaurierten Bilder stellen Ereignisse aus der Christusvita dar, wie z. B. im Gewölbe die ›Anbetung der Könige‹. Der Weg Christi, seine Werke der Barmherzigkeit und die Passion finden sich, wenn auch nur fragmentarisch, in den Chorwänden. Darunter ist auch eine interessante Darstellung zu sehen, die Aufschlüsse über die Baugeschichte geben kann: Vor Maria, die als Himmelskönigin dargestellt ist, kniet ein Mönch mit zum Gebet erhobenen Händen. Es handelt sich hier um ›Hermann den Lahmen‹, einen Reichenauer Mönch. Möglicherweise bestanden enge Beziehungen zur Reichenau, die sich auch im baulichen Konzept ausgewirkt haben dürften. Die doppeltürmige romanische Kirche in Niederzell/Reichenau könnte Vorbild für St. Michael in Veringendorf gewesen sein.

Neben den Fresken ist auch noch das monumentale romanische Kruzifix (um 1300), das vor dem Chor hängt, sehenswert. Die keilförmige Gestalt mit den ausschweifenden Armen und dem abgeknickten Kopf ist von höchster bildhauerischer Qualität. Christus hängt nicht mehr am Kreuz. Er scheint sich von dem Marterinstrument gelöst zu haben, um in den Himmel zu schweben. Zweifellos hat der namenlose mittelalterliche Künstler an diese Synthese von Martyrium und Auferstehung gedacht und sie meisterlich umgesetzt.

Zwei Holzfiguren ›Johannes Ev.‹ und ›Maria Magdalena‹ (Ende 15. Jh.) sind von einem Meister geschaffen worden, der sich wahrscheinlich in der Riemenschneider-Werkstatt hat ausbilden lassen. Darauf verweisen die typisch-melancholischen Gesichtszüge, die Riemenschneider-Figuren eigen sind.

Der über hundert Jahre alte *Friedhof* von Veringendorf sucht seinesgleichen in der weiten Umgebung (Abb. 80). Mir persönlich ist keine schönere Ruhestätte bekannt. Viele Grabsteine stammen aus der Barockzeit, aus dem Klassizismus und einige aus dem Jugendstil. Man geht unter ihnen einher wie in einem stillen Garten. Der Gedanke an ›Friedhof‹ will gar nicht aufkommen ...

Romanik und Gotik im Schatten der Albhänge

In Wannweil und Bronnweiler, zwei kleinen Dörfern nicht weit vom Albtrauf entfernt, stehen zwei der ältesten Kirchen des Landes. Und auf einem Hügel zu Füßen des 820 Meter hohen *Farrenberges* in der Nähe Mössingens kann man ein kleines romanisches Kirchlein aufsuchen, das ebenfalls vor fast tausend Jahren gegründet wurde. Im Mittelalter wurden mit Vorliebe in entlegenen und einsamen Gegenden kleine Kapellen errichtet, um von Dämonen und Geistern befreites Land zu schaffen und somit dazu beizutragen, den Gottesstaat vorzubereiten. Vielleicht deswegen auch die steinernen Schreckgespenster an den Kirchenaußenwänden, ich meine die romanischen Fabelwesen, die kunstvoll an der Westfassade, am Turm oder am Chor angebracht sind. Auf der Straße der Staufer und anderswo sind wir diesen romanischen Reliefs ja schon begegnet (s. S. 159, Schwäbisch Gmünd). Offensichtlich sollten sie die aus den Wäldern des Albtraufs herandrängenden Teufel und Hexen abwehren oder bannen. Mit Vorliebe haben die Missionare aber auch heidnische, in diesem Fall römische Kultplätze ausgewählt, um die alten Götter mit dem Kreuz zu besiegen. Das z. B. mag auch ein Grund für die Ortswahl der Wannweiler Kirche gewesen sein.

Wannweil

Grabungen haben ergeben, daß der um 920 gegründete Vorgängerbau der heutigen Kirche über den Resten eines römischen Gutshofes errichtet wurde. In der zweiten Hälfte des 11. Jahrhunderts entstand dann die *Johanniskirche*. Die Blendarkaden sind ein deutlicher Hinweis auf die romanische Architektur der Lombardei. Man kann fast sicher sein, daß solche Kirchen wie San Abbondio in Como oder San Michele in Pavia Vorbilder gewesen sind. Die romanischen Schmuckmotive erinnern an frühmittelalterliche Ornamente, so wie sie von den Buchillustrationen her bekannt sind. Neben einer Taube erscheint ein bärtiger Kopf im Untergeschoß des Turms. Hier könnte es sich um die Darstellung des Namenspatrons, Johannes des Täufers handeln. Der Chor stammt aus spätgotischer Zeit. Hans Augensteindreher, dem wir in der Tübinger Stiftskirche begegnen werden, soll ihn 1488 gestaltet haben. Besonders auffallend das schöne Sterngewölbe.

Reutlingen

Reutlingen ist heute immer noch so etwas wie eine ›Konkurrenzstadt‹ zu Tübingen – was auch immer darunter zu verstehen ist. Vielleicht spielt hier eine lange Tradition eine Rolle,

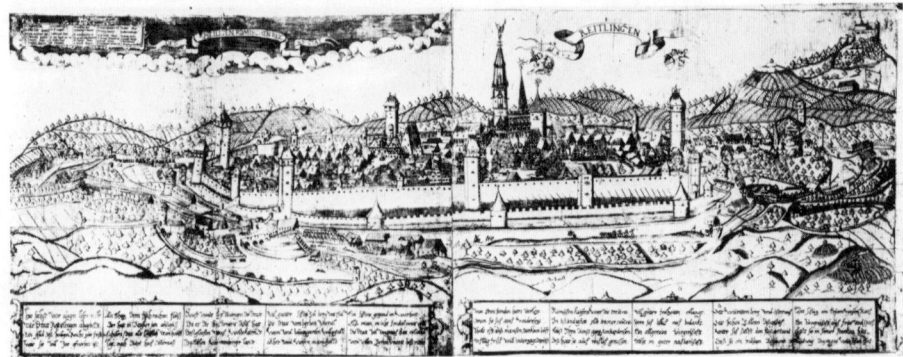

Reutlingen mit Achalm, 1620, Stich von L. Ditzinger. Heimatmuseum Reutlingen

wenn die Tübinger manchmal halb im Spaß und halb im Ernst abschätzig über die Nachbarstadt sprechen. Jedenfalls wurde Reutlingen im Jahre 1182 von Kaiser Friedrich I. gegründet – und zwar als kaiserliche Konkurrenzstadt zur Pfalzgrafenstadt Tübingen.

Oft mußten die Einwohner Reutlingens gegen württembergische Grafen kämpfen. Berühmt ist die Schlacht an der Achalm geworden. Graf Ulrich, Sohn des Grafen Eberhard des Greiners (Zänkers), unterlag den Städtern in einer opferreichen Schlacht. Übrigens soll, wenn wir der Ballade Ludwig Uhlands Glauben schenken, inmitten des Kampfgetümmels der Name des Bergkegels ›Achalm‹ geboren worden sein:
»Ach Allm! stöhnt einst ein Ritter; ihn traf des Mörders Stoß; Allmächt'ger wollt' er rufen; man hieß davon das Schloß.«

Zehn Jahre später hat Eberhard der Greiner bekanntlich diese Schlappe wieder gutgemacht – in der Schlacht von Döffingen, in der sein Sohn Ulrich gefallen ist (s. S. 15).

Im Jahre 1519 eroberte der Herzog Ulrich Reutlingen. Das brachte den Schwäbischen Städtebund auf, und – aufgrund noch weiterer Vorfälle (s. S. 95f.) – wurde der Herzog schließlich aus seinem Land vertrieben.

Im Jahre 1726 ist ein Reutlinger Bürger nachlässig mit seinem Herdfeuer umgegangen. Er löste einen verheerenden Stadtbrand aus. Fast vier Fünftel der Häuser fielen den Flammen zum Opfer. Ähnlich schlimm erging es Reutlingen im letzten Krieg. Im Frühjahr 1945 zerstörten Bomber weite Teile der Stadt.

Heute bietet sich Reutlingen als moderne Stadt mit fast 100000 Einwohnern dar. Ein Industriegürtel umzieht das Stadtgebiet und mehrspurige Schnellstraßen führen bis dicht an das Zentrum heran. Die Orientierung in Reutlingen ist verhältnismäßig leicht. Karl- und Lederstraße fassen das Altstadtzentrum ein. Vom Busbahnhof auf der Karlstraße bis zum Albtorplatz führt die Wilhelmstraße durch die Altstadt hindurch. Sie berührt den Nikolaiplatz, den Marktplatz und schließlich den Weibermarkt, auf dem die *Marienkirche* steht.

Über die Kirchengründung weiß man nicht genau Bescheid. Vermutlich wurde sie aus Dank über die erfolgreiche Bekämpfung der Belagerungstruppen des Gegenkönigs Heinrich

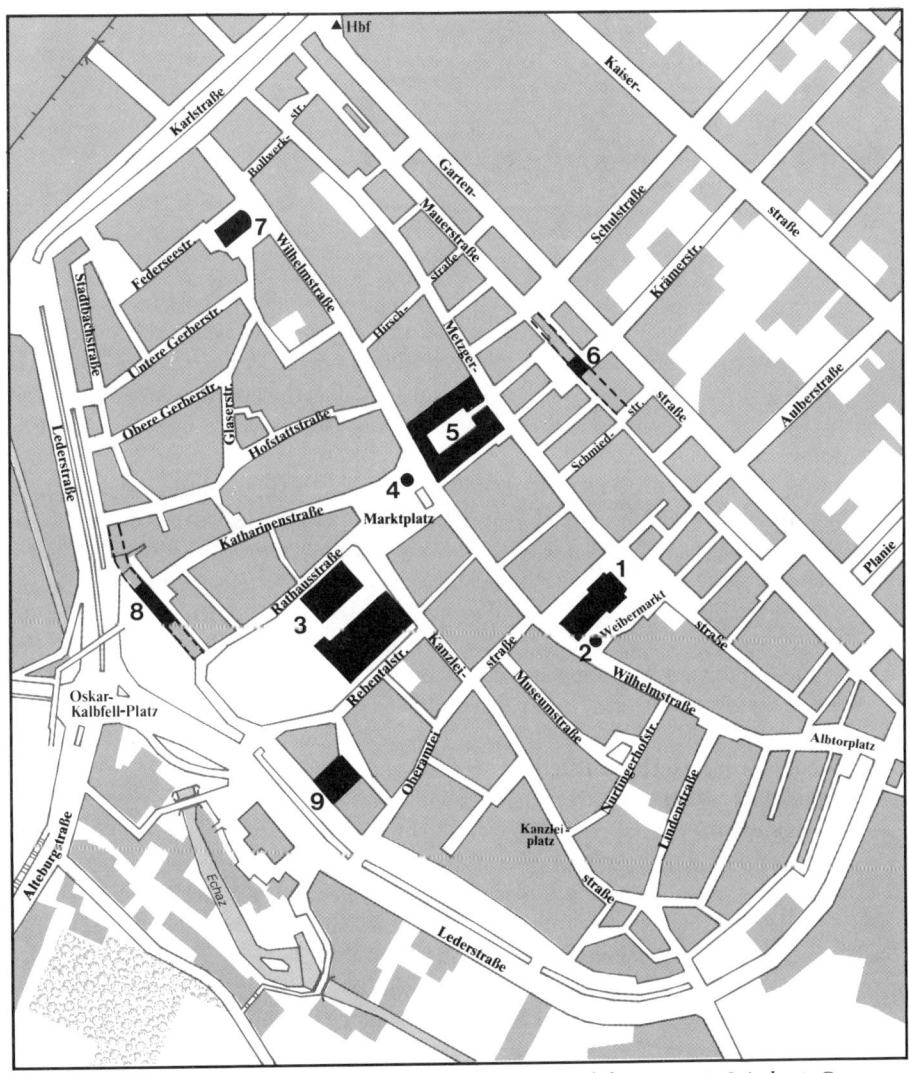

Reutlingen 1 Marienkirche 2 Brunnen 3 Rathaus 4 Marktbrunnen 5 Spital 6 Gartentor 7 Nikolaikapelle 8 Tübinger Tor 9 Spendhaus (Naturkundemuseum)

Raspe im Jahre 1247 gegründet. Ein Datum steht fest: 1343. In diesem Jahr wurde der Westturm vollendet.

Die hochgotische Marienkirche, eine Einturmanlage, ist vom Konzept her vergleichbar mit Freiburg und Ulm. Das Motiv der spitzhaubigen Chortürme könnte von Bad Wimpfen

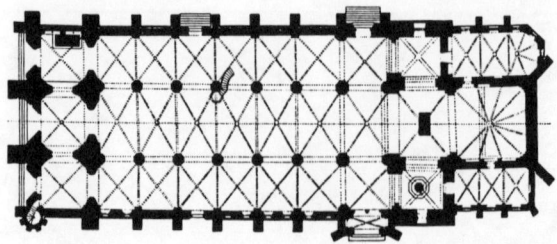

Reutlingen, St. Marien, Grundriß
(vor der Restaurierung)

übernommen worden sein. Ein weiterer Hinweis auf Bad Wimpfen könnten auch die diagonalen Chorstrebepfeiler mit Figurennischen, deren Baldachin mit Säulen abgestützt wird, geben. Der flach abgeschlossene Chor, wahrscheinlich muß hier der Einfluß der Zisterzienser geltend gemacht werden, ist mit drei schlanken Maßwerkfenstern versehen. Der über dem Mauerwerk der breiten Westfassade aufsteigende Turm zählt zu den schönsten Kirchentürmen des Landes (Abb. 81). Die schlanken Fialtürmchen, der steile Wimperg über dem Portal (ein weiterer befindet sich im unteren Turmgeschoß) und die hohen Schallarkaden tragen entscheidend mit zur Höhenwirkung des Turms bei. Auffallend ist, daß die Portale keinen Figurenschmuck präsentieren. Wahrscheinlich waren auch hierfür die leidenschaftlich jede Form von Bauschmuck ablehnenden Zisterzienser verantwortlich.

Die Raumverhältnisse im Innern – wenn auch im kleineren Maßstab – erinnern an das Straßburger Münster. Diese Assoziation mag sich auch aufgrund der Bündelpfeiler mit den Laubkapitellen und des Kreuzrippengewölbes einstellen. Der flache Schluß des Chors wird in einer fast genial zu nennenden architektonischen Gewölbegestaltung überspielt. Weit greifen die schlanken Rippen des Sterngewölbes in den Chorraum, so daß der Eindruck entsteht, der Chor sei mehrfach und nicht einfach geschlossen....

Von den Ausstattungsstücken sollte man unbedingt das wahrscheinlich von Christoph von Urach um 1510 geschaffene Heilige Grab vor der Chorwand betrachten. Möglicherweise vom selben Künstler steht vor der südlichen Turmkapelle ein Taufstein. Im unteren Teil befinden sich szenische Darstellungen in Nischen, die durch gebündelte Säulchen abgegrenzt werden. Die Figuren der ›Taufe Christi‹ und der einzelnen Darstellungen der ›Sieben Sakramente‹ wirken fast schon vollplastisch. Darüber, auf den Säulenkapitellen, inmitten von üppigem Rankenwerk, erheben sich Apostelfiguren.

Auf dem Kirchplatz steht ein *Renaissancebrunnen* mit einem Standbild Kaiser Friedrichs II. Die Figur ist erneuert. Nicht weit vom Weibermarkt entfernt öffnet sich der Marktplatz mit dem neuen *Rathaus* (Tiedje und Volz) (1963–66). Direkt an der Wilhelmstraße der *Marktbrunnen* (Baumhauer), ebenfalls aus der Renaissance, mit einem Standbild des Kaisers Maximilian II.

Gegenüber erblickt man das einzige ältere Gebäude am Marktplatz, die ehemalige *Spitalkirche* aus dem 14. Jahrhundert mit spätgotischem Spitzbogenportal und Maßwerkfenstern. In das steile Dach ist eine mehrgeschossige Fachwerkgaube eingelassen. Durch das Tor des Spitals erreicht man die Spitalstraße, die zum *Gartentor* führt, einem der mittelalterlichen

Stadttürme (13. Jh.). Die schmale Mauerstraße verweist noch auf den Verlauf der alten Stadtmauer.

Wir spazieren wieder zurück auf die Wilhelmstraße und weiter vor zum *Nikolaiplatz* mit der gotischen *Nikolaikapelle*. Im Innern wird man überrascht von einem prächtigen Sterngewölbe. Der Brunnen, dessen Fischmäuler Wasser speien, ist malerisch vor den Chor der Kapelle plaziert worden.

Vom Nikolaiplatz sollten wir in das Gassengewirr der Altstadt vordringen. Den Straßennamen wie z. B. Gerberstraße oder Glaserstraße nach zu urteilen, befinden wir uns hier im ehemaligen Handwerkerviertel: Der Weg zur Katharinenstraße und zum *Tübinger Tor* ist schnell gefunden. Es ist, wie das Gartentor, im 13. Jahrhundert im Zuge der Ummauerung der Stadt entstanden. Der aufgestockte Fachwerkteil stammt aus dem 16. Jahrhundert. Vom Tübinger Tor führt eine moderne Fußgängerbrücke über die viel befahrene Lederstraße. Die Stellung der Altstadthäuser verrät teilweise noch den alten Verlauf der Stadtmauer. Hinter dem Rathauskomplex fällt ein altes Fachwerkhaus aus der Neubauzeile heraus. Es handelt sich hier um den ehemaligen Fruchtkasten, das *Spendhaus*. In seinen Räumen befinden sich ein hübsch eingerichtetes *Naturkundemuseum* und ein großer Saal für Wechselausstellungen unter dem Dach.

Die Verlängerung der Wilhelmstraße über die Karlstraße hinaus und unter den Bahngleisen hindurch heißt ›Unter den Linden‹. Diese Straße führt Richtung *Gmindersdorf,* einer von Theodor Fischer im Jugendstil errichteten Arbeitersiedlung (1904–10), die auf jeden Fall besucht werden sollte.

Bronnweiler

Bereits im 7. oder 8. Jahrhundert sollen Missionare im Wiesaztal eine Kapelle errichtet haben. Ein wundertätiger Quelltopf (Brunnen – Bronnweiler = Dorf am Brunnen) soll dabei eine Rolle gespielt haben. Schließlich wurde Bronnweiler beliebter Wallfahrtsort, so daß die Kapelle im Laufe der Jahrhunderte zu einer immer größeren Kirche aus- und umgebaut wurde, zur *Marienkirche* (Abb. 83). Der einschiffige Saalbau, gemeint ist das Hauptschiff, stammt wahrscheinlich aus dem frühen 12. Jahrhundert. Hochinteressant sind die bei der letzten Restaurierung von 1968 aufgedeckten Freskenreste. Die frühesten sind aus der Zeit um 1150: Es handelt sich um die Szenen an der Südwand ›Frauen am Grab‹ und ›Osterszene mit Maria Magdalena‹ sowie an der Nordwand ›Verkündigung‹ und ›Geburt Christi‹. Gestik und Figurengruppierung weisen typische Merkmale der Reichenauer und der St. Gallener Schule auf. Die übrigen Darstellungen stammen aus dem 14. und 15. Jahrhundert. Spätgotisch (15. Jh.) dürften die Reste von Marienszenen an der oberen Nordwandkante sein. Der Chor wurde laut einer Inschrift, die sich am Turmaufgang befindet, im Jahre 1415 erbaut. Es handelt sich hier um eine der ganz großen architektonischen Leistungen des Landes. Das dreifach unterteilte Sterngewölbe kam zustande durch zwei ineinandergeschobene Gewölbeschalen, wie der Aufriß anschaulich macht. Die zart auf die Gewölbegrate aufgesetzten und in die Gewölbemulden eingearbeiteten Rippen fließen in weiten

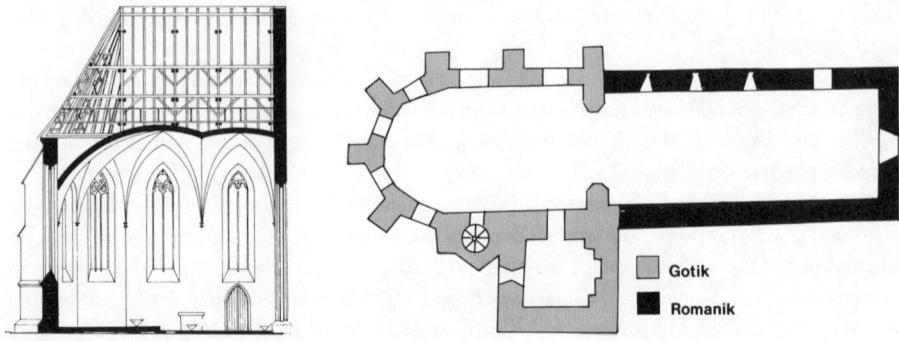

Bronnweiler, St. Marien, Aufriß und Grundriß des Chores

Schwüngen an die Chorwände und enden in grotesken Konsolenfigürchen. Die Ausdehnung der Kapelle spricht dafür, daß auch das Hauptschiff in einen spätgotischen Hallenraum umgewandelt werden sollte. Aber offensichtlich ging das Geld aus. Für einen Hallenraum nach den Vorstellungen der Parler-Bauhütte würde ebenfalls sprechen, daß die Mittelachse des Raumes genau auf den mittleren Strebepfeiler des Chors trifft, also nicht wie sonst üblich auf ein Chorfenster. Diese bauliche Eigenart können wir bei vielen Parler-Bauten beobach-

1	2	3	4	5	6	Chor-bogen
10	7	Kachelfries (12. Jh.)				22
11	8	Maria		Maria		21
		15	16	17		
		Rundbogenfries (12.Jh.)				20
12	9	13　14	19			
		18				

Rundbogenfries		
Jesus	Jesus	Jesus
1	2	3	4

Mäander
A SUS JESUS A AA EL

5	6
Rundbogenfries	
7	8	9

Bronnweiler, St. Marien, Bildprogramm im Hauptschiff Nordwand
1 + 2 nicht mehr zu identifizieren (~ 1350) 3–6 Marienszenen (fragm.) (~ 1350) 7 Pieta (?) (~ 1250) 8 Sitzfläche (?) (~ 1250) 9 Abt (~ 1250) 10 Christophorus (fragm.) (~ 1250) 11 Heiliger (fragm.) (~ 1250) 12 Strahlenkranz (17. Jh.) 13 Hl. Nikolaus (~ 1350) 14 Hl. Barbara (~ 1350) 15 + 16 Verkündigung und Geburt 17 zerstört 18 Hl. Veronika (~ 1400) 19 Kreuztragung (~ 1400) 20 Vorhölle (~ 1400) 21 Fußwaschung 22 Christus bei Maria und Martha (~ 1350)
Südwand (12. Jh.)
1 Jesus vor Pilatus 2 Dornenkrönung 3 Geißelung 4 Kreuztragung 5 Marien am Grab 6 Osterszene mit Maria Magdalena 7 + 8 stark zerstört (Szenen nach der Auferstehung) 9 Vorhölle (?)

ten. Auf die Parler würden auch die Konsolenfiguren weisen, die in vergleichbarer Ausgestaltung im Prager Dom auftauchen. Und wer sonst hätte in dieser Zeit die geniale Gewölbekonstruktion vollbracht, wenn nicht ein Meister aus der Parler-Bauhütte. Aber das sind nur Vermutungen – dokumentarische Belege gibt es nicht.

Gleich hinter Bronnweiler öffnet sich das *Wiesaztal* und wir erreichen *Gomaringen*. Hier war Gustav Schwab von 1837 bis 1841 Pfarrer. Er lebte im Pfarrhaus, einem ehemaligen Schloß aus dem 16. Jahrhundert.

Dußlingen

Der Ortsname leitet sich von ›Tuzzilinga‹ ab. So jedenfalls lautete die erste Ortserwähnung im 9. Jahrhundert. Unübersehbar, am Ortsrand auf hohem Hügel steht die um 1500 entstandene Pfarrkirche. Meisterschilde in den Schlußsteinen des Chorgewölbes weisen darauf hin, daß Franz und Hans von Bebenhausen die Baumeister waren. Sehenswert sind die schön gearbeiteten Schlußsteine im Netzgewölbe des Chors.

Von Dußlingen fahren wir nur einen Kilometer auf der viel befahrenen B 27 Richtung Süden. Dann kommt die Abzweigung nach *Nehren*. Das Ortsbild mit dem Fachwerkkirchturm mutet von der Straße idyllisch an. Im Ort selbst aber gibt es nicht viel zu sehen. Deswegen können wir weiter auf die Albkette zufahren. Der Dreifürstenstein und der flache Farrenberg – ein Paradies für Segel- und Drachenflieger – beherrschen das Steinlachtal. Zu ihren Füßen, schon sehr zersiedelt, Mössingen.

Mössingen

Viele alte Fachwerkhäuser sind noch im Ortszentrum zu sehen. Unter ihnen das *Alte Rathaus* aus dem 16. Jahrhundert. Aus dieser Zeit stammt auch die spätgotische *Kirche*. Bemerkenswert ist ihre bemalte Holzdecke und der netzgewölbte Chor. An der linken Langhausseite bemerken wir ein Altarziborium aus der Renaissance.

Belsen

Die Titelheiligen der *Kapelle* sind Johannes und Maximinus. Letzterer könnte auf Trier verweisen. Aber welche Beziehungen bestanden zwischen Belsen und Trier? Es kann sein, daß hier ein Erzbischof aus Trier begraben liegt. Ein solcher soll bei der Belagerung der Burg ›Twingia‹, das ist ›Tübingen‹, im Jahre 1078 gefallen sein. Später wurden seine Gebeine überführt. Und warum wurde ein vor Tübingen gefallener Trierer Erzbischoff in Belsen begraben? Der Hl. Maximinus ist genauso geheimnisvoll wie die merkwürdigen Figuren an der Westfassade der Kirche. Zu ihrer Klärung wurden schon Interpretationsversuche unternommen, die u. a. die ägyptische Mythologie, römische Symbolik und den germanischen Sagenkreis berücksichtigen. Ich würde raten, noch einmal bei ›Schwäbisch Gmünd‹, St. Johannis nachzuschlagen (S. 159).

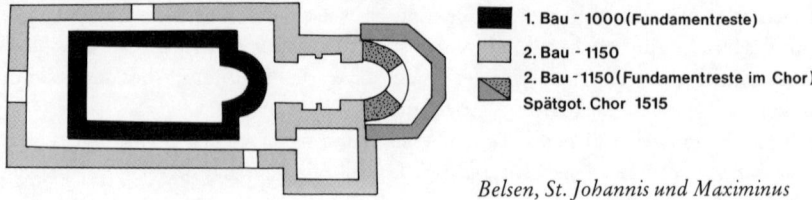

1. Bau - 1000 (Fundamentreste)
2. Bau - 1150
2. Bau - 1150 (Fundamentreste im Chor)
Spätgot. Chor 1515

Belsen, St. Johannis und Maximinus

Das Belsener Kirchlein, im Schatten der mächtigen Albberge gelegen, mußte seinen Standort, seine göttliche Aura verteidigen – deswegen wohl Widderköpfe und Stierschädel über dem Portal.

Ein erster Bau soll um 1000 geweiht worden sein. Dieser brannte hundert Jahre später nieder und es entstand um 1150 der heutige romanische Bau. Der spätgotische Chor wurde 1515 angebaut. Das Chortürmlein dürfte noch später zu datieren sein. Das große Rundbogenportal im Westen ist von Hirsau inspiriert worden. Die Wurzeln der im Sockel abknickenden und etwas weiter links und rechts vom Portal wieder aufsteigenden Rahmenleisten sind in der frühchristlichen syrischen Baukunst zu suchen. Vermutlich gab es früher noch eine waagerecht verlaufende Leiste mit einem darüber eingebrochenen Rundfenster (Abb. 84).

Der Innenraum mit modern eingezogener Flachdecke wirkt nüchtern. Interessanter ist der romanische Chorturmraum. Der an der Chorwand sich entlangziehende mächtige Zahnfries übernimmt im Chorbogen die Funktion des Kapitells. Die Rundbögen an der Seite werden durch eine Säule mit Stufenbasis und Würfelkapitell geteilt. Erst anschließend öffnet sich der gotische Choranbau. Ausgrabungen haben diese merkwürdige Raumkonzeption bestätigt. Über dem runden romanischen Chorabschluß erhob sich der Turm. In der später angebauten gotischen Apside wurde neuerdings eine Orgel eingebaut. In dem kleinen rechteckigen Altarraum mit dem mittelalterlichen Kruzifix befinden wir uns demnach im romanischen Chor, der rückwärtig von einer runden Apsis abgeschlossen wurde.

Tübingen und der Schönbuch

Tübingen

Die Geschichte Tübingens ist am besten von der Freitreppe der Stiftskirche am Holzmarkt aus zu erfahren. Von hier, etwas seitlich vor dem Georgsbrunnen, der eine moderne Replik einer spätgotischen Georgsfigur darstellt, blickt man über den Holzmarkt die Lange Gasse hinunter. Vor einem die alte Tübinger Unterstadt, die auf ein alemannisches Haufendorf aus dem 6. Jahrhundert zurückgehen soll. Erst später wurde der Höhensattel, auf dem wir jetzt stehen, bebaut. Dieser Sattel verbindet den Österberg mit dem Spitzberg, der sich westlich bis zur Wurmlinger Kapelle hinzieht. Von der Neckargasse über den Holzmarkt und den Marktplatz bis hinauf zum Schloß erstreckt sich der Bereich, den die Tübinger Pfalzgrafen besessen haben. Im Jahre 1050 soll die Tübinger Burg erbaut worden sein. 1078 wird ›Tvvingia‹ oder ›Duwingen‹ von Heinrich IV. belagert. Die Burg hielt dem Ansturm seiner Truppen stand, und die Tübinger Pfalzgrafen stiegen bald zu einem mächtigen Grafengeschlecht auf, die sogar in Hessen (Grafschaft Gießen) und in der Schweiz (Churrätien) Ländereien besaßen. Durch das Erbteilungsprinzip und Schenkungen verloren diese mächtigen Grafen bald wieder ihren Besitz, so daß schon im Jahre 1342 württembergische Grafen Stadt und Herrschaft Tübingen erwarben.

Machen wir also einen Spaziergang durch das mittelalterliche Tübingen. Die Stiftskirche besuchen wir später. Zunächst reizt das ›Urdorf‹, die schon erwähnte ehemalige alemannische Siedlung an der Ammer. Ein paar Schritte unterhalb der Stiftskirche gelangen wir zum *Wilhelmsstift*, dem früher sogenannten ›Collegium Illustre‹, das zwischen 1588 und 1592 im Renaissance-Stil von Georg Beer erbaut wurde. Der volutengezierte Giebel und das in die Westfassade einbezogene Treppentürmchen mit spitzer Haube verweisen auf die typische Schloßbaukunst der Renaissance in Württemberg (Abb. 87). Dieses ehemalige Adelskolleg ist seit 1817 ›Höheres Katholisches Konvikt‹. Unter diesem Stift verläuft der *Ammerkanal* (Abb. 89, 90), der im Zuge einer Stadterweiterung gegen 1280 angelegt wurde. Dieser Kanal fließt weiter ostwärts Richtung ›Schimpfeck‹ (Lustnauer Tor) und von dort unter der Mühlstraße hinab in den Neckar. Er wurde zwei bis drei Kilometer westlich der Stadt unterhalb von Schwärzloch von der Ammer abgezweigt und tritt in die Altstadt beim *Haagtor* ein. Wir gehen nun um das Wilhelmsstift herum und durch die Anlage an der Südfront der katholischen *Johanniskirche* (1875–78) vorbei in die *Neustadtgasse*. Hier sehen wir den Ammerkanal an mittelalterlichen Häusern vorbeifließen. Es fällt ein kleiner auf Stützpfählen errichte-

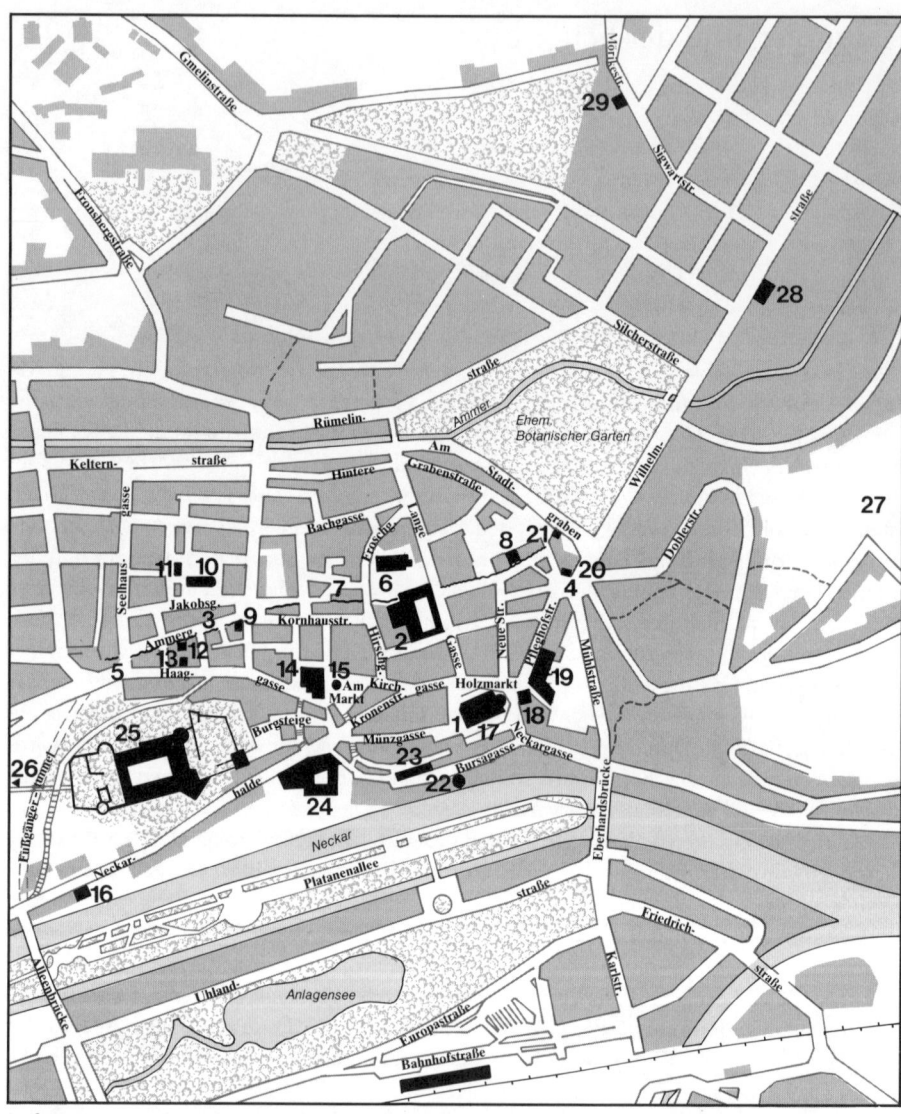

Tübingen 1 Holzmarkt 2 Wilhelmsstift 3 Ammerkanal 4 Lustnauer Tor 5 Haagtor 6 St. Johannis 7 Neustadtgasse 8 Nonnenhaus 9 Krumme Brücke 10 St. Jakob 11 Salzstadel 12 Weingärtnerhaus 13 Bürgerhaus 14 Rathaus 15 Neptunsbrunnen 16 Haering-Haus (Städtisches Museum) 17 Stiftskirche St. Georg 18 ›Wurstpalast‹ 19 Pfleghof 20 Haus Schimpf 21 Reste der Stadtmauer 22 Hölderlinturm 23 Alte Burse 24 Evangelisch-Theologisches Stift 25 Schloß Hohentübingen 26 Goetheturm 27 Österberg 28 Alte Universitätsbibliothek (›Bonatzbau‹) 29 Haus Pankok

ter Hausanbau auf, der ›Sprachhaus‹ genannt wird. Wahrscheinlich deswegen, weil in diesem Abort sich mehrere ›Sitzgelegenheiten‹ nebeneinander befanden. Ein noch ›besser erhaltenes Sprachhäuschen‹ kann am *Nonnenhaus* (um 1500) besichtigt werden. Übrigens wurde der Kanal früher jeden Samstag am Haagtor angestaut. Am Abend wurden die Schleusen geöffnet, und das Wasser überschwemmte die Unterstadt und spülte den Unrat, der sich im Laufe der Woche angesammelt hatte, hinweg.

Wir kommen nun zur ›*Krummen Brücke*‹ – wahrscheinlich rührt der Name von krummen Eichenbalken her, mit denen man die Brücke über die Ammer gebaut hat – und von dort in die Schmiedtorgasse. Auf der rechten Seite erhebt sich ein mächtiger Fachwerkbau mit einem Krüppelwalmdach. Es handelt sich hier um den ehemaligen herzöglichen *Fruchtkasten*, der gegen Ende des 15. Jahrhunderts errichtet wurde. – Die Madergasse gegenüber führt uns zum malerischen Jakobsplatz. Auf ihm steht die ehemalige Hauptkirche der Unterstadt, *St. Jakob*. Der Westteil stammt noch aus dem 13. Jahrhundert. Um 1500 wurde das Hauptschiff nach Osten erweitert. Spitzbogenfenster und mächtige Strebepfeiler kündigen die Spätgotik an. Der Jakobsplatz wird im Westen ergänzt vom ›*Salzstadel*‹, einem ehemaligen städtischen Speichergebäude aus dem 16. Jahrhundert. Von hier aus kann man einen herrlichen Durchblick hinauf zum Nordturm des Schlosses werfen.

Wir überqueren nun die Jakobsgasse und gelangen durch ein kleines Gäßchen in die Ammergasse. Hier verläuft der *Ammerkanal* (Abb. 90). Bis vor kurzem bedeckten ihn noch dicke Bohlen. Jetzt ist er freigelegt. Die kleinen Brücken zu den Hauseingängen dürften auch im Mittelalter den Zugang zu den Häusern ermöglicht haben, nur Sicherheitsgelander hat es damals wahrscheinlich nicht gegeben. In der Ammergasse und der anschließenden Kornhausstraße soll der Kanal mehrere Mühlwerke betrieben haben. An diese konstruierten die Handwerker ihre Antriebswellen, um sie in die Werkstätten zu legen. An der Ammergasse/Ecke Hasengässle steht ein kleines *Weingärtnerhaus* mit einem runden Torbogen im Untergeschoß. Es dürfte um 1500 entstanden sein. Das kleine dunkle Gäßchen führt hinauf zur Haaggasse. Dort oben steht ein gediegenes *Renaissance-Bürgerhaus* aus der Zeit um 1600. Der Treppenturm ist ausgezeichnet restauriert worden.

Nach diesem ausführlichen Rundgang sollte man sich eine kleine Pause gönnen – am besten im ›Meyerhöfle‹, der ältesten und gemütlichsten Weinstube Tübingens. Sie wird fast nur von Einheimischen, früher hauptsächlich von ›Gogen‹ (Weinbauern) besucht. Übrigens wird hier die ›Tübinger Sonnenhalde‹ ausgeschenkt – eine Rarität, die dem einzig verbliebenen Weinbauer Tübingens, Albert Berthold, zu verdanken ist. Der Wein ist trocken und sehr herb. Man sollte erst nach dem zweiten oder dritten Viertele ein Urteil fällen.

Nachdem wir nun die Unterstadt besucht haben, wollen wir uns den Hauptsehenswürdigkeiten der Oberstadt widmen. Aber was heißt schon ›Hauptsehenswürdigkeiten‹? Zweifellos gehört die Unterstadt nicht zu dem ›Postkarten-Tübingen‹, liegt also gewissermaßen im ›ästhetischen Abseits‹. Aber sie erzählt auch sehr viel über das Mittelalter. Außerdem ist hier über die Lebensweise der Bürger aus den früheren Jahrhunderten sicherlich mehr zu erfahren als in der Oberstadt. Hier oben ist ›Herrschaftsgebiet‹. Die Gebäude fallen auch entsprechend prachtvoller aus – allen voran das Tübinger *Rathaus* (Farbt. 18), das zu den schönsten seiner Art in Deutschland zählt. Es ist wahrscheinlich gegen 1435 erbaut worden, allerdings erst dreigeschossig. Ungefähr hundert Jahre später wurde dann ein viertes Stockwerk aufgesetzt. Der Ziergiebel stammt aus dem Jahr 1598 und ebenfalls die Fassadenmalerei, die im 19. Jahrhundert erneuert wurde. Die astronomische Uhr hat Johannes Stöffler 1511 konstruiert. Etwas ungeschickt sind die unteren Betonpfeiler. Sie haben unregelmäßig angeordnete Bogenöffnungen ersetzt, die der ebenfalls unregelmäßig und asymmetrisch angeordneten Fassadengestaltung besser entsprochen hatten. Vielleicht haben wir hier das ›ästhetische Geheimnis‹ des Tübinger Rathauses gefunden, ich meine die auf den ersten Blick gar nicht zu bemerkende Asymmetrie von Baldachinbalkon, Giebel und Dachreiter.

Vor der Rathausfassade steht der *Neptunbrunnen*, eine Kopie des Schickhardtschen Brunnens von 1617. Die Allegorien der Jahreszeiten zwischen den Röhren sind eine Zutat des Kopisten (1947). Die Originale stehen im *Haering-Haus, dem Städtischen Museum* in der Neckarhalde, das viele interessante Dokumente und Kunstwerke zur Geschichte Tübingens präsentiert. Das Brunnenbecken ist reich ornamentiert im Stil des niederländischen Manierismus.

Der Marktplatz selbst – besonders an Markttagen – vermittelt einen intimen, aber zugleich auch äußerst lebhaften Eindruck. Dazu tragen in erster Linie die schlanken und hochgiebeligen Fachwerkhäuser bei, die fast alle aus dem Spätmittelalter stammen. Die meisten sind jedoch im Laufe der Jahrhunderte umgebaut und damit stark verändert worden. Die Restaurierungen der letzten Jahre haben sehr viel zur Wiederherstellung des ›mittelalterlichen Ambientes‹ beigetragen, wenn auch in einigen Fällen zu viel des Guten getan wurde.

Über die Kirchgasse gelangen wir auf den Holzmarkt und zur Stiftskirche *St. Georg*. An der Südostecke des Chors besagt eine Inschrift, daß es sich bei diesem Bau schon um die »dritte Kirche an dieser Hofstatt« gehandelt hat. Der älteste nachweisbare Teil stammt aus dem beginnenden 13. Jahrhundert. Davon zeugen noch die Untergeschosse des Turms. Der Neubau wurde unter der Regentschaft des Grafen Eberhard im Bart gegen 1470 ausgeführt. Wenn wir das nördliche Chorportal, das Brauttor, betreten und in das Chorgewölbe schauen, erkennen wir die schon von der Amanduskirche in Urach her bekannte Bausprache des Peter von Koblenz. Allerdings ist nicht sicher, ob er der Baumeister war. Einer jedoch steht fest – für welchen Bauabschnitt auch immer – Hans Augsteindreyer. An der Westwand des nördlichen Seitenschiffes trägt ein Engel zwei Schilde, eines mit seiner Büste und ein anderes mit seinem Steinmetzzeichen und der Jahreszahl 1478. Begeben wir uns nun zum Lettner und in den Chor. Der spätgotische Lettner, der im Gegensatz zur Uracher Amanduskirche und Herrenberger Stiftskirche glücklicherweise nicht abgetragen wurde, ist mit zahlreichen krabbenbesetzten Wimpergen und schlanken Fialtürmchen geschmückt. In der Mitte, unter einem Bogen, befindet sich der dreiflügelige Passionsaltar des Dürer-Mitarbeiters Hans Leonard Schäufelein aus Nördlingen. Der im Jahre 1520 geschaffene Altar erzählt in dramatischen und volkstümlichen Szenen die Ereignisse der Passion: Ölberg, Kreuztragung, Beweinung und Kreuzigung. Deutlich ist der niederländische oder niederrheinische Einfluß in der Kreuzigung spürbar. Viel Volk hat sich zwischen den Kreuzen versammelt, um den Todeskampf Christi zu beobachten. In Durchblicken und im Hintergrund öffnet

Tübingen, Stiftskirche, Chor: Grablege der Württembergischen Regenten und (teilweise) ihrer Gemahlinnen 1 Sabina von Bayern, Gemahlin Herzog Ulrichs 2 Herzog Ulrich (1498–1550) 3 Graf Eberhard im Bart (1457–1496) 4 Rudolf von Braunschweig 5 Anna, Tochter Ulrichs 6 Mechthild, Mutter Graf Eberhards 7 Graf Ludwig, Vater Eberhards 8 Eva Christina von Mömpelgard, Nichte Ulrichs 9 Johann Georg (Schleswig) 10 Eberhard, erster Sohn Christophs 11 Anna Maria, Gemahlin Christophs 12 Herzog Christoph (1550–1568) 13 Ursula, Gemahlin Ludwigs 14 Herzog Ludwig, zweiter Sohn Christophs

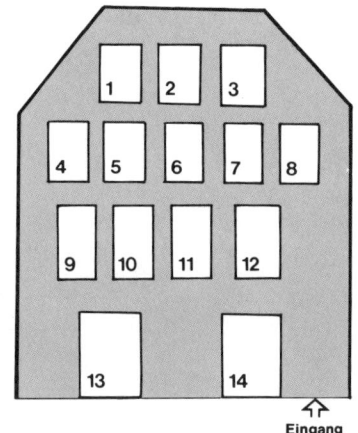

Eingang

sich eine weite Landschaft, so wie sie in vergleichbaren Gemälden aus dem Niederrhein oder den Niederlanden des Spätmittelalters überliefert ist. ›Volkreichen Kalvarienberg‹ nennt man den Typus solcher Darstellungen.

Im Chor befinden sich vierzehn Grabmäler württembergischer Herzöge und ihrer Gemahlinnen. Es waren die Herzöge Ulrich und Christoph von Württemberg, die den Auftrag zu den Grabmälern gegeben haben, nachdem sie die sterblichen Überreste ihrer Ahnen nach Tübingen überführt hatten. Grabplatten und Steinsärge sind in den Stilformen der Spätgotik und der Renaissance gehalten. Sie sind in der Zeit zwischen 1482 und 1593 entstanden. Die Leichname ruhen unterhalb der Steinsärge in einem gemauerten Grab. Wenden wir uns dem Grab Eberhards zu. Der Palmbaum und der Leitspruch ›Attempto‹ (s. S. 221) bezieht sich auf eine Pilgerfahrt ins Heilige Land, mag sich aber auch auf die Gründung der Universität (1477) beziehen und damit auf die ›Schöpfung‹ Tübingens insgesamt. Graf Eberhard ließ die Brücke über den Neckar erbauen und öffnete damit die Universitätsstadt nach Süden. In diesen Jahrzehnten wurde dann auch die heute berühmte Neckarseite Tübingens, die in keinem Farbprospekt oder Bildband über die Universitätsstadt fehlt, bebaut. Zwei weitere Särge sind bemerkenswert, diejenigen seiner Eltern, der hochgebildeten Mechthild (Hans Multscher), von der noch in Rottenburg die Rede sein wird, und ihres Gemahls Ludwig. Über dem Grabmal Eberhards steigt steil das mittlere Chorfenster in die Höhe. In der unteren Reihe kniet der Graf in der Rüstung eines Ritters vor dem Hl. Georg nieder. Ihm gegenüber seine Gemahlin Barbara Gonzaga aus Mantua (S. 203). Darüber windet sich die Wurzel Jesse empor. Ferner sind Szenen aus der Mariengeschichte zu sehen. Dieses Fenster ist in der Werkstatt des Glasmalers Peter Hemmel von Andlau in den Jahren 1476/77 in Straßburg entstanden. Unter den zahlreichen Bewunderern dieses Glasfensters wäre Goethe herauszuheben, der auf seiner Schweizer Reise auch Tübingen besuchte. Er schrieb an den Herzog Carl August von Weimar (11. Sept. 1797), daß ihm der »Purpur in allen Tönen von der größten Herrlichkeit« erschienen sei.

265

Graf Eberhard im Bart mit seiner Gemahlin Barbara Gonzaga, Glasmalerei von Peter von Andlau in der Stiftskirche Tübingen

Wir verlassen die Kirche durch das Brautportal und entdecken an ihrer Nordostseite das sogenannte ›Tübinger Wahrzeichen‹. Hier handelt es sich um einen Geräderten in einem Rundfenster. Dieses Bildnis soll als Sühnemal eines unschuldig zum Tode Verurteilten errichtet worden sein. In Wirklichkeit ist hier aber das Martyrium des Hl. Georg, Namenspatron der Kirche, in einer ikonographisch ungewöhnlichen und sehr seltenen Weise dargestellt.

Der Chor der Stiftskirche stößt fast auf das neoromanische Bürgerhaus (im Volksmund ›Wurstpalast‹ genannt) an der Ecke zur Neckargasse (Abb. 88). Etwas weiter zurückversetzt erblickt man den ehemaligen *Pfleghof* des Zisterzienserklosters Bebenhausen. Er ist gegen Ende des 15. Jahrhunderts erbaut worden. An der Ecke, unter einem krabbenbesetzten spitzhaubigen Baldachin steht eine Madonnenfigur. Rechts daneben ein Fenster mit spätgotischem Maßwerk (Abb. 82). – Die Pfleghofstraße führt hinunter zum Schimpf-Eck (Lustnauer Tor). Hinter dem ausgezeichnet restaurierten *Haus Schimpf*, einem Jugendstil-Fachwerkbau, sind noch Reste der *Stadtmauer* und eines quadratischen Befestigungsturms aus dem 15. Jahrhundert zu sehen. Wir gehen nun am Ammerkanal entlang und erreichen das Nonnenhaus mit dem schon erwähnten ›Sprachhaus‹ (S. 263). Das um 1500 erbaute Haus gehörte wahrscheinlich einem Dominikanerinnenkloster an, das 1310 zum ersten Mal genannt wurde.

Über die Neue Straße gelangen wir wieder zur Stiftskirche. Unterhalb des Chors geht die Neckargasse vom Holzmarkt ab und windet sich hinunter zur Neckarbrücke.

Der *Hölderlinturm* ist in diesem einzigartigen Häuserensemble nicht zu übersehen (Farbt. 19). Eine Wendeltreppe führt hinunter zur Neckarmauer. Stocherkähne, die größtenteils Verbindungsstudenten gehören, sind an der Uferböschung im Sommer zu sehen. Und sollten sie zufällig an einem letzten Juni-Donnerstag in Tübingen sein, werden Sie das populäre Stocherkahnrennen sicher nicht versäumen...

Der ›Hölderlinturm‹, ein ehemaliger Zwingerturm der mittelalterlichen Stadtbefestigung, stammt aus dem 14. Jahrhundert. Als Wohnturm wurde er wahrscheinlich erst im 18. Jahrhundert ausgebaut. Hier lebte Friedrich Hölderlin von 1807 bis zu seinem Tode im Jahre 1843. Im Turmzimmer, das vom Dichter bewohnt war, ist eine Hölderlin-Gedenkstätte eingerichtet worden. Ein paar Treppen führen hoch zur Bursagasse, wo die *Alte Burse*, die ehemalige Artistenfakultät der Universität, steht. Das mächtige Gebäude wurde zwischen 1478 und 1480 erbaut. Diese Jahreszahlen sind jedenfalls noch an den Holzpfeilern der linken Eingangshalle zusammen mit dem Wahlspruch ›Attempto‹ des Grafen Eberhards zu sehen. Nachdem es im 19. Jahrhundert als Klinikum verwendet wurde und bis 1968 die Universitätszahnklinik hier ihren Sitz hatte, beherbergt es jetzt das philosophische und das kunsthistorische Institut.

Die Bursagasse mündet in den Klosterberg. Rechter Hand führen kleine Stiegen hinauf zu winzigen Vorgärten und weiter in das Gassengewirr der Altstadt. Vorkragende Fachwerkgiebel und rundbogige Haustüren vermitteln ein Altstadtidyll, das in dieser ausgeprägten Form ganz selten ist. Und dieses Idyll lebt; es ist nicht Fassade, schon gar nicht ›Touristenfassade‹. Hier werden immer noch halbwegs billige Studentenbuden vermietet, sie zählen natürlich zu den begehrtesten.

Ein paar Schritte weiter, der Klosterberg steigt steil hoch Richtung Marktplatz, und man steht vor der Einfahrt zum *Evangelisch-Theologischen Stift*, einem ehemaligen spätmittelalterlichen Augustinerkloster, das zwischen 1464 und 1513 erbaut wurde. Die heutige Gestalt rührt jedoch größtenteils von Umbauten her, die Ende des 18. Jahrhunderts vorgenommen worden sind. Von der Architektur selbst ist nicht viel zu erzählen, wohl aber von den berühmten Stiftlern, die hier ihre ersten leidenschaftlichen Diskussionen um den Sinn des Lebens und den Unsinn des Staates geführt haben. Zweifellos war Hölderlin einer der bedeutendsten Schüler des Evangelischen Stifts. Von ihm und seinen Zeitgenossen möchte ich aber auf einem Spaziergang zur Wurmlinger Kapelle erzählen (S. 278 ff.).

Nun sollten wir die Höhen erklimmen, um das *Schloß Hohentübingen* zu besuchen. Ein paar Stufen führen hinauf zum sogenannten ›Faulen Eck‹. Gegenüber setzt die Burgsteige an. Steil geht es hoch zum äußeren Burgtor, einem Triumphbogen, der reich verziert ist (Abb. 86). Die Ornamente kommen uns bekannt vor. Die Rollenwerkformationen über dem Gesims sind uns schon am Becken des Marktbrunnens aufgefallen. Heinrich Schickhardt soll die Pläne für das Tor angefertigt haben, und zwar nach seiner Italienreise im Jahre 1606. Vielleicht haben ihn die antiken Denkmäler Roms, von denen er einige Skizzen gemacht hat, inspiriert. Die handwerklichen Ausführungen hat Anton Keller besorgt, und von Christoph Jelin stammen die beiden strengen Wachtposten, die das Wappen des Herzogs Friedrich mit dem Hosenbandorden flankieren.

Bevor wir den Schloßhof betreten, sollten wir zwei einmalige Ausblicke genießen. Unübersehbar das Stadtpanorama mit Stiftskirche, Österberg und Neckar gleich hinter dem äußeren Tor (Farbt. 17). Natürlich kommt uns diese Ansicht bekannt vor – sie ist auf unzähligen Postkarten, in Prospekten sowie in Farbbänden festgehalten worden. Nicht ganz so ›fotogen‹, aber um vieles interessanter ist der Blick hinunter in die Unterstadt. Der Aussichtspunkt befindet sich am Ende einer kleinen Gartenanlage rechts vom Schloßeingang. Hier können wir direkt in die Gassen hineinschauen. Die roten Dächer ordnen sich zu einem abstrakten Muster – hin und wieder unterbrochen vom Grün der Bäume. Dominierend die Jakobskirche, der grüne Turm vom Altersheim, einem ehemaligen mittelalterlichen Spital und natürlich das Krüppelwalmdach des Fruchtkastens. Weiter im Norden steigt das Gelände an. Hier befinden sich die verschiedenen Gebäude der Kliniken und anderer naturwissenschaftlicher Fakultäten.

Das Nordportal des Schlosses, das innere Portal also, stammt aus dem Jahre 1538. Es wurde 1892 erneuert. Die Ornamentik ist also nicht mehr eindeutig der Renaissance zuzuordnen. Hinter dem Tor öffnet sich der rechteckige Binnenhof. Die Burg wurde ab 1507 zu einer vierflügeligen Anlage mit mächtigen Ecktürmen ausgebaut. Mittelalterlich sind lediglich die Untermauerung der Trakte. Der Rest ist Renaissance-Arbeit. Im Nordflügel kann man noch den großen Rittersaal besichtigen. Unten im Keller steht ein großes Faß, das im Jahre 1548 gefertigt wurde. Ein niedriger und enger Tunnel führt durch den Westtrakt auf eine Bastion, die zwischen 1601 und 1607 errichtet wurde. Links oben der sogenannte Haspelturm. In ihm befindet sich heute das Ludwig-Uhland-Institut für empirische Kulturwissenschaften, das bedeutendste Volkskundeinstitut Europas. – Linker Hand öffnet sich ein großräumiger Tunnel, durch den man über steil hinabführende Treppen ins Freie gelangt. Von hier aus könnte nun der Spaziergang über den Spitzberg zur Wurmlinger Kapelle erfolgen – Dauer hin und zurück etwa drei Stunden. Auf jeden Fall sollte man es nicht versäumen, den sogenannten ›Goetheturm‹ in der Schloßbergstraße zu besuchen. Es handelt sich hier um ein kleines oktogonales Gartenhäuschen der Familie Gmelin, die Goethe im Jahre 1797 hier besucht hat.

Tübingen, inneres Portal des Schlosses

Von den Bauten, die um die Jahrhundertwende errichtet wurden, sind in erster Linie die teilweise kuriosen *Verbindungshäuser* auf dem *Österberg* zu nennen. Alte Burschenherrlichkeit und Ritterromantik kommen zum Ausdruck in Bauten wie z. B. dem Haus der ›Rhenania‹ in der Stauffenbergstraße 4 oder dem Haus der Verbindung ›Hohenstaufia‹ gleich nebenan. Architektonisch interessanter dürfte die *alte Universitätsbibliothek* (›Bonatzbau‹) in der Wilhelmstraße sein. Sie wurde zu Beginn des Jahrhunderts von Paul Bonatz, dem Erbauer des Stuttgarter Hauptbahnhofs, entworfen. In der Mörikestraße 1 steht das *Haus Pankok,* eine Jugendstilvilla von Bernhard Pankok, erbaut 1901. Es ist das einzig erhaltene Gebäude von Pankok, dem ehemaligen Leiter der Stuttgarter Kunstgewerbeschule. Rustikales Fachwerk und zierliches Jugendstilornament gehen hier eine harmonische Synthese ein.

Wenn wir schon hier oben auf der Mörikestraße stehen und viel Luft haben, dann können wir in einem einstündigen Spaziergang über Waldhäuser-Ost und durch den Schönbuch nach Bebenhausen laufen; ein sehr kontrastreicher Spaziergang, der uns zeigen wird, daß Tübingen nicht nur aus Studentenromantik, die es ohnehin nicht mehr gibt, und Altstadtidylle besteht. Außerdem haben wir ein wenig Zeit, uns noch auf die Geschichte Tübingens zu besinnen, die wir ja nur bis zum Mittelalter verfolgt haben. Zwei für die Geschichte Württembergs wichtige Daten wären zu nennen. Zum einen 1514: In diesem Jahr wurde der ›Tübinger Vertrag‹ ausgehandelt. Er begründete die württembergisch-ständische Verfassung. Diese ›Magna Charta‹ Altwürttembergs rang dem Herzog – zu dieser Zeit war es der jähzornige Ulrich – wichtige Rechte ab, die dem Landtag zugute kamen. So mußte der Herzog den Rat des Landtags einholen, bevor er einen ›Hauptkrieg‹ begann. Er konnte also nicht mehr willkürlich Steuern eintreiben, um einen Waffengang zu finanzieren. Dafür übernahm das Land die Tilgung der vom Herzog hinterlassenen Schulden von mehr als 900 000 Gulden. Diese Tilgung ging u. a. zu Lasten des Landvolkes. Die ersten Unruhen, die sich dann zum Bauernkrieg ausweiteten, flammten auf (S. 15).

Das zweite Datum ist das Jahr 1945. Tübingen wurde im Krieg so gut wie gar nicht zerstört. Gegen Kriegsende besetzten französische Truppen die Stadt und bestimmten sie zur Hauptstadt des neugebildeten Landes Württemberg-Hohenzollern. 1952 wurde Tübingen als Regierungsbezirk in das Land Baden-Württemberg integriert.

Bebenhausen

Zu Beginn der siebziger Jahre wurde der Tübinger Stadtteil *Waldhäuser-Ost* erbaut. Großartig der Blick für diejenigen, die in den Hochhäusern wohnen. Wir, die wir an der Betonwüste vorbeispazieren, müssen uns mit einem von Wohnwaben zerteilten Albpanorama zufrieden geben. Bald haben wir den Schönbuch erreicht, und spätestens vor dem malerischen Anblick von Bebenhausen haben wir Waldhäuser-Ost vergessen. Der Kontrast kann größer und schärfer nicht ausfallen. Eben noch Hochhäuser und unzählige Flachdächer und jetzt, verspieltes mittelalterliches Fachwerk und rote Dächer, die sich um die ehrwürdigen Klostermauern drängen. Aus ihnen ragt der zierliche gotische Vierungsturm der Klosterkirche hervor und dahinter die bewaldeten Hänge des Schönbuchs (Farbt. 20).

Kloster Bebenhausen von Südwesten, aquarellierte Federzeichnung, 1744, aus Jeremias Höslin ›Monumenta Bebenhausa‹

Es war der Pfalzgraf Rudolf von Tübingen, der gegen Ende des 12. Jahrhunderts (1187) das *Kloster* gründete. Nur wenige Jahre weilten Prämonstratenser-Mönche in seinen Mauern, dann, um 1190, kamen die Zisterzienser, jene Mönche des burgundischen Reformordens, von dem ja schon im Zusammenhang mit Maulbronn ausführlich die Rede war (S. 130f.). Bebenhausen ist eine Schöpfung der Stauferzeit und vermittelt ein ähnliches Bild wie das Kloster Maulbronn: staufische Klassik neben französischer Gotik (Abb. 91).

Beginnen wir den Rundgang im Südosten. Wir gelangen in den Kreuzgang und suchen gleich die *Brunnenkapelle* (1) auf. Hier überrascht das spätgotische Gewölbe, dessen Rippen in weiten eleganten Kurvaturen ausstrahlen. Man möchte von einem spätgotischen Barock sprechen. Gegenüber liegt der Zugang zum *Sommerrefektorium* (2), das in dieser Gestalt im Jahre 1335 erbaut wurde (Abb. 93). Die zweischiffige Halle wird durch drei oktogonale Pfeiler unterteilt. Wie Palmenwedel steigen die Rippen aus den Pfeilerenden empor und verzweigen sich in den Gewölbeschalen, um an den Wänden in gemalten Engelskonsolen wieder zusammenzulaufen. Im Rankenwerk des Gewölbes glaubt man die Vögel des Schönbuchs wiederzuentdecken. Stieglitz, Elster und Käuzchen sind jedenfalls auszumachen. – Das anschließende *Winterrefektorium* (3), Ende des 15. Jahrhunderts erbaut, ist mit einer schön verzierten Holzdecke und unterschiedlich strukturierten Säulen versehen. Die mit Rankenmalereien überzogenen Wände und der breite Kachelofen strahlen Gemütlichkeit und Wärme aus. Man glaubt in einer Bürgerstube, keinesfalls in einem Mönchssaal, zu weilen. Die strengen Zisterzienser-Regeln waren schon längst aufgeweicht. Zu Beginn des

16. Jahrhunderts war auch das Mönchtum aufgeklärt, zumindest wußten die Mönche, daß eine asketische Lebenshaltung nicht unbedingt Gesundheitsschädigungen zur Folge haben müsse.

Nördlich anschließend das *Refektorium der Laienbrüder* (4), ein spätgotischer, dreischiffiger Saal. Auch der *Kreuzgang* ist größtenteils in der Spätgotik erneuert worden. Während im *westlichen Arm* (5) ein Sterngewölbe angebracht ist (Abb. 92), ziert den *östlichen Arm* (6) ein feingliedriges Netzgewölbe. Beachtenswert ist das Maßwerk der Fenster, das sich, ähnlich wie in Maulbronn, zu immer neuen Formationen strukturiert.

Die *Klosterkirche* (7) erreichen wir über das südliche Portal vom Kreuzgang aus. Ein erster Raumeindruck macht das Zusammenspiel dreier Kunstepochen anschaulich: staufische Klassik, Gotik und Renaissance. Der rechteckig geschlossene Chor, in dessen Ostwand ein wunderschönes gotisches Maßwerkfenster mit Fischblasenmotiven eingebrochen ist, zeigt noch viel von der staufischen Epoche, wie z. B. das antikisierende Zahnfrieskapitell und die Wandpilaster. Die beiden Kapellenräume nördlich des Chors lassen in den Rundbögen, in den massiven Halbsäulen und den kompakten Kapitellen typisch staufische Bauformen erkennen. Doch schon im Längsschiff deutet sich die Frühgotik im Schildbogen an. Der hohe Obergaden mit seinen Rundbogenfenstern verweist auf die ehemalige flache Decke, die durch ein gotisches Gewölbe ersetzt wurde. Die gedrungene Form des Hauptschiffes geht nicht auf staufische Baupläne zurück, sondern auf einen Eingriff in nachreformatorischer Zeit. Nach der Aufhebung des Klosters wurden zwei Drittel vom Langhaus abgebrochen.

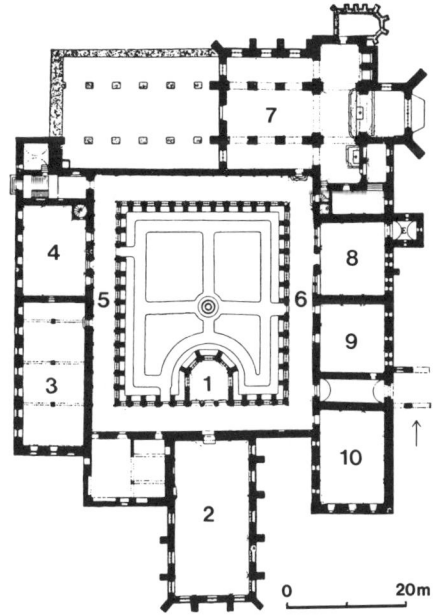

Bebenhausen, Klosterplan
1 Brunnenkapelle   2 Sommerrefektorium
3 Winterrefektorium   4 Refektorium der Laien-
brüder   5 Kreuzgang – West   6 Kreuzgang – Ost
7 Klosterkirche   8 Kapitelsaal   9 Parlatorium
10 Bruderhalle

271

Vom einstigen Zisterzienserkloster erzählt ein spätmittelalterliches Gemälde, das im südlichen Querflügel hängt. Dem vor dem Kreuz knienden Hl. Bernhard von Clairvaux fällt der Gekreuzigte in die Arme. Rechts neben ihm der Stiftungsabt und im Hintergrund das Kloster inmitten der Waldidylle des Schönbuchs. Der über der Vierung sich erhebende gotische Glockenturm, der auf diesem Bild zu sehen ist, geht auf eine Stiftung des Abtes Peter von Gomaringen zurück. Links vom Choreingang kniet in einem Fresko aus dem frühen 15. Jahrhundert der eben genannte Abt vor der Himmelskönigin. In seinen Händen hält er ein Modell des Turms. Beachtenswert ist noch die Renaissance-Kanzel an der Nordwand des Chors. Sie wird von einer Knaufsäule mit ausschwingenden Ornamentranken getragen. Gegenüber am nordwestlichen Vierungspfeiler ebenfalls eine Renaissance-Kanzel, deren Treppenaufgang von Säulen und einem ›starken Mann‹ abgestützt wird.

Betreten wir wieder den Kreuzgang und gleich links den *Kapitelsaal* (8). Vier kurzschaftige Säulen mit knospenartigen Kapitellen stützen das Gewölbe ab. Wulstartige Rippen sind über die Grate gezogen. Sie enden in schweren Wandkonsolen. Der Kapitelsaal ist, ähnlich dem von Maulbronn, ein Zeugnis der staufischen Klassik, wofür die gedrungenen Proportionen und der ungewöhnlich phantasiereiche Bauschmuck sprechen. Die Gewölbemalereien sind erst im 16. Jahrhundert angefertigt worden. – Ähnlich sind auch die beiden anschließenden Räume, das *Parlatorium* (9) und die *Bruderhalle* (10) gestaltet, wahrscheinlich zusammen mit dem Kapitelsaal in der ersten Hälfte des 13. Jahrhunderts.

Einsiedel

Einsiedel, auf freiem Feld malerisch im Schönbuch gelegen, wurde gegen 1460 vom Grafen Eberhard im Bart gegründet. Er ließ hier ein Gestüt einrichten und wenige Jahre später ein *Jagdschloß* erbauen. Dann kam das *St. Petersstift* hinzu, in das zwölf Chorherren sowie zwölf adelige und zwölf bürgerliche Laienbrüder zogen. Im Jahre 1516 wurden die Stiftsherren durch weltliche Chorherren ersetzt. Nicht ganz zwanzig Jahre später wurde das Stift aufgelöst und Tübingen unterstellt. Zwei Brände haben im selben Jahrhundert und zu Beginn des 17. Jahrhunderts Schloß- und Stiftsanlage verwüstet. Doch schon kurze Zeit später hat man die Schäden beseitigt und die Häuser neu aufgebaut. Zwischen 1960 und 1968 ist die Anlage gründlich restauriert worden. Den Weißdornbaum im Hof soll der Sage nach Graf Eberhard im Bart aus dem Heiligen Land mitgebracht haben.

Von Einsiedel fahren wir durch den Schönbuch über die alte Stuttgarter Straße nach Dettenhausen und von dort über die B 27 nach Waldenbuch.

Waldenbuch

Das kleine Schönbuchstädtchen Waldenbuch erhebt sich auf einem Bergkegel, der von der Aich, einem Nebenfluß des Neckars, umflossen wird. Der Ort taucht erst im späten 13. Jahrhundert auf, und zwar unter der Oberhoheit der Grafen von Hohenberg. Nicht ganz hundert Jahre später ging die Stadt an Württemberg über. Zwischen 1562 und 1566 ließ

Herzog Christoph von Württemberg ein *Jagdschloß* errichten. Es wurde im 17. und zu Beginn des 18. Jahrhunderts erweitert. Für den letzten Bauabschnitt zeichnet der Italiener Frisoni, der zu dieser Zeit einen Ruf nach Ludwigsburg bekommen hat. Die Renaissance-Wendeltreppe (1576) und eine Säulenhalle zählen zu den besonderen Sehenswürdigkeiten.

Neben dem Schloß steht die *Renaissance-Kirche* von Elias Gunzenhäuser. Er hat sie zu Beginn des 17. Jahrhunderts erbaut. Die spitzbogigen Maßwerkfenster und ein verzierter Staffelgiebel verleihen dem Bau eine spielerische Note. Vor dem Renaissance-Rathaus steht ein schöner Barockbrunnen. Hier beginnt auch ein historischer Stadtlehrpfad zu malerischen Winkeln und interessanten Kunstdenkmälern, wie Resten der Stadtmauer, der Alten Post, einem Backhaus und einem ehemaligen Stadttor.

Ganz in der Nähe von Waldenbuch, inmitten der Waldeinsamkeit des Schönbuchs, zieht sich das *Siebenmühlental* von der Burckhardtsmühle nach Norden Richtung Leinfelden. Am besten, man läßt das Auto stehen und erwandert sich dieses idyllische Tal.

Weil im Schönbuch

Von Waldenbuch sollte man nicht die direkte Straße nach Weil im Schönbuch wählen, sondern einen kleinen Umweg über Dettenhausen machen. Nach drei Kilometern taucht das Stadtpanorama von Weil unvermittelt auf. Der Kirchturm und die dicht gedrängten Fachwerkhäuser befinden sich auf einem Bergsattel. Man sollte ausgiebige Spaziergänge durch die intimen Gassen der Stadt unternehmen. Immer wieder tauchen schöne Fachwerkhäuser auf, die teilweise bestens restauriert worden sind. Die gotische *Stadtkirche* ist kaum zu verfehlen, da fast alle Straßen auf den annähernd höchsten Punkt der Stadt, wo sie steht, zulaufen. Der romanische Turm der zu Beginn des 16. Jahrhunderts erbauten Stadtkirche weist in seinem unteren Teil Todesanzeigen des 17. und 18. Jahrhunderts auf. Neben dem Turm ein Aufgang zur Herrschaftsempore.

Das alte Rathaus war ein ehemaliger Bebenhäuser Pfleghof. Im Hof steht eine alte Holzlaube. In unmittelbarer Nähe ist noch ein schönes Jugendstilgebäude (Postamt) zu sehen.

Von Weil ist es nicht weit nach *Neuweiler* und *Breitenstein*, kleinen malerisch in Schönbuchtälern gelegenen Dörfern mit Fachwerkhäusern und spätgotischen Kirchen mit zierlichen Fachwerktürmen.

Holzgerlingen und Hildrizhausen

So ziemlich am Ortsanfang von *Holzgerlingen* liegt das romanische Wasserschloß ›Kalteneck‹, das später umgebaut wurde. Im Ortszentrum fällt die monumentale Dorfkirche aus dem Jahre 1473 auf. Neben dem spätgotischen Netzgewölbe ist ein Stifterbild aus der Renaissance links vom Chor sehenswert.

Von Holzgerlingen ist es nur ein Sprung nach *Hildrizhausen*. Die ehemalige Stiftskirche St. Nicomedes (ein römischer Märtyrer und Schüler des Hl. Petrus) ist an Stelle einer

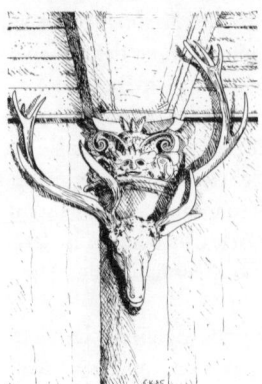

Renaissance-Hirschsäule im Rathaus von Kayh

mittelalterlichen Burg errichtet worden. Der Turm stammt aus dem 12. Jahrhundert. Am Südportal ist noch ein romanisches Tympanon zu sehen.

Nun fahren wir durch ein dichtes Waldgebiet Richtung Herrenberg. Nach wenigen Kilometern kommen wir zu einem Naturfreunde-Haus. Von hier aus führt ein bezaubernder Waldweg nach Obermönchberg und Kayh. Ausblicke über das Gäu und die in der Ferne sanft ansteigenden Hügel des Schwarzwaldes werden diesen Spaziergang lohnen. Schließlich gelangt man über Obermönchberg nach *Kayh*, einem kleinen Dorf mit mächtiger Wehrkirche (sehenswerte Jugendstilglasfenster im Chor!). Im ›Löwen‹ sollten Sie sich eine Rast gönnen und die hausgemachten köstlichen Maultaschen, eine schwäbische Spezialität, probieren.

Von Herrenberg (s. S. 151) nehmen wir die B 28 Richtung Tübingen und biegen nach ca. acht Kilometern Richtung Reusten ab. Diese kaum befahrene Straße überrascht mit wahrlich heroischen Ausblicken: Im Süden die Albkette mit dem Hohenzollern, im Südosten, schon fast zum Greifen nahe, die Wurmlinger Kapelle und im Westen die Gäulandschaft. Hinunter geht es nach *Reusten,* einem winzigen, verträumten Nest. Oben auf der Höhe des Kirchbergs befindet sich ein besonders bei Tübinger Studenten und Professoren beliebtes Café. Ich wüßte keines, das sich in einer vergleichbaren idyllischen Lage befindet.

Oberndorf

Nur wenige Kilometer südlich von Reusten liegt Oberndorf. In der spätgotischen *Dorfkirche* steht ein großartiger Schnitz-Altar, der um 1500 entstanden sein muß. Der Meister hat viel von Riemenschneider und schwäbischen Holzschnitzern gelernt, wie einige Figuren zeigen. Er selbst war wohl am Oberrhein ansässig, denn das Retabelkonzept mit erhöhter Mittelnische dürfte aus dieser Gegend stammen. Dargestellt ist die Krönung Mariens durch Gottvater und Christus. Links und rechts dieser Gruppe erkennt man Johannes den Täufer, der in einer typischen Riemenschneider-Pose steht, und Johannes den Evangelisten; daneben jeweils der Heilige Petrus und Andreas. Darunter Heiligenbüsten und eine Predella mit einem für diese Zeit üblichen Motiv: Christus inmitten seiner Jünger. Sehr wahrscheinlich stammen diese Malereien aus der Zeitblom-Werkstatt.

Ammerhof

Eine weitere Kostbarkeit liegt in der Nähe von Tübingen: der Ammerhof. Zunächst aber sollten wir *Poltringen* aufsuchen. Hier steht das Schickardtsche Wasserschloß aus der Renaissance. Ein Vorgängerbau ist aus dem frühen 11. Jahrhundert überliefert. Von Poltringen geht es weiter nach *Pfäffingen* (Renaissance-Kirche mit Fachwerkturm) und *Unterjesingen*. Ungefähr einen Kilometer nach dem Ortsausgang führt ein kleiner Feldweg direkt auf den Ammerhof zu. Eine mehr als 900-jährige Geschichte hat diesen Ort geprägt. Im Jahre 1171 hat der schon von Bebenhausen her bekannte Pfalzgraf Hugo von Tübingen das Prämonstratenserkloster Obermachtal gegründet. Die Kirche und der Zehnte in Ammern wurden mit zur Grundausstattung des Klosters bestimmt. Zur Zeit der Reformation war die Ammerhofkirche Zufluchtsstätte für die Tübinger Katholiken. Im 18. Jahrhundert wird schließlich der heute zu besichtigende Bau errichtet. Wahrscheinlich handelte es sich um den dritten Bau. Der erste soll aus dem 6. Jahrhundert stammen.

Die Pläne zu der 1765 begonnenen *Kirche* lieferte kein Geringerer als der Baumeister des Deutschen Ordens Johann Kaspar Bagnato. Bauleiter war Tiberius Moosbrugger.

Die Chorturmkirche besteht aus einem einzigen Saal. Der berühmte Franz Xaver Schmuzer, ein Wessobrunner Stukkator, der u. a. Obermachtal und Ettal ausgestaltet hat, bemühte sich um ein Dekorationssystem, das zwischen traditioneller Rokoko-Form und dem damals modernen Klassizismus vermitteln sollte. Seine Ornamente wirken nicht mehr so verspielt, sondern eher nüchtern und vornehm streng. Schmuzer hat mit dem Maler Johann Anton Veeser zusammengearbeitet. Dieser hat im Chor und an der Decke des Hauptraums das Martyrium des Hl. Andreas, Namenspatron der Kirche, gemalt. In der Chorkuppel ist die Apotheose des Hl. Norbert, Ordensstifter der Prämonstratenser, zu sehen.

Der Außenbau ist nüchtern, aber elegant gestaltet (Abb. 95). Ein leichtes Gesims wird im eleganten Schwung um die Chorrundung bis zur Fassade herumgeführt. In die Nordwand – und nicht in die Westwand wie üblich – ist das Portal eingesetzt worden. Sicherlich deswegen, weil die Nordwand die Schauseite der Kirche ist. Die Westfassade stößt unmittelbar an die Begrenzung des Anwesens. Das Portal ist mit Säulen und Pilastern versehen. Sie haben sich aus der Wandfläche gelöst, so als ob sie mit dem Treppenrund davor einen Kreis bilden wollten. Hier mag man noch einen Hauch des italienischen Klassizismus verspüren, so wie er in großartigen Formulierungen von Vanvitelli gepflegt wurde.

Hohenentringen

Mit dem Auto gelangt man nach Hohenentringen über Hagelloch (kurz vor Tübingen links ab). Es ist auch möglich, nach Entringen zu fahren und von dort den Trauf des Schönbuchs zu erklimmen. Im letzteren Fall hätte man sich ein Glas Most verdient, der oben reichlich

Schloß Hohenentringen, Stich von Fr. Weber, um 1800. Städtisches Kulturamt/Fotoarchiv, Tübingen

ausgeschenkt wird. Von der Terrasse des Schlosses ist ein herrlicher Blick über die Dörfer des Gäu zum Schwarzwald möglich. Vermutlich hat schon im Mittelalter eine Befestigungsanlage auf dem Schönbuchhang gestanden. Zwei Urkunden des Klosters Bebenhausen geben Anlaß zu dieser Vermutung. Sie stammen aus den Jahren 1293 und 1294. Sicher ist, daß zwischen 1469 und 1488 an einen schon bestehenden Turm, der offensichtlich zu einer Burganlage gehörte, ein Wohnhaus angebaut wurde. Von diesem Turm berichtete Christian Heinrich Zeller, Besitzer des Schlosses gegen Ende des 18. Jahrhunderts:

»Ein großer alter Turm bildete das östliche Brückentor. Eine hölzerne Zugbrücke führte über den großen Burggraben dahin. In dem Turm waren unter- und überirdische Kerker gewesen. Man fand darin noch Gebeine, eiserne Armbrustpfeile und einen eisernen Arm an der Mauer, in welchem noch der Armknochen eines Mannes war, der einst in dem schrecklichen Kerker schmachtete. Ja, das Leder in dem eisernen Handschuh war, halb verfault, noch zu sehen.«

Heute bietet sich das *Schloß* als ein langgestreckter dreigeschossiger Steinbau mit Walmdach dar. Hofwärts ist ein halbrunder Treppenturm an die Fassade angebaut worden. Über eine steile Wendeltreppe gelangt man in die oberen Stockwerke und ist in der Gaststube erstaunt über eine merkwürdige, mit naiver Hand gemalte Darstellung: Kinder drängen sich von der Burg den steilen Abhang hinunter in das Dorf Entringen zur Kirche. Während die letzten die Wehrmauer verlassen haben, betreten die ersten unten das Gotteshaus. Dieser mittelalterliche Kindersegen ist auf fünf Ritterfamilien zurückzuführen, die im 15. Jahrhundert auf der Burg gelebt haben. Eines dieser Kinder wuchs zum Ritter Georg von Ehingen heran, dem späteren Kanzler des Grafen Eberhard im Barte. Georg, der eine abenteuerliche Reise in die Mittelmeerländer und nach England unternommen hatte, war übrigens auch als Brautwerber für Eberhard tätig. Er führte seinem Herrn Barbara Gonzaga aus Mantua zu.

Mit Hölderlin unterwegs zur Wurmlinger Kapelle

Warum mit Hölderlin zur Wurmlinger Kapelle? Die Frage ist schnell beantwortet. Im Jahre 1788, nach der bedrückenden Zeit in der Maulbronner Klosterschule, trat Hölderlin in das Tübinger Stift ein. Dort lernte er u. a. Hegel und Schelling kennen. Mit den Freunden – die Freundschaft dauerte bis zu seiner Entlassung im Jahre 1793 – unternahm er oft Wanderungen in die Umgebung Tübingens, nachweislich auch zur Wurmlinger Kapelle. Die drei galten als ›jakobinische Stiftler‹. Sie waren also ganz auf der Seite der Französischen Revolution von 1789. Schelling hat damals sogar einen deutschen Text zur Marseillaise verfaßt. Aus dieser Zeit ist auch die schwärmerische ›Hymne an die Freiheit‹ Hölderlins überliefert. Hier die letzten beiden Strophen:

»Froh verhöhnt das königliche Leben
Deine Taumel, niedre feige Lust!
Der Vollendung Ahndungen erheben
Über Glück und Zeit die stolze Brust.–
Ha! getilget ist die alte Schande!
Neuerkauft das angestammte Gut!
In dem Staube modern alle Bande,
Und zur Hölle flieht der Übermut!

Dann am süßen heißerrungenen Ziele,
Wenn der Ernte großer Tag beginnt,
Wenn verödet die Tyrannenstühle,
Die Tyrannenknechte Moder sind,
Wenn im Heldenbunde meiner Brüder
Deutsches Blut und deutsche Liebe glüht,
Dann, o Himmelstochter! sing ich wieder,
Singe sterbend dir das letzte Lied.«

Friedrich Hölderlin (1770–1843) mit sechzehn Jahren, lavierte Zeichnung eines Studienfreundes. Schiller-National-Museum, Marbach

Wurmlinger Kapelle, Radierung von A. Seyffer, um 1815. Städtisches Kulturamt/Fotoarchiv, Tübingen

Vielleicht hat Hölderlin auf dem Wurmlinger Kapellenberg den Freunden die gesamte Hymne vorgetragen. In den luftigen Höhen des Berges nahe des Götterhimmels von Tübingen war ›Freiheit‹ spürbar. Unten dämmerte Hirschau, von Habsburgern besetzt, also österreichisches Territorium inmitten des Vaterlandes. Etwas weiter entfernt, Rottenburg, das, wie die Aufklärer gesagt hätten, ›finstere katholische Nest‹. Ein Hoffnungsschimmer auf der anderen Seite im Ammertal mit seinen vorwiegend protestantischen Gemeinden.

Einmal sollen ja die drei revolutionär gestimmten Freunde auf dem Kapellenberg die Deutsche Republik ausgerufen haben. Das jedenfalls behauptet Peter Härtling in seinem Hölderlin-Roman. Wann mag das gewesen sein? Vielleicht am 14. Juli 1793, am dritten Jahrestag der Revolution. Am Vormittag dieses Tages sollen sie sich mit einer großen Schar auf einer Wiese in Lustnau versammelt haben, um dort einen mit der Jakobinermütze gekrönten Freiheitsbaum aufzurichten. Später sind sie dann wohl Richtung Wurmlingen durch das Ammertal marschiert, vielleicht auch über die Höhe des Spitzberges auf den Bergkegel zu. Möglich, daß sie in Schwärzloch Rast gemacht haben.

Heute ist mit dem Ort eine einsame Waldgaststätte gemeint, die sich, wenn man alle Räumlichkeiten besichtigt hat, als uralte Kirche herausstellt. Tatsächlich, die ehemalige Kirche St. Nikolaus, ein Bau des frühen 13. Jahrhunderts, ist als *Gasthaus* umgebaut worden – ein Gasthaus, in und an dem noch Kirchenreste zu sehen sind. Die Apsis ist noch als solche vollständig erhalten. Hier feiern manchmal Hochzeitsgäste. Noch schöner bietet sich die Apsis von außen dar – mit Blendarkaden und Rundbogenfenstern. Unterhalb des Dachansatzes der Südwand (Hofseite) zieht sich ein Fries mit romanischen Monstern und anderen Fabelwesen entlang. Die romanischen Ornamentmuster und jene Fabelwesen sind mit vielen anderen schon besichtigten romanischen Kirchen zu vergleichen, wie z. B. Schwäbisch Gmünd (S. 159) oder Belsen (S. 259).

Von hier aus mögen Hölderlin, Schelling und Hegel dann aufgebrochen sein, um im Schatten des Spitzberges ihren Weg nach Wurmlingen wieder aufzunehmen. Ob sie wußten, daß sie durch einen Landstrich zogen, der früher, in der Vorzeit, unter Wasser stand? Das Ammertal zwischen Tübingen und Unterjesingen war kein Tal, sondern ein See. Und in diesem See hauste ein Ungeheuer, ein Lindwurm. Nach diesem Wurm wurde der Bergkegel benannt – *Wurmlinger Berg*. Dieser, ein freistehender Berg, gerät unmittelbar in Anschluß an den Spitzberg nur einen oder zwei Kilometer hinter Schwärzloch ins Blickfeld.

Einsam in der Landschaft stehende Bergkegel binden Mythisches an sich . So ist es nicht verwunderlich, daß der Bau oben auf der Spitze des Berges auf eine Legende zurückzuführen ist. In der *Kapelle* berichtet eine kleine Wandtafel davon: »Nach alter Mär hat Graf Anselm von Calw ein Verspruch gemacht, daß er an dem Ort, wo allwo zween Ochsen hinlaufen, ein Kapell well bauen. Da nun die Tiere hier stehen blieben, wurde hier diese Kapelle zu Ehren St. Remigii erbaut und im Jahre 1050 vom Erbauer ein gar sonderlich Gestift gemacht, auf ewige Zeiten, wovon mehrere Urkunden vorhanden, so die letzte Dekan Berchthold von Poltringen gemacht im Jahre 1384 . . .«

Der erste Bau des Wurmlinger Kapellenberges wurde wahrscheinlich im 11. Jahrhundert gegründet. Bei Grabungen fand man heraus, daß dieser auf einen Vorgängerbau zurückgehen mußte. Reste davon sind heute in der Krypta zu sehen. Dort kann man auch romanische Säulen mit schweren Würfelkapitellen betrachten. Sie sind in das 12. Jahrhundert zu datieren. Der heutige Bau stammt aus dem 17. Jahrhundert, nachdem ein Brand den größten Teil der Kapelle im Jahre 1644 zerstört hatte. Bemerkenswert ist ein spätgotisches Holzrelief mit der Darstellung einer Dornenkrönung und ein ›Christus auf dem Palmesel‹. Die Kapelle ist sicherlich kunsthistorisch interessant, beliebt und populär ist sie aber als einzigartiger Aussichtspunkt geworden. Der Blick in die Runde wird unvergessen bleiben. Und ein wenig melancholisch könnte man werden, wenn man unter einem den kleinen Friedhof erblickt und die berühmten Zeilen von Ludwig Uhland sich durch den Kopf gehen läßt:

»Droben steht die Kapelle,
Schauet still ins Tal hinab;
Drunten singt bei Wies' und Quelle
Froh und hell der Hirtenknab'.

Traurig tönt das Glöcklein nieder,
Schauerlich der Leichenchor;

Stille sind die frohen Lieder,
Und der Knabe lauscht empor.

Droben bringt man sie zu Grabe,
die sich freuten in dem Tal;
Hirtenknabe, Hirtenknabe!
Dir auch singt man dort einmal.«

Neckarabwärts nach Plochingen

Die Neckarstraße von Tübingen nach Plochingen führt durch eine höchst abwechslungsreiche Landschaft. Die Neckarauen, in denen hin und wieder größere Baggerseen im Sommer zum Baden einladen, vermitteln zwischen Tübingen und Nürtingen ein durchaus beschauliches Bild. Kurz hinter Kirchentellinsfurt wird diese Idylle jedoch massiv gestört. Ein neu erbauter Autobahnzubringer verursachte einen Kahlschlag im Schönbuch. Die Betonstützmauern marschieren auf das Tal zu. Bürgerinitiativen wehren sich – bis jetzt noch erfolgreich – gegen eine Weiterführung der Trasse Richtung Tübingen. In der Gegend von Wendlingen ist es dann aus mit der Idylle. Hier verschwindet das Neckartal im Industriegebiet des Großraumes Stuttgart. Die Autobahn A 8 (Stuttgart – Ulm – München), die unvermeidlichen Zubringer und weiträumige Auffahrten haben viel von der Landschaft vertilgt, so daß von einer Neckaraue nicht mehr gesprochen werden kann.

Pliezhausen

Die *Pfarrkirche* im Ortszentrum wartet mit einem Kuriosum auf: Links vom Westportal ist ein aus spätrömischer Zeit stammendes Merkurrelief in die Kirchenwand eingemauert. Deutlich sind der Flügelhut und der Schlangenstab in der Linken des Gottes in dem sonst stark verwitterten Sandstein auszumachen. Das Relief wird durch ein kleines Dach geschützt.

Neckartenzlingen

Anfang des 12. Jahrhunderts wurde der Ort erstmals erwähnt und zwar unter dem Namen ›Tuntzlingen‹. Aber schon zur Zeit der Merowinger wurden die ersten Siedler hier ansässig, wie Reihengräberfunde im Osten vermuten lassen. Im Ort selbst sind noch Reste der mittelalterlichen Befestigung und Wachttürme zu sehen.

Die spätgotische Pfarrkirche *St. Martin*, im späten 13. Jahrhundert wohl zum ersten Mal genannt, ist zu Beginn des 16. Jahrhunderts erbaut worden. Im Chor fällt ein schön gestaltetes Sterngewölbe mit Fratzenkonsolen auf. Darunter interessante Renaissance-Grabmäler aus dem beginnenden 17. Jahrhundert. Sie erinnern an die Spengler von Neckarburg, ein Grafengeschlecht, das auf der ›Burg zur Mühle‹ (16. Jh.) ansässig war.

Neckartailfingen

>Tagelvingen< – so wurde der Ort gegen Ende des 11. Jahrhunderts genannt. Er gehörte zum Besitztum des Klosters Hirsau. Zweihundert Jahre später geriet Neckartailfingen in württembergische Hände. Die Pfarrkirche *St. Martin* gehört zu den schönsten romanischen Kirchen Schwabens. Bis auf den spätgotischen Turm ist alles romanisch, unverfälscht und in einem ausgezeichneten Erhaltungszustand. Seitlich des Westturms sind noch zwei Turm-

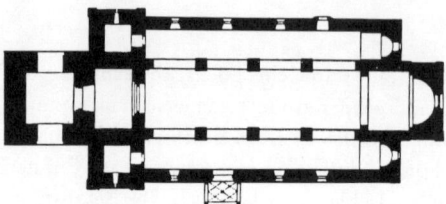

Neckartailfingen, Pfarrkirche, Grundriß

stümpfe auszumachen. Sie verweisen auf ein Turmpaar, das wohl von der Hirsauer Klosterkirche inspiriert war. Auch die Würfelkapitelle im Innern, mit einem feinen Schnittmuster versehen, verweisen auf St. Peter und Paul in Hirsau. Die Arkaden sind weitläufig. Darüber erhebt sich ein hoher Obergaden, der von einer Flachdecke abgeschlossen wird. Der ungewöhnliche Höhenzug des Mittelschiffs könnte den Bau in das frühe 12. Jahrhundert datieren (Abb. 96). Die Chorbemalung ist gotisch (14. Jh.). Im Gewölbe ist der gestirnte Himmel und an der Apsiswand sind Szenen aus dem Marienleben dargestellt. Über dem rundbogigen Fenster thront Gottvater.

Ein Wunder, daß diese Kirche den Verwüstungen des Dreißigjährigen Krieges, denen fast alle Häuser des Ortes zum Opfer gefallen sind, entgangen ist.

Nürtingen

Friedrich Hölderlin, den wir ja schon auf seiner Wanderung von Tübingen zur Wurmlinger Kapelle begleitet haben, hat in Nürtingen seine Jugend verbracht. Er besuchte die damals berühmte Lateinschule, nachdem die Familie beschlossen hatte, ihn als Pfarrer ausbilden zu lassen. Fünf Jahre später, im Herbst 1784, wurde er dann auf die >Niedere Klosterschule Denkendorf< geschickt.

Nürtingens Geschichte ist nur noch in wenigen Beispielen präsent, nachdem Stadtbrände in den Jahren 1750 und 1787 den Hausbestand stark dezimiert haben. Interessant ist die Stadtkirche *St. Laurentius* (Abb. 94), eine spätgotische Hallenkirche, die zwischen 1506 und 1509 von Hans Buss errichtet wurde. Der Chor, mit einem >weitmaschigen< Netzgewölbe versehen, gleicht in seinen Proportionen dem der Tübinger Stiftskirche. Über schlank aufragende Pfeiler ziehen sich weit gespannte Arkadenbögen, so daß die Seitenschiffe mit dem Mittelschiff zu einem großräumigen einheitlichen Saal zusammenzuschmelzen scheinen.

Vielleicht war das auch die Absicht des Architekten, einer dreischiffigen Basilika Saalcharakter zu verleihen. Damit wurde ein Bautypus angedeutet, der dann in der Renaissance und besonders im Klassizismus bedeutsam wurde (s. Göppingen, S. 199, und Hechingen, S. 328).

Um die Kirche sind noch ältere Fachwerkhäuser versammelt. Sie ergeben ein Ensemble, das in diesem Stadtbereich für eine altstädtische, wenn man so will, mittelalterliche Atmosphäre sorgt. In der Nähe sind noch Blockturm mit Resten der Stadtbefestigung zu sehen. Etwas weiter entfernt, Richtung Marktplatz, ein schönes Fachwerkhaus aus der Renaissance. Die Fachwerkstruktur nimmt in der großen Dachgaube spielerische Formen an. Das Rundbogenfenster wird von Radformen flankiert, die wie eine kunstvolle Intarsienarbeit wirken.

Wendlingen

Im 14. Jahrhundert regierten die Herren von Lichteneck die Stadt, später die Herren von Wernau, die im Jahre 1545 die Stadt an Württemberg verkauften. Von den mittelalterlichen Ringmauern sind nur noch geringe Reste erhalten, und die spätgotische Pfarrkirche *St. Eusebius* geht auf eine Gründung des Jahres 1263 zurück. Der einschiffige Kirchenraum ist langgestreckt und mit einer Flachdecke versehen. Im Westen, unter dem Turm, ist eine geräumige Halle mit einem Netzgewölbe ausgebildet worden. Neben einigen Grabdenkmälern aus der Renaissance ist auch noch ein Tafelbild, das sehr wahrscheinlich aus dem Zeitblom-Umkreis stammt, sehenswert.

Plochingen

Schon im Mittelalter war Plochingen als wichtiger Straßenknotenpunkt bekannt. Zu dieser Zeit, im 12. Jahrhundert, saß hier ein Adelsgeschlecht, das den Staufern dienstbar war. Plochingen war ein wichtiger Handelsumschlagplatz für Salz, Getreide, Vieh und Wein.

Schon von weitem ist die auf einem Hügel gelegene spätgotische *Kirche* sichtbar. Neben einer Renaissance-Kanzel sollte man auch die Gewölbemalereien im Chor betrachten.

Unten in der Stadt (Plochingen ist erst 1948 zur Stadt erhoben worden) stehen noch viele Fachwerkhäuser. An manchen Fassaden sind schöne Schnitzereien und Steinportale aus der Renaissance zu sehen.

Kirchen, Burgen und Schlösser im Neckartal

Das Neckartal zwischen Rottenburg und Horb zählt zu den idyllischen Landstrichen in Württemberg. Fast hinter jeder Flußschleife erscheint ein kleines Dorf, umgeben von Wiesen und Feldern. Die Ortschaften können sich nur begrenzt ausdehnen, da das Tal sehr eng ist. Steil ziehen sich die bewaldeten Hänge in die Höhe. Hinter Börstingen führt die Bodensee-Autobahn über das Tal; ein imponierender Anblick. Die *Neckartalbrücke* zählt zu den höchsten ihrer Art. Hinter Mühlen kurz vor Horb senkt sich die Gäu-Bahn in das Neckartal und trifft auf die Neckartalbahn, die Tübingen mit Freudenstadt verbindet.

Kilchberg

Wenige Kilometer südwestlich von Tübingen liegt Kilchberg. Das von weitem sichtbare *Schloß* (Abb. 100) gehörte den Herren von Ehingen. Von einem Sproß der Familie, Georg von Ehingen, haben wir ja schon im Zusammenhang mit Hohenentringen gehört (s. S. 277). Er ließ das Schloß gegen Ende des 15. Jahrhunderts, nachdem er es von seinem Vater geschenkt bekommen hatte, umbauen. Der erste Bau stammt aus dem 13. Jahrhundert. Der spätmittelalterliche Bergfried und die mit Rundtürmen bewehrte Ringmauer erinnern an die Form einer typischen Ritterburg. Zwischen 1721 und 1723 wurde das Schloß ein weiteres Mal umgebaut.

Bis 1829 stand in der Schloßkapelle der berühmte Kilchberger Altar von Bartholomäus Zeitblom. Dieses Altarwerk entstand gegen Ende des 15. Jahrhunderts. Heute ist es im Württembergischen Landesmuseum zu besichtigen (s. S. 51). – In der Grabkapelle der *Martinskirche* stehen u. a. die Grabdenkmäler der Herren von Ehingen – beachtenswert das Renaissance-Epitaph des Georg von Ehingen (Abb. 99).

Kurz hinter Kilchberg liegt *Bühl*. Hier steht ebenfalls ein Schloß. Es wurde von David von Stein im Jahre 1550 erbaut. Erst kürzlich wurde es ausgezeichnet restauriert. Der dreigeschossige Bau wird von zwei Rundtürmen flankiert. An der Hofseite ein Treppenturm, der im Untergeschoß zu gewölbten Räumen führt. In einem schmalen Zimmer sind heute noch Reste von Wandmalereien aus dem 16. Jahrhundert zu betrachten. Die Räume sind der Öffentlichkeit nicht zugänglich, da sich heute Privatwohnungen im Schloß befinden.

Rottenburg

›Bischofsstadt auf Römermauern‹, so möchte man Rottenburg charakterisieren. Das römische ›Sumelocenna‹ war die bedeutendste Stadt zwischen Rhein und Donau. Wahrscheinlich geht sie auf eine keltische Siedlung zurück, denn ›Sumelocenna‹ ist ein keltischer Ortsname. Die Bedeutung zur Zeit der Römer geht aus einer riesigen Stadtmauer, die ein dreimal so großes Gebiet wie das mittelalterliche Rottenburg umfaßte, hervor. In der Nähe des Landesgefängnisses ist ein Teil der zwei Meter starken und sechs bis acht Meter hohen Mauer wieder aufgebaut worden. Sehr wahrscheinlich ist sie zu Beginn des dritten Jahrhunderts errichtet worden, denn zu dieser Zeit mußten die Römer immer wieder auf Angriffe der Germanen gefaßt sein. Ein weiteres Indiz für die Bedeutung der römischen Stadt ist die sieben Kilometer lange *Wasserleitung* – übrigens die längste im südwestdeutschen Gebiet. Die Quelle befand sich in der Nähe von Obernau. Der Leitungsverlauf ist im Gelände teilweise noch zu verfolgen.

Im Osten der Stadt (Mechthildstraße) haben Archäologen ein *römisches Bad* ausgegraben, dessen Funktionen aus der Anlage der Grundmauern noch sehr gut zu ermitteln sind: Nach dem Auskleiden betrat man einen Baderaum mit lauwarmem Wasser, dann – um den Kreislauf anzuregen – sprang man in ein Becken mit kaltem Wasser, um sich daraufhin längere Zeit im Warmbad zu erholen (zur Technik und Funktion eines römischen Bades S. 310). Über dem Bad ist heute ein Schulbau errichtet worden (Schlüssel beim Hausmeister).

Im Rottenburger *Sülchgau-Museum* kann man sich ausführlich über das römische Sumelocenna informieren. Das Museum ist in der ehemaligen *Zehntscheuer* eingerichtet (Öffnungszeiten: So 11–12.30 Uhr und 14.30–17.30 Uhr; und sonst nach Voranmeldung in der Buchhandlung Unteregger in der Bahnhofstraße). In verschiedenen Vitrinen sind Objekte der ehemaligen Verteidigungsanlagen zu sehen. Ferner berichten Karten und Grafiken über die Ausbreitung und die Wasserversorgung der Stadt. Von den zahlreichen Funden, die in und um Rottenburg gemacht worden sind, fallen besonders die Handwerksgeräte wie Säge, Meißel oder Bohrer auf. Neben einer großen Sammlung römischer Keramik sind auch Gegenstände des täglichen Lebens wie Eßbesteck und eine ausgezeichnet erhaltene römische

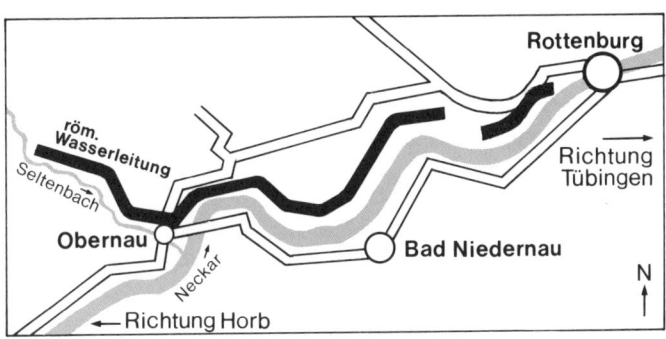

Verlauf der römischen Wasserleitung bei Rottenburg

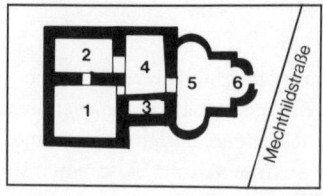

*Rottenburg, römisches Bad 1 Warmbad 2 An- und Aus-
kleideraum 3 Kaltbad 4 Kaltbad 5 Heißbad 6 Heizung (?)*

Waage zu sehen. Prunkstück der Sammlung ist zweifellos das fast lebensgroße Relief des
Gottes Merkur. Flügelhut, Schlangenstab, Mantel, Geldbeutel und Ziegenbock sind genau
zu erkennen (vergl. in diesem Zusammenhang das Merkurrelief von Pliezhausen, S. 281).

Bekanntlich gelang es den Römern nicht, ihre Stellung im deutschen Südwesten zu halten.
Nach den ersten Anstürmen der Alemannen seit 260 verlor Sumelocenna rasch an Bedeutung. Die Stadt wurde verlassen und verfiel. Später entstanden abseits der alten Römermauern zwei dörfliche Siedlungen: Nordöstlich ›Sülchen‹ (wahrscheinlich hängt der Name mit
dem keltischen Sumelocenna zusammen) und am rechten Neckarufer Ehingen, nach der sich
später die schon genannten Ritter (s. S. 284) nannten. Um die Mitte des 12. Jahrhunderts
erwarben die Grafen von Hohenberg Besitz in Sülchen und Ehingen. Etwas mehr als hundert Jahre später, gegen 1280, gründeten sie als ihren Herrschaftsmittelpunkt das ›Neue
Rottenburg‹.

Zu einer wahren Blütezeit hat Mechthild von Württemberg, die Mutter des Grafen Eberhard im Barte, ihren Witwensitz Rottenburg im 15. Jahrhundert gebracht (s. S. 26). Sie
gründete zwischen 1454 und 1482 einen Musenhof nach italienischem Vorbild. Die bedeutendsten Gelehrten Europas gingen hier ein und aus. Mechthild war es auch, die ihren Sohn
drängte, die Tübinger Universität zu gründen. Einige Jahre vorher ermöglichte sie übrigens
die Gründung der Freiburger Universität, indem sie eine ihrer Patronatskirchen, St. Martin
in Sülchen, verkaufte.

Mit den Hohenbergern kam schon gegen Ende des 14. Jahrhunderts Rottenburg an Österreich, so daß die durch Mechthilds Wirken bestens vorbereitete Reformation nicht durchge-
setzt werden konnte. Im Dreißigjährigen Krieg wurde Rottenburg schwer beschädigt. Aber
schnell blühte katholisches Leben neu auf. 1649 verlegte man ein Jesuitenkolleg in die Stadt,
und einige Jahre später wurde die Wallfahrtskirche im nahegelegenen Weggental erbaut. Das
Bistum wurde 1821 eingerichtet. Die Pfarrkirche St. Martin durfte fortan bischöfliche
Kathedrale genannt werden. Die Sülcher Kirche, unter dem Patronat Johannes des Täufers,
wurde zur Grablege der Bischöfe bestimmt.

Beginnen wir unseren Rundgang im Zentrum der Altstadt, am Marktplatz. Dieser wird
ganz beherrscht von der Westfront des Martinsdoms, dem Marktbrunnen und dem
barocken Rathaus.

Der *Martinsdom*, seit 1828 katholische Bischofskirche, ist auf eine mittelalterliche Markt-
kapelle zurückzuführen. Die Chorpartie und der Turm (Abb. 97), dessen Vorbild, die
Reutlinger Marienkirche, unverkennbar ist, stammen aus der Gotik. Das Langhaus wurde
nach einem Brand von 1644 barock aufgebaut.

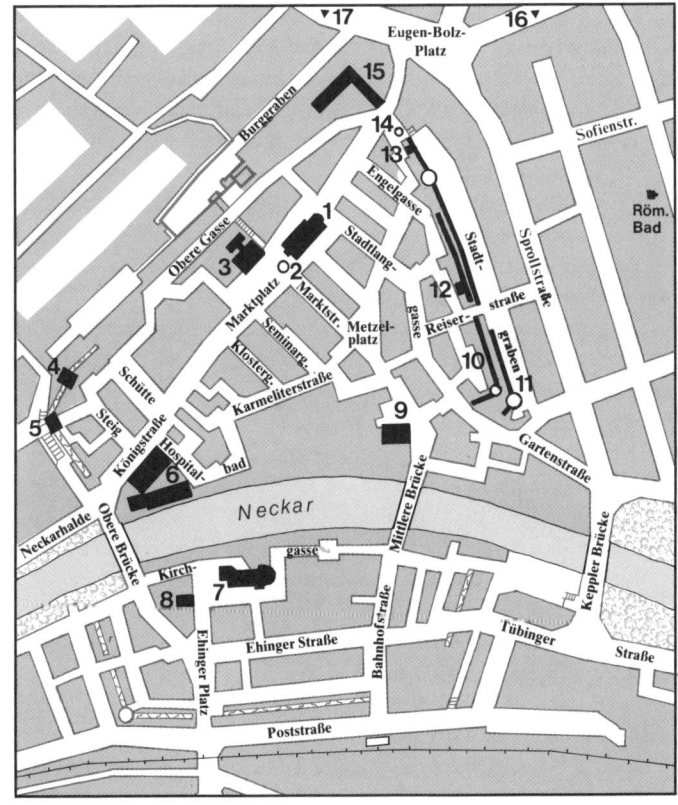

Rottenburg

1 Dom St. Martin
2 Marktbrunnen
3 Rathaus
4 Schütteturm
5 Kalkweiler Tor
6 Spital zum Hl. Geist
7 St. Moritz
8 Nonnenhaus
9 Zehntscheuer (Sülch-
  gau-Museum)
10 Stadtmauer
11 Zwingerturm
12 Gaisholzturm
13 römsische Wasserlei-
   tung
14 Ritterbrunnen
15 Bischöfliches Palais
16 Sülchenkapelle
17 Wallfahrtskirche
   Weggental

Der Turm sollte in allen Einzelheiten betrachtet werden. Die eingebrochenen Rundfenster in der Haube weisen unterschiedliche Maßwerkformen auf, die teilweise phantastisch anmuten. In einem kann man kämpfende Ritter ausmachen. Und ganz oben unterhalb des Balustradenkranzes erkennen wir den Kopf des Baumeisters – eine wahrhaft neuzeitliche Attitüde, die von der Renaissance her bekannt ist. Es handelt sich hier um den Rottenburger Meister Schwarzacher, der den Turm im Jahre 1486 nach dem Plan des Hans von Bebenhausen erbaut hat.

Die Glasfenster des Chors sind neueren Datums, also ›modern‹, sie stammen vom Ulmer Wilhelm Geyer (1900–1968), der für über 150 Dome, Pfarrkirchen und Kapellen in Baden-Württemberg farbige Glasfenster angefertigt hat.

Der *Marktbrunnen* (Abb. 98) ist eine Stiftung der Erzherzogin Mechthild. Das spätgotische Fialtürmchen birgt in Nischen Fürstenstandbilder. An den äußeren und oberen Stützen ragen kleine Wasserspeier hervor. Ganz oben, unterhalb der Fialspitze, stehen Christus, Maria und Johannes, darunter der Kirchenpatron St. Martin sowie St. Georg und die Mut-

287

tergottes und ganz unten Adam, Eva und der Engel mit dem Flammenschwert. Offensichtlich handelt es sich hier um die Thematik des Jüngsten Gerichts, zumindest um eine Variation dieses Themas. Dafür würden der Sündenfall (Vertreibung aus dem Paradies) und der seine Wundmale zeigende Christus mit Johannes und Maria als Fürbitterin sowie Posaunenengel sprechen. Bei diesem Brunnenturm handelt es sich um eine Kopie. Das Original steht in der Kirche St. Moritz.

Das hochaufragende *Rathaus* mit kräftigen Eckpilastern und flach vor die Fassade geblendeten Pilastern vermittelt einen vornehmen Eindruck. Die weitgehend schmucklose Fassade und die zierlich eingerahmten Fenster lassen auf den Frühklassizismus schließen. Architekt war der Vorarlberger Felder aus Bezau (1735).

Das mittelalterliche Rottenburg bietet sich den Besuchern im Viertel oberhalb der Oberen Neckarbrücke dar. Hinter der ›Schütte‹ befinden sich noch zwei mittelalterliche Türme, die zur ehemaligen Stadtbefestigung gehörten. Der *Schütteturm* wurde zu Beginn des 14. Jahrhunderts fertiggestellt und das *Kalkweiler Tor* in derselben Zeit. In der Tordurchfahrt ist noch ein spätbarockes Kreuztragungsfresko zu sehen.

Das *Spital zum Hl. Geist* ist um 1300 gegründet worden. Der Neubau stammt aus der Renaissance (1560/61). Von ihm sind noch die Kapelle und die Tordurchfahrt erhalten. Die oberen Stockwerke sind nach dem Brand von 1735 barock erneuert worden.

Wir überqueren nun den Neckar auf der Oberen Brücke und biegen gleich links in die Kirchgasse ein. Sie führt auf den St. Moritz-Platz, auf dem die gleichnamige Kirche steht. *St. Moritz* geht wahrscheinlich auf eine Gründung des 10. Jahrhunderts zurück. Die heutige Anlage ist zwischen 1300 und 1323 errichtet worden. Der Turm wurde 1433 vollendet. Die mittelalterliche Kirche, eine dreischiffige Basilika, war flachgedeckt. Diese Basilikaform wurde im 18. Jh. zu einer Halle umgestaltet. Die Flachdecke wich einem Gratgewölbe.

Besonders sehenswert sind die Freskomalereien, die um 1400 entstanden sind. Eine Muttergottes, verschiedene Heilige und der Schmerzensmann sind zu erkennen. Das Chorfresko datiert aus der Mitte des 15. Jahrhunderts. Es zeigt die Überführung der Reliquien des Kirchenpatrons. Besonders sehenswert sind ebenfalls die Grabdenkmäler der Hohenberger. Das für Irmgart und das für Rudolf, beide sind in der ersten Hälfte des 14. Jahrhunderts gestorben, zeichnen sich durch eine weich geformte Linienführung aus.

Gegenüber der Westfassade der Kirche steht das älteste Haus Rottenburgs, das *Nonnenhaus*. Es ist ein Fachwerkbau in ›alemannischer Art‹ (1440).

Wir spazieren nun durch die Neckaranlagen zur Mittleren Brücke, immer das unverwechselbare Stadtpanorama vor Augen. Gleich nach Überqueren der Brücke öffnet sich ein großer Platz, an dem die jüngst restaurierte *Zehntscheuer* steht. An der Nordseite des im Jahre 1645 erbauten Gebäudes erblicken wir den schwarzen österreichischen Doppeladler. Er wird von zwei allegorischen Frauengestalten flankiert, die Heugarben (Erntesymbole) und die Krone halten. In der Scheuer ist das schon erwähnte Sülchgau-Museum untergebracht.

Von der Zehntscheuer gelangen wir über die Gartenstraße zum Stadtgraben. Längs des teilweise aufgefüllten Grabens verläuft, noch gut erhalten, die mittelalterliche Doppel-

86 TÜBINGEN   Schloß Hohentübingen, unteres Portal

87 TÜBINGEN Wilhelmstift

88 TÜBINGEN ›Wurstpalast‹

89 TÜBINGEN Ammerpartie und Wilhelmstift

90 TÜBINGEN Ammerkanal

91 BEBENHAUSEN Ehemaliges Zisterzienserkloster, Brunnenkapelle und Kreuzgang

92 BEBENHAUSEN Ehemaliges Zisterzienserkloster, Kreuzgang

94 NÜRTINGEN Neckarpartie mit Stadtkirche   95 Ammerhofkirche bei Tübingen
St. Laurentius

93 BEBENHAUSEN Ehemaliges Zisterzienserkloster, Sommerrefektorium

96 NECKARTAILFINGEN St. Martin   97 ROTTENBURG St. Martin

98 ROTTENBURG Marktbrunnen

99   Schloß Kilchberg, Epitaph des Georg von Ehingen in der Grabkapelle der Martinskirche

100   Schloß Kilchberg

101   HORB   Rathaus mit dem ›Horber Bilderbogen‹

102 Schloß Wachendorf

103 HECHINGEN Schloß

104 ROTTWEIL Renaissance-Brunnen

105 ROTTWEIL Turm der Kapellenkirche

106 ROTTWEIL
Lorenzkapelle,
Skulpturen vom
Kapellenturm

107 ROTTWEIL
Lorenzkapelle,
Gößlinger
Schutzmantel-
madonna, um
1430

108 ROTTWEIL
Lorenzkapelle,
Hl. Magdalena
aus Heiligkreuz-
tal von H. Mult-
scher, um 1450

109   HECHINGEN   Ehem. Stiftskirche St. Jakob

111   HECHINGEN   St. Jakob, Blick in den Chor

110   BALINGEN   Stadtkirche

112   EBINGEN (Albstadt)   St. Martin, Südportal

113 Schloß Werenwag über der Donau

114 Donautal mit Kloster Beuron ▷

115 DONAUESCHINGEN Fürstlich Fürstenbergisches Schloß

116 SIGMARINGEN Schloß und Karl-Anton-Platz

117 DONAUESCHINGEN ›Donauquelle‹ im Schloßpark

118   Federehannes in Rottweil

mauer, Teil der östlichen *Stadtbefestigung*. Neben dem ehemaligen Scharfrichterhaus (der letzte Rottenburg Scharfrichter starb 1821) steht der aus dem 14. Jahrhundert stammende runde *Zwingerturm*. Am *Gaisholzturm* (spätes 13. Jh.) vorbei erreichen wir die schon als Verlauf erwähnte *römische Wasserleitung*. Sie ist aus Originalteilen nachgebaut worden und knapp einen Meter lang.

Nicht weit entfernt steht der *Ritterbrunnen*. Den prächtig gekleideten Ritter ziert eine schwere Kette mit dem ›Goldenen Vließ‹. In der Linken hält er einen Dolch und mit der Rechten stützt er sich auf einen Schild, der ursprünglich in Rot-Weiß-Rot gehalten war. So weist sich der Ritter als eine Symbolfigur für die habsburgische Landeshoheit aus. Das Original (Mitte 16. Jh.) dieser 1974 entstandenen Kopie steht heute im Sülchgau-Museum.

Gegenüber, unübersehbar, das *Bischöfliche Palais*, 1657/58 im Auftrag der Freiherren von Hohenberg erbaut. Kurze Zeit später haben die Jesuiten den Bau erworben und ihr Kolleg dort eingerichtet. Seit 1828 hat dort die Verwaltung der Diözese Rottenburg ihren Sitz. Von dem Renaissancebau zeugen heute noch der Treppengiebel und die mit Dreiecks- und Segmentgiebeln verzierten Fenster.

An der Landstraße nach Wurmlingen, ungefähr einen Kilometer von der Ortsmitte entfernt, liegt die Mutterkirche von Rottenburg, die *Sülchenkapelle*. Hier hatte nach der Vertreibung der Römer ein alemannisches Gaugrafengeschlecht seinen Sitz. Der Bau selbst stammt aus dem beginnenden 16. Jahrhundert. Reste des romanischen Vorgängerbaus, wahrscheinlich aus merowingischer Zeit, sind ebenfalls noch sichtbar.

Die *Wallfahrtskirche Weggental* ist zu Fuß über die Weggentalstraße erreichbar, die vom Eugen-Bolz-Platz ausgeht. Kurz nach Schließung des Jesuitenkollegs (Bischöfliches Palais) hat dieser Orden den Vorarlberger Michael Thumb beauftragt, eine Marienkapelle oberhalb Rottenburgs zu bauen. Das tonnengewölbte Langhaus mit Kapellen sowie der ebenfalls tonnengewölbte Chor, der halbrund geschlossen und ein wenig schmaler als das Langhaus ist, zeugen vom Bauschema der Jesuiten. Die Stukkatur stammt von J. G. Brix, einem Augsburger, der sich streng an die Wessobrunner Schule angelehnt hat. Ein bedeutendes Kunstwerk bietet sich uns dar in Figurengruppe mit Johannes und den vier Frauen unter dem Kreuz. Es mag sich hier um ein Werk aus einer schwäbisch-bayrischen Werkstatt des mittleren 15. Jahrhunderts handeln.

Die Weggentalkirche ist baugeschichtlich von außerordentlicher Wichtigkeit für die Entwicklung der schwäbischen Barock-Architektur. Immerhin hat sich Dominikus Zimmermann am Aufrißsystem orientiert, als er ein halbes Jahrhundert später die Wallfahrtskirche in Steinhausen gebaut hat. Besonders interessant war für ihn die entfernt an die Renaissance erinnernde Giebelgestaltung der Weggentalkirche.

Wir verlassen Rottenburg Richtung Bad Niedernau über die Niedernauer Straße. Gleich hinter der Eisenbahnunterführung ist eine Brauerei zu sehen. Vom Hof aus führt ein schmaler Fußweg um eine Waldschlucht herum den Hang hinauf. Hier auf erhöhtem Platz unmittelbar vor dem Neckardurchbruch haben Archäologen einen römischen Gutshof ausgegraben. Zur Erinnerung an die Römer und ihr Sumelocenna wurde ein Säulenpaar aufgestellt. Nachträglich ist dieser malerische Aussichtspunkt ›Porta Suevica‹ getauft worden.

Hinter *Bad Niedernau,* wo auf der Höhe die ehemalige und im Dreißigjährigen Krieg zerstörte Stammburg der Ritter von Ehingen vermutet wird, verlassen wir für eine Weile das Neckartal und fahren über *Schwalldorf* und *Frommenhausen* nach **Hirrlingen.** Das *Schloß der Herren von Ow* besteht aus herrschaftlichen Wohnbauten, einer Ringmauer, einem Wassergraben und einem Feuersee. Die Anlage ist in der zweiten Hälfte des 16. Jahrhunderts erbaut worden. Im Hof fällt das Hauptgebäude mit einem hohen Giebel und einem achteckigen Treppenturm auf. – Die *Pfarrkirche* ist vom hohenzollerischen Baumeister Christian Großbayer im Jahre 1770 erbaut worden. Die Bausprache ist klassizistisch. An ein flachgewölbtes saalartiges Schiff schließt sich ein halbrund geschlossener Chor an. – Ein Abstecher in das nahe gelegene *Hemmendorf* ist lohnend. In der Pfarrkirche sind frühbarocke Wandmalereien mit zahlreichen Szenen aus der Christus- und Johannesvita zu sehen.

Weiter geht es nach **Wachendorf,** einem verträumten Nest mit zwei Schlössern. Das *Alte Schloß* ist ein dreistöckiges Steinhaus aus der Renaissance mit schönem Eckturm und einem Tor mit Wappen (Abb. 102). Das *Neue Schloß,* wenig später erbaut, enthält eine bedeutende Altertümersammlung u. a. mit wichtigen Fundstücken aus der Römer- und Alemannenzeit. Zu den bedeutendsten Exponaten zählen alemannische Funde aus Oberflacht. Es handelt sich vorwiegend um Grabbeigaben einer überdurchschnittlich reichen Familie aus der Zeit um 600. n. Chr. Die Fundstücke vermitteln einen sehr genauen Einblick in den Formenreichtum der alemannischen Kunst Südwestdeutschlands.

Die Weitenburg

Von Wachendorf fahren wir wieder zurück Richtung Bieringen ins Neckartal. Kurz hinter Börstingen gerät die kühn über das Tal gespannte Autobahnbrücke ins Blickfeld. Hier führt eine kleine Straße hoch auf die Weitenburg. Wahrscheinlich stand an dieser Stelle schon im Mittelalter eine Burganlage, die dann im 15. und beginnenden 16. Jahrhundert ausgebaut und gleich darauf während des Bauernkrieges wieder zerstört wurde. Später ist sie im ›neugotischen Stil‹ unter Verwendung älterer Teile, wie Jahreszahlen am Hauptbau (1585) und an einem Portal (1661) beweisen, wieder aufgebaut worden. Heute ist aus der ehemaligen Burg ein Hotel geworden. Der Rittersaal, gemütlich eingerichtet, läd zum Verweilen ein.

Horb

›Horv‹ und ›Horwa‹, so wurde der Ort erstmals um 1100 genannt, war Sitz einer Nebenlinie der Pfalzgrafen von Tübingen. Diese haben die Stadt um 1200 die Stadtrechte verliehen. Hundert Jahre später wurde Horb an die Hohenberger und danach an Herzog Leopold III. von Österreich verkauft.

Viel Mittelalterliches hat sich in Horb noch erhalten, u. a. vier der neun Stadttore. Oben auf der Höhe über dem Neckartal erhebt sich der sogenannte *Schurkenturm,* der zusammen mit der katholischen Hl. Kreuzkirche und weiteren Gebäuden die malerische und unver-

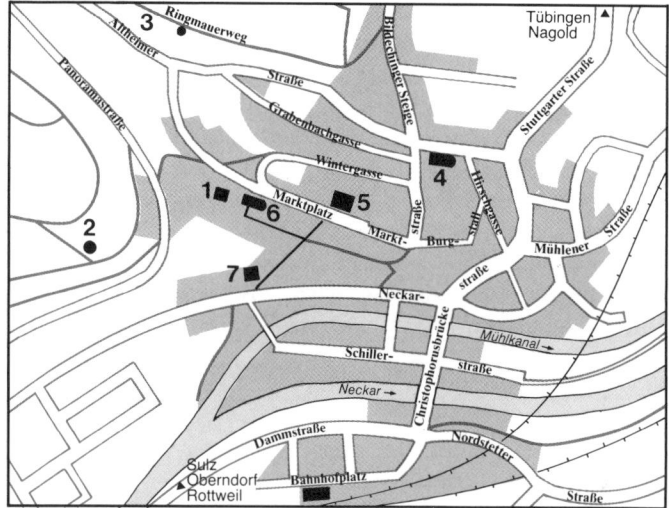

Horb

1 Schurkenturm
2 Schütteturm
3 Ringmauertürme
4 Spitalkirche
5 Rathaus
6 Heiligkreuzkirche
7 Haus der Herren
  von Ow (Heimat-
  museum)

wechselbare Stadtsilhouette bildet (Farbt. 23). In dem mittelalterlichen Gefängnisturm sind die Zellen noch gut erhalten. Nicht weit entfernt, am oberen Panoramaweg, steht der hohe *Schütteturm* aus dem Jahre 1442. Wir folgen der Panoramastraße Richtung Nordwesten, biegen an deren Ende in die Altheimer Straße ein und gleich darauf links in den schmalen Ringmauerweg. Zauberhafte Spitzwegperspektiven auf die Stadt bieten sich besonders im Bereich der beiden mittelalterlichen *Mauertürme* dar. – Über die Bildechinger Straße erreichen wir die Unterstadt mit der *Spitalkirche ›Unsere Liebe Frau‹*. Der Grundriß dieser spätgotischen Kirche ist etwas verschoben. Es hat den Anschein, als ob der Chor aus der Mittelachse ›gesprungen‹ ist. Das Portal, mit elegantem gotischen Maßwerk geschmückt, erinnert an das Chorportal der Herrenberger Stiftskirche. Innen dominiert ein großer Flügelaltar, der zu Beginn des 16. Jahrhunderts entstanden sein dürfte. Er stellt die Marienkrönung dar. Die Szene wird begleitet von Jakobus und Johannes dem Täufer. An der Chorsüdwand interessante gotische Fresken: Oben Kreuzigung Christi am Lebensbaum und unten der ›Tod als Schnitter‹, der alle Menschen, jung, alt, reich oder arm, heimsucht.

Von der Liebfrauenkirche gehen wir hinaus zum langgestreckten Marktplatz, der eigentlich eine ›Marktstraße‹ ist bzw. sein mußte, da er sich der Geländeform des Bergsattels angeglichen hat. Gleich rechts das *Rathaus* mit dem populären ›Horber Bilderbogen‹, einer farbenreichen profanen Figurenszenerie aus dem letzten Jahrhundert. In der unteren Hälfte sind ›Liebe‹ und ›Arbeit‹ allegorisch dargestellt: Auf den Brautzug folgen die Vertreter der Zünfte. Der Bau selbst stammt aus der zweiten Hälfte des 18. Jahrhunderts (Abb. 101). – Schräg gegenüber die barocke *Heiligkreuzkirche*. Sie geht auf einen Bau von 1387 zurück. Aus dieser hochgotischen Periode sind noch Reste vom Chor und zwei Portale erhalten. Im südlichen Portal ist eine Kreuzigung zu sehen. Im Inneren herrscht die Kunst des Spätrokoko (Stukkaturen und Gestühl) vor. Hervorzuheben wäre eine gotische Steinskulptur die Muttergottes darstellend (um 1400). Es handelt sich hier um die sogenannte ›Horber Madonna‹, die dem ›schönen Madonnentypus‹ zugerechnet wird.

Gegenüber vom Rathaus, hinter dem Chor der Kirche führt eine Stiege hinunter zur Neckarstraße geradewegs auf das *Haus der Herren von Ow* zu. Dieses auch ›Haus zum Hohen Giebel‹ genannte Fachwerkgebäude ist im Jahre 1622 erbaut worden. Heute ist in ihm ein bemerkenswertes Heimatmuseum eingerichtet worden (Öffnung auf Verlangen).

Über die Christophbrücke und die Dammstraße (B 14) verlassen wir die Stadt Richtung Sulz am Neckar. Bei der Kapelle Neckarhausen überqueren wir den Fluß. Nach ca. zwei Kilometern erreichen wir *Glatt*, ein malerisches Schwarzwalddorf mit einem sehr gut erhaltenen spätmittelalterlichen Wasserschloß.

Sulz am Neckar

Sulz – nomen est omen – hat seinen Namen von einer Saline. Die Sole trat beim heutigen Marktplatz zutage. Dort standen bis zum Jahre 1571 vierzehn Hallen, in denen die Sole gesotten wurde.

Von dem Salz bei Sulz wußten die Römer wahrscheinlich nichts, als sie südöstlich der heutigen Stadt etwa hundert Meter über dem Neckar ein Kohortenkastell errichteten. Es ging ihnen um einen wichtigen strategischen Stützpunkt zwischen Rottweil (Arae Flaviae) und Rottenburg (Sumelocenna). Von diesem kleinen Hochplateau konnte das Neckartal

›Sultz‹, um 1640, Kupferstich von Matthäus Merian. Die Ansicht zeigt Sulz am Neckar vor dem großen Brand von 1794. In der Bildmitte die evangelische Pfarrkirche, die den Brand überstanden hat. Oben auf dem Berg die ehemalige Burg Albeck

bestens beobachtet werden. Zwischen 1967 und 1972 wurde in der Nähe eine Zivilsiedlung ausgegraben. Erhalten ist noch ein Steinkeller aus dem 2. Jahrhundert n. Chr. mit einer Steintreppe und Wandnischen. Reste von geometrischen und florealen Motiven sind noch zu erkennen. Bedeutendste Funde waren eine Merkurstatue und ein Epona-Relief. Epona war eine keltische ›Göttin der Pferde‹, die in den römischen Götterhimmel aufgenommen und hauptsächlich von Soldaten verehrt wurde. Die Ausgrabungen haben außerdem Merkmale einer kriegerischen Zerstörung dieser Siedlung zutage gefördert. Wahrscheinlich fiel sie unter dem ersten Ansturm der Alemannen zu Beginn des 3. Jahrhunderts n. Chr.

Im Jahre 1794 ist die Stadt einem verheerenden Brand zum Opfer gefallen. Danach wurde sie wieder vollständig neu aufgebaut. Von den älteren Baudenkmälern sind noch die spätgotische Pfarrkirche mit einem romanischen Turm und eine Steinbrücke aus dem Jahr 1734 erwähnenswert.

Oberndorf am Neckar

Oberndorf hat eine wechselvolle Geschichte erfahren. In karolingischer Zeit gehörte es zum Besitz des Königs und ging dann einige Zeit später an das Kloster St. Gallen über. Dann konnten es die Herzöge von Zähringen erwerben, die Oberndorf aber schnell an eine Nebenlinie, die Herzöge von Teck, vermachten. Diese gaben die Stadt weiter an die Hohenberger, die sie schließlich an die Habsburger verkauften. Die Herrschaftsverhältnisse wechselten noch oft, bis im Jahre 1806 Oberndorf an Württemberg kam.

Spuren haben eigentlich nur die Zähringer hinterlassen. Man erkennt sie am rechtwinkelig angelegten Straßennetz. Rottweil, Villingen, Freiburg oder Bern sind ja ebenfalls von den Zähringern rasterförmig geplant und teilweise auch angelegt worden. Das im Jahre 1264 gegründete Augustinerinnenkloster in Oberndorf (s. S. 344) geht auf die Herzöge von Teck zurück. Von der von Christian Großbayer erbauten Klosterkirche wird später noch ausführlich gesprochen werden (S. 343 ff.).

Reste der mittelalterlichen Stadtummauerung sind noch in der Oberstadt zu sehen, in deren Kern die Stadtkirche *St. Michael* steht. Dieser Neubau bewahrt viele romanische Teile, wie z. B. den ehemals zur Stadtmauer gehörenden Ostturm, in dem sich noch der tonnengewölbte Chor sowie Band- und Blattwerkreliefs an der Tür zur Sakristei befinden.

Rottweil

Rottweil war die bedeutendste römische Stadt in der Provinz Obergermanien (Germania superior). Sie besaß offiziell sogar das römische Stadtrecht. Ihr antiker Name ›Arae Flaviae‹ (Flavische Altäre) ist auf der ›Tabula Peutingeriana‹ überliefert. In Rottweil kreuzten sich wichtige Römerstraßen. Eine kam aus der Schweiz (Vindonissa/Windisch) und führte über Brigobanne (Hüfingen) und Rottweil nach Grinario (Köngen) und weiter über Cannstatt nach Lorch zum Limes. Neben dieser Nord-Süd-Verbindung gab es auch eine West-Ost-Verbindung: von Argentorate (Straßburg) über Rottweil und Tübingen an die Donau.

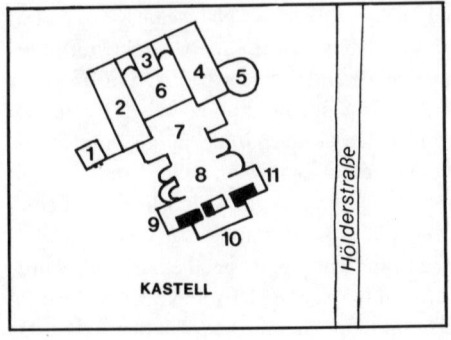

Rottweil, Badanlage der Römer 1 Fernheiz-raum (?) 2 Aus- und Ankleideraum 3 Kaltwas-serbad 4 Aus- und Ankleideraum 5 Schwitz-raum 6 Warmwasserraum 7 Heißwasser-bad 8 Heißluftraum 9 Heizung 10 Haupt-heizraum 11 Heizung

Seit zweihundert Jahren wird Rottweil archäologisch untersucht. Die ersten Grabungen fanden 1784 statt. Mittlerweile sind vier Kastelle, mehrere Bäder sowie ausgedehnte Zivil-siedlungen mit Töpferei- und Tempelbezirken gefunden worden.

Die sicherlich interessanteste Sehenswürdigkeit aus der Römerzeit ist die *Badanlage*. In diesem sehr anschaulichen, für die Öffentlichkeit hergerichteten Grabungsbereich sind viele römische Säulen, die hier und in der näheren Umgebung gefunden wurden, aufgestellt. Das Bad selbst muß in einem der äußeren Winkel des Stadtkastells gelegen haben.

Zwei Ankleideräume (Apodyterium) rahmen ein größeres und ein kleineres Frigidarium (Kaltwasserraum). An der linken Außenseite des linken Auskleideraumes befindet sich ein kreisrundes Schwitzbad. Dieses wurde wahrscheinlich im Wechsel mit dem Kaltwasserbad benutzt. Unter diesem Teil des Bades verlief ein Abwasserkanal. Es schließt sich ein Tepi-darium (Warmluftbad) und ein Caldarium (Warmwasserbad) an. In den kleineren Apsiden haben sich wahrscheinlich Sitzbänke befunden. Vielleicht handelte es sich um sogenannte Kommunikationsräume. Drei Heizräume, zwei kleinere seitlich und ein großer an der Front, schließen die Anlage ab.

Wie funktionierte nun das Heizungssystem? In der linken unteren Ecke des Warmluftrau-mes sind kleinere Pfeilerstümpfe zu erkennen. Auf diesen wurden Abdeckplatten und darauf der eigentliche Fußboden gelegt. Es entstand ein ca. 40 Zentimeter hoher Hohlraum, der durch eine Feuerstelle beheizt wurde. Die warme Luft erwärmte den Fußboden und auch die Wände. Sie trat dann durch vierkantige Röhren über einen Kamin nach außen. Auf diese Weise konnte das Wasser des Caldariums und die Luft des Tepidariums erwärmt werden. Der Badevorgang wird wohl folgendermaßen gewesen sein: Über die An- und Auskleide-räume gelangten die Badegäste in das Tepidarium, um sich zunächst zu waschen, vielleicht auch um sich massieren zu lassen. Von hier aus begaben sie sich in den Hauptraum, das Caldarium, in dem sie sich längere Zeit aufgehalten haben dürften. Durch das Tepidarium führte dann der Weg ins Frigidarium, um durch ein Kaltwasserbad die Poren wieder zu schließen. Um sich noch stärker abzuhärten, konnten die Gäste auch das Schwitzbad (Suda-torium) benutzen; vielleicht mehrmals im Wechsel mit dem Kaltwasserbad.

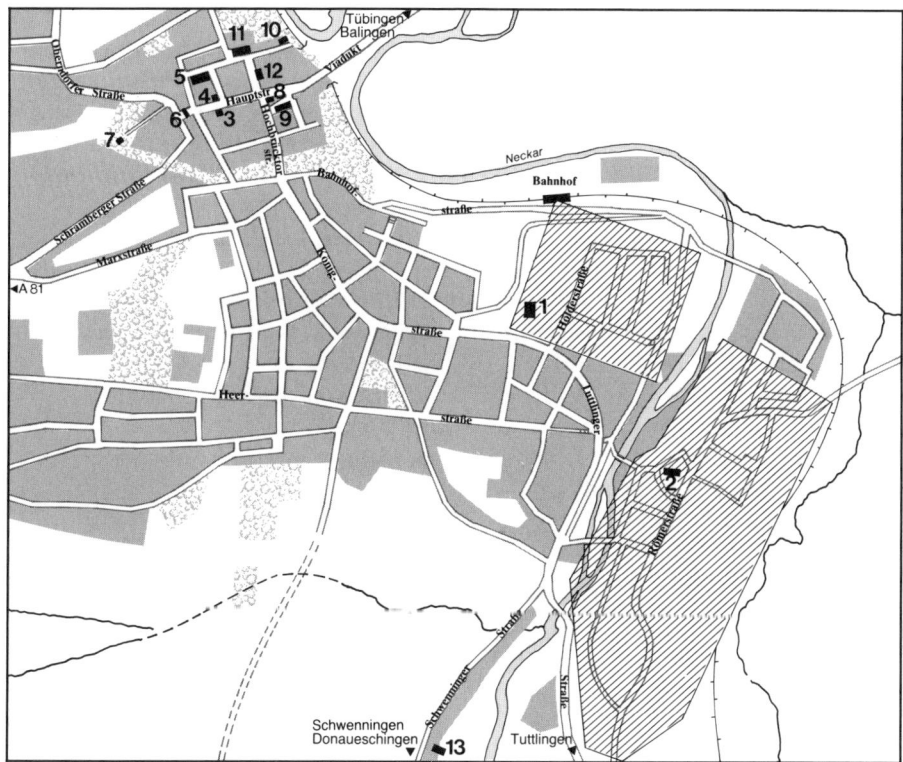

Rottweil – Arae Flaviae 1 römisches Bad 2 römisches Labrum (Pelagiuskirche) 3 Museum 4 Rathaus 5 Heilig-Kreuz-Münster 6 Schwarzes Tor 7 Hochturm 8 Renaissance-Brunnen 9 Kapellenkirche 10 Lorenzkapelle 11 Dominikanerkirche 12 Forum Kunst 13 Rottenmünster

Die äußere Gestaltung des Bades kann man nur vermuten. Während Frigidarium, Tepidarium und Apodyterium flach geschlossen waren, könnte sich eine Kuppel über das Caldarium gewölbt haben. Ähnlich waren die römischen Badesäle in Baiae bei Neapel gestaltet.

Eine weitere Sehenswürdigkeit ist das römische *Wasserbecken* (Labrum) vor der *Pelaguskirche*, die gegenüber, auf der anderen Seite des Neckars steht. Dieses Becken wurde bei Ausgrabungen im Fundament der romanischen Kirche gefunden. Wenn man um die Kirche herumgeht, gelangt man im Norden über eine Treppe in die Heizanlage, die zu einem Bad gehört hat.

Um diesen Ausflug zu den Römern abzuschließen, sollte man unbedingt das ausgezeichnete *Rottweiler Heimatmuseum* besuchen (Öffnungszeiten mo–sa 9–12 Uhr und 14–17 Uhr, so 10–12 Uhr). Neben einer vor- und frühgeschichtlichen Abteilung und einer reichhaltigen stadtgeschichtlichen Sammlung stellt es viele Funde aus dem römischen Arae Flaviae aus. Die Kleinfunde vermitteln einen sehr guten Einblick in das Alltagsleben der Römer: Schreibtafel, Zirkel, Griffel und Tintenfaß sowie Wasserhähne aus Bronze oder Salbgefäße in Tiergestalt, Terra-Sigillata-Geschirr oder Bruchstücke von gläsernen Bechern mit der Darstellung von Wagenrennen sind nur einige Beispiele dieser umfangreichen Sammlung. Prunkstück ist zweifellos das im Jahre 1834 gefundene Orpheusmosaik, das ursprünglich eine Fläche von acht mal acht Metern zierte. Es stellt den Gott Orpheus auf einem Fels sitzend dar. Der antike Sänger ist umgeben von Vögeln, die seiner Musik lauschen. Das Mosaik ist wahrscheinlich gegen Ende des 2. Jahrhunderts entstanden.

Bevor wir unseren Rundgang durch Rottweil fortsetzen, kurz einiges zur Entwicklung der Stadt nach den Römern. Die Christianisierung muß kurz nach 600 erfolgt sein. Zu dieser Zeit wurde auf den Mauern eines Römerbades östlich vom Neckar eine Kapelle erbaut. Später, nach der Jahrtausendwende, wurde diese erste Kirche abgerissen und an ihrer Stelle eine neue, die romanische Pelagiuskirche errichtet. Die noch erhaltenen Reste der um 1900 völlig umgebauten Kirche sprechen für eine der ältesten Basiliken Württembergs.

Vermutlich geht die Marktgründung westlich des Neckars auf die Herzöge von Zähringen zurück. Auch in Rottweil ist der Grundriß der Stadt so gestaltet wie die Anlagen jener schon erwähnten zähringischen Gründungen Freiburg, Oberndorf oder Villingen (s. S. 309, 316).

Bezeugt ist, daß die Stadtrechte im Jahre 1234 vom staufischen Kaiser Friedrich II. verliehen wurden. Später konnte Rottweil stolz den Titel ›Freie Reichsstadt‹ tragen. Obwohl der Kaiser Rottweil drängte, dem Schwäbischen Städtebund beizutreten, ging die Stadt einen anderen Bund ein, und zwar einen mit den Schweizer Eidgenossen. Dieser Bund wurde 1519 ›auf ewig‹ geschlossen.

Die Reformation konnte in Rottweil nicht Fuß fassen. In alten Dokumenten ist immer wieder die Rede von Auseinandersetzungen zwischen Katholiken und Lutherischen. Viele Protestanten wurden ausgewiesen und reformatorische Schriften öffentlich verbrannt. Während des Dreißigjährigen Krieges wurde Rottweil schwer getroffen. Von über 4000 Einwohnern überlebten nur etwa 600. Im Jahre 1802 kam die ›Freie Reichsstadt‹ an Württemberg.

Beginnen wir unseren Rundgang in der Altstadt beim Museum. Gegenüber steht das *Rathaus*, ein stattliches Gebäude aus dem Spätmittelalter. Davon zeugen die spitzbogigen Untergeschoßarkaden. Der schön ausgestaltete Ratssaal ist sehenswert. Gleich hinter dem Rathaus gelangen wir auf einen großen Platz zur Mutterkirche Rottweils, dem *Heilig-Kreuz-Münster*. Vorgängerbau war eine spätromanische Basilika, von der nur noch die drei Untergeschosse des Turms übrig geblieben sind. In der zweiten Hälfte des 15. Jahrhunderts wurde dann mit dem Neubau begonnen. Es entstanden Chor und Sakristei, später das Haupt- und die Nebenschiffe. Die Kirche kann durch das Südportal betreten werden. Im Langhaus wieder ein spätgotisches Netzgewölbe, dessen Rippen in figürlichen Konsolen oder, ohne Unterbrechung durch ein Kapitell, in flachen Rundlisenen enden. Der hohe Obergaden spricht noch für die ehemalige spätromanische Konzeption. Der zeitlich etwas früher anzusetzende Chor mit seinem schön geformten Sterngewölbe ist licht und hell. Die schlanken Maßwerkfenster mit Fischblasenmuster im Zwickel lassen das Licht bis in das Hauptschiff strahlen. Als Baumeister wird der Meister H. H. vermutet. Wahrscheinlich handelt es sich um Hans Hammer aus Stuttgart. Neben ihm taucht noch ein Johann Berss

Rottweil, um 1435. Württembergische Landesbibliothek, Stuttgart

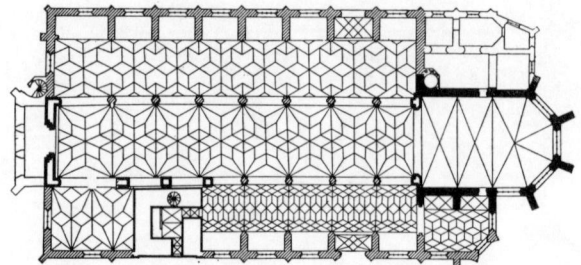

Rottweil, Heilig-Kreuz-Münster,
Grundriß

auf, der im Langhaus mitgearbeitet haben soll. In der Tat könnte die Stuttgarter Stiftskirche, die ja auch mit einem hohen Obergaden ohne Fenster versehen ist, als Vorbild gedient haben.

Zwei großartige Kunstwerke von berühmten mittelalterlichen Künstlern können hier besichtigt werden. Das eine ist das spätgotische Kruzifix am Hochaltar, das dem Nürnberger Veit Stoß zugeschrieben wird – übrigens in Fachkreisen eine umstrittene Zuschreibung. Das Kruzifix selbst aber ist wunderbar. Gotik und Renaissance treffen aufeinander. Die Leidens-physiognomie mit den stilisierten Bartlocken mag noch mittelalterlich anmuten. Der mäch-tige Körperbau und die fast schon athletisch zu nennenden Proportionen weisen auf die Renaissance. Das zweite Kunstwerk ist ein Nischenfresko, das Maria mit dem Kind dar-stellt. Der berühmte Konrad Witz soll es gemalt haben. Auch diese Autorschaft ist fraglich und wegen der starken Zerstörung des Freskos wohl kaum nachweisbar. Rottweil ist ja erpicht darauf, sich ›Geburtsstadt des Konrad Witz‹ nennen zu dürfen. Aber leider ist dafür noch kein Nachweis gefunden worden.

Von den Seitenaltären im linken Schiff sind nur zwei bemerkenswert, der Ulrichsaltar, dessen Altar-Flügel einem Dürer-Schüler, Hans Schäufelein, zugeschrieben werden (um 1500), und der anschließende Bartholomäus-Altar. Dieses Mal war es der Lehrer Albrecht Dürers, der Nürnberger Michael Wohlgemut, der die Flügel geschaffen hat: ›Aposteltren-nung‹ und ›Leben des Hl. Bartholomäus‹ sind dargestellt. Die Skulpturen ›Batholomäus‹, ›Bacchus‹ und ›Sergius‹ werden Veit Stoß zugeschrieben.

Vom Heilig-Kreuz-Münster gehen wir zum *Schwarzen Tor*, einem ehemaligen mittelal-terlichen Stadttor, aus dem an Fasnacht die Rottweiler Narren herausspringen (Farbt. 31). Der Blick die Hauptstraße hinunter ist besonders reizvoll. Die Häuser links und rechts teilweise mit verzierten Erkern stehen mit der Traufseite zur Straße – eine bauliche Eigen-tümlichkeit im deutschen Südwesten und in der Nordschweiz. Sie soll auf die Zähringer und deren Stadtplanungsvorstellungen zurückgehen. Im Hintergrund ist die Albkette sichtbar.

Einen noch schöneren Ausblick über die Stadt und die Umgebung hat man vom *Hoch-turm* aus. Dieser 54 Meter hohe, teilweise aus Buckelquadern errichtete Turm stammt aus dem 13. Jahrhundert und ist Teil der äußeren Stadtbefestigung gewesen.

Nun spazieren wir wieder die Hauptstraße hinunter zum *Renaissance-Marktbrunnen* (Abb. 104). Der pyramidenartige Aufbau ist mit vielen Figürchen versehen, die u. a. die Tugenden sowie mittelalterliche Kaiser darstellen. Die Statuetten sollen nach Holzschnitten von H. Burgkmair angefertigt worden sein. Von hier ist es ein Sprung hinüber zur *Kapellenkirche*, deren Turm zu den Höhepunkten württembergischer Baukunst zählt (Abb. 105). Steinmetzzeichen weisen daraufhin, daß zumindest die drei unteren Geschosse Heinrich Parler oder Baumeister seiner Bauhütte gestaltet haben. Das Turmoktogon könnte von Alberlin Jörg stammen. Ähnlichkeiten mit der Stuttgarter Stiftskirche sind vorhanden. Im Jahre 1907 wurde die Westfassade des Turms erneuert. Vorbild war die Reutlinger Marienkirche und leider nicht die ursprünglich von den Parlern erdachte Gestaltung. Die Originale des Skulpturenschmucks sind in der nicht weit entfernten St. Lorenzkapelle zu besichtigen. Wir werden sie uns dort ausführlich anschauen. Nicht gerade positiv wird man vom Innenraum der Kirche überrascht. In Erwartung einer spätgotischen Halle empfängt einen das gedämpfte Licht eines Barockraumes. Eine Überfülle von Schnörkelornamenten, torsierenden Heiligen und Engeln sowie üppige Altäre und Kanzeln wollen nicht zum nüchternen und ausgewogen proportionierten Turm passen.

Ein paar Straßenzüge weiter kommen wir zur *Lorenzkapelle*, einem spätgotischen Bau aus dem beginnenden 16. Jahrhundert, der malerisch über dem Neckartal gelegen ist. In dieser Kapelle ist eine einzigartige Sammlung schwäbischer Plastik des Hoch- und Spätmittelalters zu besichtigen (Öffnungszeiten täglich außer mo 10–12 Uhr und 14–17 Uhr, so 14–17 Uhr).

Wenden wir uns zunächst der Abteilung zu, in der die Steinbildwerke vom Kapellenturm ausgestellt sind. Die Apostel und Propheten sind schwungvoll gestaltet, wahrscheinlich von einem oberrheinischen Meister (Abb. 106). Dieser Figurenstil mag aufgrund französischer Einflüsse entstanden sein. Direkte Vorbilder gibt es jedoch nicht. Der Stil ist einzigartig, weswegen man ihn – sicher zu Recht – den ›Rottweiler Stil‹ genannt hat. Ikonografisch äußerst selten ist ein Tympanonrelief, das einen Ritter darstellt, der seiner Auserwählten einen Ring überreicht. Dieses ›Brautrelief‹, für einen Sakralraum ungewöhnlich, zeugt von der bürgerlichen Gesinnung der Freien Reichsstadt Rottweil. Von den spätgotischen Skulpturen sind besonders der Johannes Evangelista von 1480 beachtenswert. Er wird mit der Ulmer Syrlin-Werkstatt in Verbindung gebracht. Zum Vergleich sollte man sich die ›Trauernde‹ aus Eriskirch am Bodensee (1420–30) anschauen. Während beim Johannes der Faltenwurf üppig und unterhalb des Armes ›scharfkantig‹ ausfällt, sind bei der ›Trauernden‹ noch weite, runde Faltenwürfe und Röhrenformen zu entdecken. Hier, bei der Frau, wirkt die mittelalterliche oder genauer gotische Faltenführung nach. Beim Johannes kommt dagegen eine strenge und dynamische Faltenführung zum Ausdruck. Letzteres ist ein Kennzeichen für die schwäbische Renaissance-Figur, aus der sich dann später die barocke Gestaltung der Gewandfalten entwickelt hat. Ähnliche Beobachtungen können auch vor der Gößlinger Schutzmantelmadonna (um 1430) gemacht werden (Abb. 107). Sehenswert ist ebenfalls die Hl. Magdalena von Hans Multscher (um 1450; Abb. 108).

Die benachbarte *Dominikanerkirche* geht auf eine Gründung der zweiten Hälfte des 13. Jahrhunderts zurück. Von diesem Bau hat sich nur noch der gotische Chor und die Sakristei erhalten. Das Langhaus wurde im 18. Jahrhundert neu gebaut und entsprechend dieser Epoche barock gestaltet. Historisch interessant das große Fresko, das die Belagerung Rottweils im Dreißigjährigen Krieg durch die Franzosen schildert. Der Maler war J. Wannenmacher.

Rottweil ist ein Anziehungspunkt für avantgardistische Künstler. Vor vielen öffentlichen Gebäuden stehen moderne Skulpturen, u. a. solche vom hier ansässigen Erich Hauser. Seine ›marschierenden Röhren‹ wurden einerseits hoch gelobt, andererseits beschimpft. Das Rottweiler ›Forum Kunst‹ am Friedrichsplatz hat sich schon längst einen Namen für seine Ausstellungen von Arbeiten zeitgenössischer Künstler gemacht.

Im südlichen Stadtteil *Rottenmünster* ist noch eine ausgezeichnete ›Vorarlberger Kirche‹ zu besichtigen. Die beiden bedeutendsten Barockbaumeister Thumb und Beer haben die einschiffige und flachgedeckte Kirche geschaffen. Im Westen ist eine Nonnenempore angebracht. Altar- und Stuckdekoration stammen ebenfalls aus der Zeit der Erbauung: 1662–1700. Die Kirche geht auf ein Zisterzienserinnenkloster zurück, das 1221 gegründet wurde.

Villingen

›Ad Filingas‹, so wurde der Ort erstmals in einer Urkunde aus dem Jahre 817 genannt. Schon im 10. Jahrhundert entwickelte sich Villingen zu einem bedeutenden Ort, durch den die Handelsstraße von Zürich nach Frankfurt führte. Erst im 12. Jahrhundert erhielt Villingen Stadtrechte, nachdem der Zähringer Berthold III. rechts der Brigach einen neuen Ort nach dem von Zähringer Orten her bekannten Rasterschema (Rottweil, Freiburg) angelegt hatte. Nach dem Aussterben der Zähringer ging die Stadt an die Fürstenberger über. Das durch das Zunftwesen reich und mächtig gewordene Villingen kaufte und kämpfte sich von den Fürstenbergern frei und begab sich unter den Schutz der Habsburger. Mal gehörte Villingen zum Breisgau, dann zu Modena, 1805 zu Württemberg und ein Jahr später zu Baden.

Von der mittelalterlichen *Stadtbefestigung* ist noch sehr viel erhalten geblieben: zu nennen wäre der mächtige Romäusturm im Westen sowie der Kaiserturm und das Pulverrondell im Osten der Stadt. Von den vier Stadttoren ist nur eines zerstört worden. Die übrigen drei, das *Riedtor* im Westen, das *Bickentor* im Osten und das *Obertor* im Norden, stammen aus dem 13. Jahrhundert mit Veränderungen im 16. und 18. Jahrhundert. Da die gesamte Grabenanlage fast vollständig erhalten ist, wird es besonders reizvoll sein, auf dieser unter Bäumen um die Altstadt zu spazieren. Besonders im Norden, vom Obertor aus, ist ein zauberhafter Einblick in die Obere Straße, die das Altstadt-Oval in zwei fast gleiche Hälften teilt, möglich. Wie in Rottweil, fällt auch hier auf, daß die Häuser mit der Traufseite zur Straße stehen.

Vom Obertor führt die zweite Straße rechts zum Villinger *Münster*. Ein erster Bau ist aus der ersten Hälfte des 12. Jahrhunderts überliefert. Diese romanische Kirche fiel einem Stadtbrand (1271) zum Opfer. Mit den Arbeiten am Chor wurde gleich nach dieser Katastrophe begonnen, so daß dieser schon 1293 geweiht werden konnte. Mit dem Langhaus ließ man sich etwas mehr Zeit. Die beiden Osttürme stammen aus dem 15. und 16. Jahrhundert.

Im unteren Teil des Südturms sind noch Reste des romanischen Vorgängerbaus zu sehen, der obere Teil ist in Anlehnung an den Rottweiler Kapellenturm spätgotisch gestaltet.

Zwei Portale sind sehenswert, besonders das an der Südwand, ein romanisches Doppelportal. Das Westportal, mit einem zierlichen romanischen Profil wirkt dagegen schlicht und einfach. Das Innere wird durch den basilikalen Aufbau geprägt. Das flachgedeckte hohe Mittelschiff wird begleitet von zwei niedrigen Seitenschiffen. Im frühgotischen Chor sind gotische Steinfiguren sehenswert, der Hl. Jakobus und zwei Pilger. Die Steinkanzel aus der Renaissance, deren Aufgang von einem mürrischen Simson bewacht wird, ist mit schön gearbeiteten Reliefs ausgestattet. Auf dem Kreuzaltar steht das sogenannte ›Nägelin-Kruzifix‹, eine qualitätvolle Arbeit aus dem 14. Jahrhundert.

In der Nähe kann noch das *Alte Rathaus* besucht werden. Der spätgotische Bau aus dem Jahre 1534 wird von einem Treppenturm und einem Renaissance-Portal geziert. Im Inneren ist ein Heimatmuseum eingerichtet.

Die schwäbisch-alemannische Fasnacht

Von Gabriele Steckmeister

Fasnacht – Faselnacht – Fasend – ebenso vielfältig wie die verschiedenen Namen für das närrische Treiben sind auch die regionalen Brauchtumsformen. Nahezu jeder kleine (überwiegend katholische) Ort hat seine lokalbezogene Ausformung der rituellen Abläufe. Allen gemeinsam sind jedoch mythische Anlässe, die auf die ursprünglich kultische Funktion der Fasnacht verweisen.

So soll es sich ursprünglich bei der Fasnacht um die Darstellung des geisterhaften wilden Heeres handeln, das Wotan zu den Menschen schickt, um deren Untaten zu bestrafen. Diese Erklärung finden wir schon im 5. und 4. Jahrhundert v. Chr. bei antiken Schriftstellern wie Herodot und Hippokrates. Auch Plinius der Ältere berichtet im 1. Jahrhundert n. Chr. davon.

Andere Überlieferungen lassen darauf schließen, daß die Fasnacht mit dem altgermanischen Frühlingsfest zu Ehren der Licht- und Sonnengöttin Ostara zusammenhängt. Dieses Fest wurde etwa Mitte März zur Tag- und Nachtgleiche gefeiert. Dem germanischen Glauben nach kämpften die Winterdämonen gegen Frühlingsgeister, die langsam ins Land ziehen wollen. Da für die Menschen der zarte Frühling fruchtbringender als der Winter ist, unterstützten sie die Geister im Kampf. Sie machten sich daran, den Winter mit viel Lärm zu vertreiben. Ihre Hilfsmittel sind heute noch zu sehen bzw. zu hören: mit Rasseln, Schellen, Trommeln, mit Karpatschen, Peitschen, mit Narrenpritschen und Schweinsblasen (Saublodern) wird diese Tradition gepflegt.

Nicht nur mit akustischen, sondern auch mit optischen Hilfsmitteln wurde der Winter vertrieben. Dabei wurden Masken mit besonders angsteinflößendem Ausdruck bevorzugt. Diese Larven sind angeblich gut dafür geeignet, angreifende und bedrohende Geister und Dämonen abzuschrecken und sie zu vertreiben. Der böse Winter wird zudem personifiziert: Auch heute noch wird er als Strohbär aus dem Ort vertrieben oder öffentlich verbrannt.

In christlicher Zeit wurde das Frühjahrsfest der Faselnächte mit dem Konzilbeschluß im Jahre 1091 in die Vorfastenzeit verbannt. Die katholische Kirche hatte dabei zwei Interessen, die sie mit ihrer Verfügung zu wahren wußte: Sie erreichte, daß diese ausgelassene Zeit nicht irgendwann einmal mit der Fastenzeit kollidierte. Zum anderen sollten und konnten sich die Gläubigen vor den kargen Tagen der vorösterlichen Zeit noch einmal austoben, um diese dann gelassener ertragen zu können.

In christlicher Zeit bekam die Fasnacht noch eine andere Ventilfunktion. Zunehmend wird mit dem närrischen Treiben die Obrigkeit verspottet, wobei die Angeprangerten von Kirche und Staat dies spätestens seit dem Hochmittelalter zu unterbinden suchten.

Was bedeutet nun aber ›Fasnacht‹ und wie läuft sie heute ab? Das Wort ›Fasnacht‹ läßt schnell, vorschnell auf eine Verwandtschaft mit Begriffen wie ›Fast-Nacht‹, ›Fasten‹, also die ›Fastenzeit‹ schließen. Es könnte sich also um eine Namensgebung handeln, die die katholische Vor-Fastenzeit benennt und die nicht zuletzt für den reibungslosen Ablauf des Kirchenjahres eine wichtige Funktion hatte. Diese Interpretation greift – wie wir gesehen haben – aber zu kurz, da die Fasnacht wesentlich älteres Brauchtum widerspiegelt. Dem schwäbischen Wort ›Fasnacht‹ und dem schwäbisch-alemannischen ›Fasnet‹, auch ›vasnet‹ oder ›fasnet‹ liegt der Begriff ›faseln‹ zugrunde. Die ursprüngliche Bedeutung des Wortes ist ›fruchtbar sein‹ und wird in Verbindung mit dem Brauch des Winteraustreibens verständlich. Später wurde das Wort zu einem Synonym für närrisch sein oder sich toll und unsinnig gebärden.

Auch die zweite Silbe der ›Fasnacht‹ weist auf vorchristliches Brauchtum hin. Die Fasel-Nacht hat dabei nichts damit zu tun, daß dieses Treiben zur Nachtzeit stattfand. Sie beruht vielmehr auf der alten germanischen Zeitauslegung, die zum Beispiel Tacitus beschrieben hat: Zu germanischer Zeit wurde nicht die Zahl der Tage, sondern die der Nächte genannt, da die Nacht dem Tag vorausgeht.

Nun handelt es sich bei der ›Fasnacht‹ ja um mehrere Tage bzw. Nächte; diese Zeit müßte also genau genommen die ›Faselnächte‹ oder ›Fasnächte‹ heißen. Zu vermuten ist, daß es sich hier um eine mundartliche Abschleifung handelt, nach der ›die Fasnacht‹ übriggeblieben ist. Neben dieser Begriffsentwicklung gibt es eine Reihe von regionalen Benennungen. So heißt das närrische Treiben im Schwarzwald auch ›Fasend‹, was genau genommen das Ende der Faselzeit bezeichnet.

Nun gibt es für die Fasnacht weder einen verbindlichen Anfangstermin noch einen einheitlichen Abschlußtag. Für den Beginn der Fasnacht existieren verschiedene Eröffnungstage nebeneinander. Bei der Neubildung von Fasnachtsvereinen wurden zum Beispiel einige Elemente des rheinischen Karnevals übernommen. In den Orten, in denen es Fasnachtszünfte oder Elferräte gibt, beginnt die Fasnacht am 11. 11. um 11 Uhr 11. An diesem Tag wird die kommende Session vorbesprochen und teilweise schon die Fasnet aus der Wiege gehoben. Die Fasnachtseröffnung am 11. 11. legt eine Beziehung zum Festtermin Martini mit seinen traditionellen Fackelumzügen nahe. Mit ihnen soll die Wiederkehr des Lichtes beschworen werden. Mit dem Auftakt im November steht dieses Datum aber relativ isoliert da; vor allem unterbricht das Weihnachtsfest eine mögliche Kontinuität bis zur eigentlichen Vor-Fasnachtszeit.

Der 6. Januar kann daher eher als Auftakt der Narretei gelten, der erste Tag nach den zwölf Rauhnächten zwischen dem 26. Dezember und dem christlichen Dreikönigsfest. Häufig wird die Fasnacht an diesem Tag mit dem Brauch des ›Abstaubens‹ eröffnet. Narren und Hexen gehen von Haus zu Haus und von Gaststätte zu Gaststätte, stauben Bilder, Möbel oder Narrengewänder ab und bekommen für diese ›schwere Arbeit‹ dann Schnaps oder Most. Zum Eröffnungszeremoniell gehören auch Karbatschen, das sind lang ausholende Peitschen mit kurzem Stil, die ebenso lärmend sind wie die zehn Zentimeter langen Holzbrettchen (mit Einbuchtungen für Ring-, Mittel- und Zeigefinger), deren Klappern ebenfalls zur Eröffnung der Fasnacht gehört.

Besondere Bedeutung haben nun die drei Donnerstage vor dem Fasnachtssonntag, die sogenannten drei Feißen. ›Feiß‹ bedeutet nach alemannischer Mundart soviel wie Schmutz oder Fett. Gemeint ist damit das Fett, in dem an diesen drei Tagen die ersten Fasnachtsküchle gebacken werden. Der letzte der drei Donnerstage wird speziell auch der ›schmotzige‹, schmutzige Donnerstag genannt. In anderen Regionen, wie z. B. in Oberschwaben, heißt er auch ›gumpiger‹ oder ›gompiger Donschtig‹, so genannt nach der wichtigsten Fortbewegungsart dieser Tage, dem ›gompelen‹, dem Hüpfen. In einigen Orten ist dieser Tag auch als ›aoseliger Donschtig‹, als unseliger Donnerstag bekannt. Dieser Tag wird in der Regel mit viel Lärm begonnen, nicht zuletzt um die letzten Langschläfer zu wecken. Für die ›Narrensamen‹, die Kinder, ist sicherlich die Schulschließung bis zum Aschermittwoch das wichtigste Tagesereignis. Nun wird anschließend das Rathaus gestürmt und der Bürgermeister zur Schlüsselübergabe ›gezwungen‹. Während dessen wird der Narrenbaum geholt und aufgestellt. Dies ist stets eine immergrüne Tanne oder Fichte, die für die germanischen Vorfahren besondere Lebenskraft anzeigten oder auch als dörfliches Hoheitszeichen galten. Das Aufstellen eines solchen Baumes symbolisierte ursprünglich das unsterbliche und immergrüne Leben. Heute ist der Baum wohl eher Zeichen für die von den Narren übernommene Amtsgewalt. Er dient zudem als Tanz- und Kletterbaum, der mit verschiedenen Gegenständen behängt ist.

Der schmutzige Donnerstag ist auch der Tag der ersten Umzüge. Dominiert werden sie von den sogenannten Hemdglonkern, die mit Fackeln und Laternen umherziehen. Abends feiern die Narren und Närrinnen die Altweiber- oder Schlumpenbälle. Der nachfolgende Freitag hat meist wenig Bedeutung und dient eher zum Ausruhen.

Am Sonnabend finden – je nach Region und Ort verschieden – große Saalfeste statt, teilweise kommen auch Bräuche zur Geltung, die an anderen Orten schon donnerstags zuvor gepflegt wurden.

Traditionellerweise findet am Sonntag, dem ›Fasnets-Sontig‹, die Straßenfasnacht mit Umzügen statt. Am häufigsten zu sehen sind dabei die Fleckeles-, Blätzles- oder Spättelesgestalten. Ihre Gewänder bestehen aus einem baumwollenen oder leinenen Unterkleid, das dann mit verschiedenfarbigen Stoffstücken besetzt ist. Ursprünglich sind diese Maskengestalten Tier- oder Dämonenvermummungen aus heidnischer Zeit. Die Gesichtslarve ist oft eine rüssel- oder hahnengesichtige Stoffmaske. Den sogenannten Weißnarren, den Hansele oder Narros, gab wohl das alemannische Totenhemd, die Weißvermummung, ihren Namen. Das Gesicht verhüllt eine rosige Glattlarve; die Gestalten sind mit schweren Glokkensträngen, sogenannten ›Gschellen‹ (Farbt. 30), über Brust und Schultern behängt. Weitere Attribute sind das Narrenschwert oder der Narrenstab, die Narrenwurst oder Narrendose, Drehrätschen, Narrenbuch und Sonnenschirm. In vielen Orten gibt es Sonderformen der Weißnarren, den Hansel oder Hansele, den Hanswurst, Federehannes (Farbt. 29, Abb.

118), Heine-Narro und Narrone. Das wilde Weib, die Hexe und der Wilde Mann sind weitere Maskengestalten. Ist das eine die populäre Bezeichnung für eine böse, häßliche alte Frau, so ist das andere die Hauptfigur alter Volkssagen, die regional verschieden als Berg-, Fels- oder Tannengeist auftreten. Auch Tiergestalten sind in der schwäbisch-alemannischen Fasnacht zu finden, Tierfiguren, die bei den germanischen Vorfahren als besonders fruchtbar galten. Sie waren schon zu dieser Zeit beliebte Kult- und Vermummungsvorbilder. Nicht zuletzt gibt es bei den einzelnen Fasnachtsumzügen Figuren, die mit der jeweiligen landschaftlichen und kulturellen Besonderheit zusammenhängen.

Der Fasnachts-Montag zeigt unterschiedliche Gebräuche. Der Schwerpunkt liegt an diesem Tag zum einen auf den Umzügen, insbesondere auf den sogenannten Narrensprüngen. Den bekanntesten finden wir in Rottweil. Zum anderen geht es darum, den Mitmenschen die nackte Wahrheit zu sagen oder, wie es im Dialekt heißt, zu ›schnurren‹, zu ›hecheln‹ oder ›uff zum sagen‹.

Mit dem ›Fasnets-Zischtig‹ geht die eigentliche Fasnacht zuende. Regional unterschiedliche Bräuche beschließen die närrischen Tage. So wird vielfach der Narrenbaum mit großem Lärm eingeholt oder eine Strohpuppe unterm Narrenbaum verbrannt. Ebenso wie die symbolische Verbrennung von Hexen oder Puppen am ›schmotzigen‹ Donnerstag oder das Vertreiben des Strohbären am Fasnachts-Sonntag erinnert auch dieser Brauch an die symbolische Verabschiedung des Winters. Dennoch ist in einigen Orten die Fasnacht auch am Dienstag noch nicht vorbei. Teilweise gibt es eine Verlängerung auf den folgenden (Ascher-)Mittwoch. Zum Beispiel wird die Schlüsselrückgabe an den Bürgermeister, das Verbrennen der Fasnacht oder auch das Einholen des Narrenbaumes auf den kommenden Tag verlegt. Nicht selten findet die Fasnacht ihren Abschluß mit einem gemeinschaftlichen Herings- oder Kuttel-Essen.

Eine weitere Verlängerung – sogar bis zum folgenden Sonntag – in die sogenannte Alte oder Burefasnet ist dagegen weniger verbreitet. Sie hat ihre Wurzeln in einer Zeit, in der die eigentliche Fasnacht als Herren- oder Pfaffenfasnet in der Vorfastenzeit gefeiert wurde und die unteren Bevölkerungsschichten ihre Narretei eine Woche später, am Sonntag Invocavit, feiern konnten.

Wenn nicht am Aschermittwoch, so ist doch spätestens eine Woche nach der eigentlichen Fasnacht dann ›alles vorbei‹.

Auf den Spuren der Hohenzollern

Die Hohenzollern, die nicht nur die Geschichte Württembergs, sondern auch diejenige Deutschland mitgestaltet haben, veränderten im Lauf der Jahrhunderte immer wieder ihre politische Landkarte in Südwestdeutschland. Ständige Gebietsgewinne und -verluste lassen eine feste Territorialbegrenzung kaum zu. Dennoch glaube ich, daß man in den Gebieten zwischen Haigerloch, Hechingen und Sigmaringen auf die interessantesten Spuren dieses Grafengeschlechts stoßen wird. Selbstverständlich sind ›Zollern-Spuren‹ auch noch anderswo zu finden – in unserem Gebiet und außerhalb davon.

Viele bedeutende Künstler wie Michel d'Ixnard oder Michael Beer haben durch ihre künstlerischen Ausdrucksformen die Tradition und die Würde der Hohenzollern dokumentiert. Diese zu betrachten wird besonders lohnend sein.

Man könnte die Rundfahrt im Neckartal (s. auch S. 305 f.) beginnen. Wenige Kilometer von Rottenburg entfernt Richtung Horb mündet die Eyach in den Neckar. Hier, ganz in der Nähe, beginnt ehemaliges hohenzollerisches Gebiet. Dichte Wälder begleiten die Schleifen der kleinen Eyach...

Haigerloch

Wenn man sich von Norden dem Städtchen nähert, ist man verwundert, daß in diesem landschaftlich unwegsamen Gelände Häuser, Kirchen, Türme und ein Schloß stehen. Tief hat die Eyach ihr Bett in die Muschelkalkhänge gegraben. Steil ragen dicht zusammenstehende Felsen in die Höhe. Doch die Lage schien für die ersten Siedler strategisch günstig zu sein. Aus diesem Grunde sind wohl zwei Burgen im hohen Mittelalter auf den gegenüberliegenden Felsrücken erbaut worden. Die ältere, südlich liegende, taucht in Dokumenten erstmals im Jahre 1095 auf. Von ihr ist fast nichts mehr übrig geblieben, nur noch der Bergfried, der sogenannte Römerturm in der Oberstadt. Gegenüber, auf dem nördlichen Hang, erhebt sich das Schloß, das auf Resten der anderen, einer um 1200 erwähnten Burg errichtet wurde (Umschlagvorderseite, Farbt. 25).

In diesen beiden Burgen wohnten im Mittelalter die Grafen von Haigerloch. Sie beherrschten das Eyach-Tal bis Balingen und mußten sich im Osten gegen die Zollern und im Westen gegen die Zähringer verteidigen. Kurz nach 1162 starben diese Grafen aus. Ihr Besitz ging an die Hohenberger über. In diesem Zeitraum erhielt Haigerloch die Stadtrechte. Das war um 1200. Gegen Ende des 14. Jahrhunderts kam Haigerloch zusammen mit anderen

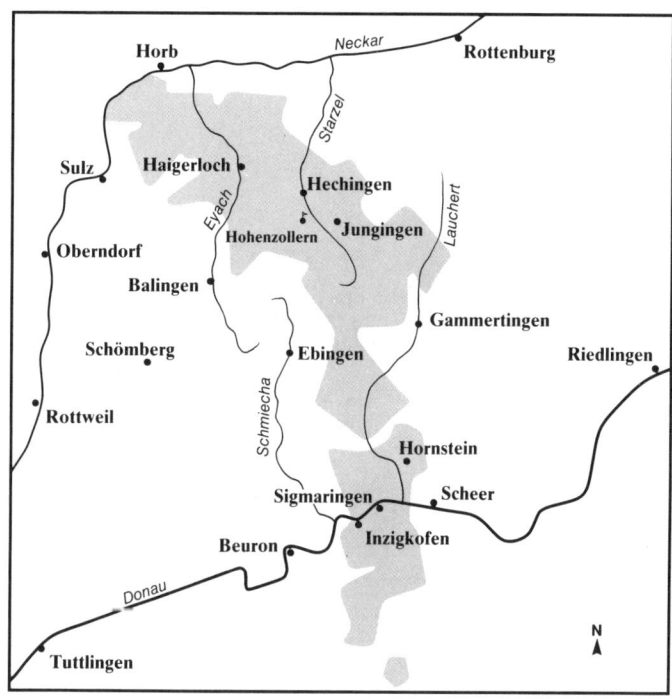

Fürstentum Hohenzollern, um 1789

Hohenberger Herrschaftsgebieten wie Rottenburg, Horb und Oberndorf an das Haus Habsburg. Im Jahre 1497 tauschte Graf Eitelfriedrich II. mit König Maximilian das an das Haus Zollern gekommene graubündische Rhäzüns gegen Haigerloch. Seit 1558 sicherte sich Karl Friedrich von Zollern ein Herrschaftsgebiet, das vom Neckar über die Alb bis zur Donau und darüber hinaus reichte. Dieses Gebiet teilte er unter seinen Söhnen auf. So entstanden drei Linien: Hohenzollern-Haigerloch, Hohenzollern-Hechingen und Hohenzollern-Sigmaringen. Die Haigerlocher Linie starb 1634 aus und ging an die Sigmaringer über.

Christoph von Haigerloch war ein baufreudiger Graf. Gegen Ende des 16. Jahrhunderts befaßte er sich mit der architektonischen Gestaltung seiner Residenzstadt. Hauptprojekt war das *Schloß*, das sich in einem äußerst maroden Zustand befand. In einer ersten Bauphase wurde nach der Renovierung des Hauptbaus die Zehntscheuer mit einem achteckigen Wendeltreppenturm errichtet. Ganz in der Nähe ließ er dann den Torturm bauen, dessen Haube aus der Barockzeit stammt. – Im Schloßhof steht ein *Brunnen* aus dem Jahre 1747, der einzig erhaltene vom hohenzollerischen Baumeister Christian Großbayer, von dem in diesem Kapitel noch öfter die Rede sein wird.

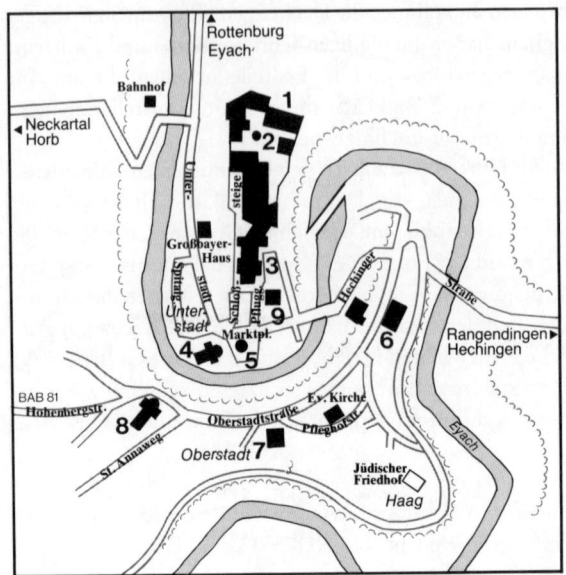

Haigerloch
1 Schloß   2 Brunnen Christian
Großbayers   3 Schloßkirche
4 Unterstadtkirche   5 Marktbrun-
nen   6 Rathaus   7 Römerturm
8 St. Anna   9 Atom-Museum

Die zweite Bauphase, Graf Christoph war schon lange tot, wurde ganz vom berühmten Architekten der Vorarlberger Bauschule Michael Beer geprägt. Er kam 1622 nach Haigerloch und konstruierte den rechtwinklig angelegten Hauptbau neu. Innen fällt die nüchterne, fast schon klassizistisch streng anmutende dekorative Ausgestaltung auf. Sie stammt wahrscheinlich von Stukkateuren aus Zwiefalten.

Von einem kleinen Quertrakt aus erreicht man die *Schloßkirche,* ein Lieblingsprojekt des Grafen Christoph. Zunächst sollte man sich die ungewöhnliche Lage des Baus vergegenwärtigen. Der Chor erhebt sich auf einem steilen Felsrücken im Süden und nicht im Osten (Farbt. 25). Dieses allen Regeln der Kirchensymbolik widersprechende Konzept erforderte die Beschaffenheit des Geländes. Auf diese ist auch der verzogene Grundriß zurückzuführen. Man kann deutlich erkennen, daß der Chorraum gegen die Achse des Hauptraumes um einige Meter verschoben wurde. Graf Christoph berief den Rottenburger Baumeister Hans Stockher, der zwischen 1584 und 1607 die Bauarbeiten leitete (umfangreiche Restaurierung 1956).

Außen dominiert eindeutig das Spätmittelalter. Der schlanke Chor mit Spitzbogenfenstern und mächtigen Strebepfeilern beherrscht das Stadtbild von Haigerloch. Auch im Innenraum ist der ›gotische Eindruck‹ noch spürbar, wenn man von den schwelgerischen Rokoko-Dekorationen absieht (Farbt. 34). Diese sind aus dem Jahre 1748. Ein Schüler des berühmten Dominikus Zimmermann hat sie geschaffen. Sein Name erscheint auf einem Schriftband unter der Fürstenloge: Nikolaus Shyz aus Landsberg. In das bewegte Ornamentwerk sind Rocaille-Kartuschen eingearbeitet. Die mit stilisierten Pflanzenmotiven durchsetzten Ornamentmuster umspielen und rahmen die Deckengemälde vom Sigmaringer Meister Meinrad von Ow. Im Langhaus hat er die Heiligen Christophorus und Katharina dargestellt. In den Kartuschen des Chorgewölbes sind die Erdteile zu sehen, die um eine Darstellung der Hl. Dreifaltigkeit angeordnet sind. Mit dieser Motivkonstellation wird programmatisch auf die Weltreligion ›Christentum‹ hingewiesen.

Der Renaissance-Hochaltar aus dem Jahre 1609 zählt zu den bedeutendsten Kunstdenkmälern Württembergs. Der Aufbau ist dreigeschossig. Der untere Teil ist nach dem Vorbild eines antiken Triumphbogens gestaltet. Triumphierend erscheinen Gottvater, der Sohn und der Hl. Geist auf einem Tabernakel, das in der Form des ›Templum Salomonis‹ vorgestellt wird. Die beiden oberen Geschosse nehmen stark in der Größe ab, desgleichen die zahlreichen Skulpturen. Wie ein Zeigefinger ragt der Altar ins Chorgewölbe. Die Kreuzigung auf der Spitze ist kaum noch auszumachen. Im zweiten Geschoß ist die Geburt Christi dargestellt. Es folgt die Himmelfahrt Mariens. Insgesamt sind es sechzig holzgeschnitzte Figuren, die den Altar schmücken. Daneben zahlreiche Wappen, u. a. dasjenige des Kirchenstifters.

Der Chorraum ist vom Hauptschiff durch ein schmiedeeisernes Gitter aus dem Jahre 1604 getrennt. Seine Renaissance-Ornamentik ist ebenfalls beachtenswert. Vor dem Gitter eine lebensgroße Schmerzensmutter (Mater dolorosa) aus Holz (1755) vom Haigerlocher Bildhauer J. G. Weckenmann.

Südlich unterhalb des Schlosses in der Unterstadt steht die im 13. Jahrhundert erbaute Kirche *St. Nikolaus*. Der im 15. Jahrhundert umgestaltete Chor ist mit einem sternförmigen Gewölbe versehen. Im linken Altar eine holzgeschnitzte Pietà um 1450. Auf dem Friedhof stehen viele alte Grabsteine, die teilweise Weckenmann geschaffen hat. Hier liegt auch der Baumeister Großbayer begraben, der in Haigerloch am 10. Februar 1782 gestorben ist. Sein ehemaliges Wohnhaus liegt ganz in der Nähe, in der Bahnhofstraße 28.

Von St. Nikolaus gelangt man auf den Marktplatz, der von dem reizvollen *Marktbrunnen* mit einer Figur von Weckenmann beherrscht wird (1774). Danach geht es, vorbei am neoklassizistischen *Rathaus*, hinauf in die Oberstadt.

Vom *Römerturm* kann man einen einzigartigen Blick auf die Stadt genießen, besonders auf die Schloßanlage, deren Trakte, Türme und Kirche sich vor einem zum Greifen nahe ausbreiten. Der Römer- oder Oberstadtturm ist der letzte sichtbare Rest der mittelalterlichen Oberstadtburg. Mittelalterlich ist allerdings nur der Turmschaft. Er ist viereckig und

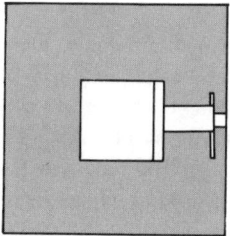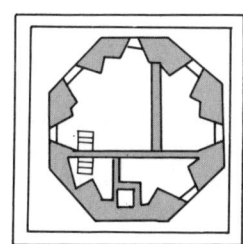

N
↑

Haigerloch, Oberstadtturm (Römerturm) Grundriß des alten Teils (mittelalterliche Burg) und Grundriß des oberen Teils (Großbayer, 18. Jh.)

besteht aus mächtigen Buckelquadern. Darauf hat Großbayer einen achteckigen zweige-
schossigen Aufsatz konstruiert (1744–46). Für den Innenraum hat er eine Türmerwohnung
mit rundbogigen Fenstern vorgesehen. Über dem Umgang mit balustergeschmückter Brüstung erhebt sich der Turmabschluß, eine welsche Haube.

Nur wenige Schritte vom Römerturm entfernt steht die Wallfahrtskirche *St. Anna* inmitten eines von Kastanien umstellten Hofes auf einem weit ins Tal vorspringenden Plateau.
Der Auftraggeber, Fürst Joseph Friedrich von Hohenzollern-Sigmaringen, soll im 18. Jahrhundert den berühmten Münchener Baumeister Johann Michael Fischer für den Bau gewonnen haben, zumindest sollen die Pläne von ihm stammen. Dessen Autorschaft ist jedoch
nicht gesichert. Dagegen ist es wahrscheinlicher, daß Großbayer die Kirche entworfen und
gebaut hat. Stukkator war der Wessobrunner Johann Michael Feichtmayr. Neben dem
Maler Meinrad von Ow ist auch der Bildhauer Weckenmann vertreten.

Die Kirche ist wegen ihrer harmonischen Maßverhältnisse berühmt geworden. Die Länge
des Hauptschiffes ist gleich der Breite des Querschiffes. Das Langhaus ist genauso hoch wie
es breit ist. Diese idealen Raumproportionen werden anschaulich, wenn der Betrachter vor
dem Chor im Querhaus steht. Eine Theaterkulisse scheint sich zu öffnen. Das Hauptschiff
weitet sich in das Querhaus, welches sich wieder zum Chor hin verengt. Die Pfeiler und
Pilaster des Längsschiffes und des Chors staffeln sich in die Tiefe des Chorabschlusses. Dort
steht der mit Doppelsäulen flankierte Altar, der diese Bewegung aufnimmt (Farbt. 32). Der
Blick gleitet nun unwillkürlich nach oben. Die oberen Altarvoluten münden in eine wildbe-
wegte Dekoration, in der sich kleine Putten tummeln. Das Ornamentwerk verzweigt sich
über die Chorkuppel und erreicht schließlich die Kartuschen des großen Deckengewölbes.

Die Deckenmalereien erzählen die Legende der Hl. Anna, der Mutter Mariens. Zu
Grunde liegt das Protoevangelium des Jakobus: Ein Engel überbringt Anna die Botschaft,
daß ihr Flehen um Mutterschaft erhört worden ist (Chorgewölbe). Anna Selbdritt erscheint
mit ihren Vorfahren und Verwandten (Scheinkuppel der Vierung). Das zweifellos großartig-
ste Fresko befindet sich an der Langhausdecke: Fürst Joseph von Hohenzollern-Sigmaringen widmet den Kirchenbau der Hl. Anna. Diese Szene ist vor und in eine imposante
Triumphbogenarchitektur komponiert worden. Die steil aufragende scheinperspektivische
Konstruktion ist sicherlich vom römischen Barockmaler Andrea del Pozzo angeregt worden
(Rom, San Ignazio).

Der Spaziergang zurück in die Unterstadt, vorbei an schön restaurierten Fachwerkhäu-
sern, die teilweise noch aus dem Mittelalter stammen, führt zu einer Spezialität Haigerlochs,
zum *Atom-Museum* (Öffnungszeiten: 1. 3. – 30. 4.: Sa 10–12 Uhr, so und feiertags 14–17
Uhr. 1. 5. – 30. 9.: tägl. 10–12 Uhr und 14–17 Uhr; geschl. 1. 12. – 28. 2.). Gegen Ende des
Zweiten Weltkriegs wurde das Kaiser-Wilhelm-Institut für Physik von Berlin nach
Hechingen verlegt. Es war der Bau eines Kernreaktors geplant. Werner Heisenberg, Carl
Friedrich von Weizsäcker, Walter Bothe und Karl Wirtz radelten von Hechingen nach
Haigerloch, um im Bunker unter dem Schloßberg ungestört zu experimentieren. Heute ist
noch eine Nachbildung des Kernreaktors zu sehen sowie eine umfangreiche Dokumentation
der Tätigkeiten der Wissenschaftler.

Hechingen

Die landschaftlich schöne Straße führt über Rangendingen (Großbayer-Kirche, s. S. 344) ins Starzeltal. Kurz vor Hechingen liegt der Ortsteil *Stein*. Ein Schild weist den Weg zu einem freigelegten ehemaligen römischen Gutshof mit deutlich erkennbaren Grundmauern. Die zahlreichen Funde (Geräte und Gebrauchsgegenstände) sind in einem kleinen Museum ausgestellt.

Ähnlich wie Haigerloch besteht auch Hechingen aus einer Ober- und einer Unterstadt. Bei der Unterstadt handelt es sich wahrscheinlich um die ältere Siedlung. 786 wird sie als Haihhingun erwähnt. Im 12. Jahrhundert wird auf der Höhe, dort wo heute das Schloß steht, eine Burg errichtet. Hier residierten im 13. Jahrhundert die Zollerngrafen. Zu diesem Zeitpunkt wird Hechingen zum Verwaltungsmittelpunkt der Grafschaft Zollern. Die Stadt wächst und wird reich. Zu einer regelrechten Blütezeit kam es unter Graf Eitelfriedrich IV. (1576–1605). Kurze Zeit später, im Jahre 1623, wird Hechingen Residenzstadt. In diesem und im folgenden Jahrhundert erhält die Stadt ihr architektonisches Gesicht. Schloß-, Villen- und Kirchenbauten sowie stadtplanerische Eingriffe, die auch heute noch nachzuvollziehen sind, geben der Stadt ihr unverwechselbares Gepräge. Nach der Revolution von 1848 tritt der Fürst Friedrich Wilhelm Konstantin die Souveränität seines Landes an die preußische Linie der Hohenzollern ab.

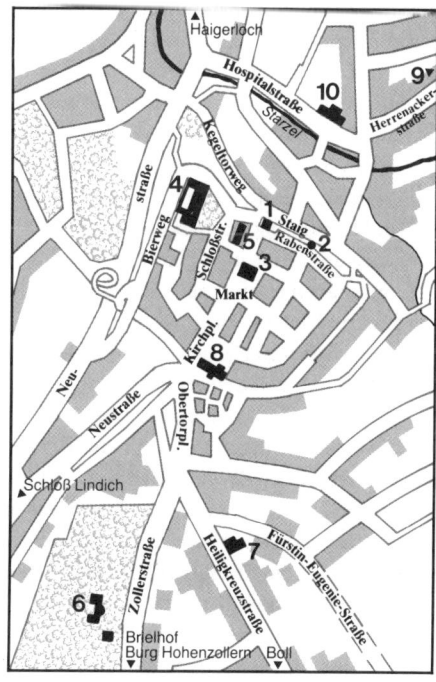

Hechingen
1 Untertor 2 Rabenstraße 3 Rathaus 4 Altes Schloß 5 Alte Kanzlei 6 Villa Eugenie 7 Kindergarten Fürstin Eugenie 8 St. Jakob 9 St. Luzen 10 Spittelkirche

Die zur Residenzstadt sich entwickelnde mittelalterliche Gemeinde erkundet man am besten vom *Untertor* aus. Es stammt aus der Renaissance (1579) und verweist auf den Verlauf der ehemaligen Stadtmauer. Desgleichen der *Rundturm* in der Rabenstraße, der 1978 wieder aufgebaut wurde. Von hier aus gelangt man zum schmalen, nach Norden schräg abfallenden Marktplatz. Er wird an der unteren Schmalseite durch das *Rathaus,* einen in modernen klassizistischen Formen gehaltenen Bau abgeschlossen. Paul Schmitthemmer (1956–58) war der Architekt. Unterhalb, etwas westlich vom Marktplatz, öffnet sich ein großer Platz mit dem *Alten Schloß* (Abb. 103). Der dreiflügelige Bau wurde vom Frankfurter Weinbrenner-Schüler Rudolf Burnitz erbaut (1818/19). Burnitz verwendete Teile des früheren Renaissance-Baus. Der hervortretende Mittelteil ist im beherrschenden Obergeschoß, gemäß dem strengen Klassizismus Weinbrenners, mit stämmigen ionischen Säulen versehen. Sie rahmen Rundbogenfenster und flache Quadratfelder. Das damals aktuelle und beliebte Vorbild ›Palladio‹ ist unverkennbar. – Gegenüber steht die düstere und ungepflegte Fassade des *Prinzessinnenpalais (ehem. Alte Kanzlei),* ein verputzter Fachwerkbau aus dem 18. Jahrhundert. Heute ist ein Heimatmuseum in seinen Räumen untergebracht.

Der Weg führt zurück über die Schloßstraße zum Kirchplatz. Die Stadtpfarrkirche wird später besucht. Bleiben wir noch auf den Spuren der Herrschaft. Im Fürstengarten in der Zollerstraße befindet sich die *Villa Eugenia,* die Fürst Joseph Wilhelm zwischen 1768 und 1787 als Lustschloß errichten ließ. Nicht ganz fünfzig Jahre später wurde das Schlößchen vom Erbprinzen Konstantin für seine Gemahlin Eugenie von Leuchtenberg umgebaut. Der ovale Mittelbau bekam zwei Seitenflügel, die gegenüber dem schlanken Mittelteil klobig wirken. Die flachen ionischen Pilaster, die verhalten die Fassadenwölbung gliedern, stehen in einem unharmonischen Kontrast zu den kantigen Formen der Außenflügel. – An der Straße ein Billardhäuschen in der Form eines dorischen Antentempels (1830). Die schlanken dorischen Säulen sind in die Fassade einbezogen. Von hier aus ein schöner Blick über die Villendächer der Zollerstraße hinauf zur Burg Hohenzollern.

Der *Fürstin-Eugenie-Kindergarten* (1839) in der Heiligkreuzstraße zeichnet sich architektonisch durch eine merkwürdige Mischung von klassizistischen und Renaissance-Formen aus. Wir haben es hier mit einer Frühform des Historismus zu tun. Im Vorbau ein Denkmal der Fürstin Eugenie.

Der Fürst von Hohenzollern-Hechingen, der d'Ixnard schon für St. Blasien empfohlen hatte, konnte den Architekten für den Neubau der Stiftskirche, heutige Stadtpfarrkirche *St. Jakob* (s. S. 340 f.), gewinnen. Die Arbeiten wurden zwischen 1779 und 1783 ausgeführt, also fast gleichzeitig mit denen in St. Blasien – ein Hinweis für die Popularität des französischen Architekten, trotz seiner ungewöhnlichen Formensprache. Aber vielleicht waren die weltlichen Fürsten dem ›modernen französischen Stil‹ eher gesonnen als die geistlichen. Wie dem auch sei, in Hechingen konnte d'Ixnard experimentieren. Zunächst legte er Pläne vor, nach denen er eine Emporenanlage favorisierte, ähnlich wie er sie schon in der Stiftskirche von Buchau ausgeführt hatte. Diesen Plan verwarf er bald wieder und wartete mit einer neuen, sehr sonderbaren Idee auf. Er konzipierte eine durch eine Säulenreihe getrennte zweischiffige Halle. Offensichtlich konnten die Bauherren auch diesem Plan nicht zustimmen, so daß er sich schließlich für einen ›unverfänglichen‹ einschiffigen Kirchenbau entschieden hatte.

Wenn man seinen Kopf in den Nacken legt und den Blick langsam die Turmfassade (Abb. 109) hinaufgleiten läßt, wähnt man sich in einer französischen Provinzstadt, vielleicht sogar in Paris selbst. Elegante Kandelaber umstehen den runden Turmabschluß, dessen hochgezogene Rundbogenfenster durch schmale Zierleisten eingefaßt sind. Die Ecken des quadratischen Turmunterbaus sind abgerundet. Seine Pilaster enden in halbrunden Formen, die von einer Tuchgirlande aufgefangen werden. Mag sein, daß sich d'Ixnard, der sich studienhalber häufig in Paris aufgehalten hat, von den Formen der zu dieser Zeit fertiggestellten Kirche St. Sulpice hat inspirieren lassen.

Die dominierende Farbe des Innenraumes ist weiß-gold, eine typisch klassizistische Attitüde (Abb. 111). Sie muß wohl als Bedeutungsträger für die Würde des Fürsten verstanden werden. Ähnlich kann man auch die Atlanten interpretieren, die die Fürstenloge stützen: Ihre Kraft und Macht soll auf die Herrschergewalt des Fürsten verweisen. In den Seitenkapellen sind zwei Deckenbilder von Meinrad von Ow angebracht: Kreuzabnahme und Auferstehung. Über der Fürstenloge vom selben Maler ›Christus am Ölberg‹. Ein bedeutendes Kunstwerk der deutschen Renaissance befindet sich im Chor, die Grabplatte des Grafen Eitelfriedrich von Zollern (1521). Die differenziert herausgearbeiteten Figuren und Ornamente verweisen auf die Hand von Peter Vischer aus Nürnberg.

Die ehemalige Franziskanerklosterkirche *St. Luzen* erreicht man im Osten der Stadt nahe dem Bahnhof über die Tübinger Straße. Das Kloster wurde erstmals im Jahre 1218 erwähnt. In der zweiten Hälfte des 16. Jh. haben Franziskaner die Kirche teilweise um- und neuerbaut. St. Luzen ist ein einzigartiges Renaissance-Kleinod. Von den Seitenwänden des weiten Kirchenraumes geht ein Stichkappengewölbe aus. Roll- und Beschlagwerk schmücken den gesamten Raum (Farbt. 33). Dieses üppige Ornamentmuster hat seinen Ursprung im niederländischen Manierismus. Diese damals beliebten Ornamentmotive verbreiteten sich mit Hilfe druckgrafischer Blätter über ganz Europa. Die Seitennischen werden durch Muschelformen baldachinartig abgeschlossen. In ihnen stehen lebensgroße Apostelfiguren. Über dem Chorbogen ist in einem Medaillon die Stigmatisierung des Hl. Franziskus dargestellt. Besonders sehenswert ist auch die Kanzel von Hans Amann (1589).

Im Schatten der Oberstadt an der Starzel steht in der Hospitalstraße die 1603 erbaute *Spittelkirche*. Der Bau vermittelt einen spätmittelalterlichen Eindruck. An ein rechteckiges Hauptschiff schließt ein rechteckiger Chor mit maßwerkgestalteten Spitzbogenfenstern an. Im Inneren überrascht ein hölzernes Kreuzrippengewölbe mit Renaissancekonsolen.

Das außerhalb der Stadt gelegene *Schloß Lindich* (Neustraße – Weilheimer Straße – Lindichstraße) aus dem Jahre 1738 steht in einer sternförmig angelegten Parkanlage. Das zweigeschossige Gebäude ist mit einem Mansarddach geschmückt. In der Nähe sechs Kavalierhäuschen, die halbkreisförmig angeordnet sind.

Hohenzollern, um 1640, Kupferstich von Matthäus Merian. Oben die Zollernburg und unterhalb der ▷
Stadt Hechingen der ehemalige Renaissance-Garten mit dem Lusthaus, links unten St. Luzen

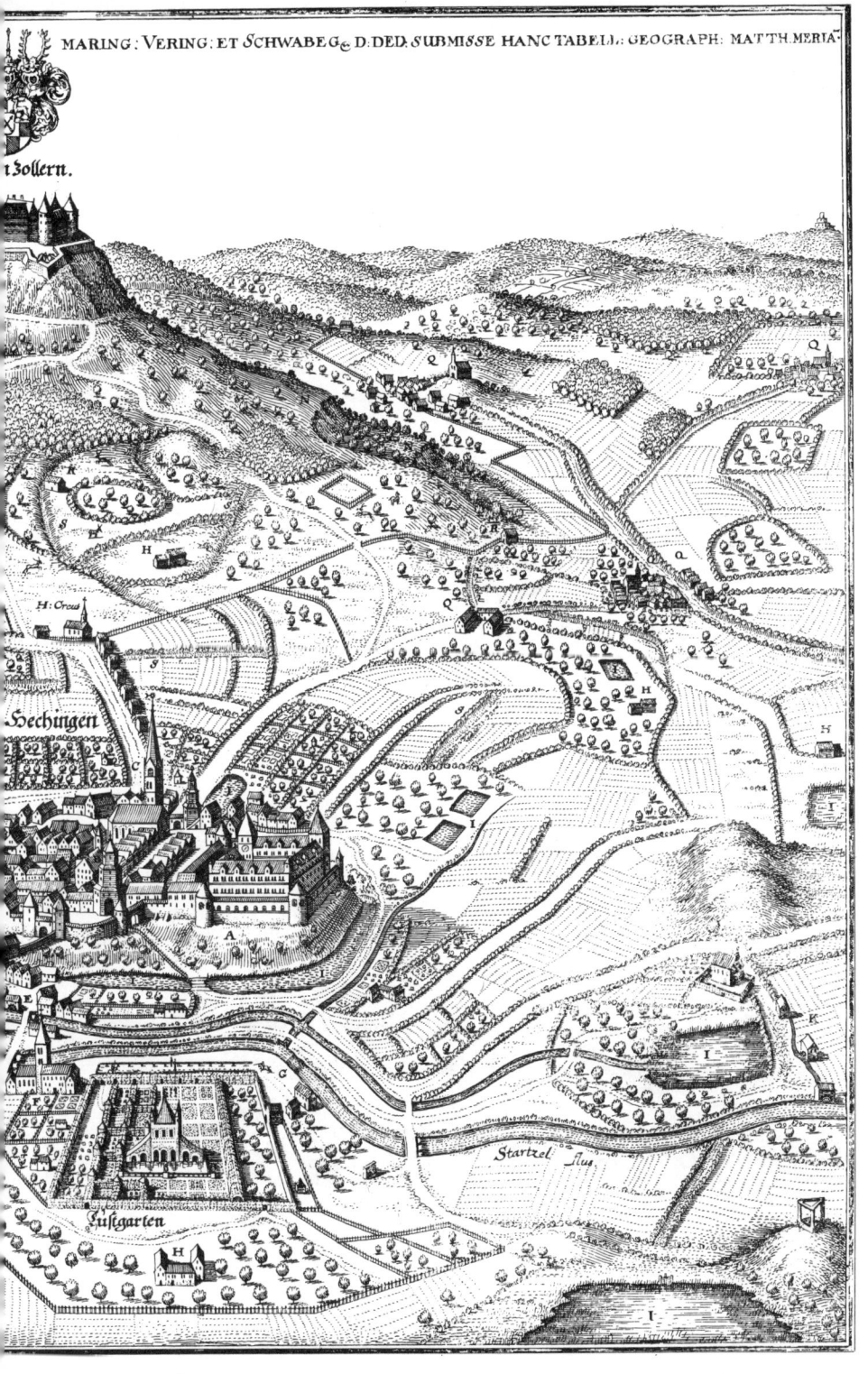

MARING: VERING: ET SCHWABE G. D. DED. SUBMISSE HANC TABELL. GEOGRAPH: MATTH. MERIA

Zollern.

H: Creuß

Hechingen

Startzel Fluß

Luſtgarten

Im Ortsteil *Stetten* steht eine ehemalige frühgotische Klosterkirche des im 13. Jahrhundert gegründeten Dominikanerinnenklosters. Sehenswert sind die Grabplatten der Grafen von Zollern und ein reich verziertes Sakramentshäuschen aus dem 15. Jahrhundert.

Burg Hohenzollern

Den schönsten Blick auf die Burg und der ihr zu Füßen liegenden Stadt Hechingen kann man auf der Fahrt von Bodelshausen nach Hechingen über die Neue Rottenburger Straße genießen. Ein märchenhafter Anblick: Auf einem 855 Meter hohen freistehenden Bergkegel ragen die Zinnen und Türme der Burg in den Himmel. Im Hintergrund die blaue Albkette und im Vordergrund, ebenfalls auf einem Hügel gelegen, die Residenzstadt mit ihren roten Dächern und dem vornehmen Turm der Pfarrkirche.

Zwei Zufahrten von Hechingen stehen zur Auswahl: Einmal über die Heiligkreuzstraße nach Boll (Umschlagrückseite). Im Wald unterhalb der Burg die Wallfahrtskirche Mariazell (Großbayer 1757) in malerischer Lage. Von dort führt ein Fußweg hinauf zur Burg. Zum anderen kann man den direkten Weg über die Zollerstraße vorbei am Brielhof zum Parkplatz unterhalb der Burg wählen. Zeitweise Kleinbustransporte bis zum Burgtor. Eine Besichtigung ist nur im Rahmen einer Führung möglich: 1. 4. – 31. 10. tägl. 8–17.30 Uhr; 1. 11. – 31. 3. werktags 8–16.30 Uhr, sa und so 9–16.30 Uhr.

Der Hohenzollern, 1851, Aquarell von Lorenzo Quaglio. Städtische Galerie Albstadt (Ebingen)

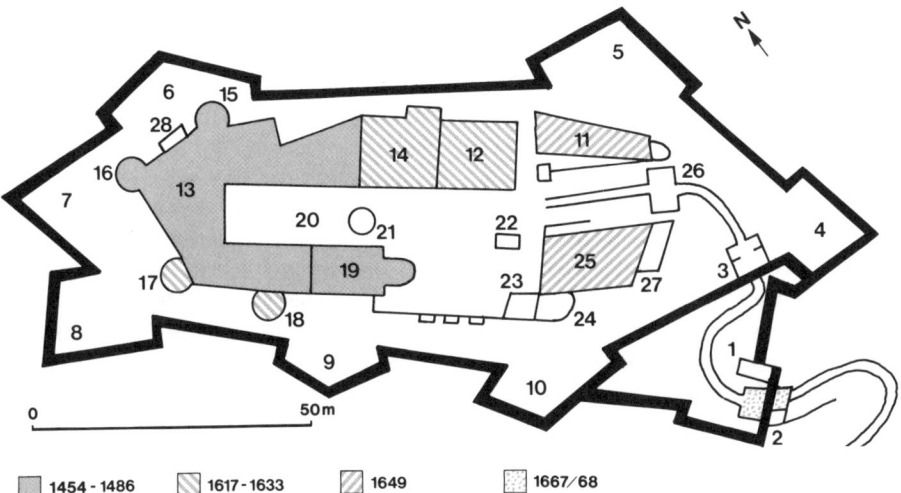

Burg Hohenzollern, Lageplan von 1692 (nach einem Plan im Fürstlich Fürstenbergischen Archiv in Donaueschingen) 1 Vorhof 2 Vorhoftor 3 Tor/Hauptwerk 4 Schnarrwacht-Bastei 5 Neue Bastei 6 Fuchsloch-Bastei 7 Der Spitz 8 Scharfecks-Bastei 9 Garten-Bastei 10 Michaels-Bastei 11 Neue Kaserne 12 Der Saal 13 Fürstliche Zimmer 14 Zeughaus 15 Kaiserturm 16 Bischofsturm 17 Markgrafenturm 18 Kanzleiturm 19 St. Michaelskapelle 20 Hof 21 Brunnen 22 Zisterne 23 Backhaus 24 Schmittenturm 25 Wohnung des Kommandanten 26 ›Rost‹ mit zwei Toren 27 Wachstuben 28 Wachstuben

Die Stammburg der 1061 erstmals genannten Zollern wurde vermutlich schon in den dreißiger Jahren des 11. Jahrhunderts erbaut. In Dokumenten taucht sie zum ersten Mal im Jahre 1267 auf. 1423 wurde sie nach einer langen Belagerung durch achtzehn schwäbische Reichsstädte zerstört. Glücklicherweise können wir uns heute noch eine Vorstellung vom Aussehen dieser älteren Burg machen. Eine Darstellung findet sich auf einer Kreuzigungstafel in Engstlatt (s. S. 347). Josef Nikolaus I. von Zollern hat die Burg kurze Zeit später wieder aufbauen lassen (1454–61). Kurz vor dem Dreißigjährigen Krieg wurde sie dann durch die Anlage eines Basteienkranzes zu einer Festung umgewandelt. Die weitere Geschichte der Zollernburg ist verworren. Zwischen dem 17. und dem ausgehenden 18. Jahrhundert befand sich die Burg abwechselnd in württembergischer, bayrischer, habsburgischer und französischer Hand. Dann zerfiel die Anlage. Viele Jahrzehnte waren nur Ruinen auf dem Zollernberg zu sehen. Erst König Wilhelm-Friedrich IV. hat sie ab 1819 wieder aufgebaut. Für die heutigen Burgbauten hat der Schinkel-Schüler Stüler die Pläne geliefert (1850–67). Die Festungsanlagen stammen von Oberst von Prittwitz.

Auf den ersten Blick scheint die Burg mittelalterlich zu sein. Zinnen, Türme und Satteldächer unterstützen diesen Eindruck, der von den Bauherren auch beabsichtigt war. Sie wollten das Mittelalter und damit die Tradition ihres reichen Erbes präsentieren. Die Architektur des Historismus, jene Rekonstruktion mittelalterlicher Baustile, wurde diesem Gedanken gerecht. Eine märchenhafte Ritterromantik und der Glanz des Hauses Hohenzollern gehen in dieser Burg eine Synthese ein.

Im *Hohenzollernmuseum*, das in den Jahren 1952/53 in der ehemaligen Schloßküche eingerichtet wurde, können u. a. Erinnerungsstücke Friedrichs des Großen besichtigt werden. Die *Michaelskapelle* (kath. Burgkapelle) zählt noch zu den älteren Bauten. Ihr schön geformtes Netzgewölbe stammt aus dem Jahr 1454. Sehenswert sind auch drei wahrscheinlich um 1100 entstandene Sandsteinplatten mit Flachreliefs. Auf der mittleren agiert der Erzengel Michael als Drachentöter. In einem unteren Streifen sind die Hl. Drei Könige dargestellt, eine thematische Seltenheit in dieser Kombination. Es ist möglich, daß byzantinische Elfenbeinschnitzereien des frühen Mittelalters, die an europäischen Fürstenhöfen als beliebte Kleinodien gehandelt wurden, Vorbilder gewesen sind. Die Glasgemälde aus dem 13. Jahrhundert kommen aus dem Kloster Stetten.

Jungingen

Auf einem Hügel, hoch über dem Dorf, steht die klassizistische Pfarrkirche *St. Sylvester* (1819–21). Der große Innenraum, der eher den Eindruck einer Festhalle als den eines Sakralraumes vermittelt, wird von einem Spiegelgewölbe, ähnlich dem in Hechingen, St. Jakob, abgedeckt. Eine Hohlkehle verbindet die Schiffswand mit der Decke. Dezente schmale Goldstreifen gliedern die Wandzone und verstärken den festlichen Eindruck. An der rechten Chorwand hängt ein großes, um 1500 entstandenes Kruzifix. Die voluminösen Formen und das ausschweifende Lendentuch verweisen schon auf den Barockstil. Aus dieser Zeit stammt wohl auch die Pietà. Diese und weitere Skulpturen und Reliefs gelangten aus der Hechinger Schloßkapelle nach Jungingen. – Ein Spaziergang durch das Dorf ist lohnend, da viele sehr gut restaurierte Fachwerkhäuser aus dem 16. bis 18. Jahrhundert zu entdecken sind.

Nach Jungingen wird das *Killertal* immer enger. Die Albhänge rücken näher zusammen. Das Tal, in dem die Starzel fließt, hat seinen Namen nach dem Ort Killer (= Kirchweiler). In Hausen eine Kirche von Großbayer (1785) mit spätgotischen Holzbildwerken. Eine malerische und nur wenig befahrene Strecke führt durch ein romantisches Tal (in Hausen rechts ab) auf die Schwäbische Alb (Neuweiler) und weiter nach Bitz und Winterlingen bis Sigmaringen.

Sigmaringen

Die Gegend um Sigmaringen war schon in der Spätbronzezeit besiedelt. Davon zeugen im Nordwesten der Stadt neunzehn Hügelgräber aus der Hallstattzeit. Zur Zeit der Römer verlief der Donau-Limes zwischen Sigmaringen und Inzigkofen. Ein frühalemannisches Gräberfeld hat man im Südosten der Stadt gefunden. Der Name der Stadt taucht erstmals im Jahre 1077 im Zusammenhang mit einer Burg auf: ›castellum sigmaringin‹. In dieser Zeit werden die Herren von Sigmaringen urkundlich erwähnt. Rund hundert Jahre später wer-

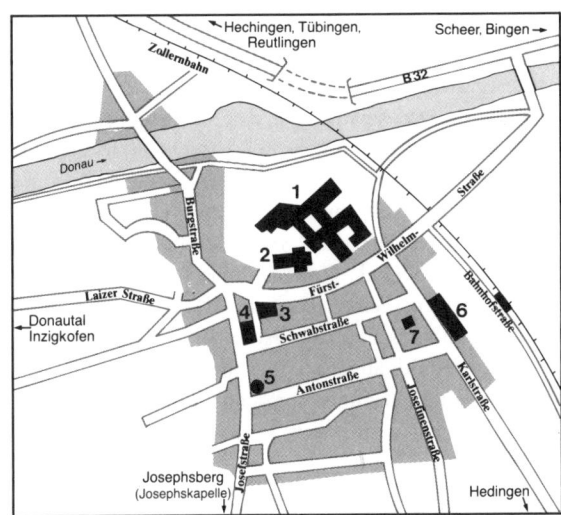

Sigmaringen
1 Schloß   2 St. Johannis
3 Geburtshaus des Hl. Fidelis
4 Wohnhaus des Meinrad von Ow
5 Heimatmuseum   6 Prinzenbau
7 Reiterstandbild des Fürsten Leopold von Hohenzollern

den die Grafen von Helfenstein als Herren von Sigmaringen genannt. Im 15. Jahrhundert herrschten die Werdenberger Grafen über Sigmaringen, nachdem sie es Württemberg abgetrotzt hatten. Die Werdenberger waren es auch, die den Burgkomplex erweitern ließen. So entstanden in der ersten Hälfte des 15. Jahrhunderts zwei Wohnbauten mit einer Schloßkapelle sowie ein Torbau mit Rundtürmen. Erst hundert Jahre danach wurde Sigmaringen Sitz der Hohenzollern. 1535 herrschten hier die Söhne des Grafen Eitelfriedrich III. Die Residenzstadt blühte auf, und Graf Karl II. von Hohenzollern (1576–1606) machte Sigmaringen zu einem Renaissance-Musenhof. In den Jahren von 1627 bis 1630 konnten die Grafen den Vorarlberger Baumeister Michael Beer für einen weiteren Ausbau gewinnen. Dann brach der Dreißigjährige Krieg über das Gebiet herein. Der von Beer errichtete östliche Teil brannte bei einem Überfall der Schweden ab. Um die Mitte des 18. Jahrhunderts sorgte Fürst Josef Friedrich für eine zweite Blütezeit. Er ließ die Stadt zu einer prunkvollen Barockresidenz ausbauen. Im Jahre 1893 verwüstete eine erneute Feuersbrunst den gesamten Ostteil des Schlosses. Kurze Zeit später wurde er vom Münchener Architekten Seidl wieder aufgebaut. Im Zuge dieser Baumaßnahmen ist das gesamte Schloß fast völlig umgestaltet worden (Farbt. 27, Abb. 116).

Ähnlich wie bei der Burg auf dem Hohenzollern dominiert auch hier die Architektur des späten 19. Jahrhunderts. Türme mit spitzen Hauben, Sattel- und Mansarddächer verweisen auf den Historismus. Reste des älteren Baus sind nur sporadisch aufzufinden, wie z. B. der fast im Zentrum des Schlosses aufragende rechteckige Turm mit Bossenquadern. Er dürfte in das 12. Jahrhundert zu datieren sein. Ein in der Nähe gelegenes rundbogiges Tor und Reste eines Torwächterhauses könnten ebenfalls dem hohen Mittelalter angehören. Die wohl interessanteste Bauperiode, diejenige Michael Beers, ist leider nur noch aus zwei im Schloß hängenden Ölbildern aus dem 18. Jahrhundert zu entnehmen. – Die Schloßbesichtigung ist nur im Rahmen einer Führung möglich: tägl. 8.30–12 Uhr und 13–17 Uhr, Dezember und Januar geschlossen.

Vom Marktplatz aus führt eine steile Rampe hoch zum westlichen Haupttor. Zwei fensterlose Rundtürme mit Schießscharten verweisen auf die ehemalige Wehranlage. In der Tornische ein Fresko mit der Darstellung des Burggrafen von Nürnberg, der Rudolf von Habsburg die Königswürde überbringt (Krönung in Aachen 1273). Das Fresko hat Meinrad von Ow gemalt (um 1750). Im Schloßhof fallen vier lebensgroße Ritterfiguren aus Holz auf (J. J. Christian, 1735). Vom Schloßhof gelangt man in die große Eingangshalle und von dort ins Treppenhaus. Hier hängt ein flämischer Wandteppich aus dem 17. Jahrhundert mit der Darstellung eines Zigeunerlagers. Es folgen die Josephinengemächer. Das ›blaue Schreibzimmer‹ und der anschließende ›grüne Salon‹ erzählen in Bildern und Erinnerungsstücken die Familiengeschichte der Fürstin Josephine und ihrer Kinder. An den ›schwarzen Saal‹ (schöne venezianische Spiegel) schließt sich der ›rote Saal‹ an. Hier hängen zwei Werke aus der Holbein-Schule (16. Jh.), das Bildnis Karls I. und das seiner Gemahlin Anna, Markgräfin von Baden. Der Speisesaal ist vom Pariser Architekten Lambert im Jahre 1872 ausgestattet worden. Im Ahnensaal hängen 26 Bilder der Grafen und Fürsten von Hohenzollern. Im Königszimmer überrascht ein schöner flämischer Wandteppich aus dem 17. Jahrhundert. Er zeigt eine Jahrmarktszene nach einem Motiv des Niederländers Teniers d. J. In der ›portugiesischen Galerie‹ (1902) sind Wandteppiche von Pieter von Aelst (1500) zu sehen. Einer zeigt im prächtigen Lokalkolorit des niederländischen 16. Jahrhunderts den ›Einzug Salomons in Gihon‹. In der Waffenhalle sind viele Waffen und Ritterrüstungen ausgestellt, darunter eine Besonderheit, ein Orgelgeschütz aus dem 15. Jahrhundert. Von 1865–67 erbaute J. Lauer die Kunsthalle für die fürstliche Kunstsammlung. Sie enthält Werke spätmittelalterlicher Malerei und Skulptur. Die Arbeiten der schwäbischen ›Meister von Meßkirch‹ und ›Meister von Sigmaringen‹ sind besonders hervorzuheben.

Die schlichte, fast schon nüchtern wirkende Pfarrkirche St. Johannis von Martin Ilg aus Dornbirn (1757–63) steht wie verloren neben dem Schloß. In dem saalartigen Kirchenraum mit eingezogenem Chor fallen die Deckenbilder von Meinrad von Ow auf: ›Abendmahl‹, ›Johannes auf Patmos‹ und ›Himmelskönigin Maria‹. Die Marmoraltäre hat wahrscheinlich J. A. Feichtmayr entworfen. Die Skulpturen hat J. G. Weckenmann geformt. In der nördlichen Seitenkapelle steht die Wiege des Hl. Fidelis, eines Sigmaringer Märtyrers (1577–1611), dessen Geburtshaus an der Ecke Wilhelm- und Fidelisstraße steht. Hier auch zwei Flügeltüren eines ehemaligen Schreins mit feinsten Treibarbeiten: Maria und die vierzehn Nothelfer sowie eine Stifterfigur (um 1500).

Im Stadtkern sind noch schöne Bürgerhäuser aus dem 17. und 18. Jahrhundert zu finden, besonders in der Fürst-Wilhelm-Straße. Der Fachwerkbau in der Schwabstraße 1 war das Wohnhaus des Malers Meinrad von Ow. Im runden Wehrturm der ehemaligen Stadtbefestigung ist ein stimmungsvolles Heimatmuseum untergebracht. Der Charakter einer Residenzstadt offenbart sich am eindringlichsten auf dem Leopoldsplatz mit dem klassizistischen Prinzenbau (heute Archiv) und dem Reiterstandbild des Fürsten Leopold von Hohenzollern.

Die Karlstraße führt nach Hedingen, einem Stadtteil von Sigmaringen. Hier kann man noch das *ehemalige Franziskanerkloster* besuchen. Es wurde im 14. Jahrhundert als Dominikanerinnenkloster gegründet. Erst vom 17. bis zum beginnenden 19. Jahrhundert lebten hinter den Klostermauern Franziskaner. Die Marienkapelle ist ein Bau des 18. Jahrhunderts. In ihrem Inneren sehenswerte Stukkaturen aus dem Rokoko. Die Chorkuppel und die Hohenzollerngruft sind im 19. Jahrhundert entstanden.

Die *Josephskapelle* auf dem Josephsberg fällt durch eine gelungene farbige Außengliederung auf. Die rosa Wandfelder werden von eierschalengelben Rahmen eingefaßt. Die Ecken des Oktogons sind durch flache Pilaster verstärkt. Hans Alberthal legte 1629 den Grundstein zur Kapelle, und Michael Beer baute sie im Jahre 1660 um. In der achteckigen Kuppel ist das Fresko ›Apotheose des Hl. Joseph‹ von J. I. Wegschaider (1739) zu sehen, ein seltenes Beispiel für die in der abendländischen Kunst kaum anzutreffende Darstellung der Josephsthematik.

Inzigkofen

Der Ort liegt nur wenige Kilometer westlich von Sigmaringen. Er wird hauptsächlich wegen des ehemaligen Augustiner-Chorfrauenstifts besucht. Dieses wurde im Jahre 1354 gegründet. Großbayer hat die *Klosterkirche* 1780 neu erbaut (s. S. 343 f.). In den weiträumigen und hellen Saalbau gelangt man durch den südlichen Kirchturm. Die Turmhalle ist zugleich Eingangshalle der Kirche, da die nördliche und westliche Seite durch Anbauten die Konstruktion eines Portals verhinderten. In der Vorhalle fallen die abgerundeten und mit Pilastern besetzten Ecken auf – ein architektonisches Leitmotiv Großbayers, das man in vielen seiner Bauten beobachten kann. Das Hauptschmuckmotiv des Innenraumes sind Rosen an Stöcken und in Töpfen. Sie befinden sich am Holzgitter der Emporenbrüstung und in den Scheinfenstern der Nordwand. Es handelt sich hier um Nonnenarbeiten aus Papier und Gips. – Die nördlich anschließenden Klostergebäude hat Michael Beer gebaut (1659–63). Heute werden sie als Volkshochschulheim genutzt.

Einen Spaziergang durch den Klostergarten sollte man nicht versäumen. Bald gelangt man an das schmiedeeiserne Klostertor. Von hier aus führt ein Weg durch den Wald. Nach wenigen Schritten zweigt ein kleiner Pfad rechts ab. Man gelangt an den oberen Rand der Donausteilfelsen. Ein atemberaubender Steg führt zur *Teufelsbrücke*, einer wildromantischen Bogenbrücke, die eine tiefe Schlucht überspannt. Von hier aus läßt sich ein einmaliger Blick über die Donau und auf die gegenüberliegenden Sandsteinfelsen genießen.

Bingen an der Lauchert

Von Sigmaringen kommend, das Donautal im Rücken, erblickt man bald von der Hochfläche aus das anmutige Lauchertal mit den wie spielerisch im Tal und über die Hänge verteilten Häusern von Bingen. Die katholische *Pfarrkirche Maria Himmelfahrt* steht hoch oben auf dem Kirchberg. Im Westen des spätgotischen Baus (1522) ragt ein mächtiger Wehr- und

Glockenturm in die Höhe. Ihn schließt ein Satteldach mit Staffelgiebeln ab. Die Turmein-
gangshalle wird durch ein Netzgewölbe überspannt, dessen Rippen in spätmittelalterlichen
Fratzenkonsolen münden. Die intime mittelalterliche Eingangshalle steht in einem merkwürdigen Kontrast zum großen Innenraum, der durch moderne Um- und Erweiterungsbau-
ten in Beton nichts Heimeliges mehr verspüren läßt. Wie verloren wirkt das spätgotische
Netzgewölbe im Chor. Und auch die mittelalterlichen Kunstwerke hätten sicherlich einen
würdigeren Rahmen verdient. Im linken Querschiff hängen zwei großformatige Bildtafeln
von Bartholomäus Zeitblom, einem Hauptvertreter der Ulmer Schule: ›Marientod‹ und
›Darbringung Christi im Tempel‹. Auffallend sind die Chronisten, die sich in beiden Bildern
aus einem Türmchen lehnen. Die Beweinungsgruppe stammt von Martin Schaffner aus Ulm.
In einer gekünstelten Haltung greift die Hand Mariens in diejenige ihres toten Sohnes. Im
rechten Seitenschiff ein ›Schweißtuch der Hl. Veronika‹, ebenfalls von Zeitblom. Darüber
ein monumentales Kruzifix aus dem 16. Jahrhundert. An den Wänden stehen zahlreiche
Grabplatten aus dem 16. und 17. Jahrhundert. – Neben dem mächtigen Choraußenbau steht
ein Pfarrgebäude. Die zierlichen Treppengiebel verweisen auf den Renaissancestil.

Im Ortszentrum, unten am Ufer der Lauchert (Richtung Hornstein) steht ein gut restauriertes Fachwerkhaus ebenfalls aus der Renaissance (1520). Manche ein- und ausschwin-
gende Balkenformationen verweisen jedoch schon auf den Barock.

Burg Hornstein

Gleich nach dem Ortsausgang von Bingen befindet man sich inmitten des schönen *Lauchert-
tals*. Rechts oben erscheint auf einem steil aufragenden Felsrücken ein Flügel der Burgruine
Hornstein. Die Stammburg der Hornsteiner Herren ist seit 1244 urkundlich bekannt. Im
15. Jahrhundert wurde die Burganlage durch Graf Eberhard von Württemberg zerstört. Im
17. Jahrhundert wieder neu aufgebaut und dann, zweihundert Jahre später, von den Hohenzollern als Zuchthaus umgebaut. Welch' trauriges Geschick. Kurze Zeit später, das Zuchthaus wurde aufgelöst, hat man die Burg im Jahre 1873 endgültig abgebrochen.

Nun dämmern die Ruinen in einem Dornröschenschlaf dahin. Ein Torbau mit Eingangshalle ist noch erhalten. Desgleichen die Stirnwand des ehemaligen Rittersaales. Weitere
Rundtürme und Mauerreste verteilen sich zwischen Bäumen und Erdwällen. Die Ruinenan-
lage hoch über der Lauchert wirkt wie eine Märchenkulisse zu einem romantischen Stück.

Scheer

Über der Donau und den Dächern der Stadt erheben sich das Schloß und die Pfarrkirche St.
Nikolaus. In der ersten Hälfte des 13. Jahrhunderts konnte der Graf Hugo von Montfort
Scheer erwerben, mußte die Stadt aber wenige Jahre später an den König Rudolf von Habsburg abtreten, der es bald wieder an die Montfort verpfändete. Dann folgten die Truchsessen
von Waldburg und die Fürsten von Thurn und Taxis, deren Wappen am nördlichen Torbau
zu sehen ist. Letztere residierten im Schloß, bis die Stadt 1806 an Württemberg kam.

Die *Schloßanlage* ist zwischen 1486 und 1496 erbaut worden. Die Schloßkapelle datiert aus dem Jahre 1505. Der Baukomplex besteht aus drei Steinhäusern mit Satteldach und Treppengiebel. Aus der mittleren Fassade ragt ein Erker hervor, dessen zierliches spätgotisches Maßwerk auffällt.

Neben dem Schloß steht die Pfarrkirche *St. Nikolaus* aus dem 18. Jahrhundert. Bei dem Vorgängerbau handelte es sich um eine dreischiffige Basilika aus dem 14. Jahrhundert. Im Innenraum, der sonst keine bedeutenden Kunstwerke enthält, ist man erstaunt über gemalte Emporen, über deren Brüstung sich – ebenfalls gemalte – Zuschauer lehnen. Dieses Scheinwerk hat J. Esperlein gemalt (1747–52). Die Stukkierungen sind ein Werk von J. A. Feichtmayr (1742–45).

Der französische Stil. Frühklassizismus in Württemberg

In Südwestdeutschland entstanden im Laufe des 18. Jahrhunderts viele bedeutende Barockbauten, wie z. B. Birnau, Steinhausen oder Zwiefalten, um nur die wichtigsten und schönsten zu nennen (s. Ebert, Bodensee und Oberschwaben). In manchen dieser Kirchen deutete sich gegen 1750 eine Auflösung der Barockform an. Das betraf besonders die Bauten der Vorarlberger Barockbaumeister: Moosbrugger, Thumb und Beer begradigten oder ›strafften‹ den vormals ein- und ausschwingenden Grundriß und sorgten für einen strengen Akzent in den schwelgerischen Dekorationsformen des Rokoko. Angeregt wurden sie durch die Spätrenaissance-Architektur des Venezianers Palladio, wie aus ihren Plänen und Traktaten zu entnehmen ist. Die klassischen Bauformen Palladios trugen entscheidend dazu bei, das barocke Architekturkonzept allmählich zu verändern. Nun war die Architekturlandschaft in Südwestdeutschland gewissermaßen für den Klassizismus vorbereitet. Es waren aber nicht nur deutsche Baumeister, die dem ›modernen Konzept‹ zum Durchbruch verhalfen, sondern auch Franzosen, die im Dienst hohenzollerischer und württembergischer Fürsten arbeiteten.

Der Übergang vom Barock zum Klassizismus vollzog sich allerdings nicht nahtlos. Es kam zu Übergangserscheinungen. Dafür ein Beispiel: Die *Hechinger Pfarrkirche St. Jakob* (s. S. 328, Abb. 109; M. d'Ixnard 1779–83), nur wenige Jahrzehnte nach Steinhausen oder Zwiefalten entstanden, veranschaulicht schon den ausgeprägten Stil des Klassizismus. Ein architektonisches Bindeglied zwischen Barock und Frühklassizismus könnte die *Erbacher Kirche* (s. Ebert, Bodensee und Oberschwaben) sein: Der Augsburger Baumeister Franz Kleinhans hat die Kirche nahe Ulm zwischen 1754 und 1769 erbaut. Aus dem Grundriß geht hervor, daß er den Chor zu Gunsten der Hallenwirkung des Hauptschiffs ›abgeschnürt‹ hat. Die vor dem Chor ausgebuchteten Kapellennischen können als stark verkürztes und damit um seine Wirkung gebrachtes Querschiff interpretiert werden. Zehn Jahre später hat dann der schon erwähnte Michel d'Ixnard mit dem Bau der Hechinger Pfarrkirche begonnen. Der Grundriß läßt erkennen, daß der Franzose ein ähnliches Konzept entworfen hat. Das reduzierte Querschiff (oder sind es ›nur‹ Seitenkapellen?) geht in den Chor über. Chor und Hauptschiff bilden in einem noch viel stärkeren Maße als in Erbach eine Einheit. Von einer Chorabschnürung ist jedenfalls in Hechingen nichts mehr zu verspüren. Die Architektur des Innenraumes ist ebenfalls viel strenger ausgefallen als die der Erbacher Kirche. Hier sind das Hauptschiff und der Chor von Muldengewölben und einer flachen ovalen Kuppel über-

Hechingen, Pfarrkirche St. Jakob,
Längsschnitt

Erbach, Pfarrkirche St. Martin,
Längsschnitt

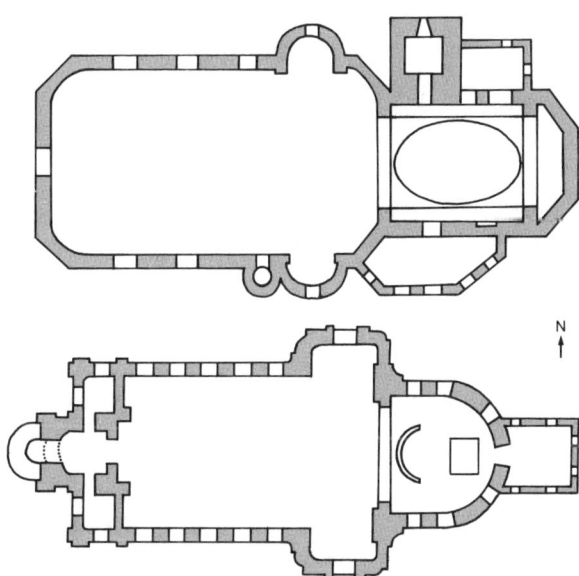

Hechingen, Pfarrkirche St. Jakob,
Grundriß

Erbach, Pfarrkirche St. Martin,
Grundriß

spannt. Von den Pilastern gehen oval zulaufende Rundbögen aus, die einerseits die Fenster rahmen und andererseits das Gewölbe strukturieren. In Hechingen dagegen schließt ein gerade verlaufendes Gesims die Wand- und Fensterzone ab. Darüber erhebt sich ein Spiegelgewölbe. Durch dieses und durch die gleichmäßig von Pilastern gegliederte Fensterzone erscheint der Sakralraum als Festhalle.

Der Klassizismus der Hechinger Pfarrkirche darf nicht nur als eine ›ungewöhnliche Stilform‹ verstanden werden, sondern auch als Bedeutungsträger in seiner Zeit. Auffallend ist der von d'Ixnard konsequent verfolgte Rationalismus in der architektonischen Gestaltung.

Paris, St. Sulpice und
Hechingen, St. Jakob

Er mag auf eine Rationalisierung des religiösen Gefühls verweisen. Hierbei könnte es sich um eine aufklärerische Tendenz handeln, die nicht nur dem württembergischen Protestantismus, sondern auch dem Katholizismus eigen war.

Michel d'Ixnard war der bedeutendste französische Architekt in Württemberg. Sein Hauptwerk, St. Blasien im Schwarzwald (s. Ebert, Schwarzwald), zur gleichen Zeit mit Hechingen entstanden, ist noch viel konsequenter in der Anwendung französischer Formen. Die Pariser Kirchen St. Sulpice und Panthéon konnten Pate gestanden haben.

Neben Sakralbauten hat d'Ixnard auch bedeutende Profanbauten entworfen und gebaut, wie z. B. das *Schloß in Gammertingen* (heute Rathaus; s. S. 250; Abb. 78). Neben d'Ixnard zählt auch Nicolas von Thouret zu den berühmten Franzosen, die sich dem Klassizismus verschrieben haben. Thouret, der übrigens viel mit de la Guepiére, dem Erbauer des Neuen Schlosses in Stuttgart, zusammengearbeitet hat (s. S. 60), war der Erbauer der klassizistischen Rotunde von Oberdischingen (s. Ebert, Bodensee und Oberschwaben), deren Vorbild, das römische Pantheon, unverkennbar ist. Der württembergische Herzog Karl Eugen hat Thouret beauftragt, umfangreiche Neubauten für den Monrepos-Bezirk (s. S. 92f.) vorzunehmen. Leider sind diese kurz nach ihrer Fertigstellung wieder abgerissen worden. Glücklicherweise sind diese Gebäude noch dokumentarisch zu ermitteln, so daß man sich eine Vorstellung von der einzigartigen klassizistischen Formensprache Thourets machen kann. Nach einer zeitgenössischen Beschreibung soll der Versammlungssaal des Festinhauses einen kreisrunden Grundriß gehabt haben. Es hat sich demnach um einen Zentralbau gehandelt, da sich an zwei gegenüberliegenden Seiten noch ein Tanz- und ein Speisesaal angeschlossen haben. Der Saal war zweigeschossig und von einer riesigen Kuppel überwölbt, die auf freistehenden Säulen ruhte. Hier könnte wieder das römische Pantheon Pate gestanden haben. In der Tat hat Thouret dieses spätantike Denkmal während eines Rom-Aufenthaltes, kurz bevor er nach Stuttgart kam, studiert.

Die von Thouret erbauten Badehäuser von Wildbad und Bad Teinach (Ebert, Schwarzwald) zählen ebenfalls zu den großartigen klassizistischen Bauten in Südwestdeutschland. Sein Kursaal in Bad Cannstatt wurde weiter oben beschrieben (S. 81).

Nun stellt sich die Frage: Warum klassizistische Formen in dieser eindeutigen Ausprägung in Württemberg? Der Klassizismus, der moderne Stil dieser Zeit, war in mehrfacher Hinsicht für die württembergischen Herzöge interessant. Vorbild war die Hofhaltung der französischen Könige. Mit Neid verfolgten sie deren glanzvolles Leben. Ihren Stil zu imitieren scheuten sogar die württembergischen Provinzialpotentaten keine Kosten. Auch in ihren Residenzstädten sollte der ›französische Stil‹ triumphieren. Aus diesem Grunde dürften wohl vornehmlich französische Architekten für die Bauvorhaben gewonnen worden sein. Zum anderen war der Klassizismus aber auch eine ›gelehrte Bausprache‹. Klassizistische Architektur war *die* Architektur der Aufklärung. Die Wiederentdeckung der Antike und damit die neu gewonnenen humanistischen Ideale prägten Themen, Motive und Formen der Musik, Literatur und Bildenden Kunst. Winckelmanns ›Edle Einfalt – Stille Größe‹ galt als Maxime des Klassizismus. Diese dürfte von den bildungsbeflissenen Fürsten als Argument benutzt worden sein, um ihre prunkvolle Machtentfaltung zu rechtfertigen.

Humanistisches Bildungsgut und französische Herrscherwürde waren der Bedeutungshintergrund, vor dem sich damals das klassizistische Formengut entfaltet hatte. Der klassizistische Bau – ob Kirche oder Schloß – war Träger dieser Ideale. Sie konnten die Würde des württembergischen oder hohenzollerischen Fürsten neu zum Ausdruck bringen.

Nun waren es nicht nur französische Architekten, die in Südwestdeutschland den Klassizismus geprägt hatten. Der ›französische Stil‹ war nur eine Spielart. Daß schwäbische Architekten, die damals ›modern‹ bauten, fast ebenso hoch eingeschätzt wurden wie ihre französischen Kollegen, geht aus folgender Situation hervor. Für den Bau der Hechinger Stiftskirche lagen zwei Entwürfe vor. Der eine, der auch ausgeführt wurde, stammte, wie schon gesagt, von Michel d'Ixnard. Der andere vom hohenzollerischen Baumeister Christian Großbayer. Lange Zeit war der Fürst von Hohenzollern-Hechingen nicht sicher, welchem Plan er den Vorzug geben sollte. Er entschied sich schließlich für den Franzosen, wahrscheinlich aus den oben angeführten Gründen.

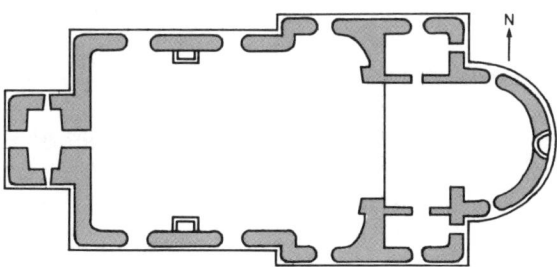

Hechingen, Stiftskirche, Grundriß
(Christian Großbayer)

Dennoch ist auch Großbayers Entwurf bemerkenswert. Aus dem Grundriß geht hervor, daß die räumliche Situation durch eine Verschmelzung von Quer- und Hauptschiff geprägt wird. Das ist, wie wir sahen, typisch klassizistisch. So wird der Saalcharakter besonders betont. ›Französisch‹ mutet auch die Abrundung der Eckformen an. Allerdings hat Großbayer den Kirchturm vor die Fassade gestellt und nicht so elegant in die Westfront eingebunden wie d'Ixnards Grundriß zu entnehmen ist.

In dieser Gegenüberstellung wirken die Pläne und Bauten Großbayers provinziell. Diese Aussage sollte aber nicht allzu negativ gewertet werden. Immerhin hat Großbayer versucht, den modernen französischen Stil aufzugreifen, um gegen die großen Franzosen im Lande anzutreten. Betrachten wir zum Abschluß einige der in unserem Gebiet errichteten Kirchen dieses Architekten.

Die zwischen 1753 und 1757 entstandene Wallfahrtskirche *St. Anna in Haigerloch* (s. S. 326) wurde mit einem fast quadratischen Langhaus versehen. Geringfügige Ausbuchtungen deuten auf ein Querschiff. Daran schließt sich ein kurzer halbrund geschlossener Chor an. Der Raumkörper ist gestrafft. Die vom Barock her bekannten Raumschwingungen, verursacht durch Säulen und Pilaster sowie durch Gurtbögen, fallen kaum auf. Damit hat Großbayer praktisch noch vor dem Auftreten d'Ixnards in Südwestdeutschland einen klassizistischen Sakralraum formuliert. Innen dominiert allerdings noch die Rokoko-Dekoration, ein Kontrast zum nüchternen Außenbau. Man kann sich vorstellen, daß der Baumeister mit der Innenausstattung nicht einverstanden war. Das Dekorationssystem deckt die architektonische Struktur zu (Farbt. 32).

Wahrscheinlich war die Zeit für den Klassizismus in der Provinz noch nicht reif. Zwanzig Jahre später konnte Großbayer seine Vorstellungen eher verwirklichen. Im Jahre 1775 wurde die Kirche des *Oberndorfer Augustinerklosters* vollendet (s. S. 309). Hier ist ihm die gesuchte architektonische Einheit zwischen Außen- und Innenbau gelungen. Die weitgehend schmucklose Fassade, gegliedert durch vier Pilaster – lediglich das Portal ist mit einer Kartusche versehen –, verweist auf einen ähnlich nüchternen Innenraum: Die Gliederungselemente sind flach gehalten. Das Dekorationssystem wirkt äußerst zurückhaltend. Den fast sperrig wirkenden Raum überspannt ein flaches Gewölbe mit Stichkappen.

Die *Kirche zur schmerzhaften Mutter Gottes in Killer* (s. S. 334) ist am ehesten mit dem Hechinger Baukonzept zu vergleichen. Die zwischen 1776 und 1778 erbaute Kirche weist ebenfalls abgerundete Ecklösungen im Innenraum auf. Ein flaches Muldengewölbe zieht sich über Chor und Hauptschiff. Beide Kirchenräume sind kaum voneinander getrennt und bilden eine Einheit, die wieder den Saalcharakter zum Ausdruck bringt.

Die *Dominikanerklosterkirche in Rangendingen* (zwischen Haigerloch und Hechingen) wurde in den Jahren von 1752 bis 1754 neu erbaut. Das Hauptgebäude, in dem sich heute das Rathaus befindet, schließt sich an die Nordseite der Klosterkirche an. Lediglich der Westteil und der Chor ragen über diesen Gebäudeteil hinaus. Die Autorschaft Großbayers ist nicht gesichert. Es ist anzunehmen, daß er das Konzept entworfen hat, da ein typisches Merkmal auffällt: Es handelt sich wieder um die innen abgerundeten Ecken vor dem Chorzugang (Killer und Haigerloch, St. Anna). Größere Ähnlichkeiten sind mit der später gebauten

Wallfahrtskirche Mariazell bei Hechingen zu entdecken (s. S. 332): Das betrifft besonders die über Eck gestellten Pilaster im Hauptschiff sowie die Gestaltung der Gurtbögen und des Gewölbes.

Unterschiede zwischen einem ›französischen Klassizismus‹ in Württemberg und einem württembergischen Klassizismus fallen kaum auf. Mag sein, daß die Franzosen in großzügigeren Proportionen planten und eher eine Einheit von Dekoration und Architektur durchsetzen konnten. Beides lag sicherlich am finanzkräftigen Fürsten, der modernen Formen gegenüber aufgeschlossen war. Manche Großbayer-Kirche zeichnet sich dagegen noch durch den Kompromiß von Rokoko-Dekoration und Klassizismus-Architektur aus – ein Zeichen für die nicht immer problemlose Durchsetzung klassizistischer Formen in der Provinz.

Es stehen noch viele sehenswerte Bauten Christian Großbayers in unserem Gebiet, die teilweise in den Streckenbeschreibungen behandelt werden. Eine Übersichtskarte der Werke von Großbayer soll das Auffinden erleichtern.

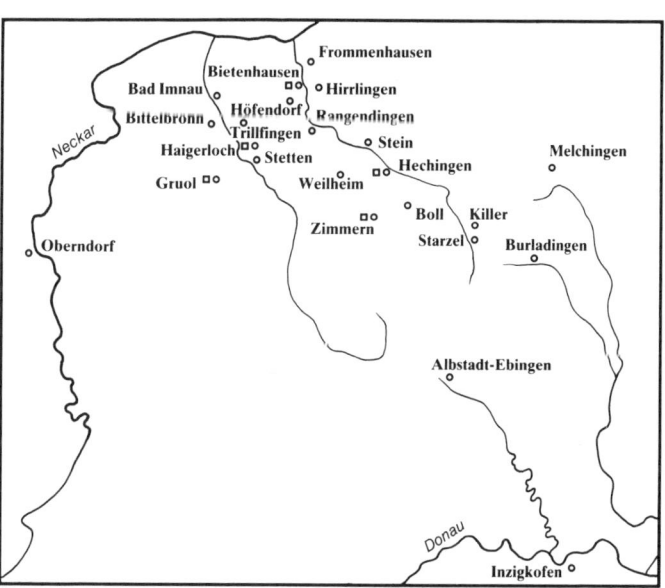

Übersichtskarte der Werke von Christian Großbayer
○ *Kirchen*
□ *Profanbauten*
Bietenhausen: Pfarrhaus
Haigerloch: Brunnen, Römerturm, Elternhaus
Gruol: Klostergebäude
Hechingen: Marstall (Schloß)
Zimmern: Pfarrhaus

Zwischen Schwarzwald und Schwäbischer Alb

Kirchberg und Bernstein

Vom *Kloster Kirchberg*, das als Augustinerinnen-Kloster gegründet und später in ein Dominikanerinnenkloster umgewandelt wurde, kann man einen herrlichen Blick hinüber zur Schwäbischen Alb genießen. Der Hohenzollern ist unübersehbar. Der 623 Meter hohe Wandbühl, zu dessen Füßen wir uns jetzt befinden, gehört zu den östlich auslaufenden Hügeln des Schwarzwaldes.

Das Kloster ist 1237 anstelle einer Burg der Hohenberger errichtet worden. Vom mittelalterlichen Bau ist allerdings nichts mehr erhalten. Die Anlage ist barock, ein Werk des Rottweiler Baumeisters Joseph Feuerstein. In der Klosterkirche sind noch einige gotische Skulpturen sowie Grabsteine aus der Gotik und der Spätgotik zu sehen.

Eine kleine Straße windet sich nach *Bernstein*. Dort steht das Bruderhaus des Klosters, ebenfalls vom Rottweiler Feuerstein im 18. Jahrhundert erbaut. Besonders idyllisch der verwunschene Klostergarten.

Rosenfeld

Das Städtchen liegt auf einem schmalen Bergrücken, der nach Osten hin steil abfällt. 1973 wurde im Norden der Stadt jenseits des Weingartenbaches ein *römischer Gutshof* ausgegraben. Der Westteil mit dem Bad konnte erhalten und restauriert werden. Das Städtchen selbst wurde von den Herzögen von Teck um die Mitte des 13. Jahrhunderts gegründet. Im nördlichen Bereich der Altstadt ist noch ein altes Steinhaus erhalten, das auf ein ehemaliges größeres Weinschloß verweist. Neben Resten der Stadtbefestigung sind noch die spätgotische *Kirche* mit einer bemerkenswerten Westvorhalle aus dem beginnenden 15. Jahrhundert sowie der große *Fruchtkasten* mit mächtigen Renaissance-Säulen zu beachten.

Balingen

In Balingen ist die Schwäbische Alb schon ganz nahe und die *Eyach*, gerade aus dem Albtal herausgetreten, hat sich schon zu einem beachtlichen Fluß entwickelt, der im Frühjahr viel Wasser führt und schon für manche Überschwemmung gesorgt hat. Aber nicht nur Wasser, sondern auch Feuer hat die Stadt hart bedrängt. In den Jahren 1546, 1607, 1672, 1724 und 1809 haben Brände viele Häuser zerstört, so daß vom mittelalterlichen Bestand kaum mehr etwas übrig geblieben ist.

Ein Dorf Balingen wurde schon 863 erwähnt. Dieses wurde 1255 von dem Grafen Friedrich von Zollern zur Stadt erhoben. Diese hat dann auch sehr schnell einen doppelten Mauerring mit Wehrtürmen erhalten. Die zu Beginn des 19. Jahrhunderts unternommenen Wiederaufbauarbeiten orientieren sich an der mittelalterlichen Anlage. Im Stadtzentrum, direkt an der Hauptstraße gelegen, erhebt sich der mächtige Ostchorturm der *Stadtkirche* (Abb. 110). Die Pläne zu dem spätgotischen Bau stammen von Alberlin Jörg. Die Kirche ist als Halle konzipiert, in der das Mittelschiff leicht überhöht ist (Staffelraum). Chorturm und Chor ist als Schauseite ausgebildet worden; eine ungewöhnliche Baumaßnahme, die aber auf die Lage an der Hauptstraße zurückzuführen ist. Der achteckige Turm zeigt deutlich Merkmale des Rottweiler Kapellenturms. Sicherlich haben sich die Baumeister von dem großartigen Vorbild aus Rottweil anregen lassen. Im Jahre 1541 war der Turm vollendet.

Das *Zollernschloß* am südlichen Ortsausgang stammt aus dem 15. Jh. Es wurde nach dem Ersten Weltkrieg abgebrochen und 1936 nach dem mittelalterlichen Vorbild neu wieder aufgebaut (Ft. 28). Im Turm, zugleich Turm der ehem. Stadtmauer, ein Heimatmuseum.

Nördlich, nur wenige Kilometer von Balingen entfernt, liegt **Engstlatt** mit einem idyllischen Ensemble von Pfarrhaus und *Kirche*. Der mit Schießscharten versehene Kirchturm läßt auf eine Wehrkirchenanlage schließen. Von historisch besonderer Bedeutung ist ein spätgotisches Wandgemälde, das erst 1893 aufgedeckt wurde. Es ist eine Kreuzigung dargestellt. Im Bildhintergrund sind eine Reihe von Burgen zu sehen, darunter die Hohenzollernburg; einziges Dokument, das vom Aussehen der spätmittelalterlichen Anlage unterrichtet.

Burgfelden

Von Lautlingen führt eine kleine Straße über Margrethausen nach Burgfelden auf die Hochfläche der Alb. Das Dorf liegt zu Füßen des 921 Meter hohen *Böllat*. Die *Michaelskirche* zählt zu den ältesten des Landes. Kurz vor ihrem geplanten Abbruch, Ende des 19. Jahrhunderts, entdeckte man glücklicherweise ottonische Wandmalereien. Die Kirche blieb erhalten. In Burgfelden haben wir es ohnehin mit einer sehr alten Siedlung zu tun. Ausgrabungen haben ergeben, daß die Michaelskirche auf einen viel älteren Bau zurückgeht, da sie inmitten eines ehemaligen Alemannenfriedhofs lag. Offensichtlich handelte es sich hier um die Hauskirche eines alemannischen Sippenoberhauptes. Die halbkreisförmige Apsis aus dem späten 7. Jahrhundert, deren Grundmauern man ergraben hat, könnten darauf verweisen. Im 10. Jahrhundert wurde diese Kirche nach Osten verlängert und ein Jahrhundert später ein weiteres Mal verändert. In diesem Zeitraum müssen auch die bedeutenden Wandmalereien entstanden sein. An der Ostwand ist ein Jüngstes Gericht mit einem Christus in der Mandorla zu sehen. Zwei Engel halten das Kreuz vor dem Himmelskönig. Darüber zieht sich ein mäanderförmiges Ornamentband entlang. Die Darstellungen an der Nord- und Südwand sind stark zerstört. Ein Michael im Kampf mit dem Teufel und ein barmherziger Samariter sowie eine Lazarus-Figur sind noch auszumachen. Stilistisch dürften diese Malereien von der Reichenau, St. Georg/Oberzell, abhängig sein. Ähnliche Stilverbindungen haben wir ja auch schon für die Fresken in Bronnweiler festgestellt (s. S. 257).

Ebingen

Es ist vielleicht etwas übertrieben, Ebingen eine Jugendstilstadt zu nennen, zumal man in Württemberg in den meisten Fällen nur von jugendstilähnlichen Bauten sprechen kann. Aber in Ebingen, das neuerdings mit umliegenden Dörfern zur ›Retortengemeinde‹ *Albstadt* umfunktioniert wurde, finden sich drei bedeutende Jugendstilgebäude. Die Pfarrkirche *St. Martin,* die in der ersten Hälfte des 14. Jahrhunderts als Rundpfeiler-Kirche erbaut wurde, ist 1905 abgebrochen und von den Stuttgarter Architekten Schmohl und Stähelin als Jugendstilkirche wieder aufgebaut worden. Die alles überragende hochgiebelige Südfront ist schmucklos. Nur in der Fensterrahmung sind verhalten Ornamentstücke eingesetzt worden. Vor diese Fassade ist eine Halle gebaut worden, zu der ein geschwungener Treppenaufgang führt. Über dem Bogen des Portals ist ein Tympanonfeld mit der Darstellung des triumphierenden Christus zu sehen (Abb. 112). Der Chor der Kirche ist noch vom alten gotischen Bau übrig geblieben. Der Kirchturm stammt aus dem 17. Jahrhundert.

Das 1912/13 erbaute *Rathaus* könnte in einigen Details wie Dachgauben oder Giebelfront mit dem Jugendstil in Zusammenhang gebracht werden. Die hohen Arkaden und die strenge Fensterführung sprechen allerdings eher für die Architektur der Neuen Sachlichkeit. – Die um dieselbe Zeit erbaute *Merkurapotheke* in der Bahnhofstraße geht auf Pläne von Paul Bonatz, dem Erbauer des Stuttgarter Hauptbahnhofs, zurück.

Hauptsehenswürdigkeit ist zweifellos die *Städtische Galerie,* mit einer hervorragenden Landenberger-Sammlung (tägl. geöffnet außer mo: 10–12 Uhr und 14–17 Uhr). Christian Landenberger (1862–1927), ein Sohn der Stadt, den man gern einen ›schwäbischen Impressionisten‹ nennt, hat die damals populäre realistische Heimatmalerei überwunden und das Atmosphärische oder besser noch Koloristische einer Landschaft eingefangen. Obwohl von den Münchener Realisten wie z. B. Uhde oder Leibl stark beeindruckt, hat er sich doch allmählich von deren Stil gelöst und ist zu einem freieren Umgang mit der Farbform gelangt. Viele Schwäbische Expressionisten haben von Landenberger gelernt. Im oberen Stockwerk des Museums ist kürzlich eine Abteilung mit dem Titel ›Das Landschaftsbild der Schwäbischen Alb‹ eingerichtet worden. Vom Mittelalter bis in die heutige Zeit reicht diese Dokumentation von Veduten, Gemälden, Zeichnungen oder Collagen, die das Aussehen der Alb und ihrer Dörfer im Wandel der Jahrhunderte präsentieren.

Straßberg

Hoch über dem Schmeietal erhebt sich auf einem Felsenvorsprung die *Burg,* deren älteste Teile auf das 12. oder 13. Jahrhundert zurückgehen. Die Äbtissin Katharina von Spaur ließ die Anlage im 17. Jahrhundert erweitern. Möglicherweise geht der Bau der neuen Schloßkapelle ebenfalls auf ihre Initiative zurück. Diese und die Vorburg sind dann aber hundert Jahre später wieder abgebrochen worden. Nur ein geringer Rest des Kirchturms ist übrig geblieben. An einen fünfeckigen Wohnturm mit Schießscharten ist ein Steinhaus gebaut, an das sich ein Torhaus anschließt. Dieses wird von einem runden Türmchen flankiert. Im

Eingangsschloß wurde 1906 eine Hauskapelle für den Bischof von Rottenburg, Paul Wilhelm von Keppler (1899–1926), eingebaut. Dieser Bischof, eine poetische Natur, verbrachte hier öfter seine Ferien und nutzte die Zeit für theologische und musische Studien.

Nach Sigmaringen und ins Donautal ist es nicht mehr weit. Die Hohenzollernstadt Sigmaringen und ein Teil des Donautals haben wir schon besucht. Der größere Abschnitt dieses idyllischen Tals, der zwischen Tuttlingen und Inzigkofen, wartet noch auf uns. Wir fahren jetzt bis Frohnstetten dem Lauf der Schmeie entlang. Der nächste Ort heißt ›Stetten am Kalten Markt‹. Im Sommer soll in einer fürchterlich kalten Nacht eine Ziege auf dem Markt erfroren sein... daher der Name. Über Glashütte und Schwenningen geht die Fahrt weiter ins malerische Bäratal. Hier liegt abgeschieden unser nächstes Ziel.

Nusplingen

Nusplingen war schon in der Bronzezeit besiedelt, wie zahlreiche Funde nördlich des Ortes belegen. Urkundlich taucht der Ort als ›Nuspilingum‹ zum ersten Mal im Jahre 842 auf. Es folgen verschiedene Herrschaften, u. a. die von Kallenberg, die den Ort besaßen, bis das Dorf 1850 an Württemberg kam. Im Mittelalter war Nusplingen noch eine Stadt, so eine Urkunde aus dem Jahre 1334. Eine quadratische Stadtplanung ist heute noch um Kirche und Marktplatz nachzuvollziehen. Viele Brände zwischen dem 15. und dem 17. Jahrhundert haben aber die städtische Entwicklung stark gehemmt, so daß Nusplingen im 18. Jahrhundert nur noch eine dörfliche Gemeinde war.

Die *Friedhofskapelle* mit romanischem Chorturm und gotischem Chor (Kreuzrippengewölbe) ist teilweise im Rokokostil ausgestaltet. Das von einem Krüppelwalmdach abgedeckte Fachwerkgeschoß alemannischer Konstruktion stammt aus dem beginnenden 16. Jahrhundert. Der gemalte Sternhimmel im Chor und die Evangelistensymbole in den Gewölbekappen sind im 14. Jahrhundert entstanden.

Von Nusplingen fahren wir durch das verlassene *Bäratal* südwärts, biegen nach zwei Kilometern rechts ab und gelangen nach Egesheim. Von hier geht es hinauf über die Hochfläche der Alb nach Spaichingen; dabei passieren wir Bubsheim, Böttingen und Dürbheim.

Spaichingen

Die Herren von Spaichingen, im 11. Jahrhundert hier ansässig, waren wahrscheinlich Vasallen der Grafen von Zollern und der von Hohenberg. In die Hände der letztgenannten fiel Spaichingen im 13. Jahrhundert. Hundert Jahre später ging der Ort an das Haus Habsburg über, bis es 1805 württembergisch wurde.

Spaichingen ist erst 1828 Stadt geworden. Von den älteren Bauten wäre das *Schloß* aus dem 17. Jahrhundert erwähnenswert. Oben auf dem Dreifaltigkeitsberg steht eine *Wallfahrtskirche,* die im 17. Jahrhundert an Stelle eines spätgotischen Baus errichtet wurde. Die zentrale Vierungskuppel wird von kräftigen Doppelsäulen abgestützt. Auf dem Turm befindet sich eine Plattform. Von hier aus kann man bei gutem Wetter die Alpenkette von der Zugspitze bis zum Montblanc verfolgen – sie nimmt fast den gesamten Gesichtskreis ein.

Arkadische Gefilde. Von der Donauquelle bis Sigmaringen

Im Schloßpark von Donaueschingen kann man die Donauquelle besichtigen. Über einem tiefen Brunnen, in dem das Wasser sprudelt, erhebt sich pathetisch eine Figurengruppe: ›Mutter Baar schickt die junge Donau auf den Weg nach Osten‹. Diese Quelle ist allerdings allegorisch-symbolisch, denn eine eigentliche Donauquelle gibt es gar nicht. Jedem Schuljungen- und -mädchen in Schwaben ist folgender Vers wohlbekannt: ›Brigach und Breg bringen die Donau zu Weg‹. Durch den Schloßpark fließt die Brigach und etwas weiter südlich die Breg. Beide Flüsse, deren Quellen im Südschwarzwald zu finden sind, vereinen sich östlich von Donaueschingen unmittelbar vor der großen Brücke der Umgehungsstraße B 27. Ja, hier unter diesem mehrspurigen Autobahnzubringer entsteht die Donau ... eine wahrlich äußerst unromantische Vorstellung. Sie schlängelt sich dann durch die Baar-Senke, einer Niederung zwischen Schwarzwald und Schwäbischer Alb, um sich dann spätestens ab Tuttlingen tief in die Alb-Felsen einzugraben. Die Donau hat zwischen dem Kloster Beuron und Inzigkofen eine einmalige Landschaft gestaltet. Und das Wunderbare an dieser Gegend: Sie ist kaum berührt und ich zögere etwas, sie hiermit bekannt gemacht zu haben. Wenn ich schon viel von landschaftlichen Höhepunkten in Württemberg gesprochen habe, dann muß ich es hier mit allem Nachdruck ein letztes Mal tun: Das schwäbische Donautal ist ein Arkadien, ein idyllischer Landstrich, der die Besucher müßig und beschaulich werden läßt.

Donaueschingen

›Esginga‹, so wurde die Stadt in einer Schenkungsurkunde von 889 zum ersten Mal genannt, wahrscheinlich nach einem alemannischen Sippenoberhaupt namens ›Esko‹. Die mittelalterlichen Grafen ›de Eschingen‹ versahen diesen Ort mit dem Namen des Flusses ›Donau-Esginga‹. Ende des 15. Jahrhunderts ging das Dorf an die Grafen von Fürstenberg über, die bis heute in ihrem später erbauten Schloß residieren. Erst im 17. Jahrhundert planten die Fürstenberger, Donaueschingen zu ihrer Residenzstadt auszubauen. Im 18. Jahrhundert entstanden die wichtigen Bauten, wie z. B. das Schloß, die Johanneskirche, die Bibliothek, das Archiv und das Brauhaus. Das in Donaueschingen gebraute Bier – und das sollte man im Weinland Württemberg durchaus einmal betonen – zählt zu den besten des Landes. Und in unmittelbarer Nähe der Brauerei schmeckt es eben auch am besten ...

Graf Karl Egon III. von Fürstenberg (1796–1854) verdient besondere Beachtung, da er sich als kenntnisreicher Kunstsammler und Mäzen hervorgetan hat. Die heute zu den ersten Privatsammlungen zählende Fürstenberg-Sammlung geht hauptsächlich auf seine Initiative

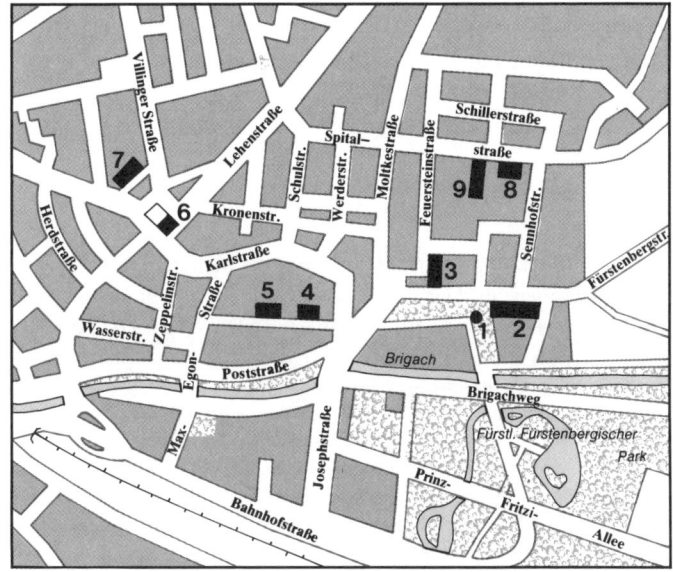

Donaueschingen
1 Donauquelle
2 Schloß
3 Pfarrkirche
4 Hofbibliothek
5 Archiv
6 Jugenstilhaus
7 Rathaus
8 Karlsbau
9 Jagdmuseum

zurück. Beachtenswert ist auch die Bibliothek, an der Victor von Scheffel zwischen 1857 und 1859 Hofbibliothekar war. Kostbare Handschriften, wie die des ›Schwabenspiegels‹, des ›Nibelungenliedes‹ und des ›Parzival‹ werden hier aufbewahrt. Eine wichtige Donaueschinger Muse habe ich noch nicht genannt, die Musik. Seit 1921 werden die Donaueschinger Musiktage im Oktober veranstaltet. Berühmte Komponisten wie Hindemith, Strawinsky, Stockhausen und Boulez waren schon Gäste im Schloß.

Beginnen wir unseren Spaziergang durch die ehemalige Residenzstadt vor der *Donauquelle* im Schloßpark (Abb. 117). Die architektonische Gestaltung dieses Quelltopfes, dessen Wasser in die Brigach abfließt, hat Adolf Weinbrenner gegen Ende des 19. Jahrhunderts ausgeführt. Die allegorische Figurengruppe stammt von Adolf Heer (1896).

Neben dem Brunnen das *Fürstenbergische Schloß* mit einem überhöhten Mittelrisalit, der von einer Kuppel abgeschlossen wird (Abb. 115). Die ehemals barocke Anlage ist zwischen 1893 und 1896 vom Baumeister Bauqué vollständig umgestaltet worden. Sehenswert ist die Innenausstattung. Das Schloß ist täglich außer dienstags von 9–17 Uhr für die Öffentlichkeit zugänglich. (Für die Monate von November bis März ist eine Voranmeldung notwendig.)

Auf einer dem Schloß gegenüber erhöhten Ebene steht die Pfarrkirche *St. Johannes der Täufer*. Sie wurde um die Mitte des 18. Jahrhunderts erbaut. Das Kirchenschiff ist ungewöhnlich hoch. Die weitgehend schmucklosen Wandpfeiler sorgen für eine eher strenge Wirkung. Vor einem dieser Pfeiler steht eine Madonnenfigur. Die Holzskulptur trägt oberrheinische Züge. Sie dürfte aus dem Umkreis des Breisacher Hochaltars zu Beginn des 16. Jahrhunderts entstanden sein. – Nicht weit entfernt in der Haldenstraße die *Hofbiblio-*

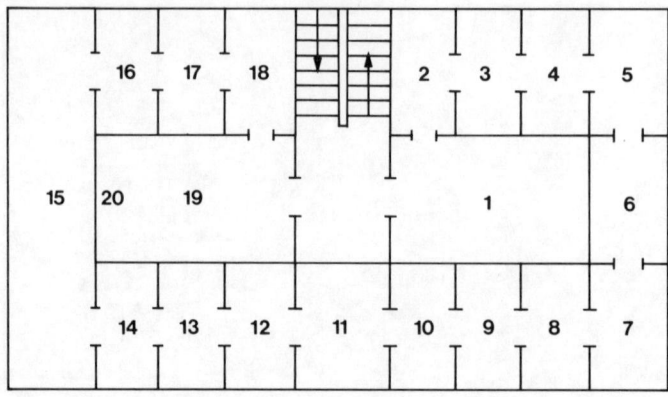

Donaueschingen, Karlsbau, Gemäldegalerie im zweiten Stock
1 Meister von Sigmaringen, ›Stieglitzmeister‹ 2 Meister von Meßkirch
3 Meister von Meßkirch 4 Hausbuchmeister, Konrad-Witz-Werkstatt
5 Skulpturen der Ulmer Schule 6 Schweizer Schule 7 Meister der Werden-
berger Verkündigung 8 Marienteppich, Münchener Schule des 16. Jh.
9 Flämische Meister des 16. Jh. 10 Lucas Cranach, Pencz, Schäufelein,
Beham, Strigel 11 Zick, Göz, Rottenhammer 12 Deutschland, 19. Jh.
13 Joh. Bapt. Seele 14 H. Frank, L. Reich 15–18 Heimatmuseum (Möbel,
Altäre, Fastnachtmasken, Uhren) 19 Holbein-Saal (›Graue Passion‹)
20 Grünewald-Kreuzigung

thek mit den schon erwähnten kostbaren Handschriften. Der frühklassizistische Bau ist gegen 1730 entstanden. Aus derselben Epoche, mit einem schönen Treppenaufgang, stammt das *Archiv*. Etwas weiter, in der Lehenstraße, ein Haus mit einer Jugendstilfassade und einem Erker und dahinter das *Rathaus*.

Der nördlich vom Schloß stehende *Karlsbau* ist im Jahre 1869 errichtet worden. In ihm ist die berühmte Fürstenberg-Sammlung untergebracht. Neben einer geologischen und zoologischen Sammlung sowie einer volkskundlichen Ausstellung und einer Abteilung für Vor- und Frühgeschichte ist die Mittelaltersammlung besonders interessant. Hier sind bedeutende Kunstwerke des 15. und 16. Jahrhunderts ausgestellt. Die Grafen von Zimmern und die von Helfenstein haben maßgeblich an der Zusammenstellung der Werke mitgewirkt. Aus ihren Beständen kamen im 17. Jahrhundert Hauptwerke der süddeutschen Schulen des Spätmittelalters sowie Italiener und Niederländer nach Donaueschingen. Hauptwerke des Meisters von Meßkirch, Gemälde von Maratti und von Lucas Cranach d. Ä. (Umschlagklappe vorn), um nur einige Beispiele zu nennen, machten den Kern der Sammlung aus. Im 19. Jahrhundert wurden bei einem Münchener Kunsthändler die zwölf Tafeln der Passion von Hans Holbein d. Ä. erworben (Farbt. 35). Sie zählen heute zum künstlerischen Höhepunkt der Sammlung (Öffnungszeiten: tägl. außer mo 9–12 Uhr und 13.30–17 Uhr, November geschl.). – Gegenüber das *Jagdmuseum* mit einer Fassade, deren antikisierender ›Jagdfries‹ überrascht (18. und 19. Jh.).

Südöstlich von Donaueschingen – Sie fahren auf der Landstraße entlang der Donauschleifen Richtung Tuttlingen – liegt *Pfohren* mit der Entenburg, einer spätmittelalterlichen Wasserburg der Grafen von Fürstenberg. Südlich dieses Dorfes liegt *Neudingen* mit der Gruftkirche der Fürstenberger. Der nach italienischen Renaissance-Vorbildern errichtete Zentralbau entstand zwischen 1853 und 1856. Der Baumeister war Diebold.

Tuttlingen

Im Jahre 74 n. Chr. wurde von den Römern von Straßburg über Rottweil und Tuttlingen eine Straße zum Donau-Limes gebaut. In der Zeughausstraße südlich der Donau wurden 1953 Reste eines Kohortenkastells ausgegraben. Im Tuttlinger *Heimatmuseum*, das im Fruchtkasten eingerichtet ist (Öffnungszeiten: So 13.30–16.30 Uhr, sonst nach Vereinbarung) sind die Funde, u. a. Werkzeuge, ausgestellt.

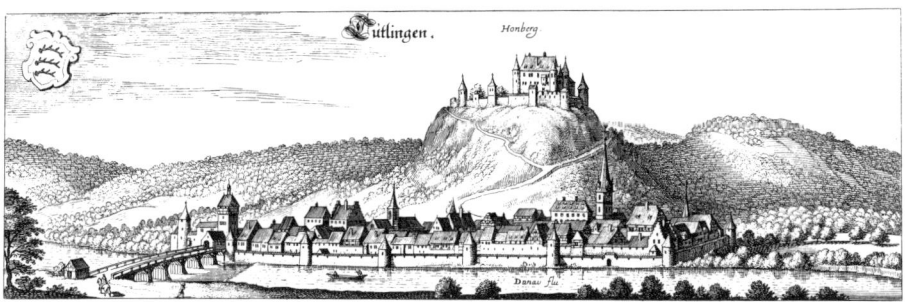

›Tutlingen‹, Kupferstich von Matthäus Merian. Über der Stadt die mächtige Honburg, 1460 unter Graf Eberhard im Bart erbaut

›Tutiliningas‹ wurde die Stadt erstmals in einer Urkunde aus dem 8. Jahrhundert genannt. Damals war der Ort im Besitz des Klosters Reichenau. Im Hoch- und Spätmittelalter war Tuttlingen verschiedenen Grafen und den Habsburgern verpfändet. Tuttlingen hat eine traurige Geschichte aufzuweisen. Im Städtekrieg wurde es von den Rottweilern 1377 erstürmt. Während der kriegerischen Auseinandersetzungen mit den Schweizern lagerten die schwäbischen Truppen in der Stadt. Dann tobte der Dreißigjährige Krieg über Tuttlingen hinweg. Es folgten Hungersnöte und Seuchen. Zwischendurch ist immer wieder die Donau über ihre Ufer getreten und hat die Tuttlinger mit verheerenden Überschwemmungen heimgesucht. Und dann kam der Stadtbrand von 1803. Nahezu die gesamte Innenstadt wurde ein Raub der Flammen. Beim Wiederaufbau hat man die Donau zunächst verlegt und dadurch die Hochwassergefahr gebannt. Dann wurde die Innenstadt rasterförmig mit rechteckigen Häuserblöcken, Innenhöfen und Feuergassen angelegt. Die beiden Hauptstraßen kreuzen sich im Zentrum. Dort steht das 1804 erbaute *Rathaus* mit zwei Türmen. Der

Mitteltrakt mit dem Eingangsportal wird von einem Dreiecksgiebel abgeschlossen. – Besonders interessant ist die von Niefer erbaute klassizistische *Kirche* (1815). Der neoromanische Turm stammt aus dem Jahre 1868. Der gesamte Bau wurde von Dolmetsch im Jahre 1900 in einer sonderbaren Jugendstil-Variante umgebaut. Im weiträumigen flachgedeckten Raum fallen Säulen im ›ägyptischen Stil‹ auf. Die Glasfenster dagegen erinnern eher an typische Jugendstilformen (Farbt. 36).

Die auf dem Bergkegel oberhalb Tuttlingens sichtbare Ruine, die *Honburg*, geht wahrscheinlich auf Graf Eberhard im Bart zurück (15. Jh.). Im Dreißigjährigen Krieg wurde sie vollständig zerstört.

Mühlheim

Tuttlingen gehört schon zum Gebiet der Schwäbischen Alb, und in Mühlheim, das hoch auf einem Bergrücken über dem Donautal liegt, betreten wir den mal heroisch, mal idyllisch anmutenden Teil des Donautals.

Das mittelalterliche Städtchen wird ganz vom *Schloß* beherrscht. Das Mansardendach und die Zwiebelhauben gehen auf Umbauten des 18. Jahrhunderts zurück. Diese hat der Baumeister des Deutschen Ordens, Franz Anton Bagnato, zwischen 1751 und 1753 vorgenommen. Im Ahnensaal ist noch ein schöner Fayence-Ofen zu sehen. – Die mittelalterliche Stadt gibt sich im *Oberen Tor* aus dem 13. Jahrhundert zu erkennen. Das *Rathaus*, ein spätmittelalterlicher Fachwerkbau aus dem beginnenden 15. Jahrhundert, trägt zum altertümlichen Eindruck des Städtchens bei.

Man sollte unbedingt einen Spaziergang hinunter in die *Unterstadt* unternehmen. Dort befindet sich in einem Friedhof die alte Pfarrkirche *St. Gallus* aus dem 12. Jahrhundert. Im hochgotischen Chor sind noch Wandgemälde aus dem 14. und 15. Jahrhundert zu sehen, die u. a. die Klugen und Törichten Jungfrauen darstellen.

Von Mühlheim fahren wir über Fridingen nach Beuron. Gleich hinter Fridingen ein Hinweisschild auf einen Aussichtspunkt. Von hier aus kann man einen wundervollen Blick in das Donautal und auf die ferne Klosteranlage von Beuron werfen.

Beuron

Im Jahre 1077 haben sich in dem lieblichen Talabschnitt, in dem die Donau eine weite Schleife beschreibt, Augustiner-Chorherren niedergelassen. Zu dieser Zeit wurde auch das Kloster gegründet, übrigens eines der ältesten Chorherrenstifte Deutschlands. Den Dreißigjährigen Krieg haben die Mönche verhältnismäßig gut überstanden. Danach, im Jahre 1687, erhob Papst Innozenz XI. Beuron zur Abtei. Kurze Zeit später ließ der Abt Kurz das Kloster neu erbauen (Abb. 114). Er berief den berühmten Vorarlberger Baumeister Franz Beer. Während der französischen Eroberungskriege in Deutschlands Südwesten wurde das Kloster schwer heimgesucht. Im Jahre 1802 wurde es säkularisiert. Ende des 19. Jahrhunderts haben zwei Benediktiner, Maurus und Placidus Wolter, das Kloster wieder besiedelt.

Die Fürstin von Hohenzollern-Sigmaringen übergab ihren Besitz den Benediktinern. Damit konnte die Neugründung erfolgen. Heute genießt das Benediktiner-Kloster Beuron weltweit großes Ansehen.

Die vom Rottweiler Baumeister Matthäus Scharpf Mitte des 18. Jahrhunderts erbaute *Kirche* ist im Innern von Rokoko-Dekor überwuchert. Hoch oben, unmittelbar unter dem Gewölbe, zieht sich eine Galerie von Pfeiler zu Pfeiler entlang. Die Pfeiler ruhen auf hohen Basen und verstärken sich in der Kämpferzone. Von hier aus werden die Gurtbögen in Längsrichtung über die Galerie gezogen. Scharpf hat sich in seinem Konzept eng an die baulichen Vorstellungen der Vorarlberger gehalten. Das vom West-Eingang her gesehene dritte Deckenbild – gemalt von Wegschaider – erzählt die Gründungslegende des Klosters: Dem Grafen Peregrin erscheint ein Hirsch, dessen Geweih unvermutet aufleuchtet – ein Hinweis für den Grafen, hier ein Kloster zu gründen. Im Himmel sitzt, umgeben von Engeln, die Muttergottes und zeigt dem Grafen den Plan des Klosters.

Die beiden Seitenaltäre stammen von Feuchtmayr und Dirr, zwei oberschwäbischen Rokoko-Künstlern, die bedeutende Werke im Oberland hinterlassen haben. In der an die Nordwand anschließende Gnadenkapelle befindet sich eine Pietà aus dem späten 15. Jahrhundert. Wahrscheinlich ist sie im Umkreis des Meisters von Eriskirch (s. Rottweiler St. Lorenzkapelle, S. 315) entstanden.

Im Jahre 1868 haben eine Gruppe von Künstlern die sogenannte ›Beuroner Malerschule‹ gegründet. Den Gründungsvätern, Peter Lenz und Jakob Wüger, ging es um die Erneuerung der christlichen Kunst nach dem Vorbild der Nazarener. Ihnen schwebte ein idealisiertes und weitgehend stilisiertes Naturbild vor, in das die Heilsaussage integriert werden sollte. Tatsächlich waren hier schon Abstraktionstendenzen zu verspüren, die viel später im Jugendstil und dann in der von Kandinsky ausgerufenen ›Großen Abstraktion‹ ausgeprägt wurden. Das Hochaltarbild von Wüger und Steiner aus dem Jahre 1872 stellt die Krönung Mariens dar. Die Gruppenkomposition ist von Fra Angelicos Marienkrönung (1440) übernommen worden. Die Gnadenkapelle ist in neo-byzantinischer Form von einem weiteren ›Beuroner Künstler‹, M. Gisler, ausgemalt worden.

Peter Lenz aus Haigerloch, das Haupt der Schule, hat die *Mauruskapelle* im Feld unweit des Klosters entworfen und ausgemalt. In einer ägyptisierenden Formensprache sind die Madonna und das Kind dargestellt. An den Außenwänden wird die Legende des Hl. Maurus erzählt und an der Rückwand der Tod des Heiligen. Der Engelsfries und die Kreuzigung im Innern der Kapelle zählen meines Erachtens noch zu den schlüssigsten Ergebnissen der Malkunst von Lenz. Beliebt waren die Beuroner Maler bei den Mönchen offensichtlich nicht. Sie haben gegen Ende des Jahrhunderts die Klosterkirche völlig umgestaltet. Der bedeutende Hochaltar von Feuchtmayer und viele andere Ausstattungsstücke mußten weichen. Ihre künstlerischen Alternativen mußten natürlich spröde gegenüber den Rokoko-Stukkaturen wirken. – Nach dem Zweiten Weltkrieg wurde die Kirche wieder in ihren ursprünglichen Zustand gesetzt – bis auf den Hochaltar von Feuchtmayer.

Zwischen Beuron und Fridingen fließt die Donau einsam zwischen steil aufragenden Felsen hindurch. Keine Straße begleitet den Fluß; ideale Möglichkeiten für Wanderungen und Spaziergänge. Nicht weit von Beuron entfernt liegt das ›Jägerhaus‹ in einem malerischen Talabschnitt – verborgen vor der Welt, möchte man sagen. Das Gasthaus bietet Erfrischungen, Speisen und Übernachtungsmöglichkeiten an.

Burg Wildenstein

Hinter einer der folgenden Donauschleifen nach Beuron ist oben rechts auf der Höhe die Burg Wildenstein zu sehen (Zufahrt über Beuron – Leibertingen). Die Burganlage mit Basteien und Kasematten ist unter den Grafen von Zimmern in der Renaissance entstanden (Mitte 16. Jh.). Im Innern sind noch gute Wandmalereien zu betrachten.

Wir fahren weiter in Richtung Hausen. Bald gerät links oben auf einem Felsen die Burg Werenwag ins Blickfeld (Abb. 113). Sie ist schon im 11. Jahrhundert erwähnt worden.

Burg Falkenstein

Hinter Hausen erhebt sich über dem linken Donauufer die Burg Falkenstein (Zufahrt über Thiergarten). Ein wildromantischer Anblick. Die Burgruine, wahrscheinlich im Hochmittelalter erbaut und dann noch einmal unter den Grafen von Zimmern in der Renaissance erweitert, hockt wie ein Adlerhorst auf der Felsspitze. Der untere Burgteil, gleichsam aus dem Felsen herauswachsend, ist heute nicht mehr zugänglich. Früher konnte man ihn nur über steile Stiegen erreichen.

Burg Falkenstein, Stich von Anton du Chaffat, um 1750

Rund um den Hohentwiel

Das Landschaftsbild südlich von Engen ist völlig verschieden von denjenigen, die wir bisher aufgesucht haben. Hier im Hegau ragen steile, freistehende Bergkegel in die Höhe. Viele sind mit Burgruinen bekrönt. Dazwischen sanft gewellte Hügel, Seen, Wälder und Wiesen (Farbt. 26). Die Bewohner dieser Gegend nennen ihr Land des ›Herrgotts Kegelspiel‹. Ja, hier mag der Herrgott seine Kegel zurückgelassen haben, wahllos und dennoch zu einem anmutigen Szenarium vereint. Beginnen wir unsere Hegaurundfahrt auf dem Hohenkrähen, einem 644 Meter hohen Bergkegel.

Hohenkrähen

›Krähen‹ ist wohl vom keltischen ›craien‹, was soviel wie ›hoher Fels‹ bedeutet, abzuleiten. Die *Burgruine* geht wahrscheinlich auf das frühe 12. Jahrhundert zurück. Der Ausbau erfolgte dann in der Renaissance; u. a. war Hans Jacob Fugger der Bauherr. Das dreigeschossige Gebäude auf dem höchsten Punkt soll aus dieser Zeit stammen.

Unten im Dörfchen *Schlatt* steht ein kleines Renaissance-Schlößchen, das wahrscheinlich auf eine mittelalterliche Wasserburg zurückgeht.

Hilzingen

Über Duchtlingen erreichen wir Hilzingen, einen der ältesten Orte im Hegau. Von Hilzingen aus nahm der Bauernkrieg im Hegau seinen Anfang. Allerdings währte er nur kurz, knapp ein Jahr. Auf der Kirchweih im Jahre 1624 rotteten sich die Bauern zusammen, mußten sich aber schon ein Jahr später geschlagen geben.

Im Ort steht eine großartige *Kirche*, erbaut vom Vorarlberger Peter Thumb (1747–49). Eine umlaufende Pilasterordnung im Innern sorgt für einen herrschaftlichen Raumeindruck. Altar und Kanzel zeigen die Formensprache Feuchtmayers. Sie dürften von Meistern seines Umkreises geschaffen worden sein.

Von Hilzingen fahren wir wieder nordwärts nach Duchtlingen und weiter nach Weiterdingen zu Füßen des 844 Meter hohen *Hohenstoffeln*. Man sollte sich die Zeit nehmen, nach Sennhof weiterzufahren, um von hier den Berg zu besteigen. Die Mühe wird mit einem herrlichen Ausblick belohnt.

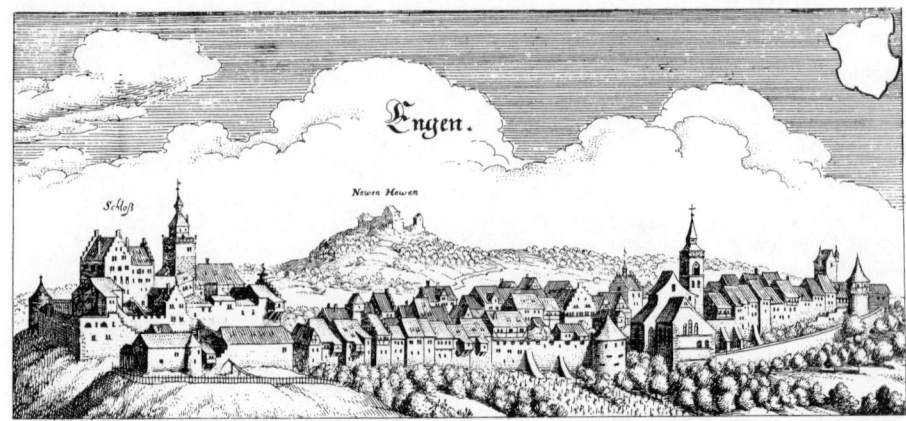

Engen, um 1640, Kupferstich von Matthäus Merian. Links das Krenkinger Schloß aus dem 16. Jh. In der rechten Bildhälfte der teilweise romanische Turm von St. Marien, davor das ehemalige Dominikanerinnenkloster und dahinter das spätgotische Rathaus. Im Hintergrund der Hohenhewen mit der Burg der Herren von Engen-Hewen

Engen

Engen am Fuß des Hohenhewen (846 m) wurde schon Ende des 13. Jahrhunderts zur Stadt erhoben. Im 15. Jahrhundert war die Stadt Schauplatz mehrerer kriegerischer Auseinandersetzungen. Zunächst kamen die Schwäbischen Städte, die Engen bedrängten. Es folgten die Schweizer Eidgenossen, die sich des Hegaus bemächtigen wollten. Schließlich wurde Engen im Bauernkrieg 1525 von den Aufständischen besetzt, aber sogleich wieder freigegeben. Im Dreißigjährigen Krieg wurde die Stadt so schwer mitgenommen, daß sie sich von den Verwüstungen lange nicht erholen konnte.

Die *Pfarrkirche*, im 13. Jahrhundert erbaut, im späten 15. Jahrhundert umgestaltet und im 18. Jahrhundert barockisiert, präsentiert noch alle ihre Bauperioden. Im Obergaden kann man beispielsweise die romanischen Blendarkaden und die später zugemauerten Fenster erkennen. Zwei der drei Westportale sind ebenfalls aus romanischer Zeit. Die spitzbogigen Arkaden stammen aus der Gotik und die Stukkaturen sowie der Hochaltar aus dem Barock. In der Nähe der Kirche das *Renaissance-Rathaus* mit Treppengiebeln aus dem Jahre 1556.

Von Engen fahren wir wieder zurück Richtung Singen am Hohenhewen, dem Mägdeberg und dem Hohenkrähen vorbei auf den Hohentwiel zu.

Hohentwiel

Der Hohentwiel ist im Zusammenhang mit Joseph Victor von Scheffels ›Ekkehard‹, einem Roman, der im Jahre 1885 erschienen ist, berühmt geworden. Die Ereignisse spielen im

10. Jahrhundert: Ekkehard, ein Mönch aus St. Gallen, wird von der Herzogin Hadwig von Schwaben innig geliebt. Sie läßt ihn auf ihren Witwensitz, den Hohentwiel kommen. Es kommt zu gewaltigen Verstrickungen. Schließlich nimmt Ekkehard in der Verwirrung seiner Gefühle Abschied von der Welt und zieht sich zurück in eine Felsenklause des Säntis-Massivs. Hier dichtet er das Waltharius-Lied. Scheffel wollte, wie er im Vorwort seines Romans schrieb, eine innige Verbindung zwischen Poesie und Geschichte eingehen. Der Verfasser des Waltharius-Liedes, das Scheffel aus dem Lateinischen übersetzte, war in der Tat ein Mönch aus dem Kloster St. Gallen, wie Scheffel der Klosterchronik entnehmen konnte.

Zum ersten Mal taucht der Hohentwiel in der Geschichte Südwestdeutschlands im 10. Jahrhundert auf. Der schwäbische Graf Erchanger wollte die im 8. Jahrhundert in Schwaben abgeschaffte Herzogsgewalt neu wieder einrichten. Das zog Konflikte mit König Konrad I. nach sich. Nach wechselndem Verhandlungs- und Kriegsglück wurde Erchanger vom König im Jahre 917 hingerichtet. Das verhinderte jedoch nicht die Konstituierung eines Herzogtums Schwaben, dessen Mittelpunkt der Hohentwiel wurde. Die schon erwähnte

›Die Vestung Hochen Twiel‹. Mit Hilfe von Merians Stich ist es heute noch möglich, die Ruinen im Geiste zu rekonstruieren

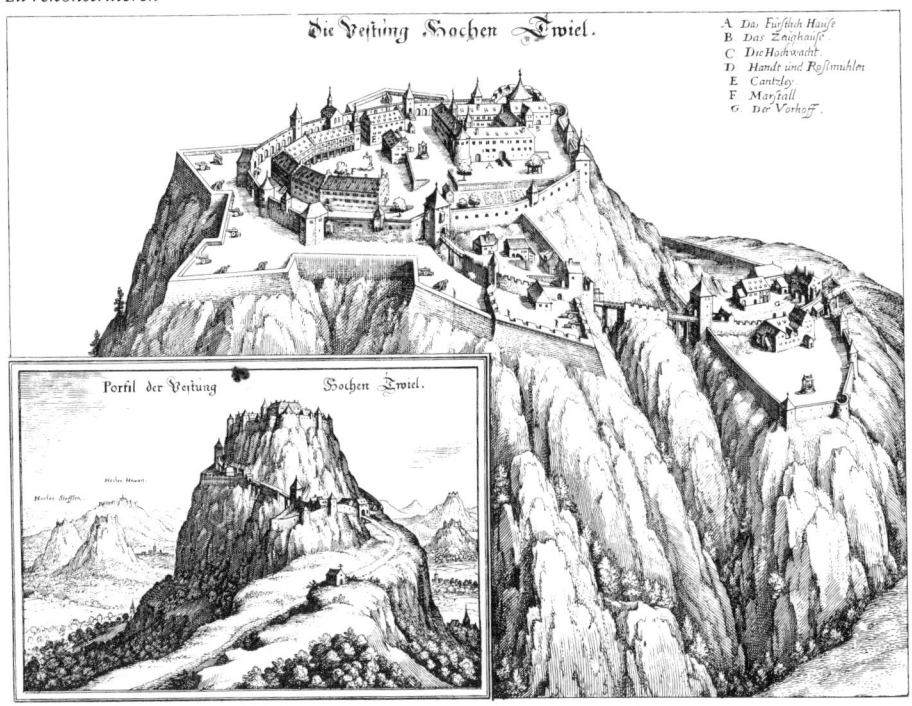

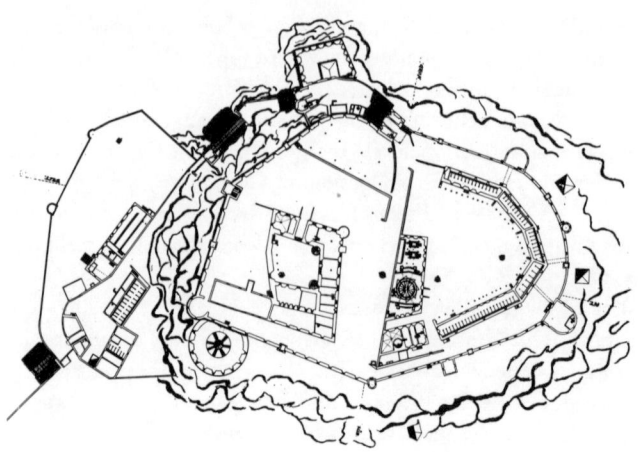

*›Hohen Twiel‹, Plan von
Heinrich Schickhardt, 1591*

Herzogin Hadwig, Gemahlin des Herzogs Burchard III., gründete auf dem Hohentwiel ein Georgskloster. Der aus seinem Land verbannte Herzog Ulrich von Württemberg konnte den Hohentwiel im Jahre 1538 erobern. Von hier aus plante er die Rückgewinnung seines Landes. Er unterstützte die aufrührerischen Bauern und bereitete seinen später erfolgreichen Marsch auf Stuttgart vor.

Im Dreißigjährigen Krieg wurde der Hohentwiel immer wieder erfolglos belagert. Die hier sicher sitzenden Protestanten inmitten einer katholischen Landschaft waren nicht zu vertreiben.

Im Jahre 1800, Napoleons Heer rückte in das Hegau ein, wurde die Burganlage nach der Kapitulation der Kommandanten Bilfinger und Wolff geschleift.

Von den mittelalterlichen Resten der *Burg* ist heute nichts mehr zu sehen. Auf halber Höhe kann man noch die Mauern des ehemaligen Schloßbaus aus der Renaissance besichtigen. Alberlin Tretsch hat diesen 1559 auf Veranlassung von Herzog Christoph erbaut. Das ›Rondell Augusta‹, ein wuchtiger Geschützturm im Südosten der Anlage, stammt ebenfalls aus dem 16. Jahrhundert.

Singen

Singen war gegen Ende des 19. Jahrhunderts noch ein kleines Dorf mit nicht einmal 2000 Einwohnern. Nach der Eröffnung der Bahnlinie Konstanz – Basel und Konstanz – Offenburg siedelten sich allmählich größere Industriebetriebe an, so daß Singen rasch zum wirtschaftlichen Mittelpunkt des Hegaus heranwuchs. Zu sehen gibt es in dieser Stadt nicht viel. Im *Hegau-Museum*, das im gräflichen Schloß eingerichtet ist, sind Funde der Ur- und Frühgeschichte ausgestellt. Diese stammen aus dem Nordosten der Stadt, wo mehr als fünfzig Gräber aus der Bronzezeit ausgegraben wurden. Neben Kupfergeräten und Schmuck wurden zahlreiche Tongefäße gefunden.

Verzeichnis der Fachausdrücke

Alemannisches Fachwerk Skelettbau aus Holzbalken, die verzapft sind. Die ›Gefache‹ werden mit Material wie Lehm, Flechtwerk oder Ziegeln ausgefüllt. Im Gegensatz zum norddeutschen (niedersächsischen) Fachwerk, das sich durch eng gestellte Ständer auszeichnet, ist das alemannische (oder schwäbische) zusammengesetzt aus weit gestellten Ständern und geschweiften Streben.

Apotropäisch Oftmals ornamental verzierte Gegenstände oder Muster an Sakralobjekten (z. B. Taufbecken oder Wasserspeier) oder Kirchen mit abschreckender, Dämonen abwehrender Bedeutung.

Apsis Auch Exedra, Tribuna oder Koncha genannt. Die Grundform der den Chor abschließenden Apsis ist meistens halbrund. In frühchristlicher Zeit befand sich dort der Bischofsstuhl. Nebenapsiden nennt man die halbrunden Abschlüsse der Seitenschiffe im Osten. In romanischer Zeit wurden die Apsiden häufig ornamental gestaltet und verziert.

Basilika Die ursprüngliche griechische Königshalle wurde in frühchristlicher Zeit als Bautyp übernommen: Der Aufriß gibt sich in einem erhöhten Mittelschiff und niedrigen Seitenschiffen zu erkennen. In karolingischer Zeit wurde zwischen der Apsis und dem Querhaus ein Chor eingebaut, unter dem sich die Krypta befindet.

Basis Die Grundplatte einer Säule oder eines Pfeilers. Verteilung des Drucks der Stütze auf den Boden.

Dürnitz Rittersaal in mittelalterlichen Burgen.

Empore Galerie im oberen Drittel des Kirchenraumes; meistens für Frauen oder eine höfische oder fürstliche Gemeinde. Im Spätmittelalter führten Außentreppen zur Empore hoch. In Nonnenklöstern ist eine Nonnenempore (der sog. Nonnenchor) anzutreffen. Häufig gibt es in Kirchen auch eine Westempore (Standplatz für Orgel, Musiker oder Sänger).

Fialturm Ein kleines vielfach verziertes (mit Krabben besetztes) Türmchen am gotischen Bauwerk. Fialen finden sich meistens an Spitzen von

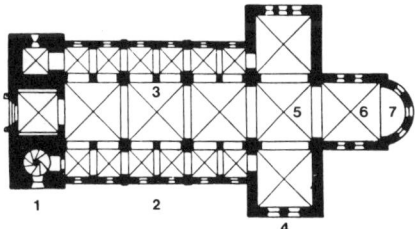

Basilika, Grundriß 1 Westwerk 2 Langhaus: Haupt- und Seitenschiffe 3 Joche 4 Querschiff 5 Vierung 6 Chor 7 Apsis

Türmen, Strebepfeilern oder Wimpergen. Die Fiale wird von einer Kreuzblume abgeschlossen.

Gesims Es gibt verschiedene Gesimse wie Fuß-, Sockel- oder Gurtgesims. In den meisten Fällen handelt es sich um einen waagerechten Mauerstreifen, der ein Geschoß eines Gebäudes abschließt oder gliedert. Das Gesims tritt etwas hervor (›vorkragen‹) und läuft um Pfeiler oder Pilaster herum (›verkröpfen‹). Auf diese Weise werden die senkrechten Gliederungselemente einer Fassade zusammengefaßt.

Gesprenge Reichhaltig ornamental verzierter oberer Altaraufbau – zuweilen auch mit Figuren versehen. Häufig in der Spätgotik anzutreffen.

Gurtbogen Die in einem Tonnengewölbe flach eingezogenen Bögen zur Verstärkung und Abstützung. Meistens enden die Gurtbögen in einem Kapitell, das seinerseits ein Pilaster abschließt. Somit gehört der Gurtbogen samt Kapitell und Pilaster (oder Pfeiler, Säule) zum statischen und gleichzeitig schmückenden Programm eines Innenraumes.

Hallenkirche Im Gegensatz zur Basilika sind hier die Seiten und das Mittelschiff gleich hoch (in Österreich kommt es auch zu fünfschiffigen Hallenkirchen). Die erste im gotischen Stil erbaute

Kirche Deutschlands, die Elisabethkirche in Marburg (1235), ist eine Hallenkirche. Erst im 14. Jahrhundert (Schwaben) kam dieser Typus zum Durchbruch und zur vollen Entfaltung.

Historismus Stilerscheinung in der zweiten Hälfte des 19. Jahrhunderts in der Architektur. Es wurden mit Vorliebe historische Baumotive verwendet, wie z. B. romanische Säulen für Fensterlaibungen oder Renaissancequader für die Fassadengestaltung. So erscheint häufig eine Mischung aus Romanik, Gotik und Renaissance an Profan- und Sakralgebäuden. Der Historismus wurde schließlich vom Jugendstil um 1900 abgelöst.

Hohlkehle Eine konkave Wölbung (im Querschnitt ein Viertel- oder Halbkreis) zwischen Wand und Decke oder zwischen zwei Wülsten einer Basis oder eines Gesimses.

Kämpferzone Zwischen dem Ende eines Bogens und dem eines Pfeilers oder einer Säule springt eine Platte hervor. Sie verteilt den Druck

des Bogens, so daß die Säule entlastet wird. Unter dieser Platte, der Kämpferplatte (›Kämpfer‹), befindet sich das Kapitell. Der ›Kämpfer‹ taucht zum ersten Mal in der spätantiken und byzantinischen Baukunst auf.

Kannelierte Säule Kanneluren nennt man die senkrecht verlaufenden schmalen Hohlkehlen

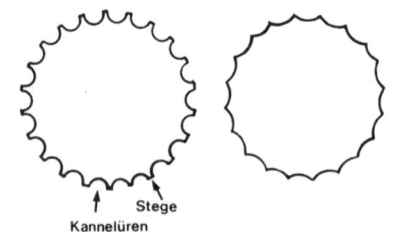

Stege
Kannelüren

(Furchen) an Säulen. Erstmals in der antiken Architektur auftretend und dann mit Vorliebe in der Renaissance-Architektur verwendet.

Kapitelsaal Meistens eine große zweischiffige Halle in einem Kloster. Mit besonderer Pracht ausgebildet. Der Kapitelsaal dient als Versammlungsraum der Mönche.

Klangarkaden Klang- oder Schallarkaden werden die in den Kirchtürmen eingebrochenen Fenster im Glockentrakt genannt.

Kompositkapitell Aus verschiedenen Kapitelltypen komponiertes Kapitell. Beispielsweise werden in der Spätrenaissance und im Barock gerne ionisch-korinthische Kombinate (siehe ›Säulen-

ordnung‹) benutzt; seltener sind Kombinationen mit dorischen Typen.

Kreuzrippengewölbe Wenn zwei Abschnitte eines Tonnengewölbes sich im rechten Winkel durchdringen, dann entstehen vier Grate in Kreuzform. Diese Grate werden mit Rippen, das sind dreiviertel runde Wülste, verstärkt. Das Kreuzrippengewölbe ist vorwiegend im Mittelalter (Gotik und Spätgotik) anzutreffen.

Lettner Eine zwischen Chor und Mittelschiff eingezogene Trennwand (Chorschranken), um beispielsweise in der Klosterkirche den Laienraum vom Mönchsraum zu trennen. Meistens ist der Lettner mit Durchgängen versehen. Oftmals befindet sich oben eine Brüstung, von der das Evangelium gelesen wurde. Die Bühne auf dem

Lettner war meistens so geräumig, daß sie als Sängerbühne dienen konnte.

Mandorla Heiligenschein in einer Mandelform. Häufig Erscheinungsort Christi als thronender Herrscher der Christenheit beim Jüngsten Gericht (Majestas Domini).

Motte Aufgeworfener Hügel, auf dem eine mittelalterliche Burg errichtet wurde.

Narthex Vorhalle einer Kirche, meistens einer frühchristlichen Basilika.

Netzgewölbe Kreuzförmig angelegte Rippenstruktur in äußerst dichter Form in einem spätgotischen Kirchengewölbe (meistens im Chor).

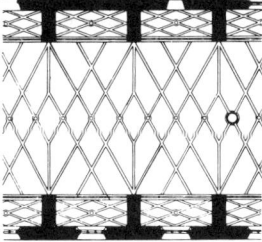

Obergaden Lichtzone in der romanischen Kirche oberhalb der Arkatur unter der Decke.

Pfeilerbasilika Die Bogenstellungen einer Basilika ruhen nicht auf Säulen, sondern auf Pfeilern. Im Unterschied zur Säule kann der Pfeiler aus der Wand heraustreten (Wandpfeiler). Die Säule, meistens tragende Funktion, steht immer frei. Der Pfeiler hat stützende Funktion. Wenn in einer Basilika Säule und Pfeiler abwechseln, spricht man von einem ›Stützenwechsel‹.

Pilaster Wandpfeiler, der aus der Wand sehr flach hervortritt. Oben wird er von einem Kapitell abgeschlossen und unten ruht er auf der Basis. Der Pilaster ist also wie eine Säule oder ein Pfeiler gegliedert.

Portikus Haupteingangsseite eines Gebäudes, die besonders prächtig gestaltet ist. Meistens handelt es sich um eine Art Vorbau, der von Säulen getragen wird.

Refektorium Speisesaal der Mönche in einem Kloster.

Risalit Ein Gebäudeteil, der aus der Gesamtfassade heraustritt. Man spricht von Mittel-, Seiten- oder Eckrisaliten. Besonders häufig als Gliederungsmittel am Barockpalast verwendet.

Saalkirche Einschiffiger Kirchenbau. Im Mittelalter nur beim kleinen Kirchen- oder Kapellenbau. Häufiger in der Renaissance und (besonders in Deutschland) seit dem Klassizismus (18. Jh.).

Säulenordnung, klassische Gliederung eines antiken Tempels. Man unterscheidet die *dorische Ordnung* (einfaches, ungestaltetes Kapitell, im romanischen Stil das Würfelkapitell), die *ionische Ordnung* (Kapitell mit seitlichen Wülsten, sogen. Voluten) und die *korinthische Ordnung* (Kapitell, vegetabilisch gestaltet). Am Renaissance-Palast erscheint diese Ordnung in folgender Abfolge: Unten ›dorisch‹ (ungegliedert), in der Mitte ›ionisch‹ (erstes Gliederungsmotiv) und oben ›korinthisch‹ (stark differenziert). Diese Ordnung entspricht dem klassischen Bauprinzip der ›Verjüngung und Differenzierung der Baumasse nach oben‹.

Schallarkaden Siehe ›Klangarkaden‹.

Scheinperspektive Perspektivsystem des Barock. Häufig werden in Kirchengewölben die real gebauten Architekturelemente wie Säule oder Gesims ›malerisch‹ fortgesetzt. In flache Gewölbe können auch Kuppeln gemalt werden. Die Freskanten mußten dafür den ›richtigen Standpunkt‹ des Betrachters ermitteln. Zu diesem Zweck ließen sie einen Faden (Lot) aus der Kuppel herabhängen und stellten Kerzen auf. Der Kerzenschein warf dann den Schatten des Fadens an die Gewölbewand. Das ergab dann die Mittelsenkrechte, von der aus die Fluchtlinien gezogen werden konnten.

Sterngewölbe Ähnlich wie ein Netzgewölbe gestaltet. Die einzelnen Rippen sind jedoch nicht

so dicht, sondern strahlenförmig angeordnet. Zu einer unvergleichlichen Meisterschaft haben es die Parler gebracht.

Trakt Teil eines Gebäudes, der durch Säulen oder Pilaster besonders hervorgehoben wird.

Trikonchenanlage Dreiapsidaler Schluß einer Kirche im Mittelalter. Die Konche (= Muschel) bezeichnet die Halbkuppel der Apsis.

Tympanon Bogenfeld über dem Portal einer romanischen oder gotischen Kirche, häufig mit reichhaltigem Figurenprogramm ausgestattet.

Volute Schneckenförmiger Wulst oder Kringel als schmückendes Baumotiv an Kirchen. Die Volute vermittelt an Kirchenfassaden des frühen Barock zwischen dem Unter- und dem Obergeschoß.

Votivbild Ein Bild, das auf Grund eines Gelübdes gestiftet wurde.

Wimperg Ziergiebel an gotischen Kathedralen über dem Westportal. Er kann aber auch oberer dreiecksförmiger Abschluß eines Maßwerkfensters sein. Häufig begleitet von Fialtürmchen und bekrönt von einer Kreuzblume.

Zentralraum Über einem Kreis, Quadrat oder Vieleck konstruierter Raum. Die Nebenräume gruppieren sich gleichmäßig um diesen Hauptraum. Im Rokoko werden Zentralräume auch über Ellipsen konstruiert.

Literaturverzeichnis

Alb-Donau-Kreis. Kunst und Landschaft, hrsg. vom Alb-Donau-Kreis, Ulm 1978

A. Bischoff-Luithlen: Der Schwabe und sein Häs, Stuttgart 1982

Bittel, Kimmig, Schiek: Die Kelten in Baden-Württemberg, Stuttgart 1981

M. Blümcke: Abschied von der Dorfidylle?, Stuttgart 1982

O. Borst: Stuttgart, Stuttgart 1979

W. Braunfels: Abendländische Klosterbaukunst, Köln 1976

F. Burschell: Schiller, Reinbek 1982

R. Christlein: Die Alamannen, Stuttgart 1979

K. H. Clasen: Kloster Maulbronn, Königstein/T.

W. Dettelbacher: Zwischen Neckar und Donau, Köln 1976

K. Ebert: Bodensee und Oberschwaben, Köln 1981

K. Ebert: Der Schwarzwald und das Oberrheinland, Köln 1983

Filtzinger, Planck, Cämmerer: Die Römer in Baden-Württemberg, Stuttgart 1976

W.-G. Fleck: Burgen und Schlösser in Nord-Württemberg, Frankfurt/M 1979

W. Fleischhauer: Die Renaissance im Herzogtum Württemberg, Stuttgart 1971

W. Fleischhauer: Barock im Herzogtum Württemberg, Stuttgart 1981

W. Fraenger: Jerg Ratgeb, München 1981

Geografische Landeskunde von Baden-Württemberg, hrsg. von Ch. Borcherdt, Stuttgart 1983

Gradmann, Meckseper: Kunstwanderungen in Württemberg und Hohenzollern, Stuttgart 1979

U. Häussermann: Hölderlin, Reinbek 1982

Handbuch der historischen Stätten Deutschlands Bd. 6, hrsg. von Miller und Taddey, Stuttgart 1965

Hannsmann/Steim: Christian Großbayer, Sigmaringen 1982

W. Jens: Eine deutsche Universität. 500 Jahre Tübinger Gelehrtenrepublik, München 1977

A. Kaspar: Kunstwanderungen durch Oberschwaben, Schussenried 1964

Katalog der Ausstellung: Stuttgart im Spiegel alter Karten, Hauptstaatsarchiv Stuttgart, hrsg. v. J. Hagel, Stuttgart 1984

E. Kluckert: Tübingen und das Ammertal, Tübingen 1983

Kreis Böblingen, hrsg. von K. Theiss und H. Schleuning, Stuttgart 1983

N. Lieb: Vorarlberger Barockbauschule, München 1976

E. Marquardt: Geschichte Württembergs, Tübingen 1962

H. D. Musch: Schönbuch und Gäu, Stuttgart o. J.

Der Physiologus, hrsg. v. O. Seel, München 1976

Reclams Kunstführer Baden Württemberg, Pfalz, Saarland, hrsg. v. H. Brunner, Stuttgart 1971

Reutlinger und Uracher Alb, hrsg. vom Schwäbischen Albverein, Stuttgart 1980

M. Schefold: Kirchen und Klöster in Württemberg und Hohenzollern Frankfurt/M. 1961

H. Sichenmorgen: Die Anfänge der Beuroner Kunstschule, Sigmaringen 1983

Tübinger Kulturdenkmale, hrsg. v. Adriani und Feldtkeller, Tübingen 1978

Tübingen und das Obere Gäu, hrsg. vom norddeutschen und dem west- und süddeutschen Verband für Altertumskunde, Bd. 3., Stuttgart 1983

Weller, Weller: Württembergische Geschichte im südwestdeutschen Raum, Stuttgart 1975

H. J. Wörner: Architektur des Frühklassizismus in Süddeutschland, München 1979

B. Zeller: Schwäbischer Parnaß, Esslingen 1983

Der Zollernalbkreis, hrsg. von E. Lazi, Stuttgart 1979

Abbildungsnachweis

Farbtafeln und Schwarzweiß-Abbildungen

Wilfried Bahnmüller, Gelting   Abb. 116

Dieter Geißler, Stuttgart   Abb. 2, 7, 10, 21, 31, 44, 48, 50, 54, 55, 58, 61, 76, 85, 86, 92, 99, 100, 102, 105–107

Robert Häusser, Mannheim   Abb. 45, 118

Michael Jeiter, Aachen   Farbt. 4; Abb. 1, 9, 23–25, 28, 29, 32, 35–37, 52, 62, 70–72

Gerhard Kerff, Hamburg   Abb. 65

Joachim Kinkelin, Worms (G. Eckenfelder, O. Kasper, P. Klaes, F. Mader, M. Mehlig, T. Schneiders, M. Schneiders)   Umschlagvorderseite, Farbt. 7, 9, 18, 19–21, 23, 25–28, 31, 37

Peter Klaes, Radevormwald   Farbt. 17, 22

Ehrenfried Kluckert, Reusten/Ammerbuch   Abb. 4, 11–17, 19, 38–41, 43, 46, 53, 74, 77, 80, 82–84, 87–90, 94, 95, 98, 103, 109–112

Manfred Mehlig, Lauf   Farbt. 24

Werner H. Müller, Stuttgart   Farbt. 1–3, 5, 6, 8, 10, 12, 14–16, 29, 30

Werner Neumeister, München   Farbt. 11; Abb. 20, 22, 57, 96, 97, 115, 117

Werner Otto, Oberhausen   Abb. 8

U. Pfistermeister, Fürnried   Abb. 30, 33, 42, 51, 59, 60, 63, 64, 66, 67, 68, 73, 75, 91, 93, 101, 108, 114

Marco Schneiders, Lindau   Farbt. 35, 36

Toni Schneiders, Lindau   Umschlagklappe vorn, Umschlagrückseite, Farbt. 13, 32–34; Abb. 34, 47

Staatsgalerie Stuttgart   Abb. 3, 18

Walter Storto, Leonberg   Abb. 26

Werner Stuhler, Hergensweiler   Abb. 49, 56, 69, 81, 113

Württembergisches Landesmuseum, Stuttgart   Abb. 5, 6

Abbildungen im Text
(Die Zahlen bezeichnen die Seiten im Buch)

Walter Ammann, Baustilkunde, Benteli-Verlag, Bern 1963   361 re., 362 li.

Bildarchiv Preußischer Kulturbesitz, Berlin   15, 130

Herbert Brunner und Alexander von Reitzenstein, Baden-Württemberg, Reclams Kunstführer Deutschland Band II, Stuttgart 1979   127, 160, 206 oben, 256, 268

Philipp Filtzinger, Limesmuseum Aalen, hrsg. von der Gesellschaft für Vor- und Frühgeschichte in Württemberg und Hohenzollern e. V., Stuttgart 1982   210, 211, 212

Hannsmann/Steim, Christian Großbayer, Sigmaringen 1982   248 oben

Hauptstaatsarchiv Stuttgart   73, 76, 120, 128, 141, 151, 194, 195, 209

Heimatmuseum Ludwigsburg   87

Ehrenfried Kluckert, Reusten/Ammerbuch   69, 274, 342

Hans Koepf, Baukunst aus fünf Jahrtausenden, Verlag W. Kohlhammer GmbH, Stuttgart 1967   362, 364

Hans Koepf, Bildwörterbuch der Architektur,
Alfred Kröner Verlag, Stuttgart 1974   363 re.
Kunstwanderungen in Württemberg und Hohen-
zollern. Mit freundlicher Genehmigung der
Chr. Belser AG für Verlagsgeschäfte & Co. KG
148, 157, 193, 214, 282, 312
Landesamt für Denkmalpflege, Stuttgart   360
Landesbildstelle Württemberg, Stuttgart   16,
18, 56, 58/59, 131, 146, 266, 270, 278
Die Marienkirche Bronnweiler, hrsg. von Häuss-
ler und Bräuchle, 1979   258
Matthäus Merian, Topographie Germaniae:
Schwaben 1643, Johannes Stauda Verlag
(Bärenreiter-Verlag), Kassel 1960   Frontispiz
S. 2/3, 49, 122, 150, 198, 308, 330/31, 353, 358,
359
Erwin A. Roth, Petersberg   13
Schiller-Nationalmuseum, Marbach a. N.   67,
68, 247

Staatsgalerie Stuttgart, Graphische Sammlung
87, 88/89, 96, 144
Stadtarchiv Heidenheim   356
Stadtarchiv Reutlingen   254
Städtische Galerie Albstadt   248, 332
Städtisches Kulturamt, Tübingen   276, 279
Städtisches Museum ›Storchen‹, Göppingen
(T. Uhland-Clauss)   200
Städtisches Museum, Ludwigsburg   87
Ullstein-Bilderdienst, Berlin   138
Georg Weise, Bebenhausen, o. J.   271
Württembergische Landesbibliothek, Stuttgart
14, 28, 93, 132, 313
Württembergisches Landesmuseum, Stuttgart
78, 220

Karten und Pläne: DuMont Buchverlag (z. T.
nach Vorlagen des Autors)

Raum für Reisenotizen

Anschriften neuer Freunde, Foto- u. Filmvermerke, neuentdeckte gute Restaurants, etc.

Praktische Reisehinweise

Es ist leider so: Der Autoverkehr nimmt zu und Eisenbahnstrecken werden stillgelegt. Ich habe vergeblich nach einem Besichtigungskonzept gesucht, daß auch diejenigen berücksichtigt, die keinen Führerschein besitzen. Die größeren Orte in Württemberg sind problemlos mit dem Zug zu erreichen. Zu den kleineren Ortschaften fahren Busse, wenn auch nicht sehr häufig. Die kleinen Dörfer und die stillen Täler sind dann oft nur noch mit dem Taxi zu erreichen – vielleicht ein- oder zweimal am Tag mit dem Bus. Und gerade hier spielt sich größtenteils die Kunst- und Naturszene Württembergs ab.

Regelmäßige Bahnverbindungen gibt es zwischen Stuttgart und Heilbronn sowie zwischen der Landeshauptstadt und Singen über Horb und Tuttlingen. Von Stuttgart nach Tübingen über Plochingen, Nürtingen und Reutlingen fährt ebenfalls mehrmals täglich ein Zug – ebenso zwischen Stuttgart und Göppingen. Von Tübingen nach Sigmaringen, über Mössingen, Hechingen, Balingen und Ebingen fährt die Zollernbahn – wahrscheinlich auch nicht mehr sehr lange, da immer wieder überlegt wird, diese Verbindung aufzulösen. Also sollten Sie diese Gelegenheit noch nutzen. Wenn auch keine Dampflok die Wagen zieht, so erinnert diese Fahrt doch an die gute alte Zeit. Der Zug hält an einsamen Bahnhöfen mitten in der Landschaft, fährt unter dem majestätischen Hohenzollern vorbei und strebt hinter Balingen der Schwäbischen Alb entgegen. Hinter Ebingen zwängen sich die Schienen ins malerische Schmeietal, machen fast jede Schleife des Flüßchens mit und biegen unterhalb der Ruine Gutenstein ins Donautal bei Inzigkofen.

Ähnlich malerisch ist auch die Fahrt von Tübingen über Rottenburg nach Horb durch das enge und verwunschene Neckartal. Die Ammertalbahn, die früher Tübingen mit Herrenberg verbunden hat, schaukelt ihre Gäste nur noch bis Entringen. Ja, von Fahrgästen kann man nur selten sprechen. Manchmal sitzt nur ein Reisender im Zug und schaut, nach dem Verlassen des Unterjesinger Bahnhofs, versonnen zur Wurmlinger Kapelle hoch.

Das Netz der Buslinien ist natürlich umfangreicher und verzweigter. Aber, wie gesagt, die Busse verkehren unregelmäßig – je nach dem Bedarf der Schüler und Werktätigen. Und wenn man dann schließlich das kleine Dorf, dessen sehenswerte Kirche man besuchen wollte, erreicht hat, dann kann es sein, daß man einen halben Tag warten muß, bis der nächste Bus einen wieder zurückbringt. Sie müssen sich sehr, sehr viel Zeit nehmen, wenn Sie auf das Auto verzichten wollen. Sollten Sie aber tatsächlich über so viel Zeit verfügen, dann sind Sie beneidenswert.

Wein und Wandern

Die württembergische Weinlandschaft ist die beste der Welt. Das meinen jedenfalls die Schwaben. Vielleicht haben sie recht. Sonne und Niederschlag wechseln im richtigen Maß ab. Heiße Sommer sind selten. Wahrscheinlich zählt der ›Württemberger‹ auch deswegen zu den besten Weinen, weil er heute nur noch in den besten Lagen angebaut wird. Die Rebfläche ging in den letzten hundert Jahren von ca. 20000 ha auf ca. 7000 ha zurück.

An dem Tag, an dem der weiße Wein gelesen und in hohen Kiepen zu Tal getragen wird, gelangt er in die Kelter. Der Traubensaft, der Most, tröpfelt in Fässer und gärt. Das Ergebnis: Der neue Wein, etwas süß und undurchsichtig. Am besten, man genießt ihn zusammen mit einem Stück Zwiebelkuchen.

Der ›Rote‹ kommt folgendermaßen zustande: Die gequetschten dunkelblauen Beeren werden ungefähr vier Tage auf der sogenannten Maische gelagert und vergoren. Erst dann wird er gekeltert.

Bei der Wahl des Weines sollen Sie genau auf das Etikett achten – es ist so etwas wie der Personalausweis des Weines. Sie können ihm den Jahrgang, das Weinanbaugebiet samt Bereich, Ort und Lage sowie die Qualitätsstufe entnehmen. Folgende Prädikatssteigerung sollten Sie sich merken: Kabinett, Spätlese, Auslese, Beerenauslese und Trockenbeerenauslese.

Nun etwas zum Begriff ›Öchsle‹. Der Pforzheimer Physiker Ferdinand Öchsle hat im vergangenen Jahrhundert die Mostwaage erfunden. Mit ihrer Hilfe konnte er das spezifische Gewicht des Traubenmostes ermitteln. Dieser gibt Aufschluß über den natürlichen Zuckergehalt des Weines.

Was für Weine sind zu empfehlen. Zunächst dieses: ›Württemberger‹ sind in der Regel herb und trocken in allen Schattierungen und im Durchschnitt nicht so mild und lieblich wie die Badener Weine. Aber was heißt schon – ›herb‹ und was ›lieblich‹? Sie müssen schon selbst auf die Suche nach ›Ihrem‹ persönlichen Wein gehen. Der Trollin-

ger ist als Tischwein bestens geeignet. Leicht und spritzig sind meistens der Riesling, der Silvaner oder der Müller-Thurgau. Und die Rebsorten höherer Qualität nennen sich ›Lemberger‹ oder ›Kerner‹ besonders aus sonnenreichen Jahren. Sollten Sie einen ›süffigen‹ Weißwein vorziehen, dann würde ich einen Muskateller oder einen Traminer empfehlen. Ein schwerer Wein, der den Abend beschließen könnte, ist der Ruländer.

Auf den Exkursionen zwischen Stuttgart und Heilbronn habe ich ja schon auf die verschiedenen Weingegenden hingewiesen, aber noch nicht auf die Schwäbische Weinstraße, die fast alle Weinorte Württembergs miteinander verbindet. Sie verläuft von Metzingen den Neckar entlang nach Stuttgart, beschreibt eine Schleife ins Remstal, führt durch das Bottwartal und weiter in das Hohenloher Land nach Bad Mergentheim. Von Heilbronn können dann mehrere Schleifen durch die Gebiete des Heuchelbergs, Strombergs und des Zabergäus gefahren werden.

Über Einzelheiten und ausgezeichnete Karten und Prospekte informiert Sie der *Fremdenverkehrsverband Neckarland-Schwaben*
Am Wollhaus 14
7100 Heilbronn
✆ 07131/69061

... und wenn Sie mit der Geschichte des Weinbaus bekannt gemacht werden wollen, dann sollten Sie unbedingt das *Weinbaumuseum* in *Stuttgart-Uhlbach* besuchen. Sie erreichen das Museum mit der Straßenbahn Nr. 4 oder der S-Bahn bis zum Bahnhof Untertürkheim. Hier umsteigen in den Bus 63 bis zur Endstation Uhlbach. Öffnungszeiten: April – Oktober sa 14–18 Uhr, so 10–12

Uhr und 14–18 Uhr. Ansonsten Anmeldung unter ℘ 0711/2162857 (Liegenschaftsamt Stuttgart)

Wein und Wandern gehört zusammen; und Württemberg ist ein Wanderland. Ich möchte jetzt keine Wanderrouten empfehlen, denn überall in der freien Landschaft kann man sein Gefährt verlassen, um sich auf den Weg zu machen. Und sei es nur ein Feldweg, der über die nächste Hügelkuppe führt – sicherlich werden Sie von einer unerwarteten Perspektive überrascht ...

Trotzdem kann ich es mir nicht verkneifen, auf die *Schwäbische Alb* hinzuweisen, denn dieses Gebiet ist zweifellos *die* Spezialität für Wanderer. Zahlreiche Naturfreundehäuser und Wanderheime laden ein und unterrichten Sie von den schönsten Tälern, Höhen und Dörfern. Die im Handel erhältlichen Wanderkarten haben fast jeden Winkel erschlossen – aber seien Sie beruhigt, es gibt immer noch etwas zu entdecken und auf die Füße tritt man sich auch nicht – die Hochfläche der Alb zieht sich weit hin.

Am besten Sie wenden sich an folgende Adresse:

Schwäbischer Albverein e. V.
Hauptgeschäftsstelle
Hospitalstraße 21 B
7000 Stuttgart 1, ℘ 0711/290996

Tips und Adressen

Hinweise auf besondere Feriengebiete, touristische Sehenswürdigkeiten und anderes; Orte in alphabetischer Reihenfolge.

Aalen

Wintersport auf der Alb. Wanderwege. Kneippanlage in Unterkochen. Brennende Kohlenmeiler bei Nietheim. Garten- und Freizeitcenter an der B 29.

Städtisches Verkehrsamt
Rathaus, Postfach 1740
7080 Aalen, ℘ 07361/500301

Bad Urach

In Bad Urach sprudelt eine der wärmsten Quellen des Landes. Thermalbad Urach. Bei den Thermen 2 (℘ 07125/1701). Aquadrom Urach. Wanderwege über die Uracher Alb. Wintersportmöglichkeiten: Römerstein-Loipe. Spezialität: Uracher Brezelbäck.

Städtische Kurverwaltung
Postfach 1206
7432 Urach
℘ 07125/1761

Donaueschingen

Internationales Reitturnier (alljährlich im September im Schloßpark). In der Nähe ein großzügiger Golfplatz. Freizeitzentrum Riedsee (Surfen, Segeln, Angeln).

Städtisches Verkehrsamt
Karlstraße 41
7710 Donaueschingen
℘ 0771/3834

Esslingen

In Esslingen beginnt die Schwäbische Weinstraße – nicht von ungefähr, denn der Weinbau ist so alt wie die Stadt. 778 ist er zum ersten Mal bezeugt. In Esslingen gibt es viele gemütliche Weinstuben, urige Besenwirtschaften und gutbürgerliche Gartenwirtschaften.

Kultur- und Freizeitamt
Marktplatz 1
7300 Esslingen
℘ 0711/3512441

Geislingen Steige
Ausgangspunkt für Wanderungen im Gebiet der Ostalb.
Kulturamt
Hauptstraße 19
7340 Geislingen Steige
⌀ 07331/24266

Göppingen
Alle zwei Jahre findet in den Monaten April und Mai das ›Göppinger Tanzfestival‹ statt. Jedes Jahr im Mai ein historischer Festzug im Vergnügungspark. Herrliche Wanderwege im Gebiet der Kaiserberge. Wintersport.
Verkehrsamt
Marktstraße 2
7320 Göppingen
⌀ 07161/65292

Haigerloch
Sanatorium Stahlbad Bad Imnau. Eichhörnchen-Pfad (Waldlehrpfad) Bad Imnau.
Verkehrsamt
Oberstadtstraße
7452 Haigerloch
⌀ 07174/6061

Hechingen
Irma-West-Kinder- und Heimatfest (jährlich): Historische Festzugsgruppen. Alle zwei Jahre: ›Zollerland-Schau‹ (Handels- und Gewerbeausstellung).
Verkehrsamt
Rathaus
7450 Hechingen
⌀ 07471/5051

Heilbronn
Schwäbische Spezialitätenrestaurants und Weinstuben. Die Stadt bietet den Besuchern einen ›Käthchenpaß‹ an (Erlebniswochenende oder Erlebniswoche – Pauschalangebot). Anfang September: ›Weindorf‹ rund um das Rathaus.
Verkehrsverein
Rathaus
7100 Heilbronn
⌀ 07131/80774

Herrenberg
Wanderwege durch den Schönbuch und durch das Gäu (Gäurandweg).
Verkehrsverein
Rathaus
Marktplatz 1
7033 Herrenberg
⌀ 07032/14224

Horb
Von Horb, dem ›Tor zum Schwarzwald‹, sind Ausflüge und Wanderungen in den Schwarzwald möglich. Für Ski-Fans: Viele Langlaufloipen in der Umgebung. Anglersee in Grünmettstetten (Rexingen). Zahlreiche, äußerst preiswerte Ferienwohnungen.
Fremdenverkehrsamt Horb
Rathaus
7240 Horb/Neckar
⌀ 07451/3611

Kirchheim unter Teck
Viele malerische Wanderwege hinauf zur Teck und auf die Schwäbische Alb. Segelflugplatz Hahnweide (Rundflüge am Wochenende). In Erkenbrechtsweiler, Ochsenwang und Schopfloch Langlauf-Loipen. Naturschutzgebiete Bissingen/Teck und Holzmaden (Versteinerungsschutzgebiet).
Verkehrsverein Teck-Neuffen
Spital
7312 Kirchheim/Teck ⌀ 07021/3027

Nürtingen
Naturschutzgebiet Neuffen.
Stadtverwaltung
Rathaus
7440 Nürtingen
✆ 07022/751

Reutlingen
Das ›Tor zur Schwäbischen Alb‹ bietet beste
Ausgangsmöglichkeiten zu Wanderungen
auf der Alb.
Verkehrsamt
Listplatz 1
7410 Reutlingen
✆ 07121/303526

Rottenburg am Neckar
Im Katzenbachtal/ Bad Niedernau eine
schon den Römern bekannte Heilquelle.
Heute ein modernes Sanatorium (hauptsächlich für rheumatische Erkrankungen).
Städtisches Verkehrsamt Rottenburg
Marktplatz 22
7407 Rottenburg 1
✆ 07472/15274

Rottweil
Segelfluggelände nahe der Stadt in Klippen-
eck (Denkingen).
Städtisches Verkehrsbüro
Rathaus
7210 Rottweil
✆ 0741/94280

Schwäbisch Gmünd
Segelflugschule Hornberg. Skisport auf dem
›Kalten Feld‹ bei Degenfeld.
Städtisches Verkehrsamt
Badmauer 2
7070 Schwäbisch Gmünd
✆ 07171/3244

Sigmaringen
Wunderschöne markierte Wanderwege im
Oberen Donautal.
Städtisches Verkehrsamt
Fürst-Wilhelm-Str. 15
7480 Sigmaringen
✆ 07571/4021

Singen
Ausflüge an den Bodensee, auf die Reiche-
nau und nach Konstanz. In Eigeltingen ein
Fasnachtsmuseum im Schloß Langenstein
(Anmeldung). Insel Mainau (weltberühmte
Pflanzen- und Blumenschau; tropisches
Wachstum). Ausflüge in die Schweiz nach
Schaffhausen und Stein am Rhein.
Städtisches Verkehrsamt
Postfach 760
7700 Singen
✆ 07731/85373

Stuttgart
Städtebau-Rundfahrten
›Das Neue Stuttgart‹: Das Stadtplanungs-
amt Stuttgart veranstaltet Bus-Rundfahrten
zu neuen Wohngebieten in Stuttgart. Füh-
rungen jeden Samstagnachmittag.
Rundfahrt ›Das Schöne Stuttgart‹ 10–12
Uhr: Innenstadt und Fernsehturm; 14–17
Uhr: Innenstadt und Bad Cannstatt mit
Weinprobe in Uhlbach.
Rundfahrt ›Stuttgarter Nächte‹. Ein Streif-
zug durch das Nachtleben. Mi, do, fr
19.30–1.30 Uhr.
Alle Abfahrten am Hindenburgbau gegen-
über dem Hauptbahnhof. Karten am Bus
oder beim i-Punkt des Verkehrsamtes in der
Klettpassage am Hauptbahnhof.
Verkehrsamt
Postfach 870
7000 Stuttgart 1, ✆ 0711/2228–0

Tübingen

Kongresse, Rundwanderwege im Schönbuch.
Verkehrsverein
Postfach 2623, An der Neckarbrücke
7400 Tübingen, ∅ 07071/35011

Tuttlingen

Ausflüge und Wanderungen in das Donautal Richtung Sigmaringen.
Städtisches Verkehrsamt
Rathaus
7200 Tuttlingen, ∅ 07461/99–221

Villingen-Schwenningen

200 Kilometer ausgeschilderte Wanderwege, 100 Kilometer gespurte Loipen. Besondere Kinderferienprogramme. Kneipp-Kuren. Waldlehrpfade. ›Wandern ohne Gepäck‹.
Verkehrsamt Villingen
Romäusring 2
7730 Villingen-Schwenningen
∅ 07721/82232

Museen

Öffnungszeiten (ohne Gewähr und wenn nicht angegeben, dann zu erfragen beim betreffenden Verkehrsamt – siehe dort)

Einige kleinere Museen bleiben unberücksichtigt. Nur diejenigen sind – wenn auch subjektiv – ausgewählt, die im Rahmen des Textes und darüber hinaus von lokaler und regionaler Bedeutung sind.

Aalen

Limesmuseum
St. Johann-Straße
Täglich außer Mo 10–12 und 13–17 Uhr.

Schubartmuseum und Heimatmuseum
Marktplatz
Täglich außer Mo 10–12 und 14–17 Uhr.

Donaueschingen

Fürstlich Fürstenbergisches Schloß
Ostern–September, täglich außer di 9–12 Uhr und 14–17 Uhr.
Fürstenberg-Sammlungen im Karlsbau
Karlsplatz
Außer November, täglich außer mo 9–12 Uhr und 13.30–17 Uhr.

Ebingen (Albstadt)

Städtische Galerie
Kirchengraben 11
Täglich außer mo 10–12 und 14–17 Uhr.

Göppingen

Städtisches Museum ›Storchen‹
Wühlestraße
Mi, sa, so und feiertags 10–12 Uhr und 14–17 Uhr.

Haigerloch

Atom-Museum
An der Eyach
1. 3.–30. 4.: sa 10–12 Uhr, so und feiertags 14–17 Uhr; 1. 5.–30. 9. täglich 10–12 Uhr und 14–17 Uhr; geschlossen: 1. 12.–28. 2.

Heilbronn

Deutschordenshaus, Städtische Sammlungen und Galerie
Eichgasse
Täglich außer mo 10–12 und 14–17 Uhr.
Naturhistorisches Museum
Kirchbrunnenstraße
Mo geschlossen, di: 10–14 Uhr; mi–so 10–12 Uhr und 14–17 Uhr.

Hohenstaufen (Göppingen)

Dokumentationsraum für staufische Geschichte

Kaiserbergstraße
März–Mitte November täglich 10–12 Uhr
und 14–17 Uhr.

Hohenzollern
1. 4.–31. 10. täglich 8–17.30 Uhr; 1. 11.–31.
3.: werktags 8–16.30 Uhr, sa und so 9–16.30
Uhr. Führung.

Holzmaden
Urweltmuseum
Täglich außer montags von 9–12 und 13–17
Uhr.

Honau (Lichtenstein)
Wilhelm-Hauff-Museum
Echazstraße
März–Oktober mi, sa, so und feiertags
14–17 Uhr und nach Vereinbarung.

Horb am Neckar
Heimatmuseum ›Haus zum Hohen Giebel‹
Neckarstraße
Besichtigung nach Vereinbarung. Anmel-
dung beim Städtischen Verkehrsamt,
∅ 07451/3611.

Kirchheim unter Teck
Regionalmuseum im ›Kornhaus‹
Max Eyth-Straße
Täglich außer mo 10–12 und 14–17 Uhr.

Knittlingen
Faust-Museum und Archiv
Kirchplatz
Di–fr 9.30–12 Uhr und 13.30–17 Uhr, sa, so
10–18 Uhr.

Laichingen
Heimatmuseum
In den Räumen der alten Kirchenburg von
St. Alban
Sonntagnachmittags, sonst nach Vereinba-
rung. Anmeldung beim Verkehrsamt,
∅ 07333/5011.

Lorch
Heimatmuseum
Im Kloster
Täglich geöffnet (Schlüssel an der Kloster-
pforte).

Ludwigsburg
Schloß, Lusthaus Favorite und Monrepos
Führungen: April–Oktober 9–12 und 13–17
Uhr. November–März: 10.30–15.00 Uhr.

Marbach
Schillers Geburtshaus
Niklastorstraße
April–September 9–12 Uhr und 13–18 Uhr,
Oktober–März 9–12 Uhr und 13–17 Uhr.
Schiller – Nationalmuseum
Schillerhöhe   Täglich 9–17 Uhr.

Münsingen
Heimatmuseum im Schloß
Mi und so 14.30–16.30 Uhr.

Reutlingen
*Naturkundemuseum und Galerie ›Spend-
haus‹*
Spendhausstraße
Mi 15–17 Uhr; sa 14–17 Uhr, so 10.30–12
Uhr und 14–17 Uhr.
Heimatmuseum
Oberamteistraße
Mi 15–17 Uhr; sa 14–17 Uhr, so 10.30–12
Uhr und 14–17 Uhr.

Rottenburg
Sülchgau-Museum ›Zehntscheuer‹
So 11–12.30 Uhr und 14.30–17.30 Uhr.
Voranmeldung für die übrigen Tage in der
Buchhandlung Unteregger, Bahnhofstraße,
∅ 07472/1760.

Rottweil
Heimatmuseum
Hauptstraße

Mo–sa 9–12 Uhr und 14–17, so 10–12 Uhr.
Lorenzkapelle
Lorenzgasse
Täglich außer mo 10–12 Uhr und 14–17
Uhr, so 14–17 Uhr.
Forum Kunst
Friedrichsplatz
Di–fr 15–18 Uhr, sa und so 10–13 Uhr und
14–17 Uhr.

Schnait (Weinstadt)

Silcher-Museum
Ostern–Mitte November täglich 10–12 Uhr
und 14–17 Uhr und nach Vereinbarung,
∅ 07151/65230

Sigmaringen

Schloß
Täglich 8.30–12 Uhr und 13–17 Uhr. Führung, Dezember und Januar geschlossen.

Singen

Hegau-Museum, Schloß
Am Schloßgarten
Mi und sa 14–17 Uhr, so 10–12 Uhr.

Stuttgart

Württembergisches Landesmuseum, Altes Schloß
Täglich außer mo 10–17 Uhr, mi 10–19 Uhr.
Lapidarium
Schillerplatz
Täglich außer mo 10–17 Uhr, mi 10–19 Uhr.
Kunstgebäude
Am Schloßplatz
Täglich außer mo 10–17 Uhr, mi 10–19 Uhr.
Alte und Neue Staatsgalerie
Konrad-Adenauer-Straße
Täglich außer mo 10–17 Uhr, mi 10–19 Uhr.
Planetarium (Schwäbische Sternwarte e. V.)
Neckarstr. 47

Führungen: di, mi, do, fr 10 und 15 Uhr, sa,
so 14, 16 und 18 Uhr, mi, fr 20 Uhr.

Tübingen

Theodor-Haering-Haus
Neckarhalde
Täglich außer mo 14.30–17.30 Uhr.
Hölderlinturm
Bursagasse
Di–fr 10–12 Uhr und 15–17 Uhr, sa, so
14–17 Uhr.

Tuttlingen

Heimatmuseum im Fruchtkasten
Gartenstraße
So 13.30–16.30 Uhr u. nach Vereinbarung,
∅ 07461/99–221.

Villingen

Heimatmuseum im Alten Rathaus
Münsterplatz
Di und mi 10–12 Uhr, do 10–12 Uhr und
15–17 Uhr, fr 10–12 Uhr, sa und so 10–12
Uhr.
Franziskaner-Museum
Am Riettor
Di und mi 15–17 Uhr, do 10–12 Uhr und
15–17 Uhr, fr 15–17 Uhr, sa und so 10–12
Uhr.

Weil der Stadt

Stadtmuseum
Marktplatz
So 13.30–17.30 Uhr. Sonst Voranmeldung,
∅ 07033/2502.
Keplermuseum
Keplergasse
Mo–fr 9–12 Uhr und 14–16 Uhr, sa 10–12
Uhr, so 11–12 Uhr und 14–17 Uhr, Oktober
und Mai nur am 1. und 3. Sonntag des Monats geöffnet.

Register

Personen

Abel, A. 69
Ackermann, Max 30
Aelst, Pieter von 336
Agnes von Liegnitz 55
Aichelberg, Grafen von 203
Alberthal, Hans 337
Albertus Magnus 75
Alemannen **12, 25,** 53, 72, 80, 81, 309
Alexander, Graf von Württemberg 28
Althausen, Grafen von 251
Amann, Hans 329
Anna, Tochter Herzog Ulrichs 265
Anna Maria, Gemahlin Herzog Christophs 265
Antoninus Pius, Kaiser 211
Augsteindreher, Hans 253, 264
Augustiner 354
Augustus, Kaiser 53, 199

Bächer, M. 61
Bagnato, Franz Anton 354
Bagnato, Johann Kaspar 275
Balfour, Arthur 66
Bamm, Peter 28
Baroffio, Giuseppe 90, 92
Barth, G. G. 63
Baselitz, Georg 66
Baumeister, Willi 30, 66
Baumhauer 79
Bauqué, Baumeister 351
Bayern 17
Beer, Franz 340, 354

Beer, Georg 26, 57, 250, 261, 316
Beer, Michael 322, 324, 335, 337
Behrens, Peter 30
Belz, W. 61, 69
Benediktiner 355
Berchthold von Poltringen 280
Bergwart, M. 198
Bernhard von Clairvaux **130 f.,** 272
Berss, Johann 312
Berthold, Albert 263
Berthold von Reichenau 19
Beuys, Joseph 66
Bilfinger, Festungskommandant 360
Böblinger, Matthäus 215
Bolthar, Fürst 25
Bolz, Eugen 21
Bonatz, Paul 66, 269, 348
Bothe, Walter 326
Boulez, Pierre 351
Brahe, Tycho 146
Brandenburg–Bayreuth, Christian Ernst Markgraf von 27
Brenz, Johannes 17, **146**
Breuning, Sebastian 96
Brix, J. G. 305
Burchard III., Herzog 360
Burgkmair, H. 315
Burne-Jones, Edward 66
Burnitz, Rudolf 328
Burrus, Abt 136
Buss, Hans 282

Caesar 11
Calvin, Johann 17

Calw, Adalbert II. Graf von 148
Calw, Anselm von 280
Calw, Grafen von 31, 81, 144
Caracalla, Kaiser 12
Carl August, Herzog 265
Carlone, Carlo 92, 143
Carlone, D. 90
Carpaccio, Vittore 64
Cézanne, Paul 65
Chaffat, Anton du 356
Chagall, Marc 66
Chirico, Giorgio de 66
Chlodwig, König 12
Christian, J. J. 336
Christoph, Herzog **17,** 50, 57, 60, 79, 117, 141, 197, 198, 265, 273, 360
Christoph von Urach **119,** 216, 222, 256
Claudius, Kaiser 11
Cluniazenser 25
Colomba, Hl. 90
Conrad von Sinsheim 134
Conz, K. P. 68
Corinth, Lovis 65
Cotta, Johann Friedrich **29**
Cranach d. Ä., Lucas 64, 352 (Umschlagklappe vorn)
Crusius, Martin 197, 218, 221

Daimler, Gottlieb 81, 156
Dannecker, Johann Heinrich von 29, 65, 68, 92
De Gaulle, Charles 21
Dettelbacher, Werner 24, 52
Diebold, Baumeister 353
Dietrich von Speth, Ritter 250

DuMont Kunst-Reiseführer

»Richtig reisen«